Bishop of Caesarea Saint Basil, Charles F. H. Johnston

The Book of Saint Basil the Great

bishop of Caesarea in Cappadocia, on the Holy Spirit, written to Amphilochius,

bishop of Iconium, against the Pneumatomachi

Bishop of Caesarea Saint Basil, Charles F. H. Johnston

The Book of Saint Basil the Great
bishop of Caesarea in Cappadocia, on the Holy Spirit, written to Amphilochius, bishop of Iconium, against the Pneumatomachi

ISBN/EAN: 9783337291181

Printed in Europe, USA, Canada, Australia, Japan

Cover: Foto ©Lupo / pixelio.de

More available books at **www.hansebooks.com**

SAINT BASIL

ON THE HOLY SPIRIT

JOHNSTON

London

HENRY FROWDE

OXFORD UNIVERSITY PRESS WAREHOUSE
AMEN CORNER, E.C.

New York
112 FOURTH AVENUE

The Book of Saint Basil the Great

Bishop of Caesarea in Cappadocia

On the Holy Spirit

Written to Amphilochius, Bishop of Iconium, against the Pneumatomachi

A REVISED TEXT

WITH NOTES AND INTRODUCTION

BY

C. F. H. JOHNSTON, M.A.

OF CHRIST'S COLLEGE, CAMBRIDGE

Oxford
AT THE CLARENDON PRESS
1892

Ὁ Ὤν, Δέσποτα, Κύριε, Θεέ, Πατὲρ παντοκράτορ, προσκυνητέ, ἄξιον ὡς ἀληθῶς, καὶ δίκαιον, καὶ πρέπον τῇ μεγαλοπρεπείᾳ τῆς ἁγιωσύνης Σου, Σὲ αἰνεῖν, Σὲ ὑμνεῖν, Σὲ εὐλογεῖν, Σὲ προσκυνεῖν, Σοὶ εὐχαριστεῖν, Σὲ δοξάζειν, τὸν μόνον ὄντως ὄντα Θεόν, καὶ Σοὶ προσφέρειν ἐν καρδίᾳ συντετριμμένῃ, καὶ πνεύματι ταπεινώσεως, τὴν λογικὴν ταύτην λατρείαν ἡμῶν· ὅτι Σὺ εἶ ὁ χαρισάμενος ἡμῖν τὴν ἐπίγνωσιν τῆς Σῆς ἀληθείας. καὶ τίς ἱκανὸς λαλῆσαι τὰς δυναστείας Σου, ἀκουστὰς ποιῆσαι πάσας τὰς αἰνέσεις Σου; ἢ διηγήσασθαι πάντα τὰ θαυμάσιά Σου ἐν παντὶ καιρῷ; Δέσποτα τῶν ἁπάντων, Κύριε οὐρανοῦ, καὶ γῆς, καὶ πάσης κτίσεως ὁρωμένης τε καὶ οὐχ ὁρωμένης, ὁ καθημένος ἐπὶ θρόνου δόξης, καὶ ἐπιβλέπων ἀβύσσους, ἄναρχε, ἀόρατε, ἀκατάληπτε, ἀπερίγραπτε, ἀναλλοίωτε, ὁ Πατὴρ τοῦ Κυρίου ἡμῶν Ἰησοῦ Χριστοῦ, τοῦ μεγάλου Θεοῦ καὶ Σωτῆρος, τῆς ἐλπίδος ἡμῶν· ὅς ἐστιν εἰκὼν τῆς Σῆς ἀγαθότητος σφραγὶς ἰσότυπος, ἐν Ἑαυτῷ δεικνὺς Σὲ τὸν Πατέρα, Λόγος ζῶν, Θεὸς ἀληθινὸς πρὸ αἰώνων, σοφία, ζωή, ἁγιασμός, δύναμις, τὸ φῶς τὸ ἀληθινόν, παρ' Οὗ τὸ Πνεῦμα τὸ ἅγιον ἐξεφάνη, τὸ τῆς ἀληθείας Πνεῦμα, τὸ τῆς υἱοθεσίας χάρισμα, ὁ ἀρραβὼν τῆς μελλούσης κληρονομίας, ἡ ἀπαρχὴ τῶν αἰωνίων ἀγαθῶν, ἡ ζωοποιὸς δύναμις, ἡ πηγὴ τοῦ ἁγιασμοῦ. παρ' Οὗ πᾶσα κτίσις λογική τε καὶ νοερὰ δυναμουμένη Σοὶ λατρεύει, καὶ Σοὶ τὴν ἀΐδιον ἀναπέμπει δοξολογίαν, ὅτι τὸ σύμπαντα δοῦλα Σά.

Lit. Constant. S. Basilii Anaphorae Praefationis initium.

PREFACE

THE present revision of the text of St. Basil's *Liber de Spiritu Sancto* contains but few important modifications of the text of the Benedictine edition issued in 1726: but many readings of earlier editors, which were unsupported by the six manuscripts then in Paris, have been found in the manuscripts collated for this edition; and the general trustworthiness of the text and the integrity of the book have been placed on a firmer basis by the references to the Syriac paraphrases.

In the Introduction an attempt has been made to illustrate St. Basil's position by a short outline of the circumstances which directly or indirectly affected the terms used to express the Catholic doctrine of the Holy Trinity. The student will find much help in a small compass in the two following books, *On the Early History of the Doctrine of the Holy Spirit* (Swete, 1873) and *The Arian Controversy* (Gwatkin, 1889).

C. F. H. J.

HEADINGTON QUARRY VICARAGE,
    21*st April*, 1892.

CONTENTS

	PAGE
INTRODUCTION—	
I. The Doctrine of the Ante-Nicene Church, the Propositions of Arius and the Nicene Faith	xi
II. The Development of the Nicene Formula and Beginning of the Macedonian Heresy	xvii
III. The Orthodoxy of the Churches	xxiii
IV. St. Basil	xxxv
WUILCKNIS ON THE 'ECONOMY' OF ST. BASIL	xlvii
CHRONOLOGICAL SYNOPSIS	lv
PROLEGOMENA	lxi
SYNOPSIS	1
ΠΕΡΙ ΤΟΥ ΠΝΕΥΜΑΤΟΣ ΒΙΒΛΙΟΝ	9
EPISTLES FROM ST. BASIL TO AMPHILOCHIUS	159
TEXTS EXPLAINED	173
INDICES	174

INTRODUCTION

I.

The Doctrine of the Ante-Nicene Church, the Propositions of Arius and the Nicene Faith.

From the beginning the words appointed by our Lord to be used in baptism, εἰς τὸ ὄνομα τοῦ Πατρὸς καὶ τοῦ Υἱοῦ καὶ τοῦ Ἁγίου Πνεύματος, spoke to[1] the believer of a [2] Τριάς, and implied the doctrine afterwards expressed in the words ἡ ὁμοούσιος [3]

---

[1] St. Basil calls it τὴν εἰσάγουσάν με εἰς τὸ φῶς, τὴν γνῶσιν Θεοῦ μοι χαρισαμένην παράδοσιν. De Sp. S. § 26.

[2] Epiphanius (at the end of the second part of the third book adv. Haeres.) gives 'a short and true account of the Faith of the Catholic and Apostolic Church,' at the end of which he says, § 18, ἡμῖν δὲ αὕτη ἡ πίστις, καὶ αὕτη ἡ τιμὴ καὶ αὕτη ἡ μήτηρ ἡμῶν ἡ ἐκκλησία, διὰ πίστεως σώζουσα καὶ δι' ἐλπίδος κρατυνομένη καὶ ἀγάπη Χριστοῦ τελειουμένη, ἔν τε τῇ ὁμολογίᾳ ἔν τε τοῖς μυστηρίοις ἔν τε τῇ τοῦ λουτροῦ καθαρσίῳ δυνάμει, ὅτι ' ἀπελθόντες βαπτίσατε εἰς ὄνομα Πατρὸς καὶ Υἱοῦ καὶ Ἁγίου Πνεύματος.' εἰς ὄνομα δὲ θεϊκῆς Τριάδος, ὀνομασίας μηδεμίαν διαφορὰν ἐχούσης, ἀλλ' ὅτι Θεὸς εἷς ἡμῖν ἐν νόμῳ καὶ ἐν προφήταις καὶ ἐν εὐαγγελίοις καὶ ἐν ἀποστόλοις, ἐν παλαιᾷ καὶ καινῇ διαθήκῃ κεκήρυκται καὶ κατήγγελται, Πατὴρ καὶ Υἱὸς καὶ Ἅγιον Πνεῦμα, μή τις συναλοιφὴ οὖσα ἡ Θεότης, ἀλλὰ Τριὰς οὖσα ὄντως τελεία, τέλειος ὁ Πατήρ, τέλειος ὁ Υἱός, τέλειον τὸ Πνεῦμα τὸ Ἅγιον, μία Θεότης, εἷς Θεός, ᾧ ἡ δόξα, τιμὴ καὶ κράτος εἰς τοὺς αἰῶνας τῶν αἰώνων. ἀμήν.

[3] The term ὁμοούσιος is quoted by St. Athanasius from a letter of a predecessor Dionysius, the date of which is A.D. 259-264. The earliest Christian use of the word is given by Bull, Def. Fid. Nic. II. i. 9: 'Operae fortasse pretium fuerit notasse, auctorem libri, qui Ποιμάνδρης inscribitur, Mercurio Trismegisto tributi, cap. 1, expresse dicere, Dei

Τριάς, or (to use a verse of the Quicunque vult), 'Deus Pater, Deus Filius, Deus et Spiritus Sanctus, Et tamen non tres Dii, sed unus est Deus.' When, after the confused heresies of the Gnostics, Arius definitely asserted that the Τριάς was one of different Essences, and denied the Godhead of the Son, the Nicene Fathers asserted the doctrine, which they defined by the term 'Homoousios.'

There was really no question among the Nicene Fathers as to whether it was a Δυάς[1] or the Τριάς[2] which was ὁμοούσιος; but though, after Arius, Arianism was long silent on the subject of the Godhead of the Third Person in the Trinity, yet all the while that the Arians denied that the Son was of one substance with the Father, they were really in the same breath denying also the consubstantiality of the Holy Spirit. After A.D. 360, when questions were raised as to the doctrine of the Holy Spirit, they, as well as all semi-Arians, whatever may have been their varying admissions as to the dignity and even Divine glory of the Son, declared the Holy Spirit to be inferior to Him, and only a created and ministering Spirit. Such semi-Arians as admitted the consubstantiality of the Son with the Father were guilty of believing in the incongruity of a

Λόγον esse Patri ὁμοούσιον. Certe planum fuisse scriptorem, hoc est, non ipsum Trismegistum, sed Christianum aliquem ejus nomen ementientem, solide probavit Petavius: sed et idem Petavius fatetur (De Trin. i. 2, § 3, 4), circulatorem illum perantiquum esse, et paulo post apostolorum tempora extitisse. Quod et testimonia ex ipso a Justino Martyre citata satis ostendunt.'

[1] To those who denied the Godhead of the Holy Spirit St. Athanasius puts the question, ἀποκρινάσθωσαν, Τριάς ἐστιν ἢ Δυάς; (Ep. i. ad Serap. § 29); and elsewhere he says that the error of Apollinarius substitutes a τετράς for the Τριάς (c. Apollin. i. 9).

[2] The earliest extant use of the term is supposed to be in Theophilus (Bishop of Antioch, A.D. 169-182), Ad Autolychum ii. p. 106, where he says that the first three days of creation are τύποι Τριάδος, τοῦ Θεοῦ, καὶ τοῦ Λόγου αὐτοῦ, καὶ τῆς Σοφίας αὐτοῦ: and the Latin Trinitas occurs in Tertullian (A.D. 200) adv. Praxeam c. iii, 'Itaque duos et tres jactitant a nobis praedicari, se vero unius Dei cultores praesumunt, quasi non et Unitas irrationabiliter collecta haeresin faciat, et Trinitas rationaliter expensa veritatem constituat.'

Τριάς, in which there is a created being coordinated with a Δυὰς ὁμοούσιος. On the other hand, the words of the Creed of Nicaea, πιστεύομεν εἰς ἕνα Θεόν, Πατέρα Παντακράτορα .... καὶ εἰς ἕνα Κύριον Ἰησοῦν Χριστόν .... καὶ εἰς τὸ ἅγιον Πνεῦμα .... contained the doctrine of the Consubstantial Trinity, i. e. Patris, et Filii, et Spiritus Sancti, una est Divinitas, aequalis Gloria, coaeterna Maiestas. This, and nothing else, was the necessary and true meaning of the words, though it may not have been noticed by some, until controversy compelled them to make a closer examination of their own profession[1]. This renders every step in the controversy from A.D. 325 till A.D. 381, and every explanation or evasion of the term ὁμοούσιος, as applied to the Son, to be a step either forwards to the explicit acknowledgement of the doctrine of the Consubstantial Trinity, or backwards in the direction of the denial of it. Hence the letters of St. Athanasius to Serapion, and St. Basil's Book to Amphilochius on the Holy Spirit are really treatises on the Consubstantial Trinity, and begin with the Doctrine of the Son: and the latter work has in the Bodleian MS. (o) a second title, Περὶ τῆς ἁγίας Τριάδος.

[1] Κἄν τε γὰρ ἐξ αὐτῶν τινες θελήσειαν λέγειν ὅτι τὴν μὲν πίστιν τὴν ἐκτεθεῖσαν κατὰ Νίκαιαν καὶ αὐτοὶ ὁμολογοῦμεν, δεῖξον δέ μοι ἀπ' αὐτῆς ὅτι τὸ Ἅγιον Πνεῦμα ἐν τῇ Θεότητι συναριθμεῖται, εὑρεθήσονται καὶ ἀπ' αὐτῆς ἐλεγχόμενοι. οὐ γέγονε δὲ τότε περὶ τοῦ Πνεύματος ἡ ζήτησις. Πρὸς γὰρ τὸ ὑποπῖπτον ἐν καιρῷ καὶ καιρῷ αἱ σύνοδοι τὴν ἀσφάλειαν ποιοῦνται. ἐπεὶ οὖν ὁ Ἄρειος εἰς τὸν Υἱὸν τὴν δυσφημίαν ἀπετείνετο, τούτου ἕνεκα μετὰ περισσῆς διαλογῆς ἀκρίβεια τῶν λόγων γεγένηται. ὅρα δὲ ἀπ' αὐτῆς τῆς ὁμολογίας ὅτι οὐδὲ ἐν τούτῳ εὑρεθήσονταί τι λέγοντες οἱ εἰς τὸ Πνεῦμα βλασφημοῦντες, οἱ Πνευματόμαχοι καὶ ἀλλότριοι τῆς αὐτοῦ δωρεᾶς καὶ ἁγιαστείας. εὐθὺς γὰρ ἡ ἔκθεσις ὁμολογεῖ καὶ οὐκ ἀρνεῖται. πιστεύομεν γὰρ εἰς ἕνα Θεὸν Πατέρα Παντακράτορα. τὸ δὲ πιστεύομεν οὐχ ἁπλῶς εἴρηται, ἀλλὰ ἡ πίστις εἰς τὸν Θεὸν καὶ ἕνα Κύριον Ἰησοῦν Χριστόν. οὐχ ἁπλῶς εἴρηται, ἀλλ' εἰς Θεὸν ἡ πίστις καὶ εἰς τὸ Ἅγιον Πνεῦμα, καὶ οὐχ ἁπλῶς εἴρηται, ἀλλ' εἰς μίαν δοξολογίαν καὶ εἰς μίαν ἕνωσιν Θεότητος καὶ μίαν ὁμοουσιότητα, εἰς τρία τέλεια, μίαν δὲ Θεότητα, μίαν οὐσίαν, μίαν δοξολογίαν, μίαν κυριότητα ἀπὸ τοῦ πιστεύομεν καὶ πιστεύομεν καὶ πιστεύομεν. καὶ ἐνταῦθα διέπεσεν ὁ τῶν τοιούτων λόγος.—Epiphanius (adv. Haeres. III. lxxiv. Pneumatomachi, § 14). The letter from Constantinople to Rome in 382 expressly maintains the same interpretation of πιστεύειν Theod. V. 9.

The creed attributed to Gregory the Wonderworker, of Neo-Caesarea, in Pontus, a pupil of Origen, may be taken as expressing in its latter part the true meaning of the simple sentence which satisfied the Council of Nicaea, καὶ εἰς τὸ ἅγιον Πνεῦμα. It is as follows[1]:—

'There is one God, the Father of the living Word, Who is His subsisting Wisdom, and Power, and Eternal Impress; He is Perfect Begetter of Perfect Son, Father of the Only begotten Son. There is one Lord, One only of One only, God of God, Impress and Image of the Godhead, energizing Word; Wisdom, comprehensive of the system of the universe, and Power, the Maker of the whole Creation; true Son of true Father, Invisible of Invisible, and Incorruptible of Incorruptible, and Immortal of Immortal, and Eternal of Eternal. And there is One Holy Spirit having His being (ὕπαρξιν) of God, and manifested (that is to mankind) through the Son, Image of the Son, Perfect (Image) of Perfect (Son); Life, the Cause of those who live; Holy Fountain, Holiness, the Bestower of Sanctification, in Whom is manifested God the Father, Who is over all and in all, and God the Son, Who is through all. There is a Trinity perfect in Glory and Eternity and Kingdom, Indivisible and Unchangeable.'

St. Basil, in the important formulary which he submitted to test the orthodoxy of Eustathius of Sebaste (Ep. 125) shortly before the following treatise was written, explains that the doctrine of the Holy Spirit 'was left without elaboration (ἐξεργασίας), because no question had as yet been set in motion about it.' Yet 'the evil seeds of impiety' had been sown by Arius when in his Thalia (Ath. de Synod. 15) he taught: "Ἤγουν Τριάς ἐστι δόξαις οὐχ ὁμοίαις· ἀνεπίμικτοι ἑαυταῖς εἰσιν αἱ ὑποστάσεις αὐτῶν· μία τῆς μιᾶς ἐνδοξοτέρα δόξαις ἐπ' ἄπειρον. He said that the οὐσίαι of the Father, and the Son, and the Holy Spirit are μεμερισμέναι τῇ φύσει καὶ ἀπεξενωμέναι καὶ

---

[1] The ἔκθεσις is given at length in the *Vita Thaum.* of Gregory of Nyssa.

ἀπεσχοινισμέναι καὶ ἀλλότριοι καὶ ἀμέτοχοι ἀλλήλων, his favourite phrase being ἀνόμοιοι πάμπαν ἀλλήλων ταῖς τε οὐσίαις καὶ δόξαις ἐπ' ἄπειρον (Athan. c. Arian. i. 6). But his followers were generally content with repeating some scriptural statements as to the Holy Spirit and His operations, laying considerable stress on references to the Father's will, and contradicting Sabellian statements rather than the doctrine of the Church, until the course of events in A.D. 360 produced a section of them who were properly called *Pneumatomachi.*

It will be useful to give here the account given by Epiphanius of the various sections of Arians in the introductions to his books on heresies:—

Ἀρειανοί, οἱ καὶ Ἀρειομανῖται, οἱ τὸν Υἱὸν τοῦ Θεοῦ κτίσμα λέγοντες καὶ τὸ Πνεῦμα τὸ Ἅγιον κτίσμα κτίσματος, σάρκα μόνον τὸν Σωτῆρα ἀπὸ Μαρίας εἰληφέναι διαβεβαιούμενοι, καὶ οὐχὶ ψυχήν.

Ἀετιανοί, οἱ ἀπὸ Ἀετίου τοῦ Κίλικος, διακόνου γενομένου ὑπὸ Γεωργίου τοῦ τῶν Ἀρειανῶν ἐπισκόπου τῆς Ἀλεξανδρείας, οἱ καὶ Ἀνόμοιοι καλούμενοι, παρά τισι δὲ Εὐνομιανοί, δι' Εὐνόμιόν τινα μαθητὴν τοῦ Ἀετίου γενόμενον καὶ ἔτι περιόντα. σὺν αὐτοῖς δὲ ἦν καὶ Εὐδόξιος, ἀλλὰ δῆθεν διὰ τὸν πρὸς τὸν βασιλέα Κωνστάντιον φόβον ἀφώρισεν ἑαυτόν, καὶ μᾶλλον τὸν Ἀέτιον ἐξώρισεν. ἔμεινε δὲ Εὐδόξιος ἀρειανίζων, οὐ μέντοι γε κατὰ τὸν Ἀέτιον. οὗτοι οἱ Ἀνόμοιοι, οἱ καὶ Ἀετιανοί, παντάπασι Χριστὸν καὶ τὸ Ἅγιον Πνεῦμα ἀπαλλοτριοῦσι Θεοῦ, κτιστὸν αὐτὸν διαβεβαιούμενοι, καὶ οὐδὲ ὁμοιότητά τινα ἔχειν λέγουσιν. ἐκ συλλογισμῶν γὰρ Ἀριστοτελικῶν καὶ γεωμετρικῶν τὸν Θεὸν παριστᾶν βούλονται, καὶ Χριστὸν δῆθεν μὴ δύνασθαι εἶναι ἐκ Θεοῦ διὰ τοιούτων τρόπων. Οἱ δὲ ἀπ' αὐτοῦ Εὐνομιανοὶ καλούμενοι ἀναβαπτίζουσι πάντας τοὺς πρὸς αὐτοὺς ἐρχομένους οὐ μόνον δέ, ἀλλὰ καὶ τοὺς ἀπὸ Ἀρειανῶν, κατὰ κεφαλῆς ἄνω τοὺς πόδας στρέφοντες τῶν βαπτιζομένων, ὡς πολὺς ᾄδεται λόγος. τὸ δὲ σφαλῆναι ἔν τινι πορνείᾳ ἢ ἑτέρᾳ ἁμαρτίᾳ οὐδὲν εἶναί φασιν. οὐδὲν γὰρ ζητεῖ ὁ Θεὸς ἀλλ' ἢ τὸ εἶναί τινα ἐν ταύτῃ τῇ μόνῃ αὐτῶν νομιζομένῃ πίστει.

Ἡμιάρειοι, οἱ Χριστὸν μὲν κτίσμα ὁμολογοῦντες, εἰρωνείᾳ δὲ κτίσμα αὐτὸν φάσκοντες, οὐχ ὡς ἓν τῶν κτισμάτων, ἀλλά, φασίν, Υἱὸν λέγομεν, διὰ δὲ τὸ μὴ πάθος προσάψαι τῷ Πατρὶ διὰ τοῦ γεγεννηκέναι κτιστὸν αὐτὸν λέγομεν. ὡσαύτως καὶ περὶ τοῦ Πνεύματος τοῦ Ἁγίου κτίσμα παντελῶς ὁρίζονται, παρεκβάλλοντες Υἱοῦ τὸ ὁμοούσιον, ὁμοιούσιον δὲ θέλουσι λέγειν. ἄλλοι δὲ ἐξ αὐτῶν καὶ τὸ ὁμοιούσιον παρεξέβαλον.

Πνευματομάχοι. οὗτοι περὶ μὲν Χριστοῦ καλῶς ἔχουσι, τὸ δὲ Πνεῦμα τὸ Ἅγιον βλασφημοῦσι, κτιστὸν αὐτὸ ὁριζόμενοι καὶ οὐκ ὂν ἐκ τῆς Θεότητος, μᾶλλον δὲ καταχρηστικῶς δι᾽ ἐνέργειαν κεκτίσθαι, ἁγιαστικὴν αὐτὸ δύναμιν φάσκοντες εἶναι μόνον.

Epiphanius arranges the Arians of A.D. 360 into three bodies (τάγματα), one containing Eudoxius, Germanus (of Sirmium), George of Alexandria, and Euzoius of Antioch: another, Basil of Ancyra, Eleusius of Cyzicus, Eustathius of Sebaste, George of Laodicea, Silvanus of Tarsus and Macedonius of Constantinople. In the third he places Acacius, Meletius, and Eutychius of Eleutheropolis.

In the first Canon of the Council of Constantinople, A.D. 381, the Arian heresies anathematized are mentioned in the following order:— καὶ ἰδικῶς τὴν τῶν Εὐνομιανῶν, εἴτουν Ἀνομοίων, καὶ τὴν τῶν Ἀρειανῶν, εἴτουν Εὐδοξιανῶν, καὶ τὴν τῶν Ἡμιαρειάνων, εἴτουν Πνευματομάχων .... (1) The true supporters of the propositions of Arius were the Eunomians or Anomoeans, of whom Aetius was the leader (προστάτης St. Basil de Sp. S. § 4), with a clever lieutenant in his secretary Eunomius. (2) But the Arians, i.e. the supporters of Arius himself, were at first rather a court party, called Eusebians, after the Bishop of Nicomedia, where the Court was. Their opinions were somewhat modified from the propositions of Arius by the use of ὁμοιούσιον. When Acacius (Bishop of Caesarea from 338 to 365) became their leader, they were known as Acacians, or from his favourite formula, Homoeans. But in 381 they had the name Eudoxians from Eudoxius, who was Bishop of Constantinople from 360 to 370. (3) The Semiarians are mentioned as identical with the Pneumatomachi; although in earlier days Epiphanius distinguished between them as holding, the first, less orthodox, and the second, more orthodox opinions on our Lord.

In the following year, the letter from the Bishops at Constantinople to Rome speaks of these heretics as Eunomians, Arians and Pneumatomachi, and omits the alternative titles.

II.

The Development of the Nicene Formula and Beginning of the Macedonian Heresy.

St. Cyril of Jerusalem.—If we begin at Jerusalem, which was then subject to Caesarea, we find the earliest systematic exposition of the doctrine of the Holy Spirit in the sixteenth and seventeenth catechetical lectures of Cyril. In these, with the exception of references to the wild statements of Gnostics, Cataphrygians and Manichees, we find warnings only against those who (xvi. § 3) dare to separate (sc. from the Father and the Son) the operation of the Holy Spirit (οἱ χωρίζειν τολμῶντες τοῦ ἁγίου Πνεύματος τὴν ἐνέργειαν); and, he says (§ 4), οὔτε χωρίζομεν τὴν ἁγίαν Τριάδα, ὥς τινες, οὔτε συναλοιφήν, ὡς Σαβέλλιος, ἐργαζόμεθα. We might infer from this, that Cyril wrote before Arian teaching on the Holy Spirit had taken any more definite form than the above-quoted dicta of Arius. It should be remembered that, in earlier days, Eusebius of Caesarea, who exercised Metropolitical authority over the Bishops of Jerusalem, was the consistent friend of Arius, and admitted him to teach in Palestine, while Macarius, the Bishop of Jerusalem, would have nothing to do with him. Maximus, the successor of Macarius, after some vacillation was on the side of the truth at Sardica; and Cyril's lectures were delivered, under him, sometime before Athanasius was welcomed at Jerusalem on his return from his second exile A.D. 349. Cyril in his lectures does not use a higher formula for the Son than κατὰ πάντα ὅμοιον (iv. 7), and did not repent of his shrinking from the Nicene ὁμοούσιον until, after vicissitudes in which he resembled St. Athanasius, without sharing his fearless consistency, he attended among the 150 at Constantinople A.D. 381 (ἐκ δὲ Ἱεροσολύμων Κύριλλος, τότε ἐκ μεταμελείας τῷ 'ὁμοουσίῳ' προσκείμενος), and in the following year was spoken of in the letter to Rome as 'Bishop Most Reverend and Most Beloved by God,' who was 'canonically appointed by his suffragan bishops long ago and who had gone through very many conflicts against the Arians in divers places' (Soc. v. 8; Theod. v. 9).

Rise of Macedonianism.—The troubles of the aged Alexander, Bishop of Constantinople, culminated in Constantine's order that he should receive Arius to communion. His prayers, ἀπόλυσον ἐμὲ τὸν δοῦλόν σου ... ἆρον Ἄρειον, were answered, one with awful suddenness, the other by a welcome translation (Theod. i. 19) in a short time from the evil to come (A.D. 336). He was succeeded by Paul, whose occasional presence in Constantinople shed a few transitory gleams of orthodoxy through an atmosphere that was saturated with Arianism for forty years (A.D. 338–379). In 338 Eusebius the partisan of Arius (who must not be confounded with the historian of Caesarea, also on the Arian side) was translated from Nicomedia to Constantinople; and on his death in 342 Macedonius became a more permanent occupant of the see. Macedonius was finally deposed by the council held (A.D. 360) in his own city, after Ariminum and Seleucia, which under the guidance of Acacius of Caesarea and his friends, after accepting the Creed of Ariminum, also deposed (on various pretexts) Basil of Ancyra, Eustathius of Sebaste, Eleusius of Cyzicus and Silvanus of Tarsus. Cyril of Jerusalem, who had been deposed by Acacius (by virtue of his authority as Metropolitan) and had found a home with Silvanus, was also condemned by this council, and Aetius was degraded from the diaconate. Eudoxius was put into the place of Macedonius, and, after his notoriously profane sermon at his enthroning, he put Eunomius into the place of Eleusius, but soon drove him away to become, with Aetius, the two leaders of extreme Anomoeanism.

The deposition of Macedonius was the occasion of the rise of Macedonianism. He had been put into the see of Constantinople on the supposition that, as he agreed with the Arians on the doctrine of the Holy Spirit, he was altogether a partisan (Theod. ii. 6). But Theodoret goes on to point out that their agreement was shortlived. 'A little while afterwards they drove him out also, because he did not allow them to call Him a creature (κτίσμα) to whom Holy Scripture gives the title of Son. And for this reason it was, that having separated from them, he became the champion of a heresy of his own: for while he too did not say that the Son was "of one substance" with the Father, but taught that He was "like in all things" to Him that begat Him, he went on to apply the word "created" to the Spirit.'

The account of Socrates is very similar: (ii. 45) 'Now Macedonius, being ejected from Constantinople, and disliking his condemnation, could not keep quiet anyhow; but he turns first to those who were on the opposite side, the bishops who at Seleucia condemned Acacius's friends: and then begins to send suggestions to Sophronius (a Paphlagonian bishop) and Eleusius, to hold out against the (Dedication) Creed which they had put out at Antioch and confirmed at Seleucia, and he recommended that the faith should be expressed in the counterfeit watchword ὁμοιούσιον. And so there flowed together to him many of his acquaintance, men who now have the name of Macedonians from him; and many, who in the synod at Seleucia had disputed with Acacius's party, openly declared for the ὁμοιούσιον, though formerly they were not clear about it. It was reported with many, that the word was not an invention of Macedonius, but of Marathonius, whom they had made bishop of Nicomedia a little while before; for which reason men call them also "Marathonians." Eustathius also, who was banished from Sebaste for the reason I mentioned above, found a refuge with them. But when Macedonius refused to admit the Holy Spirit into the Divine Trinity, Eustathius was obliged to say, "I neither choose to call the Holy Spirit God, nor would I bring myself to call Him creature." And for this reason those who hold the ὁμοούσιον give them the epithet of "Pneumatomachi."'

Egypt.—The earliest record now remaining of the articulate mutterings of the Pneumatomachi is found in Egyptian Church History. St. Athanasius was driven from his flock for a third time in A.D. 356; and a second 'wolf' was found in George of Cappadocia, who had for a time worthy coadjutors in Aetius and Eunomius. While the saint was in hiding with the monks of the desert, he received a letter from the watchful Serapion, now Bishop of Thmuis, in Augustamnica, telling him of some who had left the Arians on account of their blaspheming the Son of God, but held opinions against the Holy Spirit, declaring Him to be not only a creature, but even one of the 'ministering spirits,' and higher than the angels only in position (βαθμῷ). Didymus, the blind head of the Catechetical School, met this heresy with his treatise on the Holy Spirit, of which we have only Jerome's Latin version: and from the desert St. Athanasius wrote his letters to Serapion; the first of which contains a systematic exposition of the doctrine of the Holy Spirit. In it he says it is madness to assert that He can be a creature, if co-ordinated in the Trinity (εἰ γὰρ κτίσμα ἦν, οὐ συνετάσσετο τῇ Τριάδι, i. 17). His arguments, like those of St. Basil, are based upon the belief in the Divinity of the Son. In § 20 he alleges from Scripture, that the Son is sent by the Father, the Spirit by the Son, the Father is glorified by the Son, the Son by the Spirit, the Son speaks what He heard from the Father, the Spirit receives from that which is the Son's, and tells it to the world. The Spirit has therefore the same τάξις and φύσις in relation to the Son that the Son has in relation to the Father (§ 21). The Son is

Wisdom and Truth, and the Spirit is the Spirit of Wisdom and the Spirit of Truth; the Son is the Power of God, and the Lord of Glory; and the Spirit is the Spirit of Power and the Spirit of Glory: and he cautiously describes the inner relation thus—εἰ δὲ ὁ Υἱός, ἐπειδὴ ἐκ τοῦ Πατρός ἐστιν, ἴδιον τῆς οὐσίας αὐτοῦ ἐστιν, ἀνάγκη καὶ τὸ Πνεῦμα, ἐκ τοῦ Θεοῦ λεγόμενον, ἴδιον εἶναι κατ' οὐσίαν τοῦ Υἱοῦ (§ 25).

The first part of the treatise of Didymus is directed against the assertion that the Holy Spirit is a creature: and he maintains that the Spirit is of the same nature as the Father and the Son, from the sameness of operations and of attributes, and from the manner of His mission and of His relation with the Father and the Son. Some of the objections noticed by Didymus savour strongly of the presence of Aetius and Eunomius in Egypt: e.g. If the Holy Spirit is not created, He is either the Brother of God and the Uncle of the Only Begotten; or is the Son of the Christ and Grandson of the Father[1]. In dealing with which, Didymus hints that it may be possible to be guilty of unpardonable sin not only against the Holy Spirit (Matt. xiii. 3; Heb. x. 29) but also against the Son (Matt. x. 33; Heb. ibid.) and against the Father (1 Sam. ii. 25). In a later writing Didymus speaks of the Holy Spirit as proceeding from the Father ἀνάρχως, ὁμοουσίως, ἀδιαιρέτως, ἀρρήτως: and this relation with the Father, as well as the relation with the Son, is as to His Divine Nature (ἐκπορεύεται παρὰ τοῦ Πατρὸς καὶ μένει παρὰ τῷ Υἱῷ θεϊκῶς De Trin. ii. 21).

After the death of the second Cappadocian intruder at the hands of a pagan mob, St. Athanasius was gladly received by his people, and held the famous council[2] at Alexandria (A.D. 362), with the zealous co-operation of Eusebius of Vercellae (Liguria), who was just then returning from exile in

---

[1] So Epiphanius in his section (lxxiv.) on the Pneumatomachi, has to say, Πνεῦμα ἅγιον ἀεί, οὐ γεννητόν, οὐ κτιστόν, οὐ συναδελφόν, οὐ προπάτορον, οὐκ ἔγγονον, ἀλλ' ἐκ τῆς αὐτῆς οὐσίας Πατρὸς καὶ Υἱοῦ, Πνεῦμα γὰρ ὁ Θεός.

[2] See Bright's History, p. 116.

Upper Egypt. At this council, in the words of Socrates (iii. 7), ἔνθα καὶ τὸ ἅγιον Πνεῦμα θεολογήσαντες τῇ ὁμοουσίῳ Τριάδι συνανελαμβάνοντο. And this definition was carried by Eusebius on his homeward journey to the Churches of Illyricum, Italy and Gaul. When the little 'cloud' of Julian's reign had passed away, St. Athanasius with the Egyptian and Libyan Bishops (A. D. 363) sent, in reply to a request from the new Emperor Jovian, a letter which is a valuable contemporary record of the condition of the Church (Theod. Eccl. H. iv. 3).

It repeats the Faith of the Nicene Fathers, and states that it is received by 'all the Churches in every place (κατὰ τόπον), to wit, the Churches in Spain, Britain and the Gauls, all Italy and Campania, Dalmatia, Dacia and Mysia (Moesia), Macedonia and all Hellas, and all the Churches in Africa, Sardinia, Cyprus, and Crete, Pamphylia, Lycia and Isauria, through all Egypt and Libya, Pontus and Cappadocia and the parts near it (τὰ[1] πλησίον μέρη), and the Churches in the East (i. e. Oriens, from Cilicia to Arabia), with the exception of a few men who held the opinions of Arius.' (His omission of Thracia, of all but two of the provinces of Asia, and his exception with respect to the churches under Antioch are significant.) All these are claimed as loyal to the ὁμοούσιον, and it was still too early in the days of Macedonianism to speak of them as having judged and condemned it: but the letter ends with a reference to the doctrine of the Holy Spirit as implied by the Nicene Fathers under the simple words, καὶ εἰς τὸ ἅγιον Πνεῦμα. 'Ἀλλ' οὐδὲ ἀπηλλοτρίωσαν τὸ Πνεῦμα τὸ Ἅγιον ἀπὸ τοῦ Πατρὸς καὶ τοῦ Υἱοῦ· ἀλλὰ μᾶλλον συνεδόξασαν αὐτὸ τῷ Πατρὶ καὶ τῷ Υἱῷ ἐν τῇ μιᾷ τῆς ἁγίας Τριάδος πίστει, διὰ τὸ καὶ μίαν εἶναι τὴν ἐν τῇ ἁγίᾳ Τριάδι Θεότητα: and we are justified in assuming generally that the ὁμοούσιον would have been understood as applying to the Holy Spirit as well as to the Son, by the Churches mentioned, if the question of Macedonianism

---

[1] Armenia and Persia were the Churches beyond the limits of the empire in the neighbourhood of Cappadocia. The words cannot properly be applied to the neighbourhood of the writer.

were mooted among them. In 376 St. Basil made a similar claim as to the loyalty of the Churches : μικρόν ἐστι τοῦτο τὸ μέρος τὸ νενοσηκός· ἡ δὲ λοιπὴ πᾶσα Ἐκκλησία, ἡ ἀπὸ περάτων εἰς πέρατα δεξαμένη τὸ εὐαγγέλιον, ἐπὶ τῆς ὑγιοῦς ἐστι ταύτης καὶ ἀδιαστρόφου διδασκαλίας.

III.

The Orthodoxy of the Churches.

Spain.—In Spain we know that Hosius of Corduba was a consistent upholder of the truth from the Council of Elvira (A.D. 305) to that of Sardica (A.D. 344) and until his banishment to Sirmium in 355; and that Potamius, Bishop of Lisbon, was the chief framer of the Sirmian '*Blasphemy*,' A.D. 357, which rejected οὐσία, ὁμοούσιον, and ὁμοιούσιον alike. Yet we can accept the statement of St. Athanasius that the Churches of Spain generally followed Hosius rather than Potamius, and received the Nicene Faith with all that it implied.

Britain and Gaul.—In Gaul, Maximin Bishop of Treves was the host of St. Athanasius in his first exile (A.D. 336), and when, during his third exile, eighteen years afterwards, the Emperor Constantius endeavoured to force a synod at Arles to condemn him, Vincent of Capua yielded, but Paulinus, Maximin's successor, stood firm, and was banished to Phrygia. To the same country Hilary of Poitiers and Rhodanius of Toulouse were sent in 356, after condemnation by a Council under Saturninus, the Arian Bishop of Arles: and Hilary's own statement is, that on his way into exile he first heard the Creed of Nicaea, i.e. that no copy of it had found its way across Gaul from Treves to Poitiers : he says the orthodoxy of Britain and Gaul did not need it. He returned from exile after addressing a remonstrance to Constantius to Constantinople in 360. During his exile he had written his twelve books 'de Trinitate,' and had worked hard to bring about an understanding between semi-Arians and the Church. Socrates says, Ἱλάριος δὲ καὶ ἐλλόγιμος ὢν βιβλίοις τῇ Ῥωμαίων γλώττῃ τὰ τοῦ ' ὁμοουσίου ' παρέδωκε δόγματα· δι' ὧν ἱκανῶς μὲν τούτῳ συνέστη, δυνατῶς δὲ καὶ τῶν Ἀρειανῶν δογμάτων καθήψατο. In his treatise on the Trinity, he deals with the doctrine of the Holy Spirit warily, for it was written in early days (A. D. 359) before Macedonianism had taken a definite shape and called out warnings from the Church. But some of his words should be remembered in reference to St. Basil's treatise. He speaks of the Spirit as 'ex Patre per Filium' (xii. 53, 57): and in this connection he uses the texts 'Of Whom are all things' and 'through Whom are all things.' He also says that the Spirit receives 'ex Utroque.' Again, Phoebadius of Agen (who was afterwards distinguished as a leader of the small body who held out at Ariminum for the Homoousion), in writing against the Arians (A. D. 358), said that the Church holds 'the Spirit to be of God (de Deo), distinct (alius) from the Son as the Son is from the Father.'

It should be remembered that in 360, after Ariminum and Seleucia, when Hilary returned from exile, a council of Gallic Bishops, at Paris, declared that they accepted the Homoousion in its true sense, and excommunicated the Arian Saturninus.

Italy.—When St. Athanasius mentions 'all Italy and Campania,' he passes over in silent contempt the Arian Bishop of Milan, Auxentius (of Cappadocia), who had been intruded into the see of Dionysius, banished by Constantius after his bold support of the saint at the Council of Milan A. D. 355: and he shews no fear of the contamination of the country by the Council of Ariminum lately held (359). Liberius was still standing out against its Creed, having regained what St. Athanasius calls his former mind (τὴν ἐξ ἀρχῆς γνώμην). At the time of his writing Eusebius of Vercellae and Hilary of Poitiers had returned from their exile and were doing their utmost to undo what had been done at Ariminum during their absence; they were just then helping the orthodox in Northern Italy against Auxentius, having with them the definitions of the Council of Alexandria. It was with special reference to Auxentius that Hilary used the famous phrase, 'Sanctiores aures plebis quam corda sacerdotum.' In 374 Auxentius died, and Ambrose was made bishop. His treatise *de Spiritu Sancto* was written, at the request of the Emperor Gratian, in 381: and in it he borrowed largely from the treatises of Didymus and Athanasius, of Basil and his brother Gregory (of Nyssa), who had preceded him in the work of controversy.

The Macedonians, by means of Eustathius of Sebaste, Silvanus of Tarsus, and Theophilus, another Cilician bishop[1], imposed on Liberius after the Council of Lampsacus, at the very end of his life: but in the days of his successor Damasus a synod assembled to judge the Arian Auxentius; ninety bishops from Gaul and Italy attended, and condemned him: and the synodical letter, as sent to the churches in Illyricum, shews in one passage both the orthodoxy of that part of Italy, and the true interpretation of the last words of the Nicene Creed: καὶ γὰρ ἡνίκα πρῶτον ἡ κακία τῶν αἱρετικῶν ἀκμάζειν ἤρξατο, ὡς καὶ νῦν μάλιστα ὑφέρπει τῶν Ἀρειανῶν ἡ βλασφημία, οἱ πατέρες ἡμῶν τριακόσιοι δέκα καὶ ὀκτὼ ἐπίσκοποι [[2] καὶ οἱ ἐκ τῆς Ῥωμαίων ἁγιωτάτης ἐπίσκοποι] εἰς Νίκαιαν γινομένου τοῦ σκέμματος, τοῦτο τὸ τεῖχος ὑπεναντίον τῶν ὅπλων τοῦ διαβόλου ὥρισαν, καὶ ταύτῃ ἀντιδότῳ τὰ θανάσιμα φάρμακα ἀπεώσαντο. ὥστε τὸν Πατέρα καὶ τὸν Υἱὸν μιᾶς οὐσίας, μιᾶς θεότητος, μιᾶς ἀρετῆς, μιᾶς δυνάμεως, καὶ ἑνὸς χαρακτῆρος πιστεύεσθαι χρή, καὶ τῆς αὐτῆς ὑποστάσεως καὶ οὐσίας καὶ τὸ Πνεῦμα τὸ ἅγιον. (Theod. ii. 22.) The letter sent from the same synod to the eastern bishops declared that the decree of the Nicene Council was 'ut Patrem Filium Spiritumque Sanctum unius deitatis, unius virtutis, unius figurae, unius credere oporteret substantiae ... Spiritum quoque Sanctum increatum, atque unius majestatis, unius usiae, unius virtutis cum Deo Patre et Domino nostro Jesu Christo fateamur. Neque enim creaturae dignus est, qui emissus est ut crearet, sicut propheta sanctus adstruxit dicens; Emitte Spiri-

---

[1] See below, pp. xxxiv, xxxix.   [2] Not in the Latin version.

tum tuum et creabuntur: deinde alius item posuit: Spiritus Divinus qui fecit me; Non enim separandus est divinitate, qui in operatione ac peccatorum remissione connectitur.' Seven years afterwards (A. D. 379) this was accepted in synod at Antioch by Meletius, Eusebius of Samosata, Eulogius of Edessa, and 150 other bishops. (Mansi, iii. 459–464.)

The mention of Campania may be due to St. Athanasius's knowledge that Vincent of Capua, who had been frightened into condemning him at Arles in 354, had remained firm against the Creed of Ariminum in 359.

Illyricum-Occidentale.—St. Athanasius mentions next Dalmatia, a part only of the diocese of Illyricum. Sirmium was tainted with the memories of its heretical bishops Photinus and Germinius (joint author, with Potamius, of the *Blasphemy*, A. D. 357), and of their two still more heretical suffragans, Ursacius of Singidunum and Valens of Mursa. But in a council of Illyrican bishops which was held about the time of Germinius' death, A.D. 371 (just after the council under Damasus, and a similar council in Gaul), the orthodoxy of the diocese was vindicated by a letter of reproof to the Bishops of Asia which must have comforted the heart of St. Basil in his struggles. In it they said they had demonstrated the Trinity of Father, Son and Holy Spirit to be consubstantial (ὁμοούσιον): and they were sending on the Roman bishop Elpidius to see if it were really true that in Asia a doctrine is preached which separates the Holy Spirit from the Father and the Son: 'If ye really have ever been involved in such an error, put off the old man and put on the new. And Elpidius will teach you to preach the true faith, that the Holy Consubstantial Trinity is sanctified, glorified and manifested in God the Father with the Son and Holy Spirit, the Father in the Son, the Son in the Father with the Holy Spirit for ever.' It may be noticed that the Illyrican bishops go on to say that this doctrine of the Consubstantial Trinity is 'in conformity with the faith long ago set forth in Nicaea.' (Theod. iv. 9.)

Dacia.—The later orthodoxy of Dacia and Moesia may be said to result naturally from the great Council at Sardica (A. D. 344), whose Acts were a sort of second chapter of the Nicene council. It restored St. Athanasius (after his second exile) to Alexandria, Marcellus to Ancyra, and Asclepas to Gaza, deposed and excommunicated the three 'wolves who had entered' their sees, Gregory, Basil, and Quintianus, and condemned the eight leaders of the Arians, with their policy and teaching.

Macedonia.—The name of Ascholius, who succeeded to the metropolitan throne of Thessalonica, at the time of the deposition of Macedonius (A. D. 360), is some guarantee for the truth of St. Athanasius's claim that Macedonia [1] held the Nicene Creed. He was the firm friend of St. Athanasius and St. Basil, and his statement to the Emperor Theodosius, who applied to him for baptism, when he was ill at Thessalonica, confirms and carries on the testimony of St. Athanasius almost to the time of the Council of 381: τὸ δὲ βαπτισθῆναι διὰ τὴν ἀρρωστίαν σπεύσας, ἐπιζητήσας τε τὸν Θεσσαλονικέων ἐπίσκοπον, ἠρώτησε πρότερον ποίαν πίστιν ἠσπάζετο. τοῦ δὲ εἰπόντος, ὡς 'οὐ παρῆλθεν ἡ Ἀρειανῶν δόξα κατὰ τὰ Ἰλλυρίων ἔθνη, οὐδὲ ἴσχυσε συναρπάσαι ἡ παρ' ἐκείνου γεγενημένη καινοτομία τὰς τῇδε ἐκκλησίας, ἀλλὰ μένουσι φυλάττοντες ἀσάλευτον τὴν ἄνωθεν μὲν καὶ ἐξ ἀρχῆς ἐκ τῶν ἀποστόλων παραδοθεῖσαν πίστιν, ἐν δὲ τῇ κατὰ Νίκαιαν συνόδῳ βεβαιωθεῖσαν,' ὁ βασιλεὺς ἀσμενέστατα ὑπὸ Ἀσχολίου τοῦ ἐπισκόπου βαπτίζεται. (Soc. v. 6.) That this specially implied freedom from Macedonianism is further suggested by the fact of the edict of Theodosius put forth at that time from Thessalonica (Cod. Theod. xvi. 1, 2), in which 'he declared his belief in the Godhead of the Father, the Son, and the Holy Ghost, in equal Majesty and divine Trinity, and commanded that the name of Catholic Christians should be applied only to those who professed the same belief, while he expressed his

---

[1] Demophilus (of Berroea), the tempter of Liberius, a single exception, removed to the more congenial atmosphere of Constantinople in 369.

desire that all his subjects should follow that faith as taught by Damasus, Bishop of Rome, and by Peter, Bishop of Alexandria.' (Wordsworth, Ch. Hist. ii. 313.)

Thracia.—The condition of Constantinople has been already noticed. The pseudo-council of the Eusebians at Philippopolis (A.D. 344); the successive exiles of the orthodox bishops, Eutropius and Lucius, from Hadrianople; the murder of Theodulus, Bishop of Trajanople, and the vicissitudes of Paul and Evagrius, both occasionally allowed to be bishops of Constantinople; with all that was done at Nike to wreck the Council of Ariminum, shew sufficiently the reason of the omission of Thracia from St. Athanasius's list of the Churches that held the Nicene Faith; while, in after days, the mission of St. Gregory of Nazianzus to preach the Catholic Faith in Constantinople, and his sermons in the church of 'the Resurrection' speak emphatically to the result of the forty years of Arianism which ended with the expulsion of Demophilus.

Africa and the Mediterranean.—The memories of Tertullian and Cyprian, the labours of Lucifer of Cagliari, and the extant writings of Epiphanius, Metropolitan of Cyprus, must suffice to support the claim of St. Athanasius for the orthodoxy of the Churches of Africa and the islands of the Mediterranean. The connexion between the 'Niceno-Constantinopolitan' Creed and the formulas contained in the Ἀγκυρωτός of Epiphanius is well known: the latter work was written as a help to orthodoxy for the Church of Pamphylia, a province of Asia. A passage from it may be quoted as expressing the doctrine of the Consubstantial Trinity in a manner somewhat different from the other writers, quoted in the present book: πίστις δὲ ἡ καθόλου κηρύκων φωναῖς αὕτη σημαίνεται, ὡς ἔγωγε οἶμαι, κατηχούμενος ἐκ γραφῶν, τρία ἅγια, τρία συνάγια, τρία ὑπαρκτά, τρία συνύπαρκτα, τρία ἔμμορφα, τρία σύμμορφα, τρία ἐνεργά, τρία συνεργά, τρία ἐνυπόστατα, τρία συνυπόστατα ἀλλήλοις συνόντα, Τριὰς αὕτη ἁγία καλεῖται, τρία ὄντα, μία συμφωνία, μία Θεότης τῆς αὐτῆς δυνάμεως, τῆς αὐτῆς ὑποστάσεως, ὁμοία ἐξ ὁμοίου, ἰσότητα χάριτος τῆς αὐτῆς χάριτος ἐργάζεται, Πατρὸς καὶ Υἱοῦ καὶ Ἁγίου Πνεύματος (repeated by him in his section on Πνευματομάχοι, adv. Haeres. III. lxxiv, which affords an interesting parallel to chapters xix.–xxiv. of the present treatise).

Asia.—There were ten provinces in Asia, of which Hilary says (De Syn. 63) that, with the exception of a few, including Eleusius, Bishop of Cyzicus, they were for the most part really ignorant of God—that is, overrun by pure Arianism. The provinces were Asia, Caria, Lycia, Pamphylia, Lycaonia, Pisidia, the two Phrygias, Lydia, and Hellespontus. Of these St. Athanasius claims as orthodox only two, Pamphylia and Lycia, and in after years we find the former mentioned honourably by Epiphanius, the latter by St. Basil. Menophantus, bishop of Ephesus, who belonged to the Arian party even at Nicaea, was deposed and excommunicated among the eight Arian leaders at Sardica, and thirteen years afterwards he joined with the rest of his party at Antioch in intruding the Cappadocian George into St. Athanasius's place. The condition of the diocese is an argument for the earliest date assigned to the orthodox Council held at the Phrygian Laodicea. In 356 Macedonius put into the see of Cyzicus Eleusius, noted for his share in his patron's violence and afterwards for his maintenance of the Dedication Creed at Seleucia in 359. Deposed at Constantinople in 360, he made way for Eunomius: but he returned on Julian's accession, though soon again banished by Julian, and again restored. At Lampsacus, in his province, a council was held in 365 which re-affirmed his favourite Creed of the Dedication. Although the Arian Emperor Valens rendered its decisions futile, the writer Socrates says the outcome of the Council was the prevalence of Macedonianism along the Hellespont (Soc. iv. 4). He tells also of the firmness of the Church of Cyzicus, which remained faithful to the former teaching of Eleusius on his return from Valens, before whom at Nicomedia he had been compelled to give his assent to an Arian Creed. His flock condoned the failing of their shepherd on his penitent confession of his weakness. Later on (A.D. 370) we hear of the Bishops of Heraclea and Constantinople being foiled in a new attempt to give the people of Cyzicus an Arian bishop: yet when the tyranny of Valens was overpast, and the harshness of Arians no longer pressed him, Eleusius became more obstinately Macedonian, and was the leader of the thirty-six bishops (chiefly of his own province) who represented the semi-Arian party in the Council of Constantinople (Soc. v. 8). He was finally left to the sorry comfort, invented by himself and the others who shared his belief in a divided Trinity, that they belonged to the chosen few, and that the Church consisted only of the many called (Soc. v. 10). After his removal from Cyzicus, the Arian Eunomius lived for many years at Chalcedon in the neighbouring Pontic province, and Sozomen (vi. 27) says that his heresy was spread from Cilicia and the mountains of Taurus as far as the Hellespont and Constantinople. He ascribes to Eunomius (as he also does to Apollinarius) the power of attracting to his party the persons among whom he dwelt. St. Basil, writing to St. Amphilochius (Metropolitan of Lycaonia) in A.D. 375, mentions five bishops of Lycia, and three priests in another diocese of the same province, who dissented from what he calls τὸ 'Ασιανὸν φρόνημα, and said he was most thankful to God that there were any at all in the region of Asia who were unhurt by heresy: in another letter to the Neocaesarean Church, he claims Pisidia, and the two Phrygias as well as the province of Amphilochius; and later on, when St. Basil was, as often before, lying on a sick bed, he was cheered by the news of a council, held somewhere in the exarchy of Asia, which accepted the writings of himself and of Amphilochius on the true meaning of the Nicene formula, and condemned the errors of the Pneumatomachi.

Oriens.—The Churches of the East (i. e. under Antioch), are claimed as orthodox with the exception of a few persons who held the opinions of Arius (αἱ κατὰ ἀνατολὰς ἐκκλησίαι, πάρεξ ὀλίγων τῶν τὰ Ἀρείου φρονούντων). To one of less buoyant mind than St. Athanasius, the troubles in Antioch itself would have been too perplexing for such a claim: his friend Lucifer of Cagliari had lately aggravated the schism by consecrating Paulinus: Euzoius, the oft-deposed heretic, who had baptized Constantius (Nov. 361), ruled in the Church, and was only kept from turning Paulinus out of the small church in which the orthodox Eustathians worshipped from a personal feeling of respect (αἰδοῖ τῇ πρὸς αὐτόν). The orthodox Meletians were holding aloof from these: and Euzoius had promulgated (A. D. 361) the ultra-Arian Creed which declared our Lord to be παντελῶς ἀνόμοιον τῷ Πατρί. Yet St. Athanasius felt (as he said in De Syn. 32), that at the end of their combinations against the truth 'they would come to themselves and say, we will arise and go to our fathers, and will say to them, We anathematize the Arian heresy, and we acknowledge the Council of Nicaea.' When he wrote, he knew that Antioch was rid of the presence of Aetius and Eunomius, but he did not live to see the realization of his hopes. After his death, the confusion was somewhat simplified for a time when Valens banished Meletius to Armenia (A. D. 374), sparing Paulinus (δι᾽ ὑπερβάλλουσαν τοῦ ἀνδρὸς εὐλάβειαν). The accession of Gratian, the death of Euzoius, and, two years afterwards (A. D. 378) the death of Valens brought comparative peace to the Church of Antioch, as it did also to the others. Meletius returned, although Paulinus was still living.

Eusebius of Samosata was not banished from his see till after St. Athanasius's death. He too returned in 378 from his exile in Thrace, and laboured energetically for the confirmation of the Nicene faith. Six bishops, famous for zeal and orthodoxy, are mentioned by Theodoret (v. 4) as having been placed in their sees by Eusebius: one, Isodore, was a predecessor of Theodoret himself in Cyrus: two, Theodotus and Maris, were given to Hierapolis and Doliche in Eusebius's province: two, Acacius and another Eusebius, would appear to have been recommended to Meletius for

Berroea and Chalcis, sees in his province of Antioch; and the last, Eulogius, being made Metropolitan of Edessa, gave Protogenes, the companion of his struggles, to be 'the guardian and physician of the sick city' of Karrae.

In 379 a council under Meletius accepted the synodal letter from Rome (see p. xxv): the signatures of Eusebius and Eulogius, attached to the acceptance, tell us of 'the peace of the Churches' (Theod. iv. 18). In such ways as these, which led up to the presidence of Meletius at Constantinople in 381 and his honoured death there, the hopes of St. Athanasius were realized: and St. Augustine records that in his time, while there were no Arians in Africa, their numbers in the East were very few.

Pontus—Sozomen (vi. 26) says that the greater part of the Catholic Church would have been subverted by Arianism had it not found opponents in the Cappadocians, Basil and Gregory. It was well that Cappadocia should have furnished such champions as Basil and the two Gregories; for its name is attached to many against whom the orthodox were called to fight. Asterius, of whose Arian sophistries St. Athanasius gives us specimens (De Synod. § 18, 19), was a Cappadocian: Eunomius was a Cappadocian: Gregory and George, the two Arian intruders into the see of St. Athanasius, and Auxentius of Milan, were Cappadocians also. Eudoxius came from the adjoining province of Armenia. In Bithynia, Eusebius of Nicomedia and Theognis of Nicaea itself were almost the last to sign the Creed in 325; and it was from the Emperor's court in Nicomedia that the Arian reaction derived its chief strength. At the time of St. Basil's episcopate, their successors were, in Nicomedia, Marathonius, a nominee of Macedonius and a leader of his party; and in Nicaea, Hypatius, a pupil of Aetius, and nominee of Eudoxius. In Galatia, the annals of Marcellus and Basil of Ancyra, and in Armenia, the career of Eustathius of Sebaste, are mere registers of shifting winds of heresy. In 377 St. Basil said (Ep. 263) that the latter was πρωτοστάτης τῆς τῶν πνευματομάχων αἱρέσεως. There were rugged tracts, both in Pontus and Asia, which were convenient places of exile for orthodox bishops. Paul, three times Bishop of Constantinople, is said to have ended his third banishment by being strangled at Cucusus, not far from Caesarea, in 339, when St. Basil was still a boy. Dionysius of Milan was sent by Constantius to Cappadocia in 355; Paulinus of Treves, the constant friend and correspondent of St. Athanasius, Hilary of Poitiers and Rhodanius of Toulouse were sent to Phrygia soon after: and Meletius of Antioch came in exile to Armenia in 370. Arians also had the same rough experiences: Aetius and Eunomius followed the footsteps of Hilary to the barbarous land in which Paulinus died.

The orthodox traditions of Firmilian (a predecessor of St. Basil, who presided in the Synod held at Antioch to try Paul of Samosata) were handed on by Leontius, who was at Nicaea, to his successor Hermogenes, but were broken by Dianius, who, after taking part in the Council of Antioch (341), failed to defend St. Athanasius at Sardica, and fifteen years later subscribed the Creed of Ariminum. In St. Cyril's Lectures (347), we read of 'the new head of the dragon sprung up in Galatia,' meaning Marcellus of Ancyra, now fallen from his old orthodoxy; and his frequent successor Basil, denounced as a 'wolf' at Sardica, earned his depositions from Catholics and Arians alike. The vacillations of Eustathius of Sebaste in faith, as in his feelings and conduct towards St. Basil (who was greatly his junior) are an indication of the state of the Church in Pontus. St. Basil's account of him, in Ep. 263 (A.D. 377) to the Western Bishops, is as follows: 'There is then one of those who are giving much pain to us, Eustathius of Sebaste in the Lesser Armenia; who, long ago (circ. A.D. 320), became a disciple of Arius, in his prosperous days at Alexandria, when he was contriving his evil blasphemies against the Only Begotten: him he followed and was reckoned among the most genuine of his pupils. On his return to his own land, when Hermogenes, Bishop of Caesarea, of blessed memory, called him to account for his false doctrine, he presented a confession of sound faith. He was then ordained by Hermogenes, and after that prelate fell asleep (circ. A.D. 342) he went off to Eusebius, who was bishop of Constantinople (A.D. 338–342), a man inferior to none in his support of the impious tenet of Arius. Driven from Constantinople for some reason, he came to his own people and again cleared himself, concealing his impious belief by assenting to some correct form of words. Then somehow or other (before A.D. 357) he was made bishop, and we straightway find him at the semi-Arian Council of Ancyra (A.D. 358) writing the anathema of the Homoousion. Thence having come to Seleucia, he has managed to do, with his party, the things that are known to all (δέδρακε μετὰ τῶν ἑαυτοῦ ὁμοδόξων ἃ πάντες ἴσασιν). But in Constantinople (A.D. 359) he again gave his assent to the creed presented by the heretics (sc. the creed of Ariminum). And in this way, after being driven from his see, on account of his having previously been degraded in Melitene (Armenia) he devised a way of being restored by coming to you. And what it was that was presented for his assent by Bishop Liberius of blessed memory, and what he actually assented to, we do not know; we only know that he brought a letter reinstating him, which he shewed in the council at Tyana (A.D. 367), and was then reinstated in his place. He now destroys the faith, on his assent to which he [1] was received, and he associates with those who anathematize the Homoousion and is a leader of the heresy of the Pneumatomachi.' In an earlier letter (244) to Eustathius himself (A.D. 376?), St. Basil gave a similar account, only adding Lampsacus (A.D. 365), Nike, and Cyzicus (A.D. 376?) to the formulae to which Eustathius had subscribed: and he explains that at Cyzicus the Homoousion was suppressed, the κατ' οὐσίαν ὅμοιον was substituted, and Eunomius' blasphemies against the Holy Spirit were adopted. In this letter Basil reminds

---

[1] Sc. before Liberius A.D. 366, and to St. Basil himself A.D. 373.

Eustathius of their old intimacy when they had a common object in the monastic life (circ. A.D. 356).

IV.
ST. BASIL.

While the Council of Ariminum was still pursuing its miserable course (A. D. 359), the Council of Seleucia reached its somewhat sudden and unprepared end through the intervention of Leonas, the emperor's commissioner. Hilary was there, and Meletius, afterwards the revered president at Constantinople in 381. The majority deposed, in a fashion, Acacius from Caesarea and his suffragan Uranius of Tyre, Eudoxius from Antioch, George from Alexandria, and four bishops of Asia; and they at least had some claim to the negative virtue of protesting against extreme Arianism by their support of the Dedication Creed. We need not then be surprised to find that St. Basil's first appearance in controversy was when he accompanied the deputies of the Council to Constantinople. He was born about A. D. 330, and was brought up, without baptism, learning from his grandmother Macrina something of what she had received from the great Gregory of Neocaesarea. After well-spent years of study at Caesarea, Constantinople, and Athens, he had returned to Caesarea and received baptism from Dianius his bishop about A. D. 357, and by him was ordained a Reader. He then saw enough of monasticism in Egypt, Syria, and Mesopotamia to be ready, on his return home, to give up his goods and adopt their life, and practise true 'philosophy according to the way of the church[1].' Eusta-

---

[1] He says (Ep. 223): καὶ δὴ πολλοὺς μὲν εὗρον κατὰ τὴν Ἀλεξανδρείαν, πολλοὺς δὲ κατὰ τὴν λοιπὴν Αἴγυπτον καὶ ἐπὶ τῆς Παλαιστίνης ἑτέρους, καὶ τῆς κοίλης Συρίας καὶ τῆς Μεσοποταμίας· ὧν ἐθαύμαζον μὲν τὸ περὶ δίαιταν ἐγκρατές· ἐθαύμαζον δὲ τὸ καρτερικὸν ἐν πόνοις. ἐξεπλάγην τὴν ἐν προσευχαῖς εὐτονίαν, ὅπως ὕπνου κατεκράτουν, ὑπ' οὐδεμιᾶς φυσικῆς ἀνάγκης κατακαμπτόμενοι, ὑψηλὸν ἀεὶ καὶ ἀδούλωτον τῆς ψυχῆς τὸ φρόνημα

thius (afterwards of Sebaste) had been of the same mind; and we can imagine that St. Basil accompanied his namesake of Ancyra and the bishop of Sebaste to Constantinople in 359, or 360, much in the way in which an intelligent and devout Oxford layman might have gone with the late Bishop of Winchester to the Conference of Bonn in 1874. The result of the visit to Constantinople was two-fold: Aetius, the heretical counterfeit of St. Athanasius, was banished by Constantius; but St. Basil's chiefs succumbed to the combination of their Acacian opponents and the deputies from Ariminum. This may explain the statement of St. Basil's kindhearted but simple brother, Gregory of Nyssa, that they were triumphantly victorious (Greg. Nyss. in Eunom. i. 289, 296), while the hard Arian Philostorgius (iii. 16), says they were shamefully defeated. Basil of Ancyra, Eustathius (who had been the accuser of Aetius before the emperor), with Macedonius of Constantinople, Eleusius of Cyzicus, Silvanus of Tarsus, and Cyril of Jerusalem, the very same bishops who at Seleucia had just deposed Acacius and Eudoxius, were by them deposed in their turn, and banished by the emperor. St. Basil seems to have acted throughout these proceedings consistently with his humble office in the Church, and his modesty earned for him from Philostorgius (or most probably from the writer's informant, Eunomius himself), the imputation of timidity: οἷς ἄλλοι τε καὶ Βασίλειος ἕτερος παρῆν συνασπίζων, διακόνων ἔτι τάξιν ἔχων· δυνάμει μὲν τοῦ λέγειν πολλῶν προφέρων· τῷ δὲ τῆς γνώμης ἀθαρσεῖ, πρὸς τοὺς κοινοὺς ὑποστελλόμενος ἀγῶνας (Phil. iv. 12). This may be the Arian way of saying that St. Basil withdrew from the Seleucian deputies when they yielded to the Acacians. It is on his return to

διασώζοντες, ἐν λιμῷ καὶ δίψει, ἐν ψύχει καὶ γυμνότητι, μὴ ἐπιστρεφόμενοι πρὸς τὸ σῶμα, μηδὲ καταδεχόμενοι αὐτῷ προσαναλῶσαι τίνα φροντίδα, ἀλλ' ὡς ἐν ἀλλοτρίᾳ τῇ σαρκὶ διάγοντες, ἔργῳ ἐδείκνυσαν, τί τὸ παροικεῖν τοῖς ὧδε, καὶ τί τὸ πολίτευμα ἔχειν ἐν οὐρανῷ. ἐκεῖνα θαυμάσας, καὶ μακαρίσας τῶν ἀνδρῶν τὴν ζωήν, ὅτι ἔργῳ δεικνύουσι τὴν νέκρωσιν τοῦ Ἰησοῦ ἐν τῷ σώματι περιφέροντες, ηὐχόμην καὶ αὐτός, καθόσον ἐμοὶ ἐφικτόν, ζηλωτὴς εἶναι τῶν ἀνδρῶν ἐκείνων.

St. Basil and Dianius. xxxvii

Caesarea from Constantinople that the Benedictine editor (Prudentius Maranus) refers the labours in defence of the faith, which he himself mentions to Eustathius in his letter of expostulation (223) against his false friend's three years of calumny (A.D. 372–375): τὰ ἐπὶ Χαλκηδόνος λαληθέντα ἡμῖν περὶ πίστεως, τὰ ἐν Ἡρακλείᾳ πολλάκις, τὰ πρότερον ἐπὶ τῆς Καισαρείας ἐν τῷ προαστείῳ, εἰ μὴ πάντα σύμφωνα παρ' ἡμῶν. This implies, as is also implied by the title and contents of Ep. 8 referred to below, that in his own city St. Basil had already been called by Dianius to use his powers of preaching. A bitter disappointment was however awaiting him, when he reached Caesarea. His bishop had subscribed the formula of Ariminum, as modified at Nike. This creed substituted for the ὁμοούσιον the cloudy phrases, ὅμοιον τῷ γεννήσαντι αὐτὸν Πατρὶ κατὰ τὰς γραφάς· οὗ τὴν γένεσιν οὐδεὶς γινώσκει εἰ μὴ μόνος ὁ γεννήσας αὐτὸν Πατήρ, and abolished the term οὐσία as not contained in Scripture, and ὑπόστασις also, 'for it too does no good' (καὶ γὰρ οὐδὲ ὀφείλει). St. Basil withdrew quietly from Caesarea, and seems to have moved from town to town till he reached his bosom friend, Gregory, son of the Bishop of Nazianzus, a town of Cappadocia. In his retreat he wrote a letter (Ep. 8) traditionally entitled τοῖς Καισαρεῦσιν ἀπολογία περὶ τῆς ἀποχωρήσεως καὶ περὶ πίστεως, in which, after referring to the unexpected blow which he had received, he warns them against the Arian errors (to which they would naturally be exposed by the submission of Dianius to Acacius and Eudoxius), and expounds the doctrines of the Unity of the Divine Nature, and of the Uncreated Trinity, showing that it is impossible for such qualities as likeness or unlikeness to be applicable to the Son; and after referring to the perversion of scripture practised by heretics, he proceeds to explain the texts about the Son which were misapplied by them, e.g. John vi. 58, xiv. 28, Mark xiii. 32, Prov. viii. 22, John v. 19; and then the similar supports of false doctrine about the Holy Spirit, especially Ps. cxix. (cxviii. LXX.) 91. During his retreat, and at the time of the Anomoean Council

†

at Antioch, St. Basil probably composed his Moralia, which is a good specimen of the practical use he made of Holy Scripture as a rule of life. About this time Julian's short reign commenced, and St. Basil's experience of the deathbed of Dianius left his heart tender through life towards all who could be believed to have been unwittingly led astray. Dianius in his last illness sent for St. Basil, and assured him that, the Lord being witness to his truth, he had assented to the document brought from Constantinople without intending at all to efface the Creed put out by the Nicene Fathers, and that in heart he was the same as when he first accepted it. Indeed he went on to pray that he might share the blessed lot of those 318 bishops who had given the truth ($\tau\grave{o}$ $\epsilon\dot{v}\sigma\epsilon\beta\grave{\epsilon}s$ $\kappa\acute{\eta}\rho\nu\gamma\mu a$) to the world. The strange choice of a successor to Dianius in Eusebius, a layman, his speedy baptism and consecration, and Julian's rage against Caesarea, soon followed by his death and the accession of Jovian, were the circumstances under which St. Basil attempted a new work, the refutation of Eunomius's Apology for Arianism. This was written to meet a lower form of heresy than his subsequent work De Spiritu Sancto, which deals with Macedonianism, and which generally takes for granted that higher doctrine of the Nature of the Son, which in the work of Eunomius was denied. While he was attacking Arianism in Cappadocia, St. Athanasius, after writing his epistles to Serapion, was condemning Macedonianism and sending the letter to Jovian which has been quoted in a previous section. St. Basil was now ordained to the priesthood by Eusebius, and though he spent some years in Pontus, in consequence, so it is believed, of his bishop's jealousy of his superior powers, he returned when the Church of Caesarea was endangered by the long dark days which began with the reign of Valens.

During this retreat, the Semiarians at the Council of Lampsacus had tried once more to overcome Eudoxius and Acacius. But they were not only baffled by the Imperial power; they also began to share with their Catholic brethren in the persecutions which were promoted by their opponents. After holding various meetings in the provinces of Asia, Pisidia, Isauria, Pamphylia and Lycia, their leaders, Eustathius of Sebaste and Silvanus, the Metropolitan of Cilicia, with one of his suffragans Theophilus of Castabala, turned their hopes towards Liberius, the Pope; to whom they came, as deputies, professing that they held the Catholic Faith as tested by the 318 at Nicaea, and guarded by the terms ὑπόστασις and ὁμοούσιος, which latter they had already declared to be the meaning of their κατὰ πάντα ὅμοιος. They had before this, sc. at Lampsacus, denied the belief of the Anomoeans, and they now anathematized especially the Creed of Ariminum, which, as signed at Constantinople through Arian trickery had proscribed the terms now accepted. Liberius received them to communion, and sent them back with a letter testifying to the orthodoxy of their statements. This letter was addressed by name to sixty-three bishops of the Macedonians, the first of them being Evethius the Bishop of Ephesus and exarch of Asia: others are recognised as bishops of Sardis, Iconium, Magnesia, and the greater part of them belonged to the provinces of Asia. Not more than three can be recognized as belonging to Pontus, and Marathonius's name does not occur. The letter was presented at a council held, not in Asia under Evethius, but in Pontus under Eusebius of Caesarea, at Tyana, the seat of one of the suffragans in his Cappadocian province (A.D. 367). St. Basil is supposed by some to have been a partner in suggesting the appeal of the Semiarians to the help of Liberius. He was certainly back again in Caesarea, and working cordially as a priest under Eusebius, when the council of Tyana was held. But the hope of realizing the union, now almost in sight, by a more general meeting of the Eastern Bishops at Tarsus, was defeated by the Arian emperor; and the Semiarian malcontents, probably consisting of one half of the Arian bishops addressed by Liberius, met in Caria, and rejected the very basis of union, the Homoousion, thus rendering the Churches of Asia, already weakened by heresy, still less able to repel the assault of Valens' persecution. The Churches of Pontus were happier in being able to suffer without flinching. St. Basil's assistance was greatly helpful to Eusebius during the last three years of his episcopate. He died about the same time as Aetius and Eudoxius: and St. Basil, after an amount of friendly help and unfriendly opposition, which made his election as strange as that of his predecessor, was consecrated to the uneasy office. All that he did during the short nine years of his episcopate in consolidating his monastic institutions, in attempting to maintain orthodoxy, and to conciliate those who had erred, was a consistent sequel to the fourteen years that had followed his baptism; and in defending the Church from imperial violence, he shewed himself a true shepherd and proved his claim to his epithet 'the Great[1].'

If we read the account of these nine years, bearing in mind the experiences with which he entered upon them— his intercourse with Dianius and Eusebius, with the Gregories of Nazianzus, father and son, and with Eustathius of Sebaste; and his memories of Seleucia and Constantinople, Lampsacus, and Tyana—the record of his brief episcopate, ending

[1] St. Gregory of Nyssa says of these times of Valens, Contra Eunom. I. (II. p. 315): Ποῖον οὐκ ἐπενείματο τόπον τῶν Ἐκκλησιῶν ἡ τηνικαῦτα καταστροφή; ποῖον ἔμεινεν ἔθνος τῆς τῶν αἱρετικῶν ἐπιστασίας ἀπείρατον; τίς τῶν κατὰ τὰς Ἐκκλησίας εὐδοκιμούντων οὐκ ἀπεσείσθη τῶν πόνων; ποῖος διέφυγε λαὸς τὴν τοιαύτην ἐπήρειαν; οὐ Συρία πᾶσα, καὶ τῶν ποταμῶν ἡ μέση, μέχρι τῶν πρὸς τοὺς βαρβάρους ὅρων; οὐ Φοινίκη, καὶ Παλαιστίνη, καὶ Ἀρραβία, καὶ Αἴγυπτος, καὶ τὰ ἔθνη τῆς Λιβύης ἕως τοῦ τέρματος τῆς καθ' ἡμᾶς οἰκουμένης, οὐ τὰ ἐπὶ τάδε πάντα, Ποντικοί, καὶ Κίλικες, Λύκιοι, Λυδοί, Πισίδαι, Πάμφυλοι, Κᾶρες, Ἑλλησπόντιοι, νησιῶται μέχρι τῆς Προποντίδος αὐτῆς; οὐ τὰ ἐπὶ Θράκης πάντα ἕως ἦν ἡ Θράκη, καὶ τὰ περὶ αὐτῶν ἔθνη ἕως πρὸς τὸν Ἴστρον αὐτόν; τί τῶν πάντων ἐπὶ σχήματος ἔμεινε, πλὴν εἰ μήτι προκατείχετο τῷ τοιούτῳ κακῷ; ἀλλὰ μόνος ἐκ πάντων ὁ Καππαδόκειος λαὸς τῆς κοινῆς τῶν Ἐκκλησιῶν συμφορᾶς οὐκ ἐπῄσθετο· ὃν ὁ μέγας πρόμαχος ἡμῶν ἐπὶ τῶν πειρασμῶν διεσώσατο [a].

[a] But see Wordsworth's History, vol. II. p. 262, for details of the suffering endured by Cappadocia.

with his early death, is fuller of pathos than the long struggles of his friend St. Athanasius, as he alternated between banishment and restoration through forty-six years. The heart-burns that attended St. Basil's election were scarcely allayed, when his province was cut in two by Valens, and a rival Metropolitan, Anthimus of Tyana, thrust in his face: insults and threats, arguments and promises were followed by the arrival of the Arian Emperor, as a raging lion, and his intrusion into St. Basil's Church at Caesarea; and though after St. Basil's bold resistance he withdrew, there was always a prefect, ready to act, 'as a messenger of Satan,' in getting rid of a faithful suffragan and putting an Arian in his place. When he had reason to hope that Eustathius of Sebaste had at last given in his adhesion to the Nicene faith, and acknowledged the true meaning of its last clause as against the Pneumatomachi, the news came of the death of St. Athanasius his 'one comfort in woes' (Ep. 80): and the gleam of brightness which came from the consecration of St. Ambrose in distant Milan was soon obscured by the final lapse of Eustathius into Homoiousianism and 'blasphemies' concerning the Holy Spirit, as the last of his long 'tale of faiths' (τῶν πίστεων ἃς ἀπηριθμησάμην). Throughout his labours on behalf of the faith, his tenderness of heart, modified by the depression that arose from a diseased constitution, presented the appearance of a tendency to Tritheism, or Sabellianism, or whatever was the most objectionable heresy in the minds of those who for any reason sat in judgment on him: and though St. Athanasius [1] could discern his likeness to St. Paul

---

[1] St. Athanasius writes (at the end of 371 or beginning of 372) to John and Antiochus, who had lately been at Jerusalem: πάνυ δὲ τεθαύμακα τὴν θρασύτητα τῶν τολμώντων λαλεῖν κατὰ τοῦ ἀγαπητοῦ ἡμῶν, τοῦ ἀληθῶς Θεοῦ δούλου Βασιλείου τοῦ ἐπισκόπου. Ἐκ γὰρ τῆς τοιαύτης φλυαρίας ἐλέγχεσθαι δυνήσονται, ὡς οὐδὲ τῶν πατέρων ἀγαπῶντες τὴν ὁμολογίαν (I. 765); and to Palladius (same date): ἐπειδὴ δὲ καὶ περὶ τῶν μοναζόντων τῶν ἐν Καισαρείᾳ ἐδήλωσας· ἔμαθον δὲ παρὰ τοῦ ἀγαπητοῦ ἡμῶν Διανίου, ὡς λυπουμένων καὶ ἀνθισταμένων αὐτῶν τῷ ἀγαπητῷ ἡμῶν Βασιλείῳ τῷ ἐπισκόπῳ· σὲ μὲν ἀπεδεξάμην δηλώσαντα, αὐτοῖς δὲ τὰ πρέποντα δεδή-

in becoming weak to the weak, he was misunderstood by smaller minds, whose carpings sometimes wounded him through his friends.

An instance of this is recorded at length in the letters that passed between himself and his true friend, St. Gregory of Nazianzus. St. Gregory (at the end of 372 or beginning of 373) wrote to St. Basil, as having been from the beginning, and still being, his guide in life and instructor in the faith and in everything that could be called good (ἐγὼ σὲ καὶ βίου καθηγητὴν καὶ δογμάτων διδάσκαλον καὶ πᾶν ὅτι ἂν εἴποι τις τῶν καλῶν ἐθέμην τε ἀπ' ἀρχῆς καὶ νῦν τίθεμαι) : and he reports that during a dinner, at which there were personal friends and people of distinction, the conversation turned on St. Basil and himself, their early life, and friendship, and complete union of mind and aim. One of the guests, a man, by name and dress a monk (ἀνήρ τις τῶν εὐλαβείας ὄνομα καὶ σχῆμα περικειμένων), setting himself up as a philosopher (ὁ δῆθεν φιλόσοφος), said they might be in some things praiseworthy men, but he denounced them both in a vigorous manner as liars and flatterers in the greatest of all subjects, theology, St. Basil in what he said, and St. Gregory in allowing it. On the occasion of the celebration of St. Eupsychius the Martyr, he said he heard the 'Great' Basil preach perfectly on the Father and the Son (θεολογοῦντος τὰ μὲν Πατρὸς καὶ Υἱοῦ ἄριστά τε καὶ τελεώτατα καὶ ὡς οὐκ ἄν τις ἄλλος ῥᾳδίως εἴποι), while traducing

λῶκα· ἵν' ὡς τέκνα ὑπακούωσι πατρί, καὶ μὴ ἀντιλέγωσιν οἷς αὐτὸς δοκιμάζει. Εἰ μὲν γὰρ ὕποπτος ἦν περὶ τὴν ἀλήθειαν, καλῶς ἐμάχοντο. εἰ δὲ τεθαρρήκασι, τεθαρρήκαμεν δὲ πάντες ἡμεῖς, ὡς καύχημα τῆς Ἐκκλησίας ἐστίν, ἀγωνιζόμενος μᾶλλον ὑπὲρ τῆς ἀληθείας, καὶ διδάσκων τοὺς δεομένους· οὐ χρὴ πρὸς τὸν τοιοῦτον μάχεσθαι, ἀλλὰ καὶ μᾶλλον ἀποδέχεσθαι τὴν ἀγαθὴν αὐτοῦ συνείδησιν. Ἐξ ὧν γὰρ διηγήσατο ὁ ἀγαπητὸς Διάνιος, μάτην φαίνονται λυπούμενοι. Αὐτὸς μὲν γάρ, ὡς τεθάρρηκα, τοῖς ἀσθενοῦσιν ἀσθενὴς γίνεται, ἵνα τοὺς ἀσθενεῖς κερδήσῃ, οἱ δὲ ἀγαπητοὶ ἡμῶν, ἀποβλέποντες εἰς τὸν σκοπὸν τῆς ἀληθείας αὐτοῦ, καὶ τὴν οἰκονομίαν, δοξαζέτωσαν τὸν Κύριον, τὸν δεδωκότα τῇ Καππαδοκίᾳ τοιοῦτον ἐπίσκοπον, οἷον καὶ ἑκάστη χώρα ἔχειν εὔχεται. καὶ σὺ οὖν ἀγαπητὲ θέλησον αὐτοῖς δηλῶσαι, ἵνα ὡς ἔγραψα πεισθῶσιν. Τοῦτο γὰρ καὶ αὐτοὺς συνίστησιν εὐγνώμονας πρὸς πατέρα· τοῦτο καὶ τὴν εἰρήνην ταῖς Ἐκκλησίαις διαφυλάξει.

the Spirit (τὸ Πνεῦμα δὲ παρασύροντος). He contrasted with St. Basil's reticence the openness with which St. Gregory had called the Holy Spirit God, quoting his sermon (Orat. xii) lately preached at Nazianzus, in which, after saying the words καὶ τῷ Ἁγίῳ Πνεύματι καὶ Θεῷ, he had added μέχρι γὰρ τίνος τῷ μοδίῳ τὸν λύχνον περικαλύψομεν; but of St. Basil—ὁ δὲ ὑποφαίνει μὲν ἀμυδρῶς, καὶ οἷον σκιαγραφεῖ τὸν λόγον, οὐ παρρησιάζεται δὲ τὴν ἀλήθειαν, πολιτικώτερον ἢ εὐσεβέστερον τὴν ἀκοὴν ἐπικλύζων, καὶ τῇ δυνάμει τοῦ λόγου τὴν διπλόην περικαλύπτων. Gregory said that his own words were not of any public importance and did not require to be weighed, but that Basil was watched by heretics, who were seeking to catch an unmistakeable word from him to get him banished, and so quench the last spark (σπινθήρ) of life and truth in the Church of Caesarea and thence involve the world in woe: and it was better to use restraint (οἰκονομηθῆναι[1]) in preaching the truth, while the cloud was hanging over them, than by open proclamation of it have the truth involved in ruin (καταλυθῆναι). The Divinity of the Spirit could without harm be made known in terms which implied it, rather than that the Church should be injured by the truth being driven out in the person of one man. However, the company sided with the monk, and said that the reserve was out of date (ἕωλον), and a mockery. They cried it down as a reserve of cowardice

[1] It should be noticed also that in the De Spiritu Sancto, St. Basil, writing to convince the Pneumatomachi, not only did not use Θεός of the Spirit, but he also refrained from using ὁμοούσιος of the Son, in accordance with his own opinion expressed in Ep. 9, written soon after the events at Constantinople in 360 and before the Council at Alexandria in 362: ἐγὼ δέ, εἰ χρὴ τοὐμὸν ἴδιον εἰπεῖν, τὸ ὅμοιον κατ' οὐσίαν, εἰ μὲν προσκείμενον ἔχει τὸ ἀπαραλλάκτως δέχομαι τὴν φωνήν, ὡς εἰς ταὐτὸν τῷ ὁμοουσίῳ φέρουσαν, κατὰ τὴν ὑγιῆ δηλονότι τοῦ ὁμοουσίου διάνοιαν ... εἰ δέ τις τοῦ ὁμοίου τὸ ἀπαράλλακτον ἀποτέμνοι, ὅπερ οἱ κατὰ τὴν Κωνσταντινούπολιν πεποιήκασιν, ὑποπτεύω τὸ ῥῆμα, ὡς τοῦ Μονογενοῦς τὴν δόξαν κατασμικρύνον. καὶ γὰρ καὶ ἀμυδραῖς ἐμφερείαις, καὶ πλεῖστον τῶν ἀρχετύπων ἀποδεούσαις, τὸ ὅμοιον πολλάκις ἐπινοεῖν εἰώθαμεν. ἐπεὶ οὖν ἧττον οἶμαι κακουργεῖσθαι τὸ ὁμοούσιον, οὕτω καὶ αὐτὸς τίθεμαι. But at the beginning of his Episcopate, in 370, he gives the history and full meaning of ὁμοούσιος, shewing why it was discountenanced at Antioch in 264 (Ep. 52).

rather than of doctrine: for it were much better to defend our own side by means of the truth, than to injure (ἀχρειοῦν) our side and not win over the adversary by this pretended (δῆθεν) reserve. Gregory grew quite angry with them, and so the company separated. He now asks his 'dear holy' friend how far they should advance in the doctrine of the Divinity of the Spirit, what terms they might use, and what reserve, for it was a miserable thing not to have proper replies to such gainsayers. In the next letter, Gregory says that he felt from Basil's reply that he was hurt by the imputation, but it is better to set the question right than to be vexed with his counsellors: and he offered himself to follow him or stand by him in contending for the truth.

Amid troubles and misunderstandings such as these, St. Basil wrote the following treatise for his 'son' Amphilochius, who was first cousin to St. Gregory, and a native of Caesarea. St. Basil, who would have welcomed him as a Bishop in his own province, had recommended him for election as Bishop of Iconium, and guided [1] him afterwards in assisting to arrange ecclesiastical matters in the neighbouring provinces of Isauria, Lycaonia, and Lycia. A letter of Amphilochius is extant, written, as it appears, to some synod of a neighbouring province, which refers to St. Basil's book, and echoes the contents of it. It condemns (as does the first Canon of 381) Anomoeans, Arians, and Pneumatomachi: and pressing on his friends the necessity of such a doxology as is defended by St. Basil, lays emphasis, like his 'father' (τὸν θαυμασιώτατον καὶ μετὰ πάσης αἰδοῦς ὀνομαζόμενον) on the futility of persons avoiding communion with Arians, if they fall into the irremissible sin by speaking against the Holy Spirit.

St. Basil lived only long enough to hear of the tragic end of his imperial enemy at Hadrianople, and to welcome the

---

[1] The 2nd Canon of Constantinople afterwards restrained bishops within the limits of their own exarchies, and reaffirmed the management of provincial matters by the provincial synods.

promise of calmer weather in the restoration of exiled Bishops by Gratian. He died at the age of fifty, one of the shortest lived on the roll of the saints, January 1, 379. Amphilochius lived to take part in the Council of Constantinople in 381, and to see the faith of the Nicene Fathers, for which St. Basil had fought, acknowledged in its fulness throughout the Churches, and was named, by a law of Theodosius, as one of the centres and types of Catholic Communion in the diocese of Asia.

ON THE 'ECONOMY' OF ST. BASIL.

I venture to give a short epitome of an essay, entitled Οἰκονομία Βασιλείου τοῦ μεγάλου, Prudentia Basilii Magni in refutandis Haereticis, by Christian Gottlieb Wuilcknis (Leipsig, 1724), which discusses the 'economy' of St. Basil in avoiding the actual phrase 'Spiritum Sanctum esse Deum.'

I.

1. He remarks that an unfair judgment may arise from perversity or from an inability to see whether Aristotle's dictum τὰ κακὰ ἀγχίθυρα ταῖς ἀρεταῖς is or is not applicable to such a matter: but his chief object is to prevent the wrong following of St. Basil's example by those who would recommend their own strange and erroneous teaching as being a similar 'economy.'

2. He first notices the acknowledged fact of St. Basil's orthodoxy: (1) from St. Athanasius's letters to John and Antiochus, and to Palladius, and (2) from the writer's contemporary Scherzer (System. Theol. Art. ii. p. 78), 'Macedonium refutans Basilius ὀρθοδοξώτατος, cum parum commodis uteretur formulis, inter alia dicens, Πνεῦμα τὸ ἅγιόν ἐστιν ἐκ Θεοῦ Πατρὸς δι' Υἱοῦ aliis erroribus ansam dedit.'

3. St. Basil was accused at a dinner, in the presence of his friend Gregory of Nazianzus, by a hot-headed monk, who said he heard the Saint discoursing well on the Father and

the Son, but quite the reverse of well on the Holy Spirit, and that he deserved none of the praises bestowed on him by the persons present.

4. On St. Gregory's writing (Ep. 26) an account of this incident to St. Basil, the latter replied as if somewhat hurt with his friend for caring for it, and as if he himself cared very little for such criticism.

5. The three books against Eunomius were written when he was only a priest, and show that he did not shrink from the task of refuting heretics. His intercourse with such people as the heathen sophist Libanius and the heretic bishop Eustathius of Sebaste, was rather a matter of necessity than an intimacy of choice.

6. His peculiar caution brought on him the suspicion of heresy, for it led him to adopt new means of attacking opponents who were well versed in eluding the ordinary arguments: and the blind zeal of his age suspected his methods, as a foreigner sometimes would suspect the current coin of a country to which he had come: while his position exposed him to the judgment of all sorts of men. Some of his clergy also had reason to dislike his administration.

7. John of Constantinople, in his letter to Pope Constantine, tried to shelter his compliance with the Monothelite injunctions of the Emperor Bardanes by asserting that he had only used the same sort of 'economy'; but there is no resemblance between St. Basil's action and that of John, and of his predecessors Sergius and Paulus, with whom the writer classes Honorius, 'the credulous Pope'; for the Ecthesis and the Typus imposed silence on truth and error alike.

8. There was 'scandal' in the craft of Sergius and Honorius, but none in St. Basil; for 'scandal' is when our bad example leads another astray and makes him stumble. The aim of St. Basil's silence was to lessen the power of the enemies of the truth; that of the Ecthesis and Typus to put orthodoxy and heresy in the same position of equality. St. Athanasius at the Council of Alexandria had certainly spoken

clearly, but there had been no plain statement in the fathers preceding them, and of course no decree of a general council applying the predicate 'God' to the Holy Spirit.

9. Tamagninus, in his history of the Monothelites, points out that they and Honorius were not to be likened to St. Basil, but rather to those Arians who, after the Nicene Council had defined the ὁμοούσιον, wanted to have unity in the Church by the suppression of both the orthodox definition and the heretical ὁμοιούσιον alike.

II.

1. St. Gregory of Nazianzus does not appear to have delivered his Oration (xx) upon St. Basil actually at the funeral or before a mixed congregation, but to have composed it after St. Basil's death, as he did the Oration (xxi) upon St. Athanasius.

2. In this Oration St. Gregory plainly declares that St. Basil was watched by his enemies, who with their leader (Valens) lay in wait to banish him, with his theological tongue, if he dared to apply the word 'God' to the Holy Spirit, a term which they held to be 'impious.' But in his treatises and in public teaching, if ever he had an opportunity, and in private teaching, he always taught the doctrine; and in conversation with St. Gregory called down on his own head the curse of falling away from the Spirit Himself if he did not worship (σέβοι) Him as of one substance (ὁμοούσιον) and of one honour (ὁμότιμον) with the Father and the Son.

3. He used the word 'God,' e.g. in Ep. 141 to the Church of Caesarea before he was Bishop, but not in his Homily De Fide. John Veccus, patriarch of Constantinople, who wrote on the Procession of the Spirit, and who worked for the reunion of the East and West, refers to St. Basil and St. Gregory, and dwells on their agreement as to the duty of brethren to disregard differences arising from words, as long

as there is agreement in that which the words mean to express.

4. The Benedictine editor notices St. Basil's silence, and, while mentioning the arguments by which he proved the Divinity of the Spirit, rejects such writings as the fifth book against Eunomius, which says that the word God is applied to the Spirit in Scripture.

5. Nicetas dilates at great length on St. Basil's economy in his commentary on St. Gregory's Oration.

6. St. Gregory himself, in his 44th Oration (on Pentecost), spoke openly to the Macedonians on the propriety of continuing to do the same 'as long as by different paths we are going on to the same home.'

7. The writer of the essay thinks that what St. Gregory says of the Arians watching for St. Basil to apply the word 'God' to the Spirit, refers specially to the time of the visit of Valens to Caesarea, because such an accusation, however serious it might have been during the emperor's presence, would not have had the same weight after his departure and his contributions to St. Basil's charities. The cause of his silence would then have been not fear of banishment but consideration for the weakness of the faith in some ('fidelium causa, ut ego puto, sed credulorum nimis'). He refers to Ep. 203 (to the priests of Tarsus) and Ep. 204 (to the schismatics in the same city), in which St. Basil proposes for the good of the somewhat weak ($\tau o \hat{i} s\ \dot{a} \sigma \theta \epsilon \nu \epsilon \sigma \tau \acute{\epsilon} \rho o \iota s$), to abide by the Nicene Creed, with the single addition of excommunicating those who say that the Holy Spirit is a creature. He thinks therefore that there were two reasons: the hostility of the Arians, denying, as they did, the Divinity of the Son and of the Holy Spirit, and the halting faith of those who were tending to Macedonianism.

III.

1. St. Basil had led a studious and pure life from the beginning. His use of his 'economy,' lest he should be banished from his see, was not prompted by love of money, nor by ambition, nor by fear, for we see his freedom from those infirmities in his life.

2. It is a question whether we are not right in avoiding the mention of God in the presence of obstinate and irreconcilable heretics.

3. We must remember that neither truth nor heresy is in itself dependent on a single phrase; any particular phrase may be avoided or even rejected, while the heresy or the truth expressed by it is retained. Constantine's objection to the word ὁμοούσιος as new would not have made him a heretic, if he had not shewn that his meaning was to avoid also the doctrine; and St. Basil's avoiding the term, that had not yet been received by the Church, was far less objectionable.

4. When we consider the many reasons which induce people to incline to error or acquiesce in it, and the anger they shew towards those who would convict them of it, and remember the prevalence of Arianism and the imperial favour shewn to it, we should accept St. Basil's attempts to maintain the controversy without exciting resentment which would have made his opponents stop their ears.

5. A more open declaration of doctrine would only have proved like pouring oil on fire, and Socrates (iv. 11) speaks of the exceeding carefulness (δι' ὑπερβάλλουσαν εὐλάβειαν) of Basil and Gregory.

6. St. Basil preached the truth in other words, and charged St. Gregory to use the very word, which he, for the reasons already considered, thought it good to avoid.

7. And the true doctrine was carefully inculcated upon his brother St. Gregory of Nyssa, and upon the clergy, from

whom it would naturally come down to the lower ranks of the Church.

8. It must be remembered that St. Athanasius at the Council of Alexandria, in 362, was the only one who had used the term. The Arians had an argument of a most telling force with the uneducated against St. Basil if they could accuse him of going beyond the letter of Scripture and the text of the Nicene Creed and the fathers of the Church.

9. From that admitted fact the Arians of course went on to deny the Divinity of the Holy Spirit, and the minds of the vulgar were not intelligent enough to distinguish between these two steps. St. Basil had to meet this craftiness.

10. The words Divinity and God are terms so closely allied that one implies the other. St. Basil preached openly that the Father is God and the Son is God, and that the Father and the Son are of the same essence and have the same attributes; he also openly declared that the Holy Spirit has the same divine attributes, and left it to be inferred that He is God.

11. St. Basil lived in an age in which the use of new terms was a matter, not for individual divines, but for a general Council; and uneducated people might well suspect all new terms, for heresy as well as orthodoxy might suggest them.

12. We can only approach the idea of God's essence and attributes by the way of negation, by denying all imperfection. We do use the positive term Creator of the Universe; but that only implies the more general negative, the denial of all limits to His power. We all understand now that the Three Divine Persons are removed by the same infiniteness from the essence and attributes of the creature, and when St. Basil (Ep. 203) laid down that no one could be admitted to the communion of the Church who did not deny the Holy Spirit to be a creature, he settled the whole question, which his 'economy' is supposed to have let alone. For there is no mean between Creator and creature, Perfect and imperfect.

13. Any discussion of St. Basil's use of the word 'Lord' of the Spirit, against Arians and Macedonians, is omitted for want of contemporary evidence, and because the 5th book against Eunomius is almost certainly not St. Basil's work. Something might have been said on Vedelices' three books *De prudentia veteris Ecclesiae*, and illustrations might have been drawn from the Epistle of St. Hilary (of Poictiers) *de Synodis fidei catholicae et de Symbolis fidei*; but Cicero's saying bids him conclude: 'Qui aut tempus quid postulet, non videt, aut plura loquitur, aut se ostentat, aut eorum, quibuscum est, rationem non habet, is ineptus esse dicitur.' (De Orat. 2.)

CHRONOLOGICAL SYNOPSIS.

A.D.

c. 320. Arius taught, τριάς ἐστι δόξαις οὐχ ὁμοίαις: and that the Father, Son and Holy Spirit are ἀνόμοιοι πάμπαν ἀλλήλων ταῖς τε οὐσίαις καὶ δόξαις ἐπ' ἄπειρον, the Son being ἄτρεπτον καὶ ἀναλλοίωτον κτίσμα τοῦ Θεοῦ τέλειον, ἀλλ' οὐχ ὡς ἐν τῶν κτισμάτων ... and therefore ἐξ οὐκ ὄντων and ἦν πότε ὅτε οὐκ ἦν.

325. [1] COUNCIL OF NICAEA (318 Bishops): and its formula, πιστεύομεν εἰς ἕνα Θεόν, Πατέρα Παντοκράτορα ... καὶ εἰς ἕνα Κύριον Ἰησοῦν Χριστόν ... γεννηθέντα ἐκ τοῦ Πατρὸς Μονογενῆ, τουτέπτιν ἐκ τῆς οὐσίας τοῦ Πατρός, Θεὸν ἐκ Θεοῦ, ... ὁμοούσιον τῷ Πατρί ... καὶ εἰς τὸ Ἅγιον Πνεῦμα.

329 or 330. St. Basil born.

335. *Council of Jerusalem* declared Arius to have presented an orthodox creed.

336. Death of Arius at Constantinople.

337. Constantine died; and was succeeded by Constantine II, Constans, and Constantius.

338. Eusebius translated from Nicomedia to Constantinople. He and his followers invent the term ὁμοιούσιον.

340. Constans, Emperor of the West; Constantius of the East.

341. *Encaenia Council of Antioch* (97 Bishops): whose 1st Creed omitted the ὁμοούσιον: 2nd (*Dedication*) Creed called the Son τῆς Θεότητος οὐσίας τε καὶ βουλῆς καὶ δυναμέως, καὶ δόξης τοῦ Πατρὸς ἀπαράλλακτον Εἰκόνα ... Λόγον Θεόν ... and spoke

---

[1] Orthodox Councils are in capitals; those that omitted the ὁμοούσιον in italics.

A.D.	
	of the Father, Son and Holy Spirit, as τῇ μὲν ὑποστάσει Τρία, τῇ δὲ συμφωνίῃ Ἕν; 3rd Creed (of Theophronius of Tyana in Cappadocia) anathematized Paul of Samosata, Sabellius, and Marcellus of Ancyra, but not Arius.
342.	4th Antiochene Creed brought by Arian envoys to Constans in Gaul, condemning ἐξ οὐκ ὄντων, ἐξ ἑτέρας ὑποστάσεως καὶ μὴ ἐκ τοῦ Θεοῦ, and ἦν πότε ὅτε οὐκ ἦν, but, like the other three, omitting ὁμοούσιον.
344.	The *Macrostich*, which was the 4th Antiochene Creed with additional explanations, saying of the Son, εἰ καὶ ὑποτέτακται τῷ Πατρὶ καὶ τῷ Θεῷ, ἀλλ' ὅμως ... Θεὸν κατὰ φύσιν τέλειον εἶναι καὶ ἀληθῆ, and ζῆν τε καὶ ὑπάρχειν ὁμοίως τῷ πατρί, while it denied χρονικόν τι διάστημα between the Father and the Son. It was rejected by the Western Bishops at MILAN as not containing the ὁμοούσιον.
344.	COUNCIL OF SARDICA (170 Bishops) reinstated St. Athanasius, Marcellus and Asclepas (of Gaza), and deposed and excommunicated Gregory, Basil and Quintianus as 'wolves' who had intruded into their sees; condemned Arianism and deposed the eight Arian leaders including Menophantus of Ephesus.
	Pseudo-Council of the Arian leaders at Philippopolis denounced the reinstated bishops, and adopted a Creed founded on the Macrostich.
348.	St. Cyril's Catechetical Lectures at Jerusalem. He called the Son ὅμοιον κατὰ πάντα and condemned those who make separation or confusion in the Holy Trinity.
350.	Constans killed, Constantius sole Emperor.
351.	1st *Sirmian* Creed, repeating the 4th Antiochene Creed from the *Macrostich*, with twenty-six additional explanations.
355.	(3rd) *Council of Milan* formally undid the work of Sardica. Dionysius of Milan banished and the Arian Auxentius intruded into his see.
357.	St. Basil baptized by Dianius.
	Fall of Hosius and Liberius.
	The 2nd *Sirmian* Creed ('*Blasphemy*') drawn up by Germinius of Sirmium and Potamius of Lisbon, which said that no one could doubt τὸν Πατέρα τιμῇ καὶ ἀξίᾳ καὶ Θεότητι καὶ αὐτῷ τῷ ὀνόματι τῷ πατρικῷ μειζόνα εἶναι (quoting John xiv. 28) and

Chronological Synopsis. lvii

A.D.

that the Son was ὑποτεταγμένον τῷ Πατρὶ μετὰ πάντων, and yet ended with ἀκέραιος δὲ καὶ τέλειός ἐστιν ὁ ἀριθμὸς τῆς Τριάδος.

358. Phoebadius of Agen, writing against the Arians, said that the Church holds the Spirit to be *de Deo*, distinct (*alius*) from the Son, as the Son is from the Father.
(Semiarian) *Council of Ancyra*, pronounced the Son to be ὅμοιον κατ' οὐσίαν.
St. Basil's monastic life in Pontus.

359. The 3rd *Sirmian* Creed ('*Dated*' May 22) put aside οὐσία (and therefore of course ὁμοούσιον) as a stumblingblock, and adopted ὅμοιον τῷ Πατρὶ κατὰ πάντα· ὡς καὶ αἱ ἅγιαι γραφαὶ λέγουσί τε καὶ διδάσκουσι.
Hilary of Poitiers wrote (in exile) his twelve books '*De Trinitate*,' speaking of the Holy Spirit as *ex Patre per Filium*, and as receiving *ex Utroque*.
Council of Seleucia (160 Bishops) in which the Semiarians adopted the *Dedication* Creed, but the Acacians rejected ὁμοούσιον and ὁμοιούσιον, anathematized ἀνόμοιον and acknowledged τὸ ὅμοιον τοῦ Υἱοῦ πρὸς τὸν Πατέρα κατὰ τὸν ἀπόστολον i.e. εἰκὼν τοῦ Θεοῦ τοῦ ἀοράτου, Col. i. 15, professing to be in accordance with the '*Dated*' Creed.
Council of Ariminum (400 Bishops) which (after *Niké*) surrendered the Nicene Creed, proscribed οὐσία and ὑπόστασις and declared the Son to be ὅμοιον τῷ Πατρί, ὡς λέγουσιν αἱ θεῖαι γραφαί.

360. St. Basil, with Semiarian Bishops, disputing with Aetius at Constantinople.
(Acacian) *Council of Constantinople* (50 Bishops) accepted the Creed of *Ariminum* as revised at *Niké*, and deposed Aetius from the diaconate, and the Semiarian Bishops from their sees.
St. Basil left Caesarea because Dianius subscribed the Creed of *Ariminum*.
Eudoxius succeeded Macedonius at Constantinople. Rise of Macedonianism, which asserted the Spirit to be κτιστόν, and adopted the Eusebian ὁμοιούσιον for the Son.
Hilary returned to Gaul.
COUNCIL OF PARIS accepted the ὁμοούσιον in its true sense, as against the Councils of *Ariminum* and *Seleucia*.
St. Didymus, in the Catechetical School of Alexandria, taught the Equality of the Spirit with the Father and the Son.
St. Athanasius, in the Egyptian desert, wrote his letters to Serapion on the Divinity of the Son and the Spirit.

A.D.
361. (Anomoean) *Council of Antioch* under Euzoius declared the Son to be παντελῶς ἀνόμοιον τῷ πατρί.
Julian Emperor.
362. St. Basil returned to Caesarea. Dianius died. Eusebius was baptized and made Bishop of Caesarea.
COUNCIL OF ALEXANDRIA (21 Bishops) under St. Athanasius (after his 3rd exile) required besides the acknowledgment of the Nicene Faith, the anathematizing of the Arian heresy and of those who say that the Holy Spirit is a creature and separate from the Essence of the Son.
363. Julian died. Jovian Emperor.
St. Athanasius wrote to Jovian on the Faith accepted by the Churches: he said that the Nicene Fathers 'glorified the Holy Spirit with the Father and the Son in the one Faith of the Holy Trinity, because in the Holy Trinity there is one Godhead.'
Council of Antioch under Meletius, with Eusebius of Samosata and Acacius of Caesarea, explained ὁμοούσιος into ὁμοιούσιος, and asserted that it means ὅτι ἐκ τῆς οὐσίας τοῦ Πατρὸς ὁ Υἱὸς ἐγεννήθη καὶ ὅτι ὅμοιος κατ' οὐσίαν τῷ Πατρί.
364. Jovian died. Valentinian I and Valens Emperors.
St. Basil was ordained priest by Eusebius: and wrote three books against Eunomius and Arianism.
(Semiarian) *Council of Lampsacus* condemned the Creed of *Ariminum* and the *Council of Constantinople*, and reasserted the *Dedication* Creed.
366. Semiarian deputies from *Lampsacus* satisfied Pope Liberius at ROME by subscribing the Nicene Creed, and declaring that κατὰ πάντα ὅμοιος was the same as ὁμοούσιος.
Liberius died: Damasus Pope of Rome.
367. COUNCIL OF TYANA accepted the letter of Liberius pronouncing the Semiarian Bishops to be orthodox.
368. *Council in Caria* (34 Bishops) of malcontent Semiarians rejected the proceedings at ROME and TYANA.
370. St. Basil Bishop of Caesarea.
Letter from Italian Bishops to Illyricum declaring that the Holy Spirit is believed to be τῆς αὐτῆς ὑποστάσεως καὶ οὐσίας.
371. COUNCIL IN ILLYRICUM acknowledged the Trinity of the Father, the Son and the Holy Spirit to be ὁμοούσιος in conformity with the Faith set forth at Nicaea.

Chronological Synopsis. lix

A.D.

372. St. Basil encountered Valens at Caesarea.

373. St. Epiphanius of Constantia, Metropolitan of Cyprus, wrote his Ancoratus for the instruction of the Church of Suedra, in Pamphylia, a province of Asia, and in it gave as part of the πίστις delivered by the Apostles and the Nicene Bishops, καὶ εἰς τὸ Πνεῦμα τὸ Ἅγιον, Κύριον, καὶ ζωοποιόν, τὸ ἐκ τοῦ Πατρὸς ἐκπορευόμενον, τὸ σὺν Πατρὶ καὶ Υἱῷ συμπροσκυνούμενον καὶ συνδοξαζόμενον, τὸ ' λῆσαν διὰ τῶν προφητῶν : also, in a second formula, after recounting His operations, οὕτως δὲ πιστεύομεν ἐν αὐτῷ, ὅτι ἐστὶ Πνεῦμα ἅγιον, Πνεῦμα Θεοῦ, Πνεῦμα τέλειον, Πνεῦμα Παράκλητον, ἄκτιστον, ἐκ τοῦ Πατρὸς ἐκπορευόμενον, καὶ ἐκ τοῦ Υἱοῦ λαμβανόμενον καὶ πιστευόμενον, anathematizing those who said, ὅτι ἦν ποτε ὅτε οὐκ ἦν ὁ Υἱὸς ἢ τὸ ἅγιον Πνεῦμα, ἢ ὅτι ἐξ οὐκ ὄντων ἐγίνετο, ἢ ἐξ ἑτέρας ὑποστάσεως ἢ οὐσίας φάσκοντας εἶναι τρεπτὸν ἢ ἀλλοίωτον, τὸν Υἱὸν τοῦ Θεοῦ ἢ τὸ ἅγιον Πνεῦμα.

St. Athanasius died and was succeeded by Peter. St. Basil made Eustathius of Sebaste subscribe the Nicene Creed, and anathematize the assertion that the Holy Spirit is κτίσμα or λειτουργικόν, and the denial that He is φύσει ἅγιον.

374. St. Basil wrote his βιβλίον περὶ τοῦ Πνεύματος against the Pneumatomachi.

St. Ambrose succeeded the Arian Auxentius at Milan.

375. Valentinian I died. Gratian Emperor of the West.

375 or 6. (Semiarian) *Council of Cyzicus* proscribed the ὁμοούσιον, and declared for κατ' οὐσίαν ὅμοιον, and uttered 'blasphemies' about the Holy Spirit. The same thing was done at *Antioch* (Soc. v. 4) before Euzoius died in 376.

377. St. Basil wrote to Epiphanius of Constantia that he had already written to Palladius and Innocentius, monks on the Mount of Olives, that he could not venture to add anything to the Formula of Nicaea, οὐδὲ τὸ βραχύτατον, πλὴν τῆς εἰς τὸ Πνεῦμα τὸ ἅγιον δοξολογίας, διὰ τὸ ἐν παραδρομῇ τοὺς πατέρας ἡμῶν τούτου τοῦ μέρους ἐπιμνησθῆναι, οὔπω τοῦ κατ' αὐτὸ ζητήματος τότε κεκινημένου.

378. Valens died in the battle of Hadrianople. Gratian sole Emperor.

379. St. Basil died. Theodosius, Emperor of the East.

Mission of St. Gregory of Nazianzus to the Arianized Constantinople.

COUNCIL AT ANTIOCH under Meletius accepted the letter of

A.D.	
	Damasus, declaring 'ut Pater, Filius, Spiritusque Sanctus unius Deitatis, unius virtutis, unius figurae, unius credere oporteret substantiae.'
380.	Theodosius was baptized at Thessalonica and issued his edict of orthodoxy in conformity with the doctrine of Damasus and Peter.
381.	COUNCIL OF CONSTANTINOPLE (150 Bishops) condemned the Anomoeans, Arians and Pneumatomachi. St. Ambrose wrote his De Spiritu Sancto for Gratian.
382.	The letter of the Bishops at Constantinople to the western Bishops explained the Nicene Creed : πρεσβυτάτην τε οὖσαν, καὶ ἀκόλουθον τῷ βαπτίσματι, καὶ διδάσκουσαν ἡμᾶς πιστεύειν εἰς τὸ ὄνομα τοῦ Πατρὸς καὶ τοῦ Υἱοῦ καὶ τοῦ ἁγίου Πνεύματος, δηλαδὴ Θεότητός τε καὶ δυνάμεως καὶ οὐσίας μιᾶς τοῦ Πατρὸς καὶ τοῦ Υἱοῦ καὶ τοῦ ἁγίου Πνεύματος πιστευομένης, ὁμοτίμου τε τῆς ἀξίας καὶ συναϊδίου τῆς βασιλείας, ἐν τρισὶ τελείαις Ὑποστάσεσιν, ἤγουν τρισὶ τελείοις Προσώποις.
451.	COUNCIL OF CHALCEDON (630 Bishops) confirmed τὰ παρὰ τῶν ἑκατὸν πεντήκοντα ἁγίων πατέρων ἐν Κωνσταντινουπόλει ὁρισθέντα, πρὸς ἀναίρεσιν μὲν τῶν τότε φυεισῶν αἱρέσεων, βεβαίωσιν δὲ τῆς αὐτῆς καθολικῆς καὶ ἀποστολικῆς ἡμῶν πίστεως, and quoted, as theirs, the 'Niceno-Constantinopolitan' Creed containing (after καὶ εἰς τὸ Πνεῦμα τὸ ἅγιον), τὸ Κύριον καὶ τὸ ζωοποιόν, τὸ ἐκ τοῦ Πατρὸς ἐκπορευόμενον, τὸ σὺν Πατρὶ καὶ Υἱῷ συμπροσκυνούμενον καὶ συνδοξαζόμενον, τὸ λαλῆσαν διὰ τῶν προφητῶν, with the following comment: καὶ διὰ μὲν τοὺς τῷ Πνεύματι τῷ ἁγίῳ μαχομένους, τὴν χρόνοις ὕστερον παρὰ τῶν ἐπὶ τῆς βασιλευούσης πόλεως συνελθόντων ἑκατὸν πεντήκοντα ἁγίων πατέρων περὶ τῆς τοῦ Πνεύματος οὐσίας παραδοθεῖσαν διδασκαλίαν κυροῖ· ἣν ἐκεῖνοι τοῖς πᾶσιν ἐγνώρισαν, οὐχ ὥς τι λεῖπον τοῖς προλαβοῦσιν ἐπάγοντες, ἀλλὰ τὴν περὶ τοῦ ἁγίου Πνεύματος αὐτῶν ἔννοιαν κατὰ τῶν τὴν αὐτοῦ δεσποτείαν ἀθετεῖν πειρωμένων γραφικαῖς μαρτυρίαις τρανώσαντες.

PROLEGOMENA

THIS treatise is contained in the 3rd volume of the Benedictine Edition of St. Basil's works, pp. 1–67.

The six manuscripts on which the Benedictine text was formed are still in the Paris Library, and are described in Omont's Inventaire Sommaire des MSS. Grecs, in the words quoted below.

X cent. ([1]R_2). ff. 189–217 of '506 Parch. 217 fol. (Mazarin Reg. 2293) M.' This is called by the Ben. edd. Regius secundus[2].

XI cent. (C). ff. 143–215 of '965 Parch. 215 fol. (Colbert. 4529) P.' In the Ben. ed. Colbertinus.

XI cent. (R_3). ff. 219–355 of '966 Parch. 355 fol. (Medic. Reg. 2893) P.' In the Ben. ed. Regius tertius.

XIV cent. (R_1). ff. 51–85 of '503 Pap. 449 fol. (Fontebl. Reg. 2286) M.' In the Ben. ed. Regius primus.

XIV cent. (R_4). ff. 221–262 of '956 Bombyc. 396 fol. (Medic. Reg. 2896) P.' In the Ben. ed. Regius quartus.

XIV cent. (R_5). ff. 11–60 of '969 Bombyc. 320 fol. (Mazarin Reg. 3430) P.' In the Ben. ed. Regius quintus.

[1] This is the notation adopted in the critical notes of the present edition.
[2] These titles Reg. primus, etc. are not applied to the same MSS. throughout the three volumes of the Ben. edition.

For this edition of the text, the following manuscripts have been collated.

X cent. (m). British Museum. ff. 52-72 of 22509, Add. MSS. 'Vellum, cursive, small 4to.' This MS. contains (1) from beginning to p. 10[1] fin. ἐλάττονα ἔχει (ch. vi. § 14); (2) from p. 12 init., γραφὴν μαρτυρίαι (ch. vi. § 15) to p. 18 init. τῶν λογισμῶν (ch. viii. § 20); and (3) from p. 19 med. ἀΰλου καὶ (ch. ix. § 22) to p. 26 fin. διὰ Μωϋσέως (ch. xiv. § 32).

XI cent. (o). Bodleian Library, Oxford. ff. 167-211 of Codd. Misc. xxxvii 'Cod. Membranaceus, in 4to majori, ff. 211, sec. forsan XI exeuntis [ol. 2535].' This MS. has the readings of the MS. referred to twice (pp. 38, 46) by the Ben. ed. as 'Cod. Anglicanus.' It is defective from p. 59 init. συνέσεσθαι (ch. xxviii. § 69) to p. 60 med. τοῦ θεοῦ διαζήσαντος (ch. xxiv. § 71); and from p. 64 fin. βαρυτάτοις (ch. xxix. § 75) to p. 67 med. κάθηνται (ch. xxx. § 78). Two sheets are at present misplaced: the leaves numbered 199-206 should follow 190, and 191-198 should come between 206 and 207.

The first few lines of the treatise are to be found on p. 330 of Baroc. CCXVI in a hand of the XIV or XV cent.

XI cent. (μ). Library of the Holy Synod, Moscow. ff. 83-158 of 'xxiii cod. membran. fol. 334 ex monasterio Iberorum.' This has been collated for this edition by Dr. Alexis S. Pavlov, Professor of Canonical Law.

XII cent. init. (V). Imperial Library at Vienna. ff. 193-223 of 'Cod. Theol. 142 (LXXV) 4° membr.' This MS. is defective from p. 46 med. πνεύματος σου καὶ ἀπὸ τοῦ (ch. xxii. § 53) to p. 48 χαρίσεται; καὶ ἐτέ- (ch. xxiv. § 57); and from p. 60 οἶμαι· ἐπὶ στο- (ch. xxix. § 71) to the end. In Lambecius (t. III. p. 372) the deficiency is described as from p. 46 to the end, owing to a misplacing of the sheets: the eight leaves 216-223 ought to follow after 209, and the six leaves 210-215 to follow 223 after the

---

[1] The paging of the Ben. ed. is given for all references.

Prolegomena. lxiii

interval of one leaf which contained the first-mentioned deficiency (pp. 46–48). Lambecius remarked on this MS. 'dignissimus enim alioqui est iste codex ut cum impressis Opp. S. Bas. M. edd. diligenter et accurate conferatur; nec dubitandum est quin is earundem emendationi plurimum possit inservire.' V is found to agree frequently with R_2, m, and o.

XIV cent. init. (v). Imperial Library at Vienna. ff. 136–162 of 'Cod. Theol. xviii (lxxxviii) fol. bomb.' v agrees most frequently with μ. These two MSS. have been collated for this edition by Dr. Siegfried Reitter.

Through the great kindness of D. S. Margoliouth, Esq., Laudian Professor of Arabic in the University of Oxford, two of the very ancient Syriac versions in the British Museum have been consulted in many passages. The MSS. are described as follows :

DXLVI 'vellum, prob. of V cent. (add. 17143).'

DXLVII 'vellum A.D. 509 (add. 14542).' This MS. has no divisions into chapters with distinct headings: a note on fol. 94 b states that it is one of the 250 volumes brought to the convent of S. Mary Deipara (Nitria) by the Abbat Moses of Nisibis in the year 1243 (A.D. 932). The readings of this version are indicated by S. A few paraphrases will be found in the notes, marked in the same way.

A few readings have been obtained from the following MSS. :

(500) Paris Library. '500 XIs. Parch. 274 fol. (Reg. 1824, 3) G.'

(M_1) Library of St. Mark, Venice. 'Cod. LVIII in 8; membran. fol. 248, saec. circ. X.'

(M_2) Library of St. Mark, Venice. 'Cod. LXVI in fol. min. membran. fol. 195 : saec. circ. XII.'

These readings have been obtained through the kind help of M. Berger, Sécrétaire de la Faculté de Théologie protestante de Paris, and of S. Castellani, Prefect of the Library of St. Mark.

(vat.) The Vatican Library, Rome. 'Codd. Regin. Suaecor. 35. Bombyc. in 4, bina scriptus manu, saec. XIV.' This is quoted by Cardinal Pitra in his work 'Juris Eccl. Graecorum Historia et Monumenta,' v. I. pp. 609-612.

, (as o) indicates the reading of the original scribe, where there has been a correction by a later hand: ᵃ, (as oᵃ) the corrections of the second hand.

The critical notes of the Ben. edd. are printed in inverted commas.

Differences in the order of the words, and mistakes of a scribe are noticed occasionally, when they suggest a relationship between manuscripts, or help to indicate their value.

The references to MSS. in the critical notes are generally made in the order of their reputed dates.

S (vetus)	V	cent.
S	VI	,,
M_1 m R_2	X	,,
R_3 C μ o	XI	,,
V M_2	XII	,,
v R_1 R_4 R_5 vat.	XIV	,,

SYNOPSIS

A. *Introduction on the subject of the treatise, viz. the Catholic forms of Gloria and the doctrine implied in them.*

I.

1. The anxiety of Amphilochius that every word of a theological sentence should be investigated is much more welcome than the many captious enquiries of the day.

2. Such a minute study is a part of godliness and sound knowledge.

3. St. Basil will therefore give a clear exposition of the doctrine contained in his forms of Gloria, to the Father, 'with ($\mu\epsilon\tau\acute{a}$) the Son, and with ($\sigma\acute{u}\nu$) the Spirit,' and 'by ($\delta\iota\acute{a}$) the Son and in ($\dot{\epsilon}\nu$) the Spirit,' of which some have said that they contradict each other, and that the first is an innovation.

B. *The Anomoean Arguments.*

II.

4. The objections contain a veiled design on the truth: they are founded on the statement of Aetius that the use of different prepositions connotes unlikeness of nature, and that Scripture always speaks of the Father as the Creator *of Whom* ($\dot{\epsilon}\xi$ $o\tilde{v}$), the Son as the Assistant or Instrument *by Whom* ($\delta\iota'$ $o\tilde{v}$), and the Spirit as Time or Place *in Whom* ($\dot{\epsilon}\nu$ $\tilde{\wp}$).

III.

5. This position is borrowed from certain philosophical statements about causes and the words used to express them, in which *of* ($\dot{\epsilon}\xi$) denotes the material cause, *by* or *through* ($\delta\iota\acute{a}$) the instrumental cause, and *in* ($\dot{\epsilon}\nu$) the necessary conditions.

IV.

6. This the objectors modify so far as to substitute for the material cause the supreme cause, as denoted by *of* ($\dot{\epsilon}\xi$), in accordance with the apostolic writings.

C. *Refutation of them on their own grounds.*

V.

7. Scripture does not always use these prepositions as alleged, e. g. 'of' (ἐξ) and 'by' (διά) are not to be opposed to one another, for they are both applied to the same subject (the Lord) in Rom. xi. 36.

8. And if, as Anomoeans allege, the text refers to the Father, 'by' (διά) cannot imply inferiority.

9. 'Of' (ἐξ) is often used both of the Son and the Spirit.

10. 'By' (διά) is used of the Father and the Spirit.

11. 'In' (ἐν) is used of the Father. So that the premisses of the Anomoeans suggest a conclusion directly contrary to their own.

12. In fact, in other connexions also, 'by' (διά) and 'of' (ἐξ) are interchanged in Scripture. And there is no rational ground for the distinction they allege, nor for the conclusion they draw.

D. *Anomoean phrases for the relation of the Son and the Spirit to the Father.*

VI.

13. They allege that the Son is 'after' (μετά with acc.) the Father, which is consistent with 'by' (διά) the Son, but not with 'with' (μετά with gen.), and the Spirit is 'under' (ὑπό) the Father and the Son.

14. *Ans.* (As regards the Son.) 'After' cannot be used of the Son (i) in respect of time;

15. (ii) nor of position; (iii) nor of dignity. The true meaning of standing or sitting at the Right Hand is not inferiority, but stability.

E. *Explanation and defence of the Catholic forms of Gloria to the Son* (διά, μετά).

VII.

16. 'With' (μετά) the Son is not a new form of Gloria, but is both ancient and scriptural, used for giving glory, as 'by' (διά) the Son is used for giving thanks.

VIII.

17. They do not contradict each other, for the titles in Scripture which describe His work of grace suggest the use of 'by'(διά): and 'with' (μετά) is suggested by the titles which speak of His Nature.

18. 'Bridegroom,' 'Physician,' 'Way,' tell of our coming to the Father 'by' Him.

19. 'True Light,' 'Righteous Judge,' 'Resurrection,' tell of grace coming from the Father 'by' Him. He Himself refers His instantaneous and

manifold operations to the will of the Father, with Whom He is One in Essence and in Power.

20. Yet the communications of the Father's Will to the Son are not by time, or in measure.

21. ' By Him ' (δι' αὐτοῦ) does not imply inferiority, but in expressing the efficient cause, suggests that there is also the primary cause, i. e. the Father.

F. *On the Doctrine of the Holy Spirit.*

IX.

22. St. Basil briefly summarizes the scriptural and traditional teaching as to the Titles, Nature, and Operation of the Holy Spirit.

23. He describes the conditions and the results of His operations in the soul.

G. (a) *The Baptismal Formula teaches the equality of the Spirit with the Father and the Son.*

X.

24. The Arians' position is that the Holy Spirit is inferior to, and not to be co-ordinated with the Father and the Son. This is inconsistent with the Baptismal Formula.

25. It is an attack not on our form of Gloria, but on the Faith itself, delivered by the Apostles, and contained in the unwritten witness of the Fathers.

26. We are in a state of salvation by the new birth in Baptism, through ' the Father and the Son and the Holy Spirit,' a doctrinal formula, from which we may not diminish anything.

XI.

27. Our baptismal confession is that we believe in Father, Son, and Holy Spirit. To deny the Holy Spirit or to fight against Him with subtilties, is as injurious as to deny the Father or the Son.

XII.

28. The occasional mention of only one Name in references to Baptism does not affect the vital necessity of the full formula both in Faith and Baptism.

XIII.

29. 1*st Objection.* ' Beings of a different nature (e. g. angels) are connumerated with the Father and the Son.' *Ans.* Only as witnesses. The Spirit is connumerated as Lord of Life.

30. There is a great difference between man's appeal to angels, or even inanimate things, as witnesses, and the co-ordination of the Holy Spirit with the Father and the Son by the Lord Himself.

XIV.

31. *2nd Objection.* 'We hear of baptism into Moses in the Cloud and the Sea, and of believing (in) Moses.' *Ans.* Such baptism and faith were typical. Marvels at the Exodus and in the Wilderness were striking benefits at the time, and types of Christian grace.

32. The relation of type to antitype is not one of equality.

33. Baptism and faith in Moses really mean baptism and faith in the Law, and were intended to lead up to the full light of the Gospel.

XV.

34. *3rd Objection.* 'We are baptized into water, without its sharing the honour of the Father and the Son.'

35. *Ans.* In the true doctrine of Christian Baptism, water symbolizes our death and burial with Christ; but it is the Spirit, and not any natural power of the water, that introduces us into the Resurrection-life.

36. 'Baptism into water' may be used without confusion only of St. John's baptism unto repentance, which is far inferior to Christian Baptism. In the case of unbaptized martyrs alone can the water of Christian Baptism be omitted.

XVI.

37. That the Baptismal Formula implies the absolute inseparability of the Holy Spirit from the Father is shewn (i) by His work in Christian prophesyings, by the guilt of Sapphira, and by His distribution of gifts, ministries, and operations, with the Father and the Son;

38. (ii) by His work among the hosts of heaven, created by the Son at the will of the Father, and receiving from the Spirit their holiness, order, knowledge, and continuance in bliss;

39. (iii) by His operations in the Incarnate Life of the Son, and the ordering of the Church;

40. (iv) by His presence at the Second Coming to award rewards and punishments; and (v) lastly, and most clearly, by His knowledge of the things of God.

(b) *The Anomoean suggestion that it implies connumeration and subnumeration, contrasted with the Catholic Doctrine of the Holy Trinity.*

XVII.

41. Subdivision and subnumeration cannot be applied to God.

42. It is impossible to distinguish the relative value of things by connumeration and subnumeration.

43. The symmetrical Formula of Baptism must imply the connumeration of the Son, and therefore cannot also imply the subnumeration of the Spirit.

XVIII.

44. The enumeration of the Persons of the Blessed Trinity must be done with reverence.

45. We worship 'God of God,' not implying 'second' God, but acknowledging the distinction of Persons, and holding the Monarchy or Singleness of Principle.

46. The Spirit too is 'of God,' and proceeds from the Father, and is the Spirit of Christ. There is a reciprocity of Glory within the Blessed Trinity.

47. The Father, Son, and Holy Spirit are mutually related in Essence and in the Work of Grace. The theory of subnumeration results in absurdity.

H. *The Doctrine of the Holy Spirit, as taught elsewhere in Holy Scripture.*

XIX.

48. The titles of the Spirit are shared by the Father and the Son.

49. His operations in Heaven, in the Incarnation, and in our Redemption are Divine.

50. His intercession for us is like that of the Son, and is no sign of inferiority.

XX.

51. 'Free' (as a mean between lord and slave) is a term of human relationship, and cannot properly be applied to spirits, blessed or fallen, still less to the Spirit, Who, if created, would be a slave, like all created things, but, being 'Uncreate,' shares the Divine Sovereignty.

XXI.

52. The Spirit is called Lord in Scripture. The Divine Indwelling and the Divine Inspiration of Scripture are both from Him.

XXII.

53. Like the Father and the Son, He transcends human thought, and unlike the heavenly powers, He is uncircumscribed.

XXIII.

54. His true Glory, like that of the Father and of the Son, is the telling of His Attributes and His Mercies.

XXIV.

55. His Glory is above every created glory mentioned in Scripture.

56. His Holiness, Knowledge, and Life-giving Power prove His Divinity.

57. The gift of the Spirit, as the Spirit of Life and of Power, is as glorious as the gift of the Son in the mystery of the Incarnation.

I. (a) *Explanation and defence of the Catholic forms of Gloria to the Spirit* (σύν, ἐν).

XXV.

58. Neither 'with the Spirit' nor 'in the Spirit' is to be found as a doxology in Scripture; both of them have come to us by the custom of the Church; and the meaning of each is connected with the other.

59. 'With the Spirit' confutes both Sabellianism and Arianism more forcibly than the scriptural ' and.'

60. St. Basil is ready to give up both, and say, ' Glory to Father and Son and Spirit,' but the objectors maintain that 'in' alone is suitable for the Spirit.

(b) *' In the Spirit.'*

XXVI.

61. There are many meanings of 'in' applicable to the Spirit's work of grace;

62. and to His presence, when we worship, and when we teach.

63. But no meaning of 'in' is as suitable as ' with' to express His relation to the Father and the Son in giving glory.

64. Yet 'in the Spirit' may have a very high meaning if we bear in mind the revelation of the Father 'in the Son,' and of the Son ' in the Spirit.'

XXVII.

65. It is clear then that ' in' is not used exclusively of the Holy Spirit, and that the meaning of 'in the Spirit' in no way supports the Arian doctrine of His inferiority.

(c) *' With the Spirit.'*

66. 'With the Spirit' has the tacit sanction of Church tradition, like many other very important words and rites in her worship.

67. These and especially the form of confession of faith at baptism have come down to us by a channel which is outside the letter of Scripture.

68. ' In the Spirit ' and ' with the Spirit' have each its proper meaning, and to object to the latter is really to object to the ' and' in the baptismal formula of our Lord Himself.

XXVIII.

69. In Scripture, our present state of grace is ' with Christ'; how much more is the Holy Spirit ' with the Father and the Son?'

70. We hope to be glorified ' with Christ,' how much more must the Holy Spirit be glorified ' with Him?'

Synopsis.

XXIX.

71. The use of 'with the Spirit' came by tradition; St. Basil received it from his own Bishop [Dianius].

72. 'With the Spirit,' or an equivalent phrase, is used by Irenaeus, Clemens Romanus, the two Dionysii, and Eusebius the historian.

73. It is supported by words in Origen and Africanus, and in ancient hymns.

74. In St. Basil's own part of the world, Gregory of Neo-Caesarea, Firmilianus, and Meletius used it, and the idioms of some languages support it.

75. It is no innovation, but a form which gives due honour to the Spirit.

K. *Conclusion. On the evil condition of the Church at the time of writing.*

XXX.

76. The present state of the Church is like a battle between two fleets in a storm, with every crew separated into factions at deadly feud with each other.

77. But the simile fails to represent the confusions, the enmities, and the miseries that have ensued from Arianism and its brood of heresies.

78. Words of wisdom are well nigh lost in the general tumult of controversy.

79. Yet St. Basil has written, for lack of another champion, and out of regard to the love and discretion of Amphilochius, and is ready to answer any further inquiries, with the help of the same Spirit.

L. *APPENDIX.* (i) *On the Knowledge of God.*

EPISTLE 233.

1. There are three conditions of life, corresponding to the three ways in which our minds energize, under the influence of (1) the Holy Spirit, or (2) evil spirits, or (3) in a middle way, as when exercised on mechanical arts.

2. Our minds should be exercised on the truth, and so be led to the knowledge of God, Who is absolute truth. As when we look up to heaven, we only see it in part, so our knowledge of God is only in part here, and will be more perfect hereafter.

EPISTLE 234.

1. We know What we worship, although we do not know His Essence, for we know His attributes and His works.

2. We know that God is, by faith; our knowledge of His Essence is our sense that He is beyond our mind's comprehension.

3. The Only Begotten has declared Him, that is, His Power, not His

Essence. As in the case of Abraham, and of the Apostles, we know God's operations, from that knowledge we go on to faith, and then to worship.

EPISTLE 235.

1. Knowledge comes after belief in science, but before it in religion. We know God's attributes of wisdom, power, and goodness from the Creation, and as a part of Creation recognize Him as our Creator. This knowledge is followed by faith, and faith by worship.

2. Knowledge applies to many objects, e. g. number, size, power, mode of existence, time of production, essence. We know what can be known of God, and we do not know the rest; this is true also of the sand, of a man, and of ourselves.

3. What we know in part, is not the Essence of God, but His Creation of us, His marvels, His commandments, His adoption. The Lord's knowledge of them that are His is His acceptance of them.

(ii) *On our Lord's ignorance of the day and hour.*
EPISTLE 236.

1. The proper explanation of the words about our Lord not knowing the day of the end is that 'no one' is not always absolutely exclusive in Scripture. The Image of God, by Whom He made the aeons, and to Whom the signs of the end were known, must have known the end also: but it is not wrong to refer the not-knowing to the dispensation by which He assumed all things human.

2. The words of St. Matthew and those of St. Mark are not exactly the same. The former, by 'save the Father only,' excludes the angels, but not the Son, Who said, 'All things that the Father hath are Mine.' St. Mark's meaning is that not even the Son would know, but for the Father from Whom the knowledge was given.

* * * * * *

(iii) *On the trine immersion in Baptism.*

5. The trine immersion, which symbolized the three days of our Lord's burial, necessitates a threefold emersion: but the emersion is not itself symbolical.

(iv) *On* ousia *and* hypostasis.

6. The difference between *ousia* and *hypostasis* is like the difference between the general and the particular: the confession of faith must express both, as, 'I believe in God the Father, in God the Son, and in the Divine Holy Spirit.' Those who use *ousia* and *hypostasis* as identical, fall into Sabellianism when they speak of different Persons.

ΤΟΥ ΑΓΙΟΥ

ΒΑΣΙΛΕΙΟΥ

ΠΕΡΙ ΤΟΥ ΠΝΕΥΜΑΤΟΣ

ΒΙΒΛΙΟΝ

Καὶ δεόμεθα καὶ παρακαλοῦμέν Σε, φιλάνθρωπε, ἀγαθέ, ἐξαπόστειλον ἐξ ὕψους τοῦ ἁγίου Σου, ἐξ ἑτοίμου κατοικητηρίου Σου, ἐκ τῶν ἀπεριγράπτων κόλπων, αὐτὸν τὸν Παράκλητον, τὸ Πνεῦμα τῆς ἀληθείας, τὸ ἅγιον, τὸν Κύριον, τὸ ζωοποιόν, τὸ ἐν νόμῳ καὶ προφήταις καὶ ἀποστόλοις λαλῆσαν, τὸ πανταχοῦ παρὸν καὶ τὰ πάντα πληροῦν, ἐνεργοῦν τε αὐτεξουσίως, οὐ διακονικῶς, ἐφ' οὓς βούλεται, τὸν ἁγιασμὸν εὐδοκίᾳ τῇ Σῇ, τὸ ἁπλοῦν τὴν φύσιν, τὸ πολυμερὲς τὴν ἐνέργειαν, τὴν τῶν θείων χαρισμάτων πηγήν· τὸ Σοὶ ὁμοούσιον· τὸ ἐκ Σοῦ ἐκπορευόμενον· τὸ σύνθρονον τῆς βασιλείας Σου καὶ τοῦ Μονογενοῦς Σου Υἱοῦ, τοῦ Κυρίου καὶ Θεοῦ καὶ Σωτῆρος ἡμῶν Ἰησοῦ Χριστοῦ.

LITURGY OF ST. MARK, INVOCATION.

ΤΟΥ ΕΝ ΑΓΙΟΙΣ ΠΑΤΡΟΣ ΗΜΩΝ
ΒΑΣΙΛΕΙΟΥ
ΑΡΧΙΕΠΙΣΚΟΠΟΥ ΚΑΙΣΑΡΕΙΑΣ ΚΑΠΠΑΔΟΚΙΑΣ

ΠΕΡΙ ΤΟΥ ΑΓΙΟΥ ΠΝΕΥΜΑΤΟΣ
πρὸς τὸν ἐν ἁγίοις Ἀμφιλόχιον ἐπίσκοπον Ἰκονίου[1].

Προοίμιον ἐν ᾧ ὅτι ἀναγκαῖαι αἱ περὶ τῶν μικροτάτων μερῶν τῆς θεολογίας ἔρευναι.

ΚΕΦΑΛΑΙΟΝ Α'.

1. Ἐπῄνεσα τὸ φιλομαθές σου καὶ φιλόπονον τοῦ τρόπου, καὶ ἥσθην γε ὑπερφυῶς τῷ ἐπιστατικῷ καὶ νηφαλέῳ τῆς διανοίας, δι' [2] ἣν οὐδεμίαν ἀδιερεύνητον οἴει χρῆναι καταλιμπάνειν φωνὴν τῶν ὅσαι περὶ Θεοῦ κατὰ πᾶσαν χρείαν τοῦ λόγου προφέρονται, ὦ φίλη κεφαλὴ καὶ τιμιωτάτη μοι πασῶν, [3] ἀδελφὲ Ἀμφιλόχιε. καλῶς γὰρ ἀκούσας τῆς παραινέσεως τοῦ [4] Κυρίου, ὅτι 'Πᾶς ὁ αἰτῶν λαμβάνει καὶ ὁ ζητῶν εὑρίσκει,' τῇ περὶ τὸ αἰτεῖν ἐμμελείᾳ καὶ τὸν ὀκνηρότατόν [5] μοι δοκεῖς [6] ἂν [7] διαναστῆσαι πρὸς τὴν μετάδοσιν. ἐκεῖνο δέ σου καὶ πλέον ἄγαμαι, ὅτι οὐ πείρας ἕνεκεν κατὰ τοὺς πολλοὺς τῶν νῦν τὰς ἐρωτήσεις προτείνῃ, ἀλλὰ [8] τοῦθ'

---

[1] add προσφωνητικῶς προσερωτήσαντος R₃ C. προσφωνητικῶς ἐπερωτήσαντ(ος? α?) μ. κατ' Εὐνομίου R₅. o has a short title περὶ θεολογίας τῆς ἁγίας τριάδος. [2] txt. M₁ m μ V Baroc. fr., ὧν ο ν (in rasura) ἧς R₂ R₃ C R₁ R₄ R₅. [3] om. ἀδελφὲ M₁ m V. [4] χῦ V. [5] με ο. [6] om. ἂν μ ν. [7] διαναστῆναι ο. [8] txt. M₁ m μ V ν. τοῦ Ben. ο.

ὅπερ ἐστὶν αὐτὸ τὸ ἀληθὲς ἐξευρεῖν. τῶν μὲν γὰρ ὠτακουστούντων νῦν καὶ διερωτώντων ἡμᾶς εὐθηνία πολλή, φιλομαθεῖ δὲ ψυχῇ καὶ πρὸς ἀγνοίας ἴασιν τὴν ἀλήθειαν ἐκζητούσῃ χαλεπώτατον ἐντυχεῖν. ὡς γὰρ παγὶς θηρατῶν καὶ πολεμούντων ἐνέδρα κεκρυμμένον τὸν δόλον καὶ ἐγκατάσκευον ἔχει τὰ τῶν πολλῶν ἐρωτήματα, οἳ προβάλλουσι λόγους, οὐχ ἵνα τι χρήσιμον λάβωσιν ἐξ αὐτῶν, ἀλλ᾽ ὅπως ἐὰν μὴ συμβαινούσας τῇ ἑαυτῶν ἐπιθυμίᾳ τὰς ἀποκρίσεις εὕρωσι, ταύτην ἀφορμὴν [1]ἔχειν δικαίαν δόξωσι τοῦ πολέμου.

2. Εἰ [2]δὲ 'Τῷ ἀνοήτῳ ἐπερωτήσαντι σοφίαν σοφία λογισθήσεται,' τὸν συνετὸν ἀκροατὴν τὸν ὑπὸ τοῦ προφήτου τῷ θαυμαστῷ συμβούλῳ παραζευχθέντα πόσου ἄξιον λογισόμεθα ; [3]ἦ που δίκαιον πάσης μὲν ἀποδοχῆς ἀξιοῦν, προάγειν δὲ εἰς τὸ πρόσω, συνεφαπτομένους αὐτῷ τῆς σπουδῆς καὶ πάντα συνεκπονοῦντας ἐπειγομένῳ πρὸς τὴν τελείωσιν. τὸ γὰρ μὴ παρέργως ἀκούειν τῶν θεολογικῶν φωνῶν, ἀλλὰ πειρᾶσθαι τὸν [4]ἐν ἑκάστῃ λέξει καὶ [5]ἐν ἑκάστῃ συλλαβῇ κεκρυμμένον νοῦν ἐξιχνεύειν οὐκ [6]ἀργῶν εἰς εὐσέβειαν, ἀλλὰ γνωριζόντων τὸν σκοπὸν τῆς [7]κλήσεως ἡμῶν, ὅτι πρόκειται ἡμῖν ὁμοιωθῆναι Θεῷ κατὰ τὸ δυνατὸν ἀνθρώπου φύσει. ὁμοίωσις δὲ οὐκ ἄνευ γνώσεως, ἡ δὲ γνῶσις [8]ἐκ διδαγμάτων, λόγος δὲ διδασκαλίας ἀρχή, λόγου δὲ μέρη συλλαβαὶ καὶ λέξεις. ὥστε οὐκ ἔξω σκοποῦ γέγονε τῶν συλλαβῶν ἡ ἐξέτασις. οὐ μὴν ὅτι μικρά, ὡς ἄν τῳ δόξαι, τὰ ἐρωτήματα, διὰ τοῦτο καὶ παροφθῆναι ἄξια, ἀλλ᾽ ἐπειδὴ δυσθήρατος ἡ ἀλήθεια, πανταχόθεν ἡμῖν ἐξιχνευτέα. εἰ γὰρ ὥσπερ αἱ τέχναι οὕτω καὶ ἡ τῆς εὐσεβείας ἀνάληψις ταῖς κατὰ μικρὸν προσθήκαις αὔξεται, οὐδενὸς ὑπεροπτέον τοῖς εἰς τὴν γνῶσιν εἰσαγομένοις· ὡς εἴ τις τῶν πρώτων στοιχείων ὡς μικρῶν ὑπερίδοι, [9]οὐδέποτε τῶν τελείων τῆς

---

[1] om. ἔχειν m. [2] δὴ μ V v. [3] ἦ M₁ V v. [4] ἐφ᾽ m. [5] ἐφ᾽ m. om. M₁ V v 'addita praepositio ex quatuor codd. MSS.' [6] ἀργὸν μ. [7] γνώσεως R₃ μ v R₁. [8] txt. S M₁ m V 'duo codd. MSS.' οὐκ ἐκτὸς ο 'sic duo Regii et Coll. et Regius quintus in margine.' [9] txt. M₁ μ o v 'tres Regii codd.' πότε m V.

σοφίας ἐφάψεται. τὸ Ναὶ καὶ τὸ Οὒ συλλαβαὶ δύο, ἀλλ᾽
ὅμως τὸ κράτιστον τῶν ἀγαθῶν, ἡ ἀλήθεια, καὶ ὁ ἔσχατος
ὅρος τῆς πονηρίας, τὸ ψεῦδος, τοῖς μικροῖς τούτοις ῥήμασι
[1] πολλάκις ἐμπεριέχεται. καὶ τί ταῦτα λέγω; ἤδη τις καὶ
μόνον κατανεύσας τῇ κεφαλῇ ἐν τοῖς ὑπὲρ Χριστοῦ μαρτυ-
ρίοις πάσης πληρωτὴς εὐσεβείας [2] ἐκρίθη. εἰ [3] δὲ ταῦτα
οὕτως ἔχει, τί τῶν θεολογικῶν ῥημάτων οὕτω μικρόν, ὡς ἢ T. III. p. 3.
καλῶς ἢ ἐναντίως ἔχον μὴ μεγάλην παρέχειν τὴν ῥοπὴν ἐφ᾽
ἑκάτερα; εἰ γὰρ 'ἐκ τοῦ νόμου ἰῶτα ἐν ᾖ μία κεραία οὐ
[4] παρελεύσεται,' πῶς [5] ἂν ἡμῖν ἀσφαλὲς ὑπερβαίνειν [6] καὶ Matt. v. 18.
τὰ σμικρότατα; ἅ γε μὴν αὐτὸς διευκρινηθῆναι παρ᾽ ἡμῶν
ἐπεζήτησας, καὶ βραχέα ἐστὶ [7] ταῦτα καὶ μεγάλα, τῷ μὲν
συντόμῳ τῆς προφορᾶς βραχέα καὶ διὰ τοῦτο ἴσως εὐκατα-
φρόνητα, τῇ δὲ δυνάμει τῶν σημαινομένων μεγάλα, κατὰ Mk. iv. 31.
τὴν εἰκόνα τοῦ σινάπεως, ὃ μικρότατον ὂν τῶν φρυγανικῶν
σπερμάτων τῆς προσηκούσης ἐπιμελείας ἀξιωθὲν εἰς ὕψος
αὔταρκες διανίσταται, τῆς συνεσπαρμένης [8] ἐν αὐτῷ δυνάμεως
ἁπλωθείσης. εἰ δέ τις γελᾷ, βλέπων τὴν περὶ τὰς συλ-
λαβὰς ἡμῶν (ψαλμικῶς εἰπεῖν) 'ἀδολεσχίαν,' αὐτὸς μὲν Ps. cxix.
ἴστω ἀνωφελῆ καρπὸν τοῦ [9] γελοίου δρεπόμενος, ἡμεῖς δὲ [cxviii. LXX.] 85.
μὴ τοῖς ὀνείδεσι τῶν ἀνθρώπων ἐνδόντες [10] μηδὲ τῷ φαυλισμῷ
αὐτῶν ἡττηθέντες τὴν ἔρευναν καταλίπωμεν. τοσοῦτον γὰρ
ἀπέχω τούτοις ὡς μικροῖς ἐπαισχύνεσθαι, ὥστε εἰ καὶ πολ-
λοστοῦ [11] μέρους τῆς ἀξίας αὐτῶν [12] ἐφικοίμην, ἐμαυτῷ τε
ἂν συνησθείην ὡς μεγάλων ἀξιωθέντι, τῷ τε συνδιερευνῶντι
ἡμῖν ἀδελφῷ οὐ μικρὸν ἂν φαίην ἐντεῦθεν ἀπηντηκέναι τὸ

[1] om. πολλάκις μ. suspicatur in v et in o.   [2] εὑρίσκεται m. ἐδείχθη
'Reg. primus, et ad marg. ἐκρίθη.'   [3] δὴ m μ ο v.   [4] add. μὴ μ.
[5] om. ἂν m μ V v.   [6] κἂν μ ο v.   [7] txt. m μ V v.   τὰ αὐτὰ Ben.
[8] om. ἐν μ v.   [9] txt. m R₃ μ ο V v R₄ R₅.   γέλωτος Ben. μ habet
αὐτὸς μὲν ἀνωφελῆ καρπὸν τοῦ γελοίου δρεπέσθω.   [10] txt. m μ ο V v.
μήτε Ben.   [11] om. μέρους m V v (sed in v postea add. in marg. manu
prima).   [12] ἐφικόμην μ.

---

2. 19. ἀδολεσχίαν, 'subtilty.' In Ps. cxix. 85, the word translated
(AV. and RV.) 'pits' is in the LXX. ἀδολεσχίας, and in the Vulg.
'fabulationes.'

κέρδος. μέγιστον οὖν ὁρῶν ἐν μικροῖς ῥήμασι τὸ ἀγώνισμα ἐλπίδι τῶν μισθῶν τὸν πόνον οὐκ ἀναδύομαι, ἐμαυτῷ [1] τε ἡγούμενος ἔγκαρπον τὸν λόγον ἔσεσθαι, τοῖς τε ἀκούουσι διαρκῆ τὴν ὠφέλειαν ὑπάρξειν. διόπερ ἤδη σὺν αὐτῷ γε [2] φάναι τῷ [3] ἁγίῳ Πνεύματι βαδιοῦμαι πρὸς τὴν ἐξήγησιν. 5 καὶ εἰ βούλει ὥστε με εἰς ὁδὸν καταστῆναι τοῦ λόγου, μικρὸν ἐπὶ τὴν ἀρχὴν τοῦ προβλήματος ὑποστρέψω.

3. Προσευχομένῳ μοι πρώην [4] μετὰ τοῦ λαοῦ καὶ ἀμφοτέρως τὴν δοξολογίαν ἀποπληροῦντι τῷ Θεῷ καὶ Πατρί, νῦν μὲν 'Μετὰ τοῦ Υἱοῦ Σὺν τῷ Πνεύματι τῷ ἁγίῳ,' νῦν δὲ 10

[1] om. τε μ. [2] om. φάναι 500. [3] om. ἁγίῳ μ v. [4] ἐπὶ m o. om. V v. μετὰ o*.

---

3. 10. νῦν μὲν Μετὰ κ.τ.λ. The Arian Philostorgius (iii. 13) in noticing the forms of Gloria does not mention this form (μετά, σύν) and says that Flavian at Antioch (Bishop from 381) was the first to use aloud (πρῶτον ἀναβοῆσαι) the form 'to the Father and to the Son and to the Holy Spirit.' This may be true as regards public worship in the Church at Antioch (see esp. the story of Leontius quoted in Bright's Hist. p. 62); but the writer was apparently not acquainted with the Martyr. Ign. Ant. and Martyr. Polyc., or with the Apostolical Constitutions, in which these forms (μετά, σύν) (καί, καί) are found. He speaks of the form (διά, ἐν) as the more usual; and St. Basil seems to say the same in § 72, T. iii. p. 61, Ben. (On the Apostolic Doxologies, see Westcott on Ep. to Hebrews, p. 464.) Bona on the contrary writes (Rer. Liturg. lib. II. c. iii. § 2): 'Primus qui eum (sc. Hymnum Gloria Patri) mutavit Aetius fuisse dicitur, Ecclesiae Antiochenae Diaconus, Arianismi instaurator, sic cani instituens, Gloria Patri per Filium in Spiritu Sancto; quae verba licet per se nullam haeresim contineant, subdole tamen ab Arianis usurpabantur, ut illorum aequivocatione suam impietatem celarent. Illis in sensu orthodoxo usus est S. Leo, serm. 1. de Nativitate dicens: Agamus, dilectissimi, gratias Deo Patri per Filium eius in Spiritu Sancto. At vero Basilius cum iisdem verbis sermonem ad populum conclusisset, Catholicis displicuit, et pro illorum defensione librum apologeticum edidit, quem de Spiritu Sancto ad Amphilochium inscripsit, sed non omnibus satisfecit.' The Cardinal is certainly wrong both in his statement about Aetius, and in his account of the occasion and contents of St. Basil's writing. Bingham gives a fuller account of the early doxologies. He says (XIV. ii. § 1) with reference to the Gloria Patri now in ordinary use, that besides the occasional omission of part of the response, 'There was another small difference, which yet made no dispute among Catholics, till the rise of the Arian heresy, and then it occasioned no small disturbance. The Catholics themselves of

'Διὰ τοῦ Υἱοῦ Ἐν τῷ ἁγίῳ Πνεύματι,' ἐπέσκηψάν τινες τῶν παρόντων, ξενιζούσαις ἡμᾶς φωναῖς κεχρῆσθαι λέγοντες καὶ Acts xvii. 20.

old were wont to say, some, "Glory be to the Father, and to the Son, and to the Holy Ghost!" others, "Glory be to the Father, and to the Son, with the Holy Ghost!" and others, "Glory be to the Father, in or by the Son, and by the Holy Ghost!" Now these different ways of expressing were all allowed, so long as no heterodox opinion was suspected to be couched under them, as Valesius has observed in his notes upon Socrates (i. 21) and Theodoret (ii. 24), and St. Basil shows more at large in his book *De Spiritu Sancto*. But when Arius had broached his heresy in the world, his followers would use no other form of glorification but the last, and made it a distinguishing character of their party to say, "Glory be to the Father, in or by the Son and Holy Ghost," intending hereby to denote, that the Son and Holy Ghost were inferior to the Father in substance, and, as creatures, of a different nature from Him, as Sozomen (iii. 20 ἐδόξαζον ... Πατέρα ἐν Υἱῷ ... δευτερεύειν τὸν Υἱὸν ἀποφαίνοντες) and other ancient writers inform us. And from this time it became scandalous, and brought any one under the suspicion of heterodoxy to use it, because the Arians had now, as it were, made it the shibboleth of their party. Philostorgius indeed says (iii. 13) that the usual form of the Catholics was a novelty, and that Flavian of Antioch was the first that brought in this form of saying, "Glory be to the Father, and to the Son, and to the Holy Ghost!" whereas all before him had said either, "Glory be to the Father, by the Son, in the Holy Ghost" (καὶ ταύτην μᾶλλον τὴν ἐκφώνησιν ἐπιπολάζειν), or, "Glory be to the Father, in the Son, and in the Holy Ghost." But this is no more than what one might expect from the partiality of an Arian historian, and it is abundantly confuted by the ancient testimonies which St. Basil produces in his own vindication against some who charged him with the like innovation; in answer to which he says, he did no more than what was done before by Irenaeus, Clemens Romanus, the two Dionysii of Rome and Alexandria, Eusebius of Caesarea, Origen, Africanus, Athenogenes, Gregory Thaumaturgus, Firmilian and Meletius, and what was done in the prayers of the Church, and with the consent of all the Eastern and Western Churches. Which would make a man amazed to hear Cardinal Bona charging St. Basil as blameworthy, for displeasing the Catholics in using the form of the heterodox party; when it is plain that it was the heterodox party that quarrelled with him for using the Catholic form of the Church. And yet, though he blames St. Basil without grounds, telling us, "that a Catholic doctor ought to be without rebuke, and abstain from terms that have a suspected sense, and offend pious ears," yet he has nothing to say to Pope Leo, who, if either, was more certainly liable to his censure, for using the Arian form of doxology, though in a Catholic sense, in one of his Christmas sermons, which he thus words, "Let us give thanks, beloved, to the Father, by His Son, in the Holy

ἅμα πρὸς ἀλλήλας ὑπεναντίως ἐχούσαις. σὺ δὲ μάλιστα μὲν τῆς αὐτῶν ἐκείνων ἕνεκεν ὠφελείας, εἰ δὲ ἀνιάτως ἔχουσι παντελῶς, διὰ τὸ τῶν ἐντυγχανόντων αὐτοῖς ἀσφαλές, ἠξίωσάς τινα εὐκρινῆ περὶ τῆς ἐν ταῖς συλλαβαῖς ταύταις δυνάμεως διδασκαλίαν ἐκφωνηθῆναι. λεκτέον δὴ οὖν ἡμῖν διὰ βραχέων, ὡς οἷόν τε ἀρχήν τινα ὁμολογουμένην τῷ λόγῳ ¹δόντας.

T. III. p. 4. Ποίαν ἔσχεν ἀρχὴν ἡ περὶ τὰς συλλαβὰς τῶν αἱρετικῶν παρατήρησις.

ΚΕΦΑΛΑΙΟΝ Β'.

4. Ἡ περὶ τὰς συλλαβὰς καὶ τὰς λέξεις τῶν ἀνδρῶν τούτων μικρολογία οὐχ ἁπλῆ τίς ἐστιν, ὡς ἄν τῳ δόξαι, οὐδὲ εἰς μικρὸν τοῦ κακοῦ φέρουσα, ἀλλὰ βαθεῖαν ἔχει καὶ συνεσκιασμένην ²βουλὴν κατὰ τῆς εὐσεβείας. φιλονεικοῦσι γὰρ ἀνομοίαν Πατρὸς καὶ Υἱοῦ καὶ ἁγίου Πνεύματος ἐπιδεικνύναι τὴν προφοράν, ὡς ἐκ τούτου ῥᾳδίαν ἕξοντες καὶ τῆς κατὰ τὴν φύσιν παραλλαγῆς τὴν ἀπόδειξιν. ἔστι γάρ τι αὐτοῖς παλαιὸν σόφισμα, ³ὑπὸ Ἀετίου τοῦ προστάτου τῆς αἱρέσεως

¹ txt. m o C V δοῦσι μ v 'duo codd. Regii' δόντες 'unus ex Regiis codd.' διδόντας Ben.   ² add. τὴν μ.   ³ παρὰ μ v.

Ghost!" St. Basil never used this suspected form, though he says it might be used with an orthodox meaning, but always, "Glory be to the Father, with the Son and Holy Ghost!" For which he was charged by some heterodox men as an innovator, but there was no room for Bona's censure.'

It is somewhat strange that even Bingham here contradicts St. Basil's own statement of his practice as given in this section; and it is more strange that, before Bona, Hooker (Eccl. Pol. V. xliii. 9, 10, 11) misunderstood the intention of St. Basil's treatise, and the occasion of it.

3. ἠξίωσάς τινα εὐκρινῆ περὶ τῆς ἐν ταῖς συλλαβαῖς ταύταις δυνάμεως διδασκαλίαν. St. Basil gives the real meaning of the phrases in §§ 16, 63, 64.

4. 18. ὑπὸ Ἀετίου. The story is told by Theodoret (Eccl. Hist. ii. 27): Eustathius of Sebaste, one of the deputies of the Council of Seleucia, in

ταύτης ἐξευρεθέν, ὃς ἔγραψέ που τῶν ἑαυτοῦ ἐπιστολῶν, λέγων 'Τὰ ἀνόμοια κατὰ τὴν φύσιν ἀνομοίως προφέρεσθαι,' καὶ ἀνάπαλιν 'Τὰ ἀνομοίως προφερόμενα ἀνόμοια εἶναι κατὰ τὴν φύσιν,' καὶ εἰς μαρτυρίαν τοῦ λόγου τὸν ἀπόστολον [1]ἐπεσπάσατο λέγοντα· 'Εἷς Θεὸς [2]καὶ Πατήρ, ἐξ οὗ τὰ πάντα, καὶ εἷς Κύριος Ἰησοῦς Χριστός, δι' οὗ τὰ πάντα.' 'ὡς οὖν ἔχουσιν αἱ φωναὶ πρὸς ἀλλήλας, οὕτως ἕξουσι,' φησί, 'καὶ αἱ δι' αὐτῶν σημαινόμεναι φύσεις· ἀνόμοιον δὲ [3]τῷ "ἐξ οὗ" τὸ "δι' οὗ"· ἀνόμοιος ἄρα [4]καὶ τῷ Πατρὶ ὁ Υἱός.' ταύτης τοίνυν τῆς νόσου καὶ ἡ περὶ τὰς προκειμένας λέξεις ἀδολεσχία τῶν ἀνδρῶν τούτων ἤρτηται. ὅθεν τῷ μὲν Θεῷ καὶ Πατρὶ ὥσπερ τινὰ κλῆρον ἐξαίρετον προσνέμουσι τὸ 'ἐξ οὗ,' τῷ δὲ Υἱῷ καὶ Θεῷ ἀφώρισαν τὸ 'δι' οὗ,' τῷ δὲ ἁγίῳ Πνεύματι τὸ 'ἐν ᾧ,' καί φασι μηδέποτε τὴν χρῆσιν ταύτην τῶν συλλαβῶν ἐπαμείβεσθαι, ἵν' ὅπερ ἔφην τῷ παρηλλαγμένῳ τῆς ἐκφωνήσεως καὶ ἡ τῆς φύσεως παραλλαγὴ [5]συνεκφαίνηται. ἀλλὰ γὰρ οὐ λελήθασιν ἐν τῇ περὶ τὰς λέξεις λεπτολογίᾳ τῷ ἀσεβεῖ λόγῳ τὴν ἰσχὺν δια-

Theod. Eccl. Hist. ii. 27.
1 Cor. viii. 6.

[1] ἐφελκύσατο v. [2] ὁ μον. [3] τὸ ἐξ οὗ τῷ δι' οὗ ο. [4] κεῖται R₃.
[5] συνεμφαίνηται o* V 'duo antiqui codd.'

---

the presence of the Emperor Constantius at Constantinople, accused Eudoxius of using these words; (in Theod. the words κατὰ τὴν οὐσίαν are given instead of κατὰ τὴν φύσιν). Eudoxius being summoned to the Emperor pleaded that the Anomoean Aetius was the real author. Aetius, on acknowledging that he was the parent (γεννήτωρ), was banished to Phrygia. (Newman's Arians, ch. iv. § 4. p. 351; Bright, Hist. p. 100.) St. Basil, though not yet ordained priest, was present (see p. xxxvi).

12. ὥσπερ τινὰ κλῆρον. In conformity with this assertion, the Arian formula, as put out by Eunomius in his earlier Liber Apologeticus (A. D. 365), ran thus: πιστεύομεν εἰς ἕνα Θεόν, Πατέρα Παντοκράτορα, ἐξ οὗ τὰ πάντα. καὶ εἰς ἕνα Μονογενῆ Υἱὸν τοῦ Θεοῦ, Θεὸν Λόγον, τὸν Κύριον ἡμῶν Ἰησοῦν Χριστόν, δι' οὗ τὰ πάντα. καὶ εἰς ἓν Πνεῦμα ἅγιον, τὸν Παράκλητον, ἐν ᾧ πάσης χάριτος διανομὴ κατὰ τὴν συμμετρίαν πρὸς τὸ συμφέρον ἑκάστῳ δίδοται τῶν ἁγίων.

15. τῷ παρηλλαγμένῳ τῆς ἐκφωνήσεως. So Eunomius (Lib. Apol. § 18) argues from the different names ἀγέννητος and γεννητός or, as he said, γέννημα, that the Essence was different also, παρηλλαγμένων τῶν ὀνομάτων παρηλλαγμένας ὁμολογεῖν (ἐχρῆν) καὶ τὰς οὐσίας.

σώζοντες. τὸ μὲν γὰρ 'ἐξ οὗ' τὸν Δημιουργὸν σημαίνειν βούλονται, τὸ δὲ 'δι' οὗ' τὸν ὑπουργὸν ἢ τὸ ὄργανον, τὸ δὲ 'ἐν ᾧ' τὸν χρόνον δηλοῦν ἢ τὸν τόπον, ἵνα μηδὲν μὲν ὀργάνου [1] σεμνότερος ὁ Δημιουργὸς τῶν ὅλων νοῆται, μηδὲν δὲ τῆς ἀπὸ τόπου ἢ χρόνου συνεισφορᾶς εἰς τὰ ὄντα πλεῖον 5 [2] φαίνηται τὸ Πνεῦμα τὸ ἅγιον παρεχόμενον.

Ὅτι ἐκ τῆς ἔξωθεν σοφίας ἡ περὶ τῶν συλλαβῶν [3] τεχνολογία.

ΚΕΦΑΛΑΙΟΝ Γ'.

5. Ὑπηγάγετο μέντοι αὐτοὺς [4] πρὸς τὴν ἀπάτην ταύτην 10 καὶ ἡ τῶν ἔξωθεν παρατήρησις, οἳ τὸ 'ἐξ οὗ' καὶ τὸ 'δι' οὗ'

[1] σεμνότερον V. [2] ἐκφαίνηται m. φανεῖται μ. φανῆται 'unus cod. MS.' [3] θεολογία R_3 o^a v (τεχν. o^*). [4] εἰς m.

2. τὸν ὑπουργόν. Eunomius (Lib. Apol. § 27) calls the son ὑπουργὸν τελειώτατον.

ὄργανον. Philo (de Cher. § 35; i. 162 M.) speaks of ὄργανον δὲ λόγον Θεοῦ δι' οὗ κατεσκευάσθη (sc. ὁ κόσμος). The word was afterwards used by the Nestorians, ὄργανον καὶ ἐργαλεῖον τῆς Θεότητος καὶ ἄνθρωπος Θεοφόρος (see § 12).

3. τὸν τόπον. On the right use of τόπος, see § 62. In Philo's terminology Place is another name for the Son (Bigg's Christian Platonists of Alexandria, p. 253). St. John Damasc. (De Orthod. Fid. i. 13) says, ὁ Θεὸς ἑαυτοῦ τόπος ἐστί: and Sir Isaac Newton, 'Deus durat semper et adest ubique, et, existendo semper et ubique, durationem et spatium constituit.' Dr. Pusey (Par. and Cath. Sermons, p. 503) says, 'Wherever God is, there is space; for space is the Presence of God.'

4. ὁ Δημιουργὸς τῶν ὅλων (or as in § 20 πάσης κτίσεως), i. e. the Son. The Anomoeans would give the title δημιουργός to the Father. In Neo-Platonic philosophy, δημιουργὸς (ἐξ ὄντων) is opposed to κτίστης (ἐξ οὐκ ὄντων), Philo i. 632. In St. Athanasius (de Inc. iii. 2), we have τεχνίτης opposed to κτίστης (εἰς τὸ εἶναι), and ποιητής and δημιουργός are equivalent to κτίστης. St. Basil (adv. Eunom. ii. 33) used κτίσμα in the higher sense and δημιούργημα in the lower, for he seems to think it worse to apply the latter term to the Holy Spirit than to apply the former. We have then (1) in the sense of creation (ἐξ οὐκ ὄντων) δημιουργός (Anom., Athan.), κτίστης (Neo-Plat., Athan., and prob. Bas.), ποιητής (Athan.); and in the sense of fashioning (ἐξ ὄντων) δημιουργός (Neo-Plat., prob. Bas.), and τεχνίτης (Athan.).

about causes.

κεχωρισμένοις κατὰ τὴν φύσιν πράγμασι ¹ προσδιένειμαν.
ἐκεῖνοι γὰρ οἴονται τὸ μὲν 'ἐξ οὗ' τὴν ὕλην δηλοῦν, τὸ δὲ T. III. p. 5.
'δι' οὗ' τὸ ὄργανον παριστᾷν ἢ ὅλως τὴν ὑπουργίαν. μᾶλ-
λον δὲ (τί γὰρ κωλύει πάντα τὸν ἐκείνων λόγον ἀναλαβόντας
5 τό τε πρὸς τὴν ἀλήθειαν ἀσυνάρτητον καὶ τὸ πρὸς ἐκείνους
αὐτοὺς ἀσύμφωνον τῶν ἀνδρῶν τούτων ἐν βραχεῖ διελέγξαι;)
οἱ περὶ τὴν ματαίαν ²φιλοσοφίαν ἐσχολακότες τοῦ αἰτίου
τὴν φύσιν πολλαχῶς ἐξηγούμενοι καὶ τοῦτο εἰς τὰ οἰκεῖα Cf. Clem.
σημαινόμενα διαιροῦντες τὰ μὲν προκαταρκτικὰ λέγουσι τῶν viii. § 9.
10 ³αἰτίων⁴, τὰ δὲ συνεργὰ ἢ συναίτια, ⁵τὰ δὲ ⁶τῶν ὧν οὐκ
ἄνευ λόγον ⁷ἐπέχειν. ἑκάστῳ μέντοι τούτων ἰδιάζουσαν Cf. § 61.
καὶ τὴν ἐκφώνησιν ἀφορίζουσιν, ὥστε ἄλλως τὸν Δημι-
ουργὸν σημαίνεσθαι καὶ τὸ ὄργανον ἄλλως. τῷ μὲν γὰρ

¹ διένειμαν μ.   ² σοφίαν m.   ³ αἰτιῶν μ.   ⁴ add. εἶναι Ben.
om. m μ o V v.   ⁵ om. τὰ δὲ μ.   ⁶ τὸν ὧν m. τύπον (sic) V.
⁷ ὑπέχειν R₁.

---

5. 7. οἱ περὶ τὴν ματαίαν φιλοσοφίαν ἐσχολακότες. St. Basil seems
to be referring to St. Clement of Alexandria, who treats on causes in
his Stromat. viii. 9 τῶν αἰτίων τὰ μὲν προκαταρκτικά, τὰ δὲ συνεκτικά,
(maintaining) τὰ δὲ συνεργά, τὰ δὲ ὧν οὐκ ἄνευ. St. Clement illustrates
it in the case of a science: ὁ μὲν πατὴρ αἴτιόν ἐστι προκαταρκτικὸν τῆς
μαθήσεως· ὁ διδάσκαλος δὲ συνεκτικόν· ἡ τοῦ μανθάνοντος φύσις συνεργὸν
αἴτιον· ὁ δὲ χρόνος τῶν ὧν οὐκ ἄνευ λόγον ἐπέχει. He explains συνεκτικόν
as a cause, οὗ παρόντος μένει τὸ ἀποτέλεσμα· καὶ αἰρομένου, αἴρεται : and
συνεργόν thus, τὸ συνεργὸν ὑπηρεσίαν σημαίνει καὶ τὴν σὺν ἑτέρῳ λει-
τουργίαν. St. Basil less definitely puts for these two συνεργὰ ἢ συναίτια.
St. Basil himself speaking of the creation of the heavenly powers (c. xvi.
§ 38), calls the Father the primary cause (τὴν προκαταρκτικὴν αἰτίαν),
the Son the fashioning cause (τὴν δημιουργικήν, cf. § 21 τοῦ ποιητικοῦ
αἰτίου), and the Spirit the perfecting cause (τὴν τελειωτικήν, cf. § 61).
On the subject of this part of the book, the student should read New-
man's Arians, c. i. § 2, 'The schools of the Sophists.'
11. λόγον ἐπέχειν: for the phrase, cf. Philopon. in (Arist.) Phys. ii. 9
ἡ ὕλη τὸν τῶν ὧν οὐκ ἄνευ λόγον ἐπέχει: St. Basil Hom. 9 in Hexaem.
i. 83 Ben. κακὸν δὲ πᾶν ἀρρωστία ψυχῆς· ἡ δὲ ἀρετὴ λόγον ὑγιείας ἐπέχει :
and [Just. Mart.] Quaest. et Resp. ad Graecos, Q. 1 εἰ ἡ μὲν ψυχὴ τεχ-
νίτου λόγον ἐπέχει, τὸ δὲ σῶμα ὀργάνου. Elsewhere τάξιν or τόπον ἐπέ-
χειν is used in a similar sense, viz. to be in the stead of, to be analogous
to. Field, Otium Norvicense, pt. iii (after Wetstein), explains in this
sense Phil. ii. 16 φαίνεσθε ὡς φωστῆρες ἐν κόσμῳ λόγον ζωῆς ἐπέχοντες.

Δημιουργῷ πρέπειν οἴονται τὸ 'ὑφ' οὗ,' κυρίως γάρ φασι λέγεσθαι ὑπὸ τοῦ τέκτονος γεγενῆσθαι τὸ βάθρον, τῷ δὲ ὀργάνῳ τὸ 'δι' οὗ,' διὰ γὰρ σκεπάρνου φασὶ καὶ τερέτρου καὶ τῶν λοιπῶν. ὁμοίως δὲ καὶ τὸ 'ἐξ οὗ' τῆς ὕλης ἴδιον ἐκεῖνοι τίθενται, ἐκ ξύλου γὰρ εἶναι τὸ δημιούργημα, τὸ δὲ ¹'καθ' ὃ' τὸ ἐνθύμιον δηλοῦν ἢ τὸ ²ἐκκείμενον ὑπόδειγμα τῷ τεχνίτῃ. ἢ γὰρ προαναζωγραφήσας ³τῇ διανοίᾳ τὸ κατασκεύασμα οὕτως εἰς ἔργον τὴν φαντασίαν ἤγαγεν, ἢ πρὸς ἤδη ἐκκείμενον παράδειγμα ἀποβλέπων καθ' ὁμοίωσιν ἐκείνου τὴν ἐνέργειαν κατευθύνει. τὸ δὲ 'δι' ὃ' τῷ τέλει προσήκειν βούλονται, διὰ γὰρ τὴν χρῆσιν ⁴τὴν τῶν ἀνθρώπων γεγονέναι τὸ βάθρον, τὸ δὲ 'ἐν ᾧ' τὸν χρόνον παριστᾶν ἢ τὸν τόπον. πότε γὰρ γέγονεν; ⁵ἐν τῷδε ⁶τῷ χρόνῳ. καὶ ποῦ; ἐν ⁷τῷδε τῷ τόπῳ. ταῦτα δὲ εἰ καὶ μηδὲν τῷ γινομένῳ συμβάλλεται, ἀλλ' οὖν οὐκ ἄνευ τούτων δυνατόν ⁸τι ⁹γενέσθαι· χρεία γὰρ καὶ τόπου καὶ χρόνου τοῖς ἐνεργοῦσι. ταῦτα μαθόντες ¹⁰καὶ θαυμάσαντες οὗτοι τὰ ἐκ τῆς ματαιότητος καὶ κενῆς ἀπάτης παρατηρήματα καὶ ἐπὶ τὴν ἁπλῆν καὶ ἀτεχνολόγητον τοῦ Πνεύματος διδασκαλίαν μετακομίζουσιν, εἰς ¹¹ἐλάττωσιν μὲν τοῦ Θεοῦ Λόγου,

¹ καθὸ ο.   ² ἐγκείμενον v.   ³ add. ἐν.   μ v 'duo codd. MSS.'
⁴ om. τὴν m μ.   ⁵ om. ἐν m μ v.   ⁶ om. τῷ μ.   ⁷ τῷ τόπῳ τῷδε m μ v.   ⁸ om. τι μ v.   ⁹ γίνεσθαι μ.   ¹⁰ om. καὶ θαυμάσαντες μ 'desunt in nonnullis codd. MSS.' v addit in marg. manu prima post οὗτοι.   ¹¹ ἀθέτησιν m V.

1. τὸ 'ὑφ' οὗ.' Cf. Philopon. in (Arist.) Phys. i. 1 ἀρχὰς δὲ τῶν πραγμάτων Πλάτων μὲν ἕξ φησιν εἶναι, ὕλην, εἶδος, ποιητικὸν αἴτιον, παραδειγματικόν, ὀργανικόν, τελικόν, καὶ καλεῖ τὴν μὲν ὕλην ἐν ᾧ (=ἐξ οὗ of this passage), (μητέρα γὰρ αὐτὴν καλεῖ καὶ δεξαμένην καὶ τιθηνήν,) τὸ δὲ εἶδος ὃ (τοῦτο γάρ ἐστι τὸ ἑκάστου τῶν πραγμάτων χαρακτηριστικόν, οὐχ ἡ ὕλη μία καὶ ἡ αὐτὴ οὖσα πάντων), τὸ δὲ ποιητικὸν ὑφ' οὗ, τὸ ὀργανικὸν δι' οὗ, τὸ παραδειγματικὸν πρὸς ὃ (=καθ' ὅ of this passage), τὸ τελικὸν δι' ὅ. The ἐν ᾧ of St. Basil is not an ἀρχή but a sine quâ non.

19. τὴν ἁπλῆν καὶ ἀτεχνολόγητον τοῦ Πνεύματος διδασκαλίαν. Cf. Euseb. Eccl. Hist. v. 28 οἱ δὲ ταῖς τῶν ἀπίστων τέχναις εἰς τὴν τῆς αἱρέσεως αὐτῶν γνώμην ἀποχρώμενοι, καὶ τῇ τῶν ἀθέων πανουργίᾳ τὴν ἁπλῆν τῶν θείων γραφῶν πίστιν καπηλεύοντες, ὅτι μηδὲ ἐγγὺς πίστεως ὑπάρχουσι, τί δεῖ καὶ λέγειν; (quoted by Eusebius from an older writer).

ἀθέτησιν δὲ τοῦ [1] Θείου Πνεύματος, οἵ γε τὴν ἐπὶ ἀψύχων ὀργάνων ἢ τῆς ὑποχειρίου καὶ ταπεινῆς παντελῶς ὑπηρεσίας φωνὴν ἀφωρισμένην παρὰ τῶν ἔξωθεν, τὴν 'δι' οὗ' λέγω, ταύτην [2] ἐπὶ τὸν Δεσπότην τῶν ὅλων οὐκ ὤκνησαν μεταθεῖναι, καὶ οὐκ αἰσχύνονται οἱ Χριστιανοὶ πρίονος ἢ σφύρας τῷ Δημιουργῷ τῆς κτίσεως φωνὴν ἀφορίζοντες.

Ὅτι ἀπαρατήρητος τῇ Γραφῇ τῶν συλλαβῶν τούτων ἡ χρῆσις.

ΚΕΦΑΛΑΙΟΝ Δ'.

6. Ἡμεῖς δὲ κεχρῆσθαι μὲν πολλαχοῦ ταῖς φωναῖς ταύταις [3] καὶ τὸν τῆς ἀληθείας λόγον ὁμολογοῦμεν· οὐ μὴν τήν γε τοῦ Πνεύματος ἐλευθερίαν δουλεύειν πάντως φαμὲν τῇ μικροπρεπείᾳ τῶν ἔξωθεν, ἀλλὰ κατὰ τὸ ἀεὶ προστυγχάνον οἰκείως ταῖς χρείαις ὑπαλλάττειν τὰς ἐκφωνήσεις. οὐ γὰρ πάντως τὸ 'ἐξ οὗ' τὴν ὕλην σημαίνει, καθὼς ἐκείνοις δοκεῖ, ἀλλὰ συνηθέστερον τῇ Γραφῇ ἐπὶ τῆς ἀνωτάτω Αἰτίας τὴν φωνὴν ταύτην παραλαμβάνειν, ὡς ἐπὶ τοῦ 'Εἷς Θεός, ἐξ οὗ τὰ πάντα,' καὶ πάλιν· 'τὰ δὲ πάντα ἐκ τοῦ Θεοῦ.' κέχρηται μέντοι καὶ ὁ τῆς ἀληθείας λόγος τῇ λέξει ταύτῃ καὶ ἐπὶ τῆς ὕλης [4] πολλάκις, ὡς ὅταν λέγῃ· 'ποιήσεις τὴν κιβωτὸν ἐκ ξύλων ἀσήπτων,' καὶ 'ποιήσεις τὴν λυχνίαν ἐκ χρυσίου καθαροῦ,' καὶ 'ὁ πρῶτος ἄνθρωπος ἐκ γῆς χοϊκός,' καὶ 'ἐκ πηλοῦ [5] διήρτισαι σὺ ὡς [6] καὶ ἐγώ.' ἀλλ' οὗτοι, ἵνα ὡς ἔφαμεν τῆς φύσεως τὸ διάφορον παραστήσωσι, τῷ

T. III. p. 6.

1 Cor. viii. 6; xi. 12.

Ex. xxv. 9.
Ex. xxv. 30.
1 Cor. xv. 47.
Job xxxiii. 6.

[1] txt. m μ o V v 'duo antiqui codd.' θείου καὶ ἁγίου 'duo alii.' S= τοῦ ἁγίου. [2] add. καὶ m. [3] κατὰ o. [4] om. πολλάκις μ v. [5] διήρτησαι o. [6] κἀγώ o. καγώ (sic) μ.

6. 20. ἐπὶ τῆς ὕλης. The Ben. editor notes that St. Ambrose (de Sp. S. ii. 9) seems to have read this passage hurriedly, and accuses the Pneumatomachi of applying the material meaning of ἐξ οὗ to God.

Πατρὶ μόνῳ προσήκειν τὴν λέξιν ταύτην ἐνομοθέτησαν, τὰς μὲν ἀρχὰς τῆς παρατηρήσεως λαβόντες παρὰ τῶν ἔξωθεν, οὐ πάντα δὲ ἐκείνοις δι' ἀκριβείας δουλεύσαντες· ἀλλὰ τῷ μὲν Υἱῷ κατὰ τὴν ἐκείνων νομοθεσίαν τὴν τοῦ ὀργάνου προσηγορίαν ἐπέθηκαν, τῷ δὲ Πνεύματι τὴν τοῦ τόπου, 'ἐν Πνεύματι' γὰρ λέγουσι καὶ 'διὰ Υἱοῦ' λέγουσι, τῷ δὲ Θεῷ τὴν 'ἐξ οὗ,' οὐκέτι ἐνταῦθα κατακολουθοῦντες τοῖς ἀλλοτρίοις, ἀλλ' ἐπὶ τὰς ἀποστολικὰς ὥς φασι μεταβαίνοντες χρήσεις, καθὰ εἴρηται· 'ἐξ αὐτοῦ δὲ ὑμεῖς ἐστε ἐν Χριστῷ Ἰησοῦ,' καὶ 'τὰ δὲ πάντα ἐκ τοῦ Θεοῦ.' τί οὖν ἐκ τῆς τεχνολογίας ταύτης τὸ συναγόμενον ; 'ἄλλη φύσις αἰτίου καὶ ἄλλη ὀργάνου καὶ ἄλλη τόπου· ἀλλότριος ἄρα κατὰ τὴν φύσιν ὁ Υἱὸς τῷ Πατρί, ἐπειδὴ καὶ τὸ ὄργανον τῷ τεχνίτῃ, ἀλλότριον δὲ καὶ τὸ Πνεῦμα, καθόσον κεχώρισται τόπος ἢ χρόνος τῆς τῶν ὀργάνων φύσεως ἢ τῆς τῶν μεταχειριζομένων αὐτά.'

[1 Cor. i. 30.]
[1 Cor. xi. 12.]

Ὅτι καὶ ἐπὶ Πατρὸς λέγεται [1] τὸ 'δι' οὗ' καὶ ἐπὶ [2] Υἱοῦ [3] τὸ 'ἐξ οὗ' καὶ ἐπὶ [4] Πνεύματος.

ΚΕΦΑΛΑΙΟΝ Ε'.

7. Τὰ μὲν δὴ ἐκείνων τοιαῦτα· ἡμεῖς δὲ [5] δείξομεν [6] ὃ προεθέμεθα, ὅτι οὔτε [7] ὁ Πατὴρ τὸ 'ἐξ οὗ' λαβὼν τῷ Υἱῷ προσέρριψε τὸ 'δι' οὗ,' οὔτε [8] ὁ Υἱὸς πάλιν τὸ Πνεῦμα τὸ ἅγιον κατὰ τὴν [9] τούτων νομοθεσίαν εἰς τὴν τοῦ 'ἐξ οὗ' ἢ τὴν 'δι' οὗ' κοινωνίαν οὐ παραδέχεται, ὅπερ ἡ [10] καινὴ τούτων κληροδοσία διώρισεν. 'Εἷς Θεὸς [11] καὶ Πατήρ, ἐξ οὗ τὰ πάντα, καὶ εἷς Κύριος Ἰησοῦς Χριστός, δι' οὗ τὰ πάντα.' αὗται οὐκ εἰσὶ νομοθετοῦντος φωναί, ἀλλὰ διευκρινουμένου

[1 Cor. viii. 6.]

[1] τὸ δι' οὗ καὶ ἐξ οὗ καὶ ἐπὶ υἱοῦ καὶ πνεύματος V.   [2] add. τοῦ v in tab.
[3] om. τὸ ἐξ οὗ μ v.   [4] add. τοῦ o* v in tab. et o in textu.   [5] δείξωμεν m μ v.   [6] ἃ μ.   [7] om. m μ.   [8] om. μ v.   [9] ἐκείνων v.
[10] txt. S m V Ben. κενὴ μ ο v (ε ex αι) 'duo codd. MSS. et alius prima manu.'   [11] ὁ μ R₄.

τὰς Ὑποστάσεις. οὐ γὰρ ἵνα τὸ ἀλλότριον τῆς ¹φύσεως εἰσαγάγῃ, ἀλλ' ἵνα ἀσύγχυτον Πατρὸς καὶ Υἱοῦ τὴν ἔννοιαν παραστήσῃ, οὕτω προήνεγκεν ὁ Ἀπόστολος. ἐπεὶ ὅτι γε αἱ φωναὶ ἀλλήλαις οὐκ ἀντιτάσσονται, οὐδ' ὥσπερ ἐν πολέμῳ 5 πρὸς ἀντίπαλον τάξιν ἀποκριθεῖσαι συνεκπολεμοῦσι τὰς φύσεις, αἷς προσεχώρησαν, ἐκεῖθεν δῆλον· ²συνήγαγεν ἀμφοτέρας ἐπὶ ἑνὸς καὶ τοῦ αὐτοῦ ὑποκειμένου ὁ μακάριος Παῦλος, εἰπών· ὅτι 'ἐξ αὐτοῦ καὶ δι' αὐτοῦ καὶ εἰς αὐτὸν τὰ T. III. p. 7. πάντα.' τοῦτο δὲ προδήλως εἰς τὸν Κύριον φέρειν πᾶς τις Rom. xi. 36.
10 ἂν εἴποι ὁ καὶ μικρὸν τῷ βουλήματι τῆς λέξεως ἐπιστήσας. προτάξας γὰρ ὁ Ἀπόστολος ἐκ τῆς προφητείας τοῦ Ἡσαΐου τὸ 'τίς ἔγνω νοῦν Κυρίου; ³καὶ τίς σύμβουλος αὐτοῦ Is. xl. 13. ἐγένετο;' ἐπήγαγεν· ὅτι 'ἐξ αὐτοῦ καὶ δι' αὐτοῦ καὶ εἰς αὐτὸν τὰ πάντα.' ἅπερ ὅτι περὶ τοῦ Θεοῦ Λόγου τοῦ Δη-
15 μιουργοῦ πάσης κτίσεως εἴρηται τῷ προφήτῃ, ἐκ τῶν κατόπιν ἂν μάθοις· 'τίς ἐμέτρησε τῇ χειρὶ τὸ ὕδωρ, καὶ τὸν οὐρανὸν Is. xl. 12, 13. σπιθαμῇ, καὶ πᾶσαν τὴν γῆν δρακί; τίς ἔστησε τὰ ὄρη ⁴ἐν σταθμῷ καὶ τὰς νάπας ⁴ἐν ζυγῷ; τίς ἔγνω νοῦν Κυρίου; ⁵καὶ τίς σύμβουλος αὐτοῦ ἐγένετο;' τὸ γὰρ 'τίς' ἐνταῦθα
20 οὐχὶ τὸ ἄπορον παντελῶς, ἀλλὰ τὸ σπάνιον δηλοῖ, ὡς ἐπὶ τοῦ 'τίς ἀναστήσεταί μοι ἐπὶ ⁶πονηρευομένους;' καὶ 'τίς Ps. xciv. [xciii. LXX.] ἐστιν ἄνθρωπος ὁ θέλων ζωήν;' καὶ 'τίς ἀναβήσεται εἰς 16. τὸ ὄρος τοῦ Κυρίου;' οὕτω δὴ οὖν καὶ ἐνταῦθά ἐστι· 'τίς ὁ Ps. xxxiv. [xxxiii. LXX.] 13. εἰδὼς τὸν νοῦν ⁷τοῦ Κυρίου καὶ τῆς βουλῆς αὐτοῦ κοινωνός;' Ps. xxiv.
25 'ὁ γὰρ Πατὴρ ἀγαπᾷ τὸν Υἱὸν καὶ πάντα δείκνυσιν αὐτῷ.' [xxiii. LXX.] 3. οὗτός ἐστιν ὁ συνέχων τὴν γῆν καὶ περιδεδραγμένος αὐτῆς, John v. 20 (φιλεῖ). ὁ εἰς τάξιν πάντα καὶ διακόσμησιν ἀγαγών, ὁ καὶ ὄρεσιν ἰσορροπίαν καὶ ὕδασι μέτρα καὶ πᾶσι τοῖς ἐν τῷ κόσμῳ τὴν

---

¹ ὑποστάσεως v.   ² συνήγαγε καὶ ἀμφοτέρας o.   ³ ἢ o.   ⁴ om. ἐν o.
⁵ ἢ o.   ⁶ πονηρευομένοις μ o V v 'codd. quinque.'   ⁷ om. τοῦ o.

7. 1. τὰς Ὑποστάσεις. The word is here (and in § 45) used in its later definite sense for Persons. See Newman's Arians, Appendix, Note iv, on 'the terms *usia* and *hypostasis* as used in the early Church,' and St. Basil's Ep. 236, § 6. St. Basil seems to use πρόσωπον as the equivalent of ὑπόστασις in § 8.

οἰκείαν τάξιν ¹ἀποπληρώσας, ὁ τὸν οὐρανὸν ὅλον μικρῷ μέρει τῆς ὕλης ²ἑαυτοῦ δυνάμεως περιέχων, ἣν σπιθαμὴν τροπικῶς ὁ προφητικὸς ὠνόμασε λόγος. ὅθεν οἰκείως ἐπήγαγεν ὁ ἀπόστολος τὸ 'ἐξ αὐτοῦ καὶ δι' αὐτοῦ καὶ εἰς αὐτὸν τὰ πάντα.' 'ἐξ αὐτοῦ' γὰρ τοῖς οὖσιν ἡ αἰτία ³τοῦ εἶναι κατὰ τὸ θέλημα τοῦ Θεοῦ καὶ Πατρὸς ⁴γίνεται. 'δι' αὐτοῦ' τοῖς πᾶσιν ἡ διαμονὴ καὶ ἡ σύστασις, τοῦ κτίσαντος τὰ πάντα καὶ τὰ πρὸς σωτηρίαν ἑκάστῳ τῶν ⁵γενομένων ἐπιμετροῦντος. διὸ δὴ καὶ 'εἰς αὐτὸν' ἐπέστραπται ⁶τὰ σύμπαντα, ἀσχέτῳ τινὶ πόθῳ καὶ ἀρρήτῳ στοργῇ πρὸς τὸν ἀρχηγὸν τῆς ζωῆς καὶ χορηγὸν ἀποβλέποντα, κατὰ τὸ γεγραμμένον· 'οἱ ὀφθαλμοὶ πάντων εἰς σὲ ἐλπίζουσι,' καὶ πάλιν· 'πάντα πρὸς σὲ προσδοκῶσι,' καὶ 'ἀνοίγεις ⁷σὺ τὴν χεῖρά σου, καὶ ἐμπιπλᾷς πᾶν ζῷον εὐδοκίας.'

8. Εἰ δὲ πρὸς ταύτην ἡμῶν τὴν ἐκδοχὴν ⁸ἐνίστανται, τίς αὐτοὺς ἐξαιρήσεται λόγος ⁹τοῦ μὴ οὐχὶ φανερῶς ἑαυτοῖς περιπίπτειν; εἰ γὰρ μὴ ἐπὶ τοῦ Κυρίου δώσουσι τὰς τρεῖς εἰρῆσθαι φωνάς, τήν τε 'ἐξ αὐτοῦ' καὶ 'δι' αὐτοῦ' καὶ 'εἰς ¹⁰αὐτόν,' ἀνάγκη πᾶσα προσοικειοῦν τῷ Θεῷ καὶ Πατρί. ἐκ δὲ τούτου προδήλως αὐτοῖς διαπεσεῖται τὸ παρατήρημα. εὑρίσκεται γὰρ οὐ μόνον τὸ 'ἐξ οὗ,' ἀλλὰ καὶ τὸ 'δι' οὗ' τῷ Πατρὶ προσαγόμενον. ὅπερ εἰ μὲν οὐδὲν ταπεινὸν ¹¹ἐμφαίνει, τί δήποτε ὡς ὑποδεέστερον ἀφορίζουσι ¹²τῷ Υἱῷ; εἰ δὲ πάντως ἐστὶ διακονίας δηλωτικόν, ἀποκρινάσθωσαν ἡμῖν· ὁ Θεὸς τῆς δόξης καὶ Πατὴρ τοῦ ¹³Χριστοῦ τίνος ἐστὶν ἄρχοντος ὑπηρέτης; ἐκεῖνοι μὲν οὖν οὕτως ὑφ' ἑαυτῶν περιτρέπονται, ἡμῖν δὲ ἑκατέρωθεν τὸ ἰσχυρὸν φυλαχθήσεται. ἐάν τε γὰρ νικήσῃ περὶ τοῦ Υἱοῦ εἶναι τὸν λόγον, εὑρεθήσεται τὸ 'ἐξ οὗ' τῷ Υἱῷ προσαρμόζον· ἐάν τέ τις

---

¹ txt. μ o V v 'quinque codd. MSS. prima manu exstitit in C.' ἀποκληρώσας Ben. ² αὐτοῦ m μ v. ³ τὸ εἶναι μ v. ⁴ om. γίνεται m μ o V v. ⁵ γινομένων μ v. ⁶ om. τὰ V. ⁷ om. σὺ V. ⁸ ἴστανται μ (in v ἐν in ras. a manu prima). ⁹ τὸ μὴ m μ ' cum correctore vetusto codicis 500 et codice 965 (sc. C) scripsi τοῦ pro vulgato τό. Ben. Migne. ¹⁰ add. τὰ πάντα R₂ o. ¹¹ ὑπεμφαίνει v. ¹² ἀφορίζουσιν αὐτὸ μ o v. ¹³ κυρίου o.

¹ φιλονεικῇ ² ἐπὶ τὸν Θεὸν ἀναφέρειν τοῦ προφήτου τὴν λέξιν, πάλιν τὴν ' δι' οὗ ' φωνὴν τῷ Θεῷ πρέπειν δώσει, καὶ τὴν ἴσην ³ ἕξει ἀξίαν ἑκατέρα τῷ κατὰ τὸν ἴσον λόγον ἐπὶ ⁴ Θεοῦ παρειλῆφθαι. καὶ οὕτω ⁵ γε κἀκείνως ὁμότιμοι 5 ἀλλήλαις ἀναφανήσονται, ἐφ' ἑνὸς Προσώπου καὶ τοῦ αὐτοῦ τεταγμέναι. ἀλλ' ἐπὶ τὸ προκείμενον ἐπανέλθωμεν.

9. Γράφων ὁ Ἀπόστολος πρὸς Ἐφεσίους φησίν· 'ἀλη- Eph. iv. 15, θεύοντες δὲ ἐν ἀγάπῃ αὐξήσωμεν εἰς αὐτὸν τὰ πάντά, ⁶ ὅς 16. ἐστιν ἡ κεφαλή, Χριστός, ἐξ οὗ πᾶν τὸ σῶμα συναρμολο-
10 γούμενον καὶ συμβιβαζόμενον διὰ πάσης ἁφῆς τῆς ἐπιχορηγίας κατ' ἐνέργειαν ἐν μέτρῳ ἑνὸς ἑκάστου ⁷ μέρους τὴν αὔξησιν τοῦ σώματος ποιεῖται.' καὶ πάλιν ⁸ ἐν τῇ πρὸς Κολασσαεῖς πρὸς τοὺς οὐκ ἔχοντας τὴν γνῶσιν τοῦ Μονογενοῦς εἴρηται, ὅτι 'ὁ κρατῶν τὴν κεφαλήν, τουτέστι τὸν Col. ii. 19.
15 Χριστόν, ἐξ οὗ πᾶν τὸ σῶμα διὰ τῶν ἁφῶν καὶ συνδέσμων ἐπιχορηγούμενον αὔξει τὴν αὔξησιν τοῦ Θεοῦ.' ὅτι γὰρ Χριστὸς κεφαλὴ τῆς Ἐκκλησίας ἑτέρωθι μεμαθήκαμεν, τοῦ Ἀποστόλου λέγοντος· καὶ 'αὐτὸν ἔδωκε κεφαλὴν ὑπὲρ Eph. i. 22. πάντα τῇ Ἐκκλησίᾳ,' καὶ 'ἐκ τοῦ πληρώματος αὐτοῦ ἡμεῖς John i. 16.
20 πάντες ἐλάβομεν,' καὶ αὐτὸς ὁ Κύριος· ὅτι 'ἐκ τοῦ ἐμοῦ John xvi. 15. λήψεται καὶ ἀναγγελεῖ ὑμῖν.' καὶ ὅλως τῷ φιλοπόνως ἀναλεγομένῳ πολύτροποι αἱ χρήσεις ἀναφανήσονται τοῦ 'ἐξ οὗ.' καὶ γὰρ καὶ ὁ Κύριος· 'ἔγνων,' φησί, 'δύναμιν Luke viii. 46. ἐξελθοῦσαν ⁹ ἐξ ἐμοῦ.' ὁμοίως δὲ καὶ περὶ τοῦ Πνεύματος
25 τετηρήκαμεν πολλαχοῦ τὸ 'ἐξ οὗ' κείμενον. 'ὁ γὰρ Gal. vi. 8. σπείρων,' φησίν, 'εἰς τὸ Πνεῦμα ἐκ τοῦ Πνεύματος θερίσει ζωὴν αἰώνιον,' καὶ ὁ Ἰωάννης· 'ἐκ τούτου γινώσκομεν ὅτι

¹ φιλονεικήσῃ m o V 'unus.' ² εἰς m. ³ δώσει μ quasi δ' ὡς εἰ vel repetitur δώσει. ⁴ add. τοῦ μ v. ⁵ δὲ m v 'veteres aliquot libri.' ⁶ om. ὅς ἐστιν ... Χριστός μ V v. ⁷ μέλους m manu secunda. ⁸ om. ἐν τῇ m v. ⁹ ἀπ' m o V.

8. 6. τὸ προκείμενον, i. e. that ἐξ οὗ is not confined to the Father alone.
9. 24. ἐξελθοῦσαν ἐξ ἐμοῦ. The reading in St. Luke (viii. 46) is ἀπ' ἐμοῦ. Codex D has in the previous verse the words which are found in St. Mark (v. 30) τὴν ἐξ αὐτοῦ ἐξελθοῦσαν δύναμιν.

28   *The prepositions are applied*

1 John iii. 24.   ἐν ἡμῖν ἐστιν, ἐκ τοῦ Πνεύματος οὗ [1]ἡμῖν ἔδωκε,' καὶ ὁ
Matt. i. 20.   ἄγγελος· 'τὸ γὰρ ἐν αὐτῇ γεννηθὲν ἐκ Πνεύματός ἐστιν
John iii. 6.   ἁγίου,' καὶ ὁ Κύριός φησι· 'τὸ γεγεννημένον ἐκ τοῦ Πνεύματος πνεῦμά ἐστι.' τοῦτο μὲν δὴ τοιοῦτον.

10. "Οτι [2]δὲ τὴν 'δι' οὗ' φωνὴν ὁμοίως ἐπί τε Πατρὸς καὶ Υἱοῦ καὶ ἁγίου Πνεύματος ἡ Γραφὴ παραδέχεται, ἤδη [3]δεικτέον. ἐπὶ [4]μὲν [5]δὴ τοῦ Υἱοῦ παρέλκον ἂν εἴη μαρτυρίας κομίζειν, διά τε τὸ γνώριμον καὶ διὰ τὸ παρὰ τῶν ἐναντίων αὐτὸ τοῦτο κατασκευάζεσθαι· ἡμεῖς δὲ δείκνυμεν
1 Cor. i. 9.   ὅτι καὶ ἐπὶ τοῦ Πατρὸς τὸ 'δι' οὗ' τέτακται. 'πιστός,' φησίν, 'ὁ Θεός, δι' οὗ [6]ἐκλήθητε εἰς κοινωνίαν τοῦ Υἱοῦ
2 Cor. i. 1.   αὐτοῦ,' καὶ 'Παῦλος Ἀπόστολος Ἰησοῦ Χριστοῦ διὰ θελήGal. iv. 7.   ματος Θεοῦ,' [7]καὶ πάλιν· 'ὥστε οὐκέτι εἶ δοῦλος, ἀλλὰ υἱός· εἰ δὲ υἱός, καὶ κληρονόμος διὰ Θεοῦ,' καὶ τὸ 'ὥσπερ
Rom. vi. 4.   ἠγέρθη Χριστὸς [8]ἐκ νεκρῶν διὰ τῆς δόξης τοῦ Πατρός.'
Is. xxix. 15.   καὶ ὁ Ἡσαΐας· 'οὐαί,' φησίν, 'οἱ βαθέως βουλὴν ποιοῦντες καὶ οὐ διὰ Κυρίου.' πολλὰς δὲ καὶ ἐπὶ τοῦ Πνεύματος τῆς
T. III. p. 9.   φωνῆς ταύτης μαρτυρίας ἔξεστι παραθέσθαι. 'ἡμῖν δέ,'
1 Cor. ii. 10.   φησίν, 'ὁ Θεὸς ἀπεκάλυψε διὰ τοῦ Πνεύματος[9],' καὶ
in § 63 παρακαταθήκην.   ἑτέρωθι· 'τὴν καλὴν [10]παραθήκην φύλαξον διὰ Πνεύματος
2 Tim. i. 14.   [11]ἁγίου,' καὶ πάλιν· 'ᾧ μὲν γὰρ διὰ τοῦ Πνεύματος δίδοται
1 Cor. xii. 8.   λόγος σοφίας.'

Cf. § 65.   **11.** Τὰ αὐτὰ δὲ ταῦτα καὶ περὶ τῆς 'ἐν' συλλαβῆς εἰπεῖν ἔχομεν, ὅτι καὶ ἐπὶ τοῦ Θεοῦ καὶ Πατρὸς τὴν χρῆσιν
Ps. cviii. [cvii. LXX.] 14.   αὐτῆς ἡ Γραφὴ παραδέδεκται, [12]ὡς ἐπὶ μὲν Παλαιᾶς· 'ἐν

[1] δέδωκεν ἡμῖν μ.   [2] μενοῦν m.   [3] λεκτέον 'codd. tres.'   [4] μενοῦν m v (sed in v suspicatur).   [5] om. δὴ μ.   [6] ἐκλήθημεν R₁.   [7] om. καὶ πάλιν... διὰ Θεοῦ μ.   [8] om. ἐκ νεκρῶν m μ o V v.   [9] add. αὐτοῦ m.   [10] παρακαταθήκην o V v 'unus cod. Reg.'   [11] add. τοῦ Ben. om. m μ o V v.   [12] om. ὡς μ v.

---

10. 10. ἐπὶ τοῦ Πατρὸς τὸ 'δι' οὗ' τέτακται. In this sense St. Basil omits to quote Heb. ii. 10 ἔπρεπεν γὰρ αὐτῷ, δι' ὃν τὰ πάντα καὶ δι' οὗ τὰ πάντα, πολλοὺς υἱοὺς εἰς δόξαν ἀγαγόντα τὸν Ἀρχηγὸν τῆς Σωτηρίας αὐτῶν διὰ παθημάτων τελειῶσαι, where the Father is described as being the final Cause and the efficient Cause of all things (see § 21). He quotes the verse in a passage in § 19, which must be translated with care.

τῷ Θεῷ,' φησί, '¹ποιήσωμεν δύναμιν,' καὶ 'ἐν σοὶ ἡ ὕμνησις Ps. lxxi. [lxx. LXX.]6.
μου διαπαντός,' καὶ πάλιν· 'ἐν τῷ ὀνόματί σου ἀγαλλιά- Ps. lxxxix. [lxxxviii.
σομαι·' παρὰ δὲ Παύλῳ· 'ἐν τῷ Θεῷ,' ²φησί, 'τῷ τὰ LXX.] 17.
πάντα κτίσαντι,' καὶ 'Παῦλος καὶ Σιλουανὸς καὶ Τιμόθεος Eph. iii. 9.
2 Thess. i. 1.
5 τῇ ἐκκλησίᾳ Θεσσαλονικέων ἐν Θεῷ Πατρί,' καὶ 'εἰ ³δήποτε Rom. i. 10.
εὐοδωθήσομαι ἐν τῷ θελήματι τοῦ Θεοῦ ἐλθεῖν πρὸς ὑμᾶς,'
καὶ ⁴'καυχᾶσαι,' φησίν, 'ἐν Θεῷ,' καὶ ὅσα οὐδὲ ἀριθμῆσαι Rom. ii. 17.
ῥᾴδιον. ἔστι δὲ ἡμῖν οὐ πλήθους μαρτυριῶν ἐπίδειξις, ἀλλ'
ἔλεγχος τοῦ μὴ ὑγιῶς ⁵αὐτοῖς τὰς παρατηρήσεις ἔχειν. τὸ
10 γὰρ περὶ τοῦ Κυρίου ἢ περὶ τοῦ ἁγίου Πνεύματος ⁶παρειλημ-
μένην τὴν χρῆσιν ταύτην ἐπιδεικνύναι ὡς γνώριμον ὑπερ-
βήσομαι. ἐκεῖνο δὲ ἀναγκαῖον εἰπεῖν, ὅτι συνετῷ ἀκροατῇ
ἱκανὸς ἔλεγχος τῶν ⁷προταθέντων ὁ ἀπὸ τοῦ ἐναντίου. εἰ
γὰρ τὸ διάφορον τῆς ἐκφωνήσεως παρηλλαγμένην ἐδείκνυ
15 τὴν φύσιν κατὰ τὸν τούτων λόγον, ἡ τῶν φωνῶν ταυτότης
ἀπαράλλακτον νῦν τὴν οὐσίαν αὐτοὺς ὁμολογεῖν δυσωπείτω.

12. Οὐ μόνον δὲ ἐπὶ τῆς θεολογίας αἱ χρήσεις τῶν
φωνῶν ἐπαλλάττονται, ἀλλ' ἤδη ⁸καὶ ⁹πρὸς τὰ ὑπ' ἀλλήλων
σημαινόμενα πολλάκις ἀντιμεθίστανται, ὅταν ἑτέρα τὴν
20 τῆς ἑτέρας σημασίαν ἀντιλαμβάνῃ. οἷον 'ἐκτησάμην ἄνθρω- Gen. iv. 1.
πον διὰ τοῦ Θεοῦ,' φησὶν ὁ Ἀδάμ, ἴσον λέγων τῷ 'ἐκ τοῦ
Θεοῦ,' καὶ ἑτέρωθι· ὅσα 'ἐνετείλατο Μωϋσῆς τῷ Ἰσραὴλ Num. xxxvi. 5.
διὰ ¹⁰τοῦ προστάγματος Κυρίου,' καὶ πάλιν· 'οὐχὶ διὰ τοῦ Gen. xl. 8.
Θεοῦ ἡ διασάφησις αὐτῶν ἐστιν;' ὁ Ἰωσὴφ περὶ τῶν
25 ἐνυπνίων τοῖς ἐν τῷ δεσμωτηρίῳ διαλεγόμενος σαφῶς ¹¹καὶ

¹ ποιήσομεν V R₄. ² om. φησί μ v. ³ ἤδη ποτὲ μ ο v 'veteres aliquot libri.' ⁴ καυχᾶσθαι μ ο. καυχᾶσθε v 'nonnulli.' ⁵ αὐτοὺς m o. ⁶ om. m. παρηλλαγμένην v manu secunda. ⁷ txt. S m o V. προτεθέντων μ v 'in quatuor codd. MSS.' ⁸ om. καὶ μ. ⁹ om. πρὸς m μ. καὶ πρὸς additur in v supra lin. m. sec. ¹⁰ om. τοῦ m o V. ¹¹ add. γὰρ o.

12. 21. ὁ Ἀδάμ. The words are assigned to Eve in Genesis. St. Basil frequently shews that he is quoting from memory: but, in an earlier writing (adv. Eunom. ii. 20), he also quoted these words as spoken by Adam, ὁ γὰρ εἰπών· ἐκτησάμην ἄνθρωπον διὰ τοῦ Θεοῦ, οὐχὶ κτίσας τὸν Κάϊν, ἀλλὰ γεννήσας ταύτῃ φαίνεται χρησάμενος τῇ φωνῇ.

αὐτὸς ἀντὶ τοῦ ' ἐκ Θεοῦ' εἰπεῖν 'διὰ [1] τοῦ Θεοῦ' εἴρηκε, καὶ ἀνάπαλιν τῇ ' ἐξ οὗ' προθέσει ἀντὶ τῆς ' δι' οὗ' κέχρηται [2] Παῦλος, ὡς ὅταν λέγῃ [3]· 'γενόμενος ἐκ γυναικός,' ἀντὶ τοῦ ' διὰ γυναικός.' τοῦτο γὰρ ἡμῖν [4] σαφῶς ἑτέρωθι διεστείλατο, γυναικὶ μὲν προσήκειν λέγων τὸ ' ἐκ τοῦ ἀνδρὸς' [5] γεγεν- νῆσθαι, ἀνδρὶ δὲ τὸ ' διὰ [6] τῆς γυναικός,' ἐν οἷς φησιν ὅτι ' ὥσπερ γυνὴ ἐξ ἀνδρός, οὕτως [7] ἀνὴρ διὰ [8] τῆς γυναικός.' ἀλλ' ὅμως ἐνταῦθα ὁμοῦ μὲν τὸ [9] διάφορον τῆς χρήσεως ἐνδεικνύμενος, ὁμοῦ δὲ καὶ τὸ σφάλμα τινῶν ἐν παραδρομῇ διορθούμενος τῶν οἰομένων πνευματικὸν εἶναι τοῦ Κυρίου τὸ σῶμα, ἵνα δείξῃ ὅτι ἐκ τοῦ ἀνθρωπείου φυράματος ἡ Θεοφόρος Σὰρξ συνεπάγη, τὴν [10] ἐμφατικωτέραν φωνὴν προετίμησε (τὸ μὲν γὰρ ' διὰ γυναικὸς' παροδικὴν ἔμελλε τὴν ἔννοιαν τῆς [11] γεννήσεως ὑποφαίνειν, τὸ δὲ ' ἐκ τῆς γυναικὸς' ἱκανῶς παραδηλοῦν τὴν κοινωνίαν τῆς φύσεως τοῦ τικτομένου πρὸς τὴν γεννήσασαν) οὐχ ἑαυτῷ που μαχό- μενος, ἀλλὰ δεικνὺς ὅτι ῥᾳδίως ἀλλήλαις ἀντεπιχωριάζουσιν αἱ φωναί. ὁπότε τοίνυν [12] καὶ ἐφ' ὧν διωρίσθη τὸ ' δι' οὗ' κυρίως λέγεσθαι, ἐπὶ τῶν αὐτῶν τούτων τὸ ' ἐξ οὗ' μετε- λήφθη, τίνα ἔχει λόγον ἐπὶ συκοφαντίᾳ τῆς εὐσεβείας πάντη ἀλλήλων ἀφορίζειν τὰς λέξεις;

---

[1] om. τοῦ m V. [2] om. Παῦλος μ ο. [3] add. Παῦλος ο. [4] om. σαφῶς m. [5] γεγενῆσθαι μ ο V v. [6] om. τῆς m. [7] add. καὶ μ v. [8] om. τῆς m. [9] ἀδιάφορον ο. [10] ἐμφαντικωτέραν m V v 'in duobus codd.' [11] txt. m μ ο V v. γενέσεως Ben. [12] om. καὶ μ.

11. ἡ Θεοφόρος Σάρξ. Ducaeus notes that Theodoret writing against the seventh of the Anathemas of St. Cyril misquoted this and another passage from St. Basil's writings, as θεοφόρος ἄνθρωπος, words which might be said to favour Nestorianism. The fifth Anathema of St. Cyril of Alexandria runs: Εἴ τις τολμᾷ λέγειν, Θεοφόρον ἄνθρωπον τὸν Χριστόν, καὶ οὐχὶ δὴ μᾶλλον Θεὸν εἶναι κατὰ ἀλήθειαν, ὡς Υἱὸν ἕνα καὶ φύσει, καθὸ γέγονε σὰρξ ὁ Λόγος, καὶ κεκοινώνηκε παραπλησίως ἡμῖν αἵματος καὶ σαρκός, ἀνάθεμα ἔστω. See Later Treatises of St. Athanasius, Oxford Library of the Fathers, pp. 91, 163. But St. Basil uses the expression ἄνθρωπον Θεὸν Ἰησοῦν Χριστόν in Hom. Ps. xlix. (LXX. xlviii.), (t. i. p. 180).

Anomoean phrases.

¹Ἀπάντησις πρὸς τοὺς ἀποφαινομένους μὴ μετὰ ²Πατρὸς εἶναι τὸν Υἱόν, ἀλλὰ μετὰ ³τὸν Πατέρα· ἐν ᾧ τὰ περὶ τῆς ὁμοτίμου δόξης.

ΚΕΦΑΛΑΙΟΝ ς'.

13. Καὶ μὴν οὐδὲ πρὸς τὴν ⁴ἐξ ἀγνοίας συγγνώμην δυνατὸν αὐτοὺς καταφυγεῖν, οὕτω τεχνικῶς καὶ κακοήθως τὸν λόγον ὑπολαμβάνοντας. οἵγε προδήλως ἡμῖν χαλεπαίνουσιν, ὅτι μετὰ Πατρὸς ἀποπληροῦμεν τῷ Μονογενεῖ τὴν δοξολογίαν καὶ τὸ ἅγιον Πνεῦμα μὴ διιστῶμεν ἀπὸ τοῦ ⁵Υἱοῦ. ὅθεν νεωτεροποιοὺς ἡμᾶς καὶ καινοτόμους καὶ ἐφευρετὰς ῥημάτων καὶ τί γὰρ οὐχὶ τῶν ἐπονειδίστων ἀποκαλοῦσιν; ὧν τοσοῦτον ἀπέχω δυσχεραίνειν ταῖς λοιδορίαις, ὥστε εἰ μὴ λύπην ἡμῖν ⁶ἐνεποίει καὶ ἀδιάλειπτον ὀδύνην ἡ κατ' αὐτοὺς ζημία, μικροῦ ἂν εἶπον καὶ χάριν ⁷αὐτοῖς τῆς βλασφημίας ἔχειν ὡς μακαρισμοῦ προξένοις. 'μακάριοι γάρ ἐστε,' φησίν, 'ὅταν ὀνειδίσωσιν ὑμᾶς ἕνεκεν ἐμοῦ.' ἔστι δὲ ἐφ' οἷς ἀγανακτοῦσι ταῦτα. 'οὐ "μετὰ Πατρός," ⁸φασίν, ⁹Υἱός, ἀλλὰ "μετὰ τὸν Πατέρα·" διόπερ ἀκόλουθον "δι' αὐτοῦ" τὴν ¹⁰δόξαν ¹¹προσάγειν τῷ Πατρί, ἀλλ' οὐχὶ "μετ' αὐτοῦ." τὸ μὲν γὰρ "μετ' αὐτοῦ" τὴν ἰσοτιμίαν δηλοῖ, τὸ δὲ "δι' οὗ" τὴν ὑπουργίαν παρίστησιν. οὔτε μὴν "σὺν τῷ Πατρί, ¹²φασί, καὶ τῷ Υἱῷ" τὸ Πνεῦμα τακτέον, ἀλλ' §§ 41–43.

Rom. ix. 2.

Matt. v. 11.

---

¹ ἡ ἀντίστασις R₃. ² add. τοῦ ο. ³ om. τὸν μ. ⁴ ἐκ τῆς ο.
⁵ θεοῦ R₃. ⁶ ἐνεπύει (sic) ο. ⁷ αὐτοὺς (sic) μ. ⁸ φησίν m o V.
⁹ add. ὁ ο. ¹⁰ δοξολογίαν ο. ¹¹ προσφέρειν ο (-άγειν in marg).
¹² φησίν m V v.

---

13. 15. μακαρισμοῦ προξένοις: equivalent to μακαρισμὸν προξενοῦσι, 'being the means of obtaining blessedness,' with reference to the services of πρόξενοι.

18. μετὰ τὸν Πατέρα. So in the Macrostich (A.D. 344) brought by Eudoxius to Milan, the Eusebians said, § ix παντάρχοντος μὲν καθόλου πάντων, καὶ αὐτοῦ τοῦ Υ.οῦ, μόνου τοῦ Πατρός, τοῦ δὲ Υἱοῦ ὑποτεταγμένου τῷ Πατρί, ἐκτὸς δὲ αὐτοῦ πάντων μετ' αὐτὸν βασιλεύοντος τῶν δι' αὐτοῦ γενομένων.

"ὑπὸ τὸν Υἱὸν καὶ τὸν Πατέρα," [1] οὐ "συντεταγμένον," ἀλλ' "ὑποτεταγμένον," οὐδὲ "συναριθμούμενον," ἀλλ' "ὑπαριθμούμενον."' καὶ τοιαύταις τισὶ τεχνολογίαις ῥημάτων τὸ ἁπλοῦν καὶ [2] ἀκατάσκευον τῆς πίστεως [3] διαστρέφουσιν· ὥστε τίνος ἂν δι' ἀπειρίαν συγγνώμης τύχοιεν οἱ μηδὲ τοῖς ἄλλοις ἀπείρως ἔχειν ἐκ τῆς αὐτῶν φιλοπραγμοσύνης ἐπιτρέποντες;

14. Ἡμεῖς δὲ ἐκεῖνο πρῶτον αὐτοὺς ἐρωτήσωμεν, τὸ 'μετὰ τὸν Πατέρα' πῶς [4] τὸν Υἱὸν λέγουσιν; ὡς χρόνῳ νεώτερον, ἢ ὡς τάξει, ἢ ὡς ἀξίᾳ; ἀλλὰ χρόνῳ μὲν οὐδεὶς οὕτως ἀνόητος ὡς δευτερεύειν λέγειν τὸν Ποιητὴν τῶν αἰώνων, οὐδενὸς διαστήματος μεσιτεύοντος τῇ φυσικῇ πρὸς τὸν Πατέρα τοῦ Υἱοῦ συναφείᾳ. ἀλλὰ μὴν οὔτε τῇ ἐννοίᾳ τῶν [5] ἀνθρωπίνων συμβαίνει νεώτερον λέγειν τοῦ πατρὸς τὸν υἱόν, οὐ μόνον τῷ [6] σὺν ἀλλήλοις νοεῖσθαι κατὰ τὴν σχέσιν, ἀλλ' ὅτι ἐκεῖνα λέγεται τῷ χρόνῳ δεύτερα, ὅσα τὴν πρὸς τὸ νῦν ἀπόστασιν ἐλάττονα ἔχει, [7] καὶ πάλιν ἐκεῖνα πρότερα, ὅσα περισσότερον ἀπέχει τοῦ νῦν. οἷον πρότερα τῶν [8] Σοδομιτῶν τὰ κατὰ Νῶε, ὅτι τοῦ νῦν ἐπὶ πλέον ἀπῴκισται, καὶ ὕστερα ταῦτα ἐκείνων, ὅτι μᾶλλόν πως δοκεῖ προσεγγίζειν τῷ νῦν. τῆς δὲ πάντα χρόνον καὶ πάντας αἰῶνας ὑπερεχούσης ζωῆς τῇ πρὸς τὸ νῦν ἀποστάσει τὸ

---

[1] οὔτε μ. [2] ἀμετάσκευον m. [3] ἐνδιαστρέφουσιν μ v 'duo codd.' ἐνδιατρίβουσιν 'alius.' [4] om. τὸν υἱὸν m V. [5] txt. S o V v 'codd. quinque.' ἀνθρώπων Ben. m μ. [6] συναλλήλως m. [7] hic deficit m. [8] txt. μ 'tres codd.' σοδομητῶν v. σοδομιτικῶν Ben. m o V.

2. ὑποτεταγμένον. This word is taken from 1 Cor. xv. 27, 28: in the Macrostich and in the first Sirmian Creed (A.D. 351) it was applied to the Son; but the Semi-Arians would apply it only to the Holy Spirit.

συναριθμούμενον, ὑπαριθμούμενον. The former is a classical word (Arist. Nic. Eth. i. 7, 8) and is used by St. Athanasius, c. Arian. ii. 41 (A.D. 356), of St. Matt. xxviii. 19 διὰ τί τὸ πεποιημένον συναριθμεῖται τῷ ποιήσαντι εἰς τὴν τῶν πάντων τελείωσιν; and by St. Basil, below, § 68, τὸ γὰρ ἐπὶ τοῦ βαπτίσματος συναριθμηθέν. St. Gregory Naz. Orat. xxxi. 17-20 ridicules the use by heretics of συναριθμεῖν, προαριθμεῖν, ὑπαριθμεῖν: see the words of Eunomius quoted under § 24.

εἶναι καταμετρεῖν, πῶς οὐχὶ πρὸς τῇ ἀσεβείᾳ ἔτι καὶ πᾶσαν
ὑπερβολὴν ἀνοίας ἔχει· εἴπερ καθ᾽ ὃν τρόπον τὰ ἐν γενέσει
καὶ φθορᾷ πρότερα εἶναι ἀλλήλων λέγεται, κατὰ τὸν αὐτὸν
τρόπον ὁ Θεὸς καὶ Πατὴρ τῷ Υἱῷ καὶ Θεῷ [1] τῷ ὑπάρχοντι
5 πρὸ τῶν αἰώνων παραμετρούμενος ὑπερέχοι; ἀλλὰ γὰρ ἡ
πρὸς τὸ ἄνω ὑπεροχὴ τοῦ Πατρὸς ἀθεώρητος, τῷ ἀπαξαπλῶς
μήτε ἐνθύμησιν μήτε τινὰ ἔννοιαν τὴν τοῦ Κυρίου γέννησιν
ὑπεραίρειν, καλῶς τοῦ Ἰωάννου διὰ δύο φωνῶν εἴσω [2] περι-
γράπτων ὅρων τὴν διάνοιαν ἀποκλείσαντος ἐν τῷ εἰπεῖν·
10 'ἐν ἀρχῇ ἦν ὁ Λόγος.' ἀνέκβατον μὲν γὰρ [3] διανοίαις τὸ John i. 1.
'ἦν,' ἀνυπέρβατον δὲ φαντασίαις 'ἀρχή.' ὅσον γὰρ ἂν
ἀναδράμῃς τῇ διανοίᾳ ἐπὶ τὸ ἄνω, οὐκ ἐκβαίνεις τὸ ἦν, καὶ
ὅσον ἂν διαταθῇς ἰδεῖν τοῦ Υἱοῦ τὰ ἐπέκεινα, ὑπεράνω
γενέσθαι τῆς ἀρχῆς οὐ δυνήσῃ. εὐσεβὲς οὖν κατὰ τοῦτον
15 τὸν τρόπον ἅμα νοεῖν τὸν Υἱὸν τῷ Πατρί.

15. Εἰ δ᾽ ὡς ἐν τόπῳ ὑποκειμένῳ ὑπόβασίν τινα τοῦ
Υἱοῦ νοοῦσι πρὸς τὸν Πατέρα, ὥστε ὑπεράνω μὲν τὸν
Πατέρα καθῆσθαι, πρὸς δὲ τὸ ἐφεξῆς εἰς τὸ κάτω τὸν Υἱὸν
ἀπεῶσθαι, ὁμολογείτωσαν τοῦτο, καὶ ἡμεῖς [4] σιωπήσομεν,
20 τῆς [5] ἐναργείας αὐτόθεν τὸ ἀπεμφαῖνον ἐχούσης. οὐδὲ γὰρ
τὸ ἐν τοῖς λογισμοῖς ἀκόλουθον διασώζουσιν οἱ διὰ πάντων
διήκειν τῷ Πατρὶ μὴ διδόντες, τῆς τῶν ὑγιαινόντων ἐννοίας Tit. i. 13.
τὰ πάντα τὸν Θεὸν πεπληρωκέναι πιστευούσης, οὐδὲ μέμ- Eph. iv. 10.
νηνται τοῦ προφήτου λέγοντος· 'ἐὰν ἀναβῶ εἰς τὸν οὐρα- Ps. cxxxix.
25 νόν, σὺ ἐκεῖ εἶ· ἐὰν καταβῶ εἰς τὸν ᾅδην, πάρει,' οἱ τὸ [cxxxviii. LXX.] 8.
ἄνω καὶ κάτω εἰς Πατέρα καὶ Υἱὸν διαιροῦντες. ἵνα δὲ τῆς
ἀμαθείας τὸν ἔλεγχον σιωπήσω, τόπον ἐπὶ τῶν ἀσωμάτων
ἀφοριζόντων, τί τὴν πρὸς τὰς Γραφὰς μάχην καὶ ἐναντίωσιν
αὐτῶν οὕτως ἀναίσχυντον οὖσαν παραμυθήσεται, τὸ 'κάθου Ps. cx. [cix.
30 ἐκ δεξιῶν μου,' καὶ τὸ 'ἐκάθισεν ἐν δεξιᾷ τῆς μεγαλωσύνης' LXX.] 1.
τοῦ θεοῦ; τὸ γὰρ δεξιὸν οὐ τὴν κάτω χώραν δηλοῖ (ὡς ὁ Heb. i. 3.

---

[1] om. τῷ μ v (in v additur supra lin. manu prima).   [2] ἀπεριγράπ-
των V.   [3] διανοίας μ 'trium scriptura.' φαντασίας 'trium scr.'
[4] σιωπήσωμεν 'tres codd.'   [5] txt. S μ v 'sic duo codices MSS.' ἐνερ-
γείας ο V 'quatuor alii' (m defect.).

τούτων λόγος), ἀλλὰ τὴν πρὸς τὸ ἴσον σχέσιν, οὐ σωματικῶς τοῦ δεξιοῦ λαμβανομένου, (οὕτω γὰρ ἄν τι καὶ σκαιὸν ἐπὶ τοῦ Θεοῦ εἴη), ἀλλ' ἐκ τῶν τιμίων τῆς ¹προσεδρείας ὀνομάτων τὸ μεγαλοπρεπὲς τῆς περὶ τὸν Υἱὸν τιμῆς παριστῶντος τοῦ λόγου. ²λειπόμενον τοίνυν αὐτοὺς τὸ τῆς ἀξίας ὑποδεὲς διὰ τῆς φωνῆς ταύτης δηλοῦσθαι λέγειν.

1 Cor. i. 24. μανθανέτωσαν τοίνυν ὅτι 'Χριστὸς Θεοῦ Δύναμις καὶ Θεοῦ
T. III. p. 12. Σοφία,' καὶ ὅτι 'Εἰκὼν ³τοῦ Θεοῦ τοῦ ἀοράτου' καὶ ''Ἀπαύ-
Col. i. 15.
Heb. i. 3. γασμα τῆς δόξης,' καὶ ὅτι 'τοῦτον ὁ Πατὴρ ἐσφράγισεν ὁ
John vi. 27. Θεός,' ὅλον αὐτῷ ἑαυτὸν ἐντυπώσας. ταύτας τοίνυν καὶ ὅσαι ταύταις συγγενεῖς κατὰ πᾶσάν εἰσι τὴν ⁴Γραφὴν μαρτυρίαι, πότερον ταπεινωτικὰς εἶναί ⁵φαμεν, ἢ ὥσπερ τινὰς ἀναρρήσεις τὸ μεγαλοπρεπὲς τοῦ Μονογενοῦς καὶ τὸ πρὸς τὸν Πατέρα ἴσον τῆς δόξης ἀνακηρύττειν; ἀκουέτωσαν δὲ καὶ αὐτοῦ τοῦ Κυρίου σαφῶς ὁμότιμον ἑαυτοῦ τὴν δόξαν τῷ
John xiv. 9. Πατρὶ παριστῶντος ἐν τῷ λέγειν· 'ὁ ἑωρακὼς ἐμὲ ἑώρακε
Mark viii.38. τὸν Πατέρα,' καὶ πάλιν· 'ὅταν ἔλθῃ ὁ Υἱὸς ἐν τῇ δόξῃ τοῦ
John v. 23. Πατρός,' καὶ τὸ 'ἵνα τιμῶσι τὸν Υἱόν, καθὼς τιμῶσι τὸν
John i. 14. Πατέρα,' καὶ τὸ 'ἐθεασάμεθα τὴν δόξαν αὐτοῦ, ⁶δόξαν ὡς
John i. 18. Μονογενοῦς παρὰ Πατρός,' ⁷καὶ τὸ '⁸ὁ Μονογενὴς ⁹Θεὸς ὁ ὢν ¹⁰εἰς τὸν κόλπον τοῦ Πατρός,' ὧν μηδὲν ὑπολογισάμενοι

¹ txt. S μ ' uno tantum cod.' προεδρείας o V v 'in aliis codd.' ² λείπεται C (sed cf. cap. xxvii. § 65). ³ txt. μ o V v (m defect.). om. τοῦ Ben. ⁴ hic iterum incipit m. ⁵ φῶμεν ο 'duo codd. MSS.' ⁶ om. δόξαν o V v. ⁷ om. καὶ τὸ... πατρός V. ⁸ ὁ μονογενὴς θεὸς 'haec desunt in uno cod. MS. S = ὁ μονογενὴς θεοῦ ὁ ὢν ἐκ τοῦ κόλπου. ⁹ υἱὸς ο. ¹⁰ ἐν τοῖς κόλποις 'codd. duo.' ἐν τῷ κόλπῳ μ v 'alius.'

15. 10. ὅλον αὐτῷ ἑαυτὸν ἐντυπώσας. This interpretation of ἐσφράγισεν in St. John vi. 27 is omitted by Suicer; and the connexion between σφραγίς and εἰκών (or τύπος) should be remembered in such a passage as Eph. i. 13. St. Basil calls our Lord ἡ ἰσότυπος σφραγίς of the Father, below, § 64. St. Athanasius refers to this meaning of the seal in Epist. i. ad Serap. § 23 ἡ δὲ σφραγὶς τὴν μορφὴν Χριστοῦ τοῦ σφραγίζοντος ἔχει, καὶ ταύτης οἱ σφραγιζόμενοι μετέχουσι, μορφούμενοι κατ' αὐτήν, λέγοντος τοῦ ἀποστόλου· τεκνία μου, οὓς πάλιν ὠδίνω, ἄχρις οὗ μορφωθῇ Χριστὸς ἐν ὑμῖν (Gal. iv. 19). οὕτω δὲ σφραγιζόμενοι εἰκότως καὶ κοινωνοὶ θείας φύσεως γινόμεθα, ὥς εἶπεν ὁ Πέτρος (2 Pet. i. 4), καὶ οὕτω μετέχει πᾶσα ἡ κτίσις τοῦ Λόγου ἐν τῷ Πνεύματι.

τὴν τοῖς ἐχθροῖς ἀφωρισμένην χώραν τῷ Υἱῷ προστιθέασι. κόλπος μὲν γὰρ πατρικὸς Υἱῷ καθέδρα πρέπουσα, ἡ δὲ τοῦ ὑποποδίου χώρα τοῖς ¹ἐπιδεομένοις τῆς ²ὑποπτώσεως. ἡμεῖς μὲν οὖν ἐφ᾽ ἕτερα τὴν ὁρμὴν ἔχοντες παρατρεχόντως τῶν 5 μαρτυριῶν ἐφηψάμεθα· ἔξεστι δὲ σοὶ κατὰ σχολὴν συναγαγόντι τὰς ἀποδείξεις τὸ τῆς δόξης ὕψος καὶ τὸ τῆς δυνάμεως ὑπερέχον τοῦ Μονογενοῦς κατιδεῖν. καίτοι εὐγνώμονι ἀκροατῇ οὐδὲ ταῦτα μικρά, εἰ μή τις σαρκικῶς καὶ ταπεινῶς ἐξακούοι τοῦ δεξιοῦ καὶ τοῦ κόλπου, ὥστε τόπῳ τε τὸν Θεὸν περι-10 γράφειν, καὶ ἀναπλάττειν σχῆμα καὶ τύπον καὶ ³θέσιν σωματικήν, ἃ παραπολὺ τῆς ἐννοίας τοῦ ἁπλοῦ καὶ ἀπείρου καὶ ἀσωμάτου διώρισται· πλήν γε δὴ ὅτι τὸ τῆς ἐννοίας αὐτοῦ ταπεινὸν ἐπί τε Πατρὸς καὶ Υἱοῦ παραπλήσιον, ὥστε οὐ καθαιρεῖ τοῦ Υἱοῦ τὴν ἀξίαν, ἀλλὰ προσλαμβάνει τὸ 15 κρῖμα τῆς εἰς τὸν Θεὸν βλασφημίας ὁ τὰ τοιαῦτα διεξιών. ἐν οἷς γὰρ ἂν κατατολμήσῃ τοῦ Υἱοῦ, ταῦτα ἀνάγκη αὐτῷ μετατιθέναι πρὸς τὸν Πατέρα. ὁ γὰρ τῷ Πατρὶ τὴν ἄνω χώραν εἰς προεδρίαν ⁴ἀποδιδούς, τὸν δὲ Μονογενῆ Υἱὸν ὑποκαθῆσθαι λέγων, πάντα ἀκολουθοῦντα ἕξει τὰ σωματικὰ 20 συμπτώματα τῷ ἑαυτοῦ ἀναπλασμῷ. εἰ δὲ ταῦτα οἰνοπλήκτων καὶ ἐκ φρενίτιδος παραφόρων τὸν νοῦν τὰ φαντάσματα, πῶς εὐσεβὲς τὸν τῇ φύσει, τῇ δόξῃ, τῷ ἀξιώματι συνημμένον μὴ μετὰ Πατρὸς προσκυνεῖν καὶ δοξάζειν τοὺς παρ᾽ αὐτοῦ διδαχθέντας, ὅτι ʽὁ μὴ τιμῶν τὸν Υἱὸν οὐ τιμᾷ 25 τὸν Πατέρα;ʼ τί γὰρ καὶ φήσομεν; ⁵τίνα ἕξομεν ⁶δικαίαν

Ps. cx. [cix. LXX.] 1.

John v. 23.

---

¹ ὑποδεομένοις O. δεομένοις V.   ² μ in margine glossa : ἐν ἄλλοις ὑποστάσεως.   ³ σχέσιν μ.   ⁴ διδούς μ.   ⁵ ἢ τίνα O.   ⁶ om. δικαίαν V.

9. τοῦ κόλπου... περιγράφειν. In the Liturgy of St. Mark at the beginning of the Invocation we have ἐκ τῶν ἀπεριγράπτων κόλπων.

23. συνημμένον. This was admitted in equivalent words by the Macrostich, § ix πεπιστεύκαμεν γὰρ ἀμεσιτεύτως αὐτοὺς (sc. the Father and the Son) καὶ ἀδιαστάτως ἀλλήλοις ἐπισυνῆφθαι, καὶ ἀχωρίστους ὑπάρχειν ἑαυτῶν, ὅλου τοῦ Πατρὸς ἐνστερνισμένου τὸν Υἱόν, ὅλου δὲ τοῦ Υἱοῦ ἐξηρτημένου καὶ προσπεφυκότος τῷ Πατρί, καὶ μόνου τοῖς πατρῴοις κόλποις ἀναπαυομένου διηνεκῶς... ἐν ὁμολογοῦμεν τῆς Θεότητος ἀξίωμα.

ἀπολογίαν ἐπὶ τοῦ φοβεροῦ καὶ κοινοῦ τῆς κτίσεως πάσης δικαστηρίου, εἰ τοῦ Κυρίου σαφῶς ἐπαγγελλομένου ἥξειν ἐν τῇ δόξῃ τοῦ Πατρός, καὶ Στεφάνου θεασαμένου [1]Ἰησοῦν ἑστῶτα ἐκ δεξιῶν τοῦ Θεοῦ, [2]καὶ Παύλου ἐν Πνεύματι διαμαρτυρομένου περὶ Χριστοῦ, ὅτι 'ἐστὶν ἐν δεξιᾷ τοῦ Θεοῦ,' καὶ τοῦ Πατρὸς λέγοντος· 'κάθου ἐκ δεξιῶν μου,' καὶ τοῦ ἁγίου Πνεύματος μαρτυροῦντος, ὅτι 'ἐκάθισεν ἐν δεξιᾷ τῆς μεγαλωσύνης' τοῦ Θεοῦ, ἡμεῖς τὸν σύνθρονον καὶ ὁμότιμον ἀπὸ τῆς πρὸς τὸ ἴσον σχέσεως ἐπὶ τὸ κάτω [3]καταβιβάζομεν; οἶμαι γὰρ τὴν μὲν στάσιν καὶ τὴν καθίδρυσιν τὸ πάγιον τῆς φύσεως καὶ πάντη στάσιμον ὑποφαίνειν, καθὸ καὶ ὁ Βαροὺχ τὸ ἀκίνητον καὶ ἀμετάθετον τῆς τοῦ Θεοῦ διεξαγωγῆς ἐνδεικνύμενος ἔφη τὸ 'σὺ καθήμενος [4]εἰς τὸν αἰῶνα, καὶ ἡμεῖς ἀπολλύμενοι [5]εἰς τὸν αἰῶνα,' τὴν δεξιὰν δὲ χώραν δηλοῦν τὸ τῆς ἀξίας ὁμότιμον. πῶς οὖν οὐ τολμηρὸν τῆς κατὰ τὴν δοξολογίαν κοινωνίας ἀποστερεῖν [6]τὸν Υἱὸν ὡς ἐν ἐλάττονι χώρᾳ τιμῆς τετάχθαι ἄξιον;

Πρὸς τοὺς λέγοντας μὴ ἁρμόζειν ἐπὶ [7]Υἱοῦ λέγεσθαι τὸ 'μεθ' οὗ,' ἀλλὰ τὸ 'δι' οὗ.'

ΚΕΦΑΛΑΙΟΝ Ζ΄.

16. Ἀλλὰ τὸ 'μετ' αὐτοῦ' λέγειν φασὶν ἀπεξενωμένον παντελῶς καὶ ἀσύνηθες, τὸ δὲ 'δι' αὐτοῦ' τῷ τε λόγῳ τῆς Γραφῆς οἰκειότατον καὶ ἐν τῇ χρήσει τῆς ἀδελφότητος τετριμμένον. τί οὖν ἡμεῖς πρὸς ταῦτα; ὅτι μακάρια τὰ ὦτα τὰ μὴ ἀκού-

---

[1] add. τὸν ο. [2] transp. καὶ παύλου ... θεοῦ, and καὶ τοῦ πατρὸς ... μου μ. [3] καταβιβάζοιμεν 'tres codd.' [4] om. εἰς m. [5] om. εἰς m μ v. [6] om. τὸν υἱὸν m μ ο v 'e Reg. secundo addidimus.' [7] θῦ (sic) μ.

---

2. εἰ τοῦ Κυρίου σαφῶς ἐπαγγελλομένου ἥξειν. St. Basil has arranged these five testimonies in an order which carries the reader from the future second Coming, through the present Session at the Right Hand, back to the Ascension in the past.

σαντα ὑμῶν καὶ ¹καρδίαι ὅσαι ἄτρωτοι ²ἀπὸ τῶν ὑμετέρων
λόγων ³διεφυλάχθησαν. ἀλλ' ὑμῖν λέγω τοῖς φιλοχρίστοις,
ὅτι ἀμφοτέρας οἶδεν ἡ Ἐκκλησία τὰς χρήσεις, καὶ οὐδετέραν
αὐτῶν παραιτεῖται ὡς ἀναιρετικὴν ⁴τῆς ἑτέρας. ὅταν μὲν
5 γὰρ τὸ ⁵μεγαλεῖον τῆς φύσεως τοῦ Μονογενοῦς καὶ τὴν τῆς
ἀξίας ὑπεροχὴν θεωρῶμεν, 'μετὰ Πατρὸς' εἶναι ⁶αὐτῷ τὴν
δόξαν μαρτυροῦμεν, ὅταν δὲ τὴν εἰς ἡμᾶς χορηγίαν τῶν
ἀγαθῶν ἐννοήσωμεν ἢ τὴν ἡμῶν αὐτῶν προσαγωγὴν καὶ
οἰκείωσιν πρὸς ⁷τὸν Θεόν, 'δι' αὐτοῦ' καὶ 'ἐν αὐτῷ' ἐνερ-
10 γεῖσθαι ἡμῖν τὴν χάριν ταύτην ὁμολογοῦμεν. ὥστε ⁸ἡ μὲν
ἰδία τῶν δοξολογούντων ἐστὶν ἡ 'μεθ' οὗ,' ἡ δὲ 'δι' οὗ' τῶν
εὐχαριστούντων ἐξαίρετος. ψεῦδος δὲ κἀκεῖνο ὅτι ἡ 'μεθ'
οὗ' φωνὴ τῆς τῶν εὐλαβῶν χρήσεως ἀπεξένωται. ὅσοι
γὰρ δι' εὐστάθειαν τρόπων τὸ τῆς ἀρχαιότητος σεμνὸν τοῦ
15 καινοπρεποῦς προετίμησαν καὶ ἀπαραποίητον τῶν πατέρων
διεφύλαξαν τὴν παράδοσιν, κατά τε χώραν καὶ πόλιν ταύτῃ
κέχρηνται τῇ φωνῇ· οἱ δὲ διακορεῖς τῶν συνήθων καὶ τῶν
παλαιῶν ὡς ἑώλων καταιρόμενοι, οὗτοί εἰσιν οἱ τὰς νεω-
τεροποιίας παραδεχόμενοι, ὥσπερ ἐπὶ τῆς ἐσθῆτος οἱ φιλό-
20 κοσμοι τὴν ἐξηλλαγμένην ἀεὶ τῆς κοινῆς προτιμῶντες. ἴδοις
ἂν οὖν τῶν μὲν ἀγροίκων ἔτι καὶ νῦν ἀρχαιότροπον τὴν
φωνήν, τῶν δὲ ἐντεχνῶν τούτων καὶ ταῖς λογομαχίαις
⁹ἐντετριμμένων ἐκ τῆς νέας σοφίας κεκαυτηριασμένα τὰ
ῥήματα. ¹⁰ ἃ ἔλεγον τοίνυν οἱ πατέρες ἡμῶν, καὶ ἡμεῖς λέγο-
25 μεν, ὅτι ἡ δόξα κοινὴ Πατρὶ καὶ Υἱῷ· διὸ 'μετὰ τοῦ υἱοῦ'
τὴν δοξολογίαν προσάγομεν τῷ Πατρί. ἀλλ' οὐ τοῦτο ἡμῖν
ἐξαρκεῖ, ὅτι πατέρων ἡ παράδοσις. κἀκεῖνοι γὰρ τῷ βουλή-
ματι τῆς Γραφῆς ἠκολούθησαν, ἐκ τῶν μαρτυριῶν, ἃς μικρῷ
πρόσθεν ὑμῖν ἐκ τῆς Γραφῆς παρεθέμεθα, τὰς ἀρχὰς λα-

Gal. iii. 5.
1 Pet. iv. 11.
Eph. ii. 18, 19.
Cf. § 17.

Cf. the evidence as to σὺν τῷ πνεύματι in ch. xxix.§§71-75.

§ 15.

---

¹ αἱ καρδίαι ο.   ² om. ἀπὸ μ 'deest in nonnullis codd.' in v suspicatur.
³ ἐφυλάχθησαν μ.   ⁴ om. τῆς μ.   ⁵ τέλειον μ v 'duo codd. MSS.' (et
v habet in marg. a man. pr. καὶ μεγαλεῖον).   ⁶ αὐτοῦ m.   ⁷ om.
τὸν V 'additus ex vett. libr. articulus.'   ⁸ ἡμῖν μ.   ⁹ ἐντεθραμ-
μένων μ.   ¹⁰ txt. μ v 'in tribus.' om. ἃ m V 'deest in duobus codd.'
ὅπερ ο.

βόντες. τὸ γὰρ Ἀπαύγασμα μετὰ τῆς Δόξης νοεῖται καὶ ἡ Εἰκὼν μετὰ τοῦ Ἀρχετύπου καὶ ὁ Υἱὸς πάντως σὺν [1]τῷ Πατρί, οὐδὲ τῆς τῶν ὀνομάτων ἀκολουθίας, μήτιγε τῆς τῶν πραγμάτων φύσεως, [2]τὸν χωρισμὸν δεχομένης.

T. III. p. 14. Ποσαχῶς τὸ 'δι' οὗ' καὶ ἐπὶ [3]ποίας ἐννοίας ἁρμοδιώ-τερον τὸ 'μεθ' οὗ.' ἐν ᾧ καὶ ἐξήγησις πῶς ἐντολὴν [4]λαμβάνει ὁ Υἱὸς καὶ πῶς ἀποστέλλεται.

ΚΕΦΑΛΑΙΟΝ Η'.

17. Ὅταν οὖν ὁ Ἀπόστολος εὐχαριστῇ τῷ Θεῷ 'διὰ Ἰησοῦ Χριστοῦ,' καὶ πάλιν 'δι' αὐτοῦ' λέγῃ τὴν χάριν

Rom. i. 8, 5. εἰληφέναι καὶ τὴν ἀποστολὴν εἰς ὑπακοὴν πίστεως ἐν πᾶσι
Rom. v. 2. τοῖς ἔθνεσιν, ἢ καὶ 'δι' αὐτοῦ' τὴν προσαγωγὴν ἐσχηκέναι εἰς τὴν χάριν ταύτην, ἐν ᾗ ἑστήκαμεν καὶ καυχώμεθα, τὰς εἰς ἡμᾶς εὐεργεσίας αὐτοῦ παρίστησι, νῦν μὲν ἀπὸ Πατρὸς εἰς ἡμᾶς τῶν ἀγαθῶν τὴν χάριν διαβιβάζοντος, νῦν δὲ ἡμᾶς δι' ἑαυτοῦ προσάγοντος τῷ Πατρί. ἐν μὲν γὰρ τῷ λέγειν· 'δι' οὗ ἐλάβομεν χάριν καὶ ἀποστολήν,' τὴν [5]ἐκεῖθεν τῶν ἀγαθῶν χορηγίαν ἐμφαίνει, ἐν δὲ τῷ λέγειν· 'δι' οὗ τὴν

[1] om. τῷ m. [2] τὸ χωριστὸν V. [3] ποίαις ἐννοίαις C o v. ποίαν ἔννοιαν ' unus ex Regiis.' [4] παραλαμβάνει μ ν (in titulorum conspectu λαμβάνει). (In m titulus dividitur, ποσαχῶς ... datur capiti θ, et capitis ῑ, a διὰ τοῦτο ... incipientis, titulus est ἐξηγήσεις πῶς κ.τ.λ. ' hic (sc. a διὰ τοῦτο) incipit caput octavum in Reg. tertio et Colb.') [5] τῶν ἐκεῖθεν V.

---

16. 1. τὸ γὰρ Ἀπαύγασμα κ.τ.λ. Cf. St. Athan. Ep. ii. ad Serap. § 2 εἰ πηγὴ καὶ φῶς καὶ Πατήρ ἐστιν ὁ Θεός, οὐ θέμις εἰπεῖν οὔτε τὴν πηγὴν ξηρὰν οὔτε τὸ φῶς χωρὶς αὐγῆς οὔτε τὸν Θεὸν χωρὶς Λόγου, ἵνα μὴ ἄσοφος καὶ ἄλογος καὶ ἀφεγγὴς ᾖ ὁ Θεός.... φῶς ἐστιν ὁ Πατήρ, ἀπαύγασμα ὁ Υἱὸς καὶ φῶς ἀληθινόν ... καὶ ὅλως οὐδέν ἐστιν ὧν ἔχει ὁ Πατήρ, ὃ μὴ τοῦ Υἱοῦ ἐστι· διὰ τοῦτο γὰρ ὁ Υἱὸς ἐν τῷ Πατρὶ καὶ ὁ Πατὴρ ἐν τῷ Υἱῷ, (John xiv. 10) ἐπειδὴ τὰ τοῦ Πατρὸς ταῦτα ἐν τῷ Υἱῷ ἐστι καὶ πάλιν ταῦτα ἐν τῷ Πατρὶ νοεῖται: and again in Or. ii. c. Arian. § 42 δεῖ γὰρ τὸ φῶς εἶναι μετὰ τῆς αὐγῆς, καὶ τὸ ἀπαύγασμα συνορᾶσθαι μετὰ τοῦ ἰδίου φωτός.

Scripture tells of His Nature and His Grace.

προσαγωγὴν ἐσχήκαμεν,' τὴν ἡμετέραν πρόσληψιν καὶ οἰκείωσιν διὰ Χριστοῦ πρὸς τὸν Θεὸν ¹γινομένην παρίστησιν. ²ἆρ' οὖν ἡ ὁμολογία τῆς ἐνεργουμένης παρ' αὐτοῦ ³πρὸς ἡμᾶς χάριτος ὑφαίρεσίς ἐστι τῆς δόξης ; ἢ μᾶλλον Cf. ch. xxiii. § 54.
5 εἰπεῖν ἀληθέστερον ὅτι πρέπουσα δοξολογίας ὑπόθεσις ἡ τῶν εὐεργετημάτων διήγησις ; διὰ τοῦτο ⁴ εὕρομεν τὴν Γραφὴν οὐκ ἐξ ἑνὸς ὀνόματος ⁵ τὸν Κύριον ἡμῖν παραδιδοῦσαν οὐδὲ ἐκ τῶν ὅσα τῆς Θεότητός ἐστιν αὐτοῦ μόνον καὶ τοῦ μεγέθους δηλωτικά, ἀλλὰ νῦν μὲν τοῖς τῆς φύσεως χαρακτηριστικοῖς κεχ-
10 ρημένην, οἶδε γὰρ 'τὸ ὄνομα τὸ ὑπὲρ πᾶν ὄνομα' τοῦ ⁶Υἱοῦ, καὶ Phil. ii. 9. Υἱὸν ἀληθινὸν λέγειν καὶ Μονογενῆ Θεὸν καὶ Δύναμιν Θεοῦ καὶ Σοφίαν καὶ Λόγον. ⁷ καὶ πάλιν μέντοι διὰ τὸ πολύτροπον τῆς εἰς ἡμᾶς χάριτος, ἣν διὰ τὸν πλοῦτον τῆς ἀγαθότητος κατὰ τὴν πολυποίκιλον αὐτοῦ σοφίαν τοῖς δεομένοις παρέ-
15 χεται, μυρίαις αὐτὸν ἑτέραις προσηγορίαις ἀποσημαίνει, ποτὲ μὲν Ποιμένα λέγουσα, ποτὲ δὲ Βασιλέα, καὶ πάλιν Ἰατρόν, καὶ τὸν αὐτὸν Νυμφίον καὶ Ὁδὸν καὶ Θύραν, καὶ Πηγὴν καὶ Ἄρτον καὶ Ἀξίνην καὶ Πέτραν. ταῦτα γὰρ οὐ τὴν φύσιν παρίστησιν, ἀλλ' ὅπερ ἔφην τὸ τῆς ἐνεργείας παντοδαπόν,
20 ἣν ἐκ τῆς περὶ τὸ ἴδιον πλάσμα εὐσπλαγχνίας κατὰ τὸ τῆς χρείας ἰδίωμα τοῖς δεομένοις παρέχεται. τοὺς μὲν γὰρ ⁸ προσπεφευγότας τῇ ἐπιστασίᾳ αὐτοῦ καὶ τὸ ⁹ εὐμετάδοτον Cf. 1 Tim. vi 18; 2 Tim. ii

¹ γιγνομένην o V.   ² ἄρα m o V v.   ³ εἰς V.   ⁴ εὕροιμεν ἂν v.   24.
⁵ τὸ ὁ κύριος m.   ⁶ ἰησοῦ m V. quod est Filius et Filius genuinus Dei Unigenitus Qui (est) e sinu Patris Sui S.   ⁷ πάλαι μέντοι m.
⁸ προσφεύγοντας μ v ' codd. nonnulli.'   ⁹ εὐμετάβολον R₂ V. eos qui ad Illum confugiunt, et Illi consentiunt in iis quae iussi sunt observare, et perfectionem amoris sui erga veritatem Illius ostendunt, oves Suas appellavit S.

17. 10. Υἱοῦ. That St. Basil refers to the name of Son, and not to the Ἰησοῦ of m and V, is clear from Ep. 210, § 4 εἰδέναι δέ, ὅτι ἔστι τὸ ὄνομα τοῦ Χριστοῦ τὸ ὑπὲρ πᾶν ὄνομα, αὐτὸ τὸ καλεῖσθαι αὐτὸν Υἱὸν τοῦ Θεοῦ.

15. ποτὲ μὲν Ποιμένα. In the second Antiochene Creed, known as the Creed of the Dedication (A.D. 341) many names are given to the Son, σοφίαν, ζωήν, φῶς ἀληθινόν, ὁδὸν ἀληθείας, ἀνάστασιν, ποιμένα, θύραν. See Bright's Hist., pp. 47, 48.

22. καὶ τὸ εὐμετάδοτον, κ.τ.λ. The Ben. Ed. tries to solve the dif-

40 'Shepherd,' 'King,' 'Door,' 'Rock,'

John x. 4, 11. δι' ἀνεξικακίας κατωρθωκότας πρόβατα λέγει, καὶ Ποιμὴν εἶναι τῶν τοιούτων ὁμολογεῖ τῶν κατακουόντων αὐτοῦ τῆς φωνῆς καὶ μὴ προσεχόντων διδαχαῖς ξενιζούσαις. 'τὰ γὰρ
John x. 27. ἐμὰ πρόβατα,' φησί, 'τῆς ἐμῆς φωνῆς ἀκούει.' Βασιλεὺς
T. III. p. 15. δὲ τῶν ὑπεραναβεβηκότων ἤδη καὶ τῆς ἐννόμου δεομένων 5
John x. 7. ¹ἐπιστασίας. καὶ Θύρα δὲ τῷ ἐπὶ τὰς σπουδαίας πράξεις διὰ τῆς ὀρθότητος τῶν προσταγμάτων ²ἐξάγειν καὶ ³πάλιν ἀσφαλῶς αὐλίζειν τοὺς ἐπὶ τὸ τῆς γνώσεως ἀγαθὸν διὰ τῆς εἰς αὐτὸν πίστεως καταφεύγοντας, ⁴ὅθεν· 'δι' ἐμοῦ ἐάν τις
John x. 9. εἰσέλθῃ, ⁵καὶ εἰσελεύσεται καὶ ἐξελεύσεται καὶ νομὴν 10
Matt. vii. 24;
xvi. 18. εὑρήσει.' Πέτρα δὲ διὰ τὸ ἰσχυρὸν καὶ ἄσειστον καὶ ἐρύ-

¹ βασιλείας R₃ μ v.   ² διεξάγειν μ.   ³ om. πάλιν m.   ⁴ κατὰ τό m.   ⁵ add. σωθήσεται m.

---

ficult question of the meaning of this passage by changing the εὐμετάβολον of R₂ into ἀμετάβολον, and translating it, *qui per patientiam animam immutabilem praebuerunt*. The reading of R₂ may be translated, *who have corrected their fickleness by endurance of ill*; cf. § 35 ἀοργησίας καὶ ταπεινοφροσύνης καὶ μακροθυμίας, and τὸ ἀόργητον, τὸ ἀνεξίκακον, τὸ φιληδονίας ἀρρύπωτον, τὸ ἀφιλάργυρον τοῦ τρόπου, which are his marks of the Gospel character. In Ep. 244 he speaks of τὸ εὐμετάβολον τοῦ τρόπου in reference to the varying faiths of Eustathius. The text which has the best support of MSS., may be translated, *who have perfected their readiness to distribute by endurance of ill*. The Syriac paraphrase does not give any equivalent for δι' ἀνεξικακίας, and seems to render τὸ εὐμετάδοτον by *amoris sui*. The clause τοὺς προσπεφευγότας τῇ ἐπιστασίᾳ αὐτοῦ seems to be parallel to τῶν κατακουόντων αὐτοῦ τῆς φωνῆς, and τὸ εὐμετάδοτον δι' ἀνεξικακίας κατωρθωκότας to μὴ προσεχόντων διδαχαῖς ξενιζούσαις. Much of this section is similar to Origen's words on the names of our Lord. He speaks of 'sheep' as applicable to christians only when in a very imperfect state, as if he remembered only St. Luke xv. 4. and not St. John x. 14 : φιλάνθρωπος δὲ ὤν, καὶ τὴν ὅπως ποτὲ ἐπὶ τὸ βέλτιον ἀποδεχόμενος τῶν ψυχῶν ῥοπήν, τῶν ἐπὶ τὸν Λόγον μὴ σπευδόντων, ἀλλὰ δίκην προβάτων, οὐκ ἐξητασμένον ἀλλὰ ἄλογον τὸ ἥμερον καὶ πρᾷον ἐχόντων, ποιμὴν γίνεται... ποιμαινόμενοι ὑπὸ Χριστοῦ διὰ τὸ σφῶν αὐτῶν, ὡς προειρήκαμεν, πρᾷον μὲν καὶ εὐσταθές, ἀλογώτερον δέ. This is consistent with his words at the end of the same section : καὶ μακάριοί γε, ὅσοι δεόμενοι τοῦ Υἱοῦ τοῦ Θεοῦ τοιοῦτοι γεγόνασιν, ὡς μηκέτι αὐτοῦ χρῄζειν ἰατροῦ τοὺς κακῶς ἔχοντας θεραπεύοντος, μηδὲ ποιμένος, μηδὲ ἀπολυτρώσεως, ἀλλὰ σοφίας, καὶ λόγου, καὶ δικαιοσύνης ἢ εἴ τι ἄλλο τοῖς διὰ τελειότητα χωρεῖν αὐτοῦ τὰ κάλλιστα δυναμένοις.

ματος παντὸς ἀρραγέστερον εἶναι φυλακτήριον τοῖς πιστοῖς. ἐν τούτοις ¹τὸ 'δι' αὐτοῦ' τὴν χρῆσιν ²ἁρμοδιωτάτην καὶ εὔσημον ἀποδίδωσιν, ὅταν ὡς Θύρα ³καὶ ὡς Ὁδὸς λέγηται. John xiv. 6. ὡς μέντοι Θεὸς καὶ Υἱὸς 'μετὰ Πατρὸς' καὶ 'σὺν Πατρὶ'
5 τὴν ⁴δόξαν ἔχει, ὅτι 'ἐν τῷ ὀνόματι Ἰησοῦ πᾶν γόνυ κάμψει ἐπουρανίων καὶ ἐπιγείων καὶ καταχθονίων, καὶ πᾶσα γλῶσσα ἐξομολογήσεται, ὅτι Κύριος Ἰησοῦς Χριστὸς εἰς δόξαν Θεοῦ Πατρός.' διόπερ ἀμφοτέραις κεχρήμεθα ταῖς φωναῖς, τῇ Phil. ii. 10, μὲν τὴν οἰκείαν αὐτοῦ ἀξίαν, τῇ δὲ τὴν χάριν τὴν πρὸς ἡμᾶς 11.
10 διαγγέλλοντες.

18. 'Δι' αὐτοῦ' γὰρ πᾶσα ⁵βοήθεια τῶν ψυχῶν, καὶ καθ' ἕκαστον εἶδος ἐπιμελείας ἰδιάζουσά τις ⁶προσηγορία ἐπινενόηται. ὅταν μὲν γὰρ τὴν ἄμωμον ψυχήν, τὴν μὴ ἔχουσαν Eph. v. 27. σπίλον ἢ ῥυτίδα ὡς ἁγνὴν παρθένον ἑαυτῷ παραστήσηται,
15 Νυμφίος προσαγορεύεται, ὅταν δὲ κεκακωμένην ὑπὸ τῶν πονηρῶν πληγῶν τοῦ διαβόλου λάβῃ, βαρέως ⁷ἐνασθενοῦσαν ταῖς ἁμαρτίαις αὐτὴν ἐξιώμενος, Ἰατρὸς ὀνομάζεται. ⁸ἆρ' οὖν αἱ τοιαῦται ἡμῶν ἐπιμέλειαι εἰς τὸ ταπεινὸν τοὺς ⁹λογισμοὺς κατάγουσιν; ἢ τὸ ἐναντίον ¹⁰ἔκπληξιν τῆς με- Tit. iii. 4.
20 γάλης ¹¹δυνάμεως ὁμοῦ καὶ φιλανθρωπίας τοῦ σώζοντος ἐμποιοῦσιν, ὅτι καὶ ἠνέσχετο συμπαθῆσαι ταῖς ἀσθενείαις ἡμῶν, καὶ ¹²ἐδυνήθη πρὸς τὸ ἡμέτερον ἀσθενὲς καταβῆναι; οὐ γὰρ τοσοῦτον οὐρανὸς καὶ γῆ καὶ τὰ μεγέθη τῶν πελαγῶν καὶ τὰ ἐν ὕδασι διαιτώμενα καὶ τὰ χερσαῖα τῶν ζώων καὶ
25 ¹³τὰ φυτὰ καὶ ἀστέρες καὶ ἀὴρ καὶ ὧραι ¹⁴καὶ ἡ ποικίλη τοῦ παντὸς διακόσμησις τὸ ὑπερέχον τῆς ἰσχύος συνίστησιν, Cf. St. Ath. ὅσον τὸ δυνηθῆναι τὸν Θεὸν τὸν ἀχώρητον ἀπαθῶς διὰ de Inc. liv. ἐν τῇ ἑαυτοῦ ἀπαθείᾳ.

¹ om. τὸ μ. ² ἁρμονιωτάτην V. ³ add. καὶ ὡς ποιμὴν ο.
⁴ δοξολογίαν μ ο^b. ⁵ ἡ βοήθεια ο. ⁶ add. καὶ m μ ο V (in μ notatur quasi supervacua). ⁷ ἐνασθενήσασαν m. ⁸ ἆρα m o.
⁹ λόγους v. ¹⁰ ἐκπλήξεις m. ¹¹ add. αὐτοῦ m. ¹² ἠδυνήθη ο.
¹³ om. τὰ ο. ¹⁴ add. καὶ ἡμέραι m.

18. 23. οὐ γὰρ τοσοῦτον οὐρανός... Cf. Hom. in Ps. xlv. (LXX. xliv.) § 5, where he uses a similar contrast, οὐ γὰρ τοσοῦτον... τὴν δύναμιν παρίστησι τοῦ Θεοῦ Λόγου, ὅσον ἡ περὶ τὴν ἐνανθρώπησιν οἰκονομία, καὶ ἡ πρὸς τὸ ταπεινὸν καὶ ἀσθενὲς τῆς ἀνθρωπότητος συγκατάβασις.

σαρκὸς συμπλακῆναι τῷ θανάτῳ, ἵνα ἡμῖν τῷ ἰδίῳ πάθει
τὴν ἀπάθειαν χαρίσηται. κἂν λέγῃ δὲ ὁ Ἀπόστολος, [1] ὅτι
'ἐν τούτοις πᾶσιν ὑπερνικῶμεν διὰ τοῦ ἀγαπήσαντος ἡμᾶς,'
οὐχὶ ταπεινήν τινα ὑπηρεσίαν ἐκ τῆς τοιαύτης φωνῆς ὑπο-
βάλλει, ἀλλὰ τὴν ἐν τῷ κράτει τῆς ἰσχύος ἐνεργουμένην 5
βοήθειαν. αὐτὸς γὰρ δήσας τὸν ἰσχυρὸν διήρπασεν αὐτοῦ
τὰ σκεύη, ἡμᾶς, οἷς εἰς πᾶσαν ἐνέργειαν πονηρὰν [2] κατεκέ-
χρητο, καὶ ἐποίησε σκεύη εὔχρηστα τῷ Δεσπότῃ [3] τοὺς
κατηρτισμένους εἰς πᾶν ἔργον ἀγαθὸν ἐκ τῆς ἑτοιμασίας
[4] τοῦ ἐφ' ἡμῖν. οὕτω τὴν 'δι' αὐτοῦ' προσαγωγὴν ἐσχή- 10
καμεν πρὸς τὸν Πατέρα, μεταστάντες 'ἐκ τῆς ἐξουσίας τοῦ
σκότους εἰς τὴν μερίδα τοῦ κλήρου τῶν ἁγίων ἐν [5] τῷ φωτί.'
μὴ τοίνυν ἐκ δουλικῆς ταπεινότητος ἠναγκασμένην [6] ὑπηρε-
σίαν νοῶμεν τὴν 'διὰ Υἱοῦ' οἰκονομίαν, ἀλλὰ τὴν ἑκούσιον
ἐπιμέλειαν ἀγαθότητι καὶ εὐσπλαγχνίᾳ κατὰ τὸ θέλημα τοῦ 15
Θεοῦ καὶ Πατρὸς περὶ τὸ ἴδιον πλάσμα ἐνεργουμένην. οὕτω
γὰρ [7] εὐσεβήσομεν, [8] ἐν πᾶσι τοῖς ἐπιτελουμένοις καὶ τελ-
είαν αὐτῷ μαρτυροῦντες [9] τὴν δύναμιν καὶ οὐδαμοῦ τοῦ βου-

[1] om. ὅτι μ v. [2] παρεκέχρητο μ v. [3] om. τοὺς V. [4] αὐτοῦ m.
τῆς V. arbitrio Suo S. [5] om. τῷ μ. [6] om. ὑπηρεσίαν μ. [7] εὐ-
σεβήσωμεν m. [8] ἐν πᾶσι τοῖς ἐπιτελουμένοις sequitur οὐδαμοῦ m.
[9] om. τὴν μ.

9. ἐκ τῆς ἑτοιμασίας τοῦ ἐφ' ἡμῖν. This is a more carefully guarded
expression than the reading of V, τῆς ἐφ' ἡμῶν. St. Basil speaks of the
effects of the Fall in two ways: (1) πᾶσα ἀνθρωπίνη ψυχὴ ὑπέκυψε τῷ
πονηρῷ τῆς δουλείας ζυγῷ τοῦ κοινοῦ πάντων ἐχθροῦ. καὶ τὴν παρὰ τοῦ
κτίσαντος αὐτὴν ἐλευθερίαν ἀφαιρεθεῖσα, αἰχμάλωτος ἤχθη διὰ τῆς ἁμαρτίας.
Hom. Ps. xlix. (LXX. xlviii.) § 3, t. i. p. 180; but (2) ἑκάστου ἡμῶν ἐν
τῷ κρυπτῷ ζυγός τις ἐστὶ παρὰ τοῦ κτίσαντος ἡμᾶς ἐγκατασκευασθεὶς ἐφ'
οὗ τὴν φύσιν τῶν πραγμάτων δυνατόν ἐστι διακρίνεσθαι, Hom. Ps. lxii.
(LXX. lxi.) § 4, t. i. p. 197. Here κατηρτισμένους ἐκ τῆς ἑτοιμασίας
contains the ἡτοιμασμένου of the passage directly quoted (2 Tim. ii. 21)
and the κατηρτισμένα of Rom. ix. 22. In his Commentary on Is. vi. 8,
Ἰδοὺ ἐγώ εἰμι, ἀπόστειλόν με, St. Basil says: οὐκέτι προσέθηκεν· καὶ ἐγὼ
πορεύσομαι. τὸ μὲν γὰρ δέξασθαι τὴν ἀποστολήν, ἐφ' ἡμῖν· τὸ δὲ δυνα-
μωθῆναι πρὸς τὴν πορείαν, τοῦ διδόντος τὴν χάριν ἐκ τοῦ ἐνισχύοντος Θεοῦ.
Ὥστε ὃ μὲν τῆς προαιρέσεως ἦν, εἶπεν Ἰδοὺ ἐγώ εἰμι, ἀπόστειλόν με· ὃ δὲ
τῆς χάριτος ἦν, τῷ Κυρίῳ κατέλιπεν: t. i. p. 518.

'Light,' 'Judge,' 'Resurrection.' 43

λήματος τοῦ πατρικοῦ ¹διιστῶντες. ὥσπερ οὖν καὶ ὅταν
'Οδὸς ὁ Κύριος ²λέγηται, πρὸς ὑψηλοτέραν ἔννοιαν, ἀλλ' John xiv. 6
οὐχὶ πρὸς τὴν ἐκ τοῦ προχείρου λαμβανομένην ὑποφερόμεθα.
τὴν γὰρ εἱρμῷ καὶ τάξει διὰ τῶν ἔργων τῆς δικαιοσύνης καὶ Acts x. 35.
5 τοῦ φωτισμοῦ τῆς γνώσεως ἐπὶ τὸ τέλειον προκοπὴν Ὁδὸν 2 Cor. iv. 6. Phil. iii. 13.
ἐξακούομεν, ἀεὶ τοῦ πρόσω ³ἐπορεγόμενοι, καὶ τοῖς λειπο-
μένοις ἑαυτοὺς ἐπεκτείνοντες, ἕως ἂν φθάσωμεν ἐπὶ τὸ μα-
κάριον τέλος, τὴν ⁴Θεοῦ κατανόησιν, ἣν ὁ Κύριος δι' ἑαυτοῦ
τοῖς εἰς αὐτὸν πεπιστευκόσι χαρίζεται. ἀγαθὴ γὰρ ὄντως
10 Ὁδός, ἀπαρεξόδευτος καὶ ἀπλανής, ὁ Κύριος ἡμῶν, πρὸς
⁵τὸ ὄντως Ἀγαθόν, τὸν Πατέρα, φέρων. ⁶'οὐδεὶς γὰρ ἔρ- John xiv. 6
χεται,' φησί, 'πρὸς τὸν Πατέρα εἰ μὴ δι' ἐμοῦ.' τοιαύτη
μὲν οὖν ἡ ἡμετέρα πρὸς ⁷Θεὸν ἄνοδος 'διὰ τοῦ Υἱοῦ.'

19. Ὁποία δὲ πάλιν καὶ ἡ ⁸παρὰ ⁹τοῦ Πατρὸς εἰς ἡμᾶς
15 ¹⁰'δι' αὐτοῦ' χορηγία τῶν ἀγαθῶν, ἑξῆς ἂν εἴη λέγειν. ὅτι
πάσης τῆς φύσεως τῆς ἐν τῇ κτίσει τῇ ¹¹ τε ¹²ὁρωμένῃ ταύτῃ
καὶ τῇ νοουμένῃ ἐπιμελείας ἐκ τοῦ Θεοῦ πρὸς τὸ συνέχεσθαι
δεομένης ¹³ὁ Δημιουργὸς Λόγος, ὁ Μονογενὴς Θεός, κατὰ τὸ
μέτρον τῆς ἑκάστου χρείας τὴν βοήθειαν ἐπινέμων, ποικίλας
20 μὲν καὶ παντοδαπὰς διὰ τὸ τῶν εὐεργετουμένων πολυειδές,
συμμέτρους γε μὴν ἑκάστῳ κατὰ τὸ ἀναγκαῖον τῆς χρείας,
τὰς χορηγίας ἐπιμετρεῖ. ¹⁴τοὺς ἐν τῷ σκότῳ τῆς ἀγνοίας
¹⁵κατεχομένους ¹⁶φωτίζει· διὰ τοῦτο Φῶς ¹⁷τὸ ἀληθινόν. John i. 9.
¹⁸κρίνει, κατὰ τὴν τῶν ἔργων ἀξίαν ἀντιμετρῶν τὴν ἀντίδο-
25 σιν· διὰ τοῦτο Κριτὴς ¹⁹δίκαιος. 'ὁ γὰρ Πατὴρ κρίνει 2 Tim. iv. 8
οὐδένα, ἀλλὰ τὴν κρίσιν πᾶσαν δέδωκε τῷ Υἱῷ.' ἀνίστησιν John v. 22.
ἐκ τοῦ πτώματος τοὺς ἀπὸ τοῦ ὕψους τῆς ζωῆς ²⁰πρὸς ἁμαρ-
τίαν ²¹ὑπολισθήσαντας· διὰ τοῦτο Ἀνάστασις. πάντα δὲ John xi. 25 cf. Phil. iii. 10.

---

¹ διστάντες μ. ² add. ἡμῶν μ. ³ ὀρεγόμενοι μ v 'quidam codd.' ⁴ add. τοῦ m. ⁵ τὸν m o V. m habet τὸν πατέρα, τὸν ὄντως ἀγαθόν ad finem Patris S. ⁶ om. οὐδεὶς ... ἐμοῦ μ. ⁷ add. τὸν o. ⁸ περὶ 'in omnibus fere codd. MSS.' ⁹ om. τοῦ m o V. ¹⁰ add. καὶ o. ¹¹ om. τε m. ¹² ὁρατῇ v. ¹³ Sermo enim Unigenitus Dei est, Conditor omnium S. ¹⁴ add. καὶ V. ¹⁵ καθεζομένους V. ¹⁶ φωτίζων o. ¹⁷ om. τὸ m. ¹⁸ κρινεῖ 'plerique codd. MSS.' ¹⁹ om. δίκαιος V. ²⁰ εἰς m. ²¹ ὀλισθήσαντας V.

ποιεῖ τῇ ἐπαφῇ τῆς δυνάμεως καὶ τῷ βουλήματι τῆς ἀγαθότητος ἐνεργῶν. ποιμαίνει, φωτίζει, τρέφει, ὁδηγεῖ, ἰατρεύει, ἀνίστησιν, οὐσιοῖ τὰ μὴ ὄντα,[1] τὰ κτισθέντα συνέχει. οὕτω [2] τὰ ἐκ τοῦ Θεοῦ ἀγαθὰ 'διὰ τοῦ Υἱοῦ' πρὸς ἡμᾶς ἀφικνεῖται, πλείονι τάχει τὰ καθ' ἕκαστον ἐνεργοῦντος ἢ ὡς ἂν λόγος ἐξίκοιτο. οὔτε γὰρ ἀστραπαὶ [3] οὔτε φωτὸς [4] ἐν ἀέρι οὕτω ταχεῖα διαδρομή, οὐκ ὀφθαλμῶν ὀξεῖαι [5] ῥοπαί, οὐκ αὐτοῦ τοῦ ἡμετέρου νοήματος αἱ κινήσεις, ἀλλὰ πλέον τούτων ἕκαστον [6] τῆς θείας ἐνεργείας κατὰ τὸ τάχος λείπεται, ἢ καθόσον τὰ νωθρότατα τῶν παρ' ἡμῖν ζώων, οὐκ ἂν εἴποιμι πτηνῶν οὐδὲ ἀνέμων ἢ τῆς τῶν οὐρανίων φορᾶς, ἀλλ' αὐτοῦ τοῦ ἡμετέρου νοῦ, κατὰ τὴν [7] κίνησιν ὑστερεῖ. τίνος γὰρ ἂν καὶ παρατάσεως δέοιτο χρονικῆς ὁ 'φέρων τὰ σύμπαντα τῷ ῥήματι τῆς δυνάμεως αὐτοῦ,' καὶ μὴ σωματικῶς ἐνεργῶν μηδὲ [8] χειρουργίας εἰς τὴν δημιουργίαν ἐπιδεόμενος, ἀλλὰ βουλήματι ἀβιάστῳ ἀκολουθοῦσαν ἔχων τὴν φύσιν τῶν γινομένων; ὡς [9] ἡ Ἰουδίθ 'ἐνόησας,' [10] φησί, 'καὶ παρέστησάν σοι πάντα ὅσα ἐνόησας.' ὅμως μέντοι ἵνα μὴ ποτε ἐκ τοῦ μεγέθους τῶν ἐνεργουμένων περισπασθῶμεν εἰς τὸ φαντασθῆναι ἄναρχον εἶναι τὸν Κύριον, τί φησιν ἡ Αὐτοζωή; 'ἐγὼ ζῶ διὰ τὸν πατέρα,' καὶ ἡ τοῦ Θεοῦ Δύναμις· 'οὐ δύναται [11] ὁ Υἱὸς ποιεῖν ἀφ' ἑαυτοῦ οὐδέν,' καὶ ἡ Αὐτοτελὴς Σοφία· 'ἐντολὴν ἔλαβον τί εἴπω καὶ τί λαλήσω,' διὰ πάντων τούτων πρὸς τὴν τοῦ Πατρὸς σύνεσιν ἡμᾶς ὁδηγῶν καὶ τὸ θαῦμα τῶν γινομένων ἐπ' αὐτὸν ἀναφέρων, ἵνα 'δι'

Cf. ἐν μιᾷ ῥοπῇ Ep. 233, p. 162.

Heb. i. 3.

Judith ix. 5, 6 (4, 5, Vulg.).

John vi. 57.
T. III. p. 17.
John v. 19.
John xii. 49.

---

[1] om. τὰ m. [2] τε ἐκ θεοῦ τὰ ἀγαθὰ V. [3] οὐ μο V v. [4] ἐν ἀερίῳ o V. [5] txt. S μ ο ν 'quinque' ῥιπαὶ (twinklings) R_2 V. [6] κατὰ τὸ τάχος τῆς θείας ἐνεργείας m. [7] add. ἡμετέραν V. [8] χειρῶν ἐργασίας o. [9] om. ἡ m. [10] add. γὰρ m. [11] add. φησι m.

---

19. 20. Τί φησιν ἡ Αὐτοζωή;... καὶ ἡ τοῦ Θεοῦ Δύναμις. These texts were used by Eunomius (Lib. Apol. § 26) to support his Anomoeanism; he there writes of the Son, ὑποτεταγμένον οὐσίᾳ καὶ γνώμῃ (ζῆν τε γὰρ διὰ τὸν Πατέρα καὶ μηδὲν ἀφ' ἑαυτοῦ ποιεῖν αὐτὸς ὁμολογεῖ) μήτε μὴν ὁμοούσιον μηδὲ ὁμοιούσιον, ἐπείπερ τὸ μὲν γένεσιν καὶ μερισμὸν σημαίνει τῆς οὐσίας, τὸ δὲ ἰσότητα.

αὐτοῦ· τὸν Πατέρα γνῶμεν. οὐ γὰρ ἐκ τῆς τῶν ἔργων
¹διαφορᾶς ὁ Πατὴρ θεωρεῖται ²τῷ ἰδιάζουσαν καὶ ³κατα-
κεχωρισμένην ἐνέργειαν ἐπιδείκνυσθαι ('ὅσα γὰρ βλέπει τὸν John v. 19.
Πατέρα ποιοῦντα, ταῦτα καὶ ὁ Υἱὸς ὁμοίως ποιεῖ,') ἀλλ' ἐκ
5 τῆς προσαγομένης αὐτῷ παρὰ τοῦ Μονογενοῦς δόξης τὸ
θαῦμα τῶν γινομένων καρποῦται, πρὸς τῷ μεγέθει τῶν ποιη-
μάτων καὶ ἐπ' αὐτῷ τῷ Ποιητῇ ἀγαλλόμενος ⁴καὶ ὑψούμενος
παρὰ τῶν ἐπιγινωσκόντων αὐτὸν Πατέρα τοῦ Κυρίου ἡμῶν
Ἰησοῦ Χριστοῦ, 'δι' οὗ τὰ πάντα καὶ ⁵δι' ὃν τὰ πάντα.' Heb. ii. 10.
10 διὰ τοῦτό φησιν ὁ Κύριος· 'τὰ ἐμὰ πάντα σά ἐστιν,' ὡς ἐπ'
αὐτὸν τῆς ἀρχῆς τῶν δημιουργημάτων ἀναγομένης, 'καὶ τὰ σὰ John xvii.
ἐμά,' ὡς ἐκεῖθεν αὐτῷ τῆς αἰτίας τοῦ δημιουργεῖν καθηκούσης,
οὐ ⁶βοηθείας χρωμένῳ πρὸς τὴν ἐνέργειαν οὐδὲ ταῖς κατὰ
μέρος ἐπιτροπαῖς τὴν ἑκάστου ἔργου διακονίαν πιστευομένῳ,
15 λειτουργικὸν γὰρ τοῦτό ⁷γε καὶ τῆς θείας ἀξίας παμπληθὲς
ἀποδέον, ⁸ἀλλὰ πλήρης γὰρ ⁹ὁ Λόγος τῶν πατρικῶν ἀγαθῶν,
τοῦ Πατρὸς ἀπολάμψας, πάντα ποιεῖ κατὰ τὴν τοῦ Γεννή-

---

¹ add. τούτων m. ² τὸ m. om. τῷ ἰδιάζουσαν ... ἐπιδείκνυσθαι V.
³ κατακεχωρημένην m. ⁴ om. καὶ ὑψούμενος m μ ο v. ⁵ εἰς R₂ V.
⁶ βοηθείαις μ ο V v (cf. Acts xxvii. 17). ⁷ om. γε m. ⁸ om. ἀλλὰ V.
⁹ pro ὁ λόγος, ο habet ὅλων, V ὅλος.

---

9. δι' οὗ τὰ πάντα, κ.τ.λ. These words refer to the Father: the substitution of εἰς ὅν for δι' ὅν in the second clause (in R₂ V) arises from the inclination to refer the sentence to τοῦ Κυρίου ἡμῶν Ἰησοῦ Χριστοῦ and so make it seem a quotation of part of the phrase in Rom. xi. 36, with τὰ πάντα inserted in the first member.

10. τὰ ἐμὰ πάντα σά ἐστιν, κ.τ.λ. These words are used by St. Athanasius in a far higher sense. ἀϊδίου τοιγαροῦν ὄντος τοῦ Πατρὸς ἀνάγκη καὶ τὸν Υἱὸν ἀΐδιον εἶναι· ἃ γὰρ ἂν ἐν τῷ Πατρὶ νοήσωμεν, ταῦτα καὶ ἐν τῷ Υἱῷ εἶναι οὐκ ἀμφίβολον, λέγοντος αὐτοῦ τοῦ Κυρίου, πάντα ὅσα ἔχει ὁ Πατήρ, ἐμά ἐστι, καὶ τὰ ἐμὰ πάντα τοῦ Πατρός ἐστιν (Ep. ii. ad Serap. § 2), and καὶ τὸ παράδοξον, ὥσπερ ὁ Υἱὸς λέγει· τὰ ἐμὰ τοῦ Πατρός ἐστιν· οὕτως τοῦ Πατρός ἐστι τὸ Πνεῦμα τὸ ἅγιον, ὅπερ τοῦ Υἱοῦ εἴρηται (Ep. iii. ad Serap. § 1). St. Cyril of Alexandria definitely applied the parallel passage (St. John xvi. 14, 15) to the procession of the Holy Spirit: εἰπὼν περὶ τοῦ ἁγίου Πνεύματος, πάντα ὅσα ἔχει ὁ Πατήρ, ἐμά ἐστι· διὰ τοῦτο εἶπον ὑμῖν, ὅτι ἐκ τοῦ ἐμοῦ λήψεται (λαμβάνει), καὶ ἀναγγελεῖ ὑμῖν.

46 No difference in Essence, Power and Working Equal.

σαντος ὁμοιότητα. εἰ γὰρ κατὰ τὴν οὐσίαν ἀπαραλλάκτως ἔχει, ἀπαραλλάκτως ἕξει καὶ κατὰ τὴν δύναμιν. ὧν δὲ ἡ δύναμις ἴση, ἴση ¹ που ² πάντως καὶ ἡ ἐνέργεια. Χριστὸς γὰρ Θεοῦ Δύναμις καὶ Θεοῦ Σοφία. καὶ οὕτω 'πάντα δι' αὐτοῦ ἐγένετο,' καὶ '³ πάντα δι' αὐτοῦ καὶ εἰς αὐτὸν ἔκτισται,' οὐκ ὀργανικήν τινα ⁴ οὐδὲ δουλικὴν ὑπηρεσίαν πληροῦντος, ἀλλὰ δημιουργικῶς τὸ πατρικὸν ἐπιτελοῦντος θέλημα.

1 Cor. i. 24.
John i. 3.
Col. i. 16.

20. "Ὅταν οὖν λέγῃ· 'ἐγὼ ἐξ ἐμαυτοῦ οὐκ ἐλάλησα,' καὶ πάλιν· 'καθὼς εἴρηκέ μοι ὁ Πατήρ, οὕτω λαλῶ,' καὶ 'ὁ λόγος, ὃν ἀκούετε, οὐκ ἔστιν ἐμός, ἀλλὰ τοῦ πέμψαντός με,' καὶ ἑτέρωθι· 'καθὼς ἐνετείλατό μοι ὁ Πατήρ, οὕτω ποιῶ,' οὐκ ἀπροαίρετος ὢν οὐδὲ ἀνόρμητος οὐδὲ τὸ ἐκ τῶν συνθημάτων ἐνδόσιμον ἀναμένων ταῖς τοιαύταις ⁵ χρῆται φωναῖς, ἀλλὰ δηλῶν τὴν οἰκείαν γνώμην ἡνωμένως καὶ ἀδιαστάτως τοῦ Πατρὸς ἐχομένην. ⁶ ἆρα οὖν καὶ τὴν λεγομένην 'ἐντολὴν' ⁷ μὴ λόγον προστακτικὸν διὰ τῶν φωνητικῶν ὀργάνων ἐξαγγελλόμενον ⁸ ἐκδεχώμεθα περὶ τῶν ποιητέων ⁹ τῷ Υἱῷ ὡς ὑπηκόῳ νομοθετοῦντα, ἀλλὰ θεοπρεπῶς νοῶμεν θελήματος διάδοσιν οἷόν τινος μορφῆς ¹⁰ ἔμφασιν ἐν

John xii. 49, 50.
John xiv. 24, 31.

---

¹ τούτων V.   ² παντελῶς m.   ³ add. τὰ m.   ⁴ οὔτε μ v.
⁵ κέχρηται μ v 'duo codd.'   ⁶ ἄρα o.   ⁷ om. μὴ λόγον προστακτικὸν διὰ m.   ⁸ ἐπιδεχώμεθα μ v 'unus codex' ἐπιδεχόμεθα 'alius' ἐκδεχόμεθα V 'duo alii.'   ⁹ om. τῷ V.   ¹⁰ ἔνδοσιν 'tres codd.'

2, 3. **εἰ γὰρ κατὰ τὴν οὐσίαν**, κ.τ.λ. St. Basil is again arguing with the Semiarians from the acknowledgements made in the Creed of the Dedication (see § 15), τὴν τῆς θεότητος, οὐσίας τε καὶ δυνάμεως, καὶ βουλῆς καὶ δόξης τοῦ Πατρὸς ἀπαράλλακτον εἰκόνα. He uses the phrase **κατὰ τὴν οὐσίαν ἀπαραλλάκτως ἔχει** as the equivalent to ὁμοούσιός ἐστι. St. Athanasius shows in his letter on the decrees of the Nicene Council (§ 20) that the bishops at first used the words that 'the Word is the true Power and Image of the Father, Like and Unvarying (ἀπαράλλακτον) in all things (κατὰ πάντα) with respect to the Father': but that finding such words were liable to Arian quibbles, they went on to say that the Son is of the Same Substance with the Father (ὁμοούσιον τῷ Πατρί); but see De Syn. § 41 and St. Basil's Ep. 9.

Master and Pupil, an unseemly simile.

κατόπτρῳ ἐκ Πατρὸς εἰς Υἱὸν ἀχρόνως διικνουμένην. 'ὁ γὰρ [John v. 20.]
Πατὴρ ἀγαπᾷ τὸν Υἱὸν καὶ πάντα δείκνυσιν αὐτῷ,' ὥστε
'πάντα ὅσα ἔχει ὁ Πατὴρ' τοῦ Υἱοῦ ἐστιν, οὐ κατὰ μικρὸν [John xvi. 1.]
προσγινόμενα, ἀλλ' ἀθρόως παρόντα. οὐ γὰρ δήπου ἐν
5 μὲν ἀνθρώποις ὁ τὴν τέχνην ἐκδιδαχθεὶς καὶ παγίαν αὐτῆς
διὰ τῆς χρονίας μελέτης ἔχων τὴν ἕξιν ἐνιδρυμένην δύναται
λοιπὸν κατὰ τοὺς ἐναποκειμένους αὐτῷ τῆς ἐπιστήμης λό-
γους καθ' ἑαυτὸν ἐνεργεῖν· ἡ δὲ τοῦ Θεοῦ Σοφία, ὁ Δημι-
ουργὸς [1] πάσης κτίσεως, ὁ ἀεὶ τέλειος, ὁ [2] ἀδιδάκτως Σοφός,
10 ἡ τοῦ Θεοῦ Δύναμις, 'ἐν ᾧ πάντες οἱ θησαυροὶ [3] τῆς σοφίας [T. III. p. 1 Col. ii. 3.]
καὶ τῆς γνώσεως ἀπόκρυφοι,' τῆς κατὰ μέρος ἐπιστασίας
προσδεῖται τὸν τρόπον αὐτῷ καὶ τὸ μέτρον τῶν ἐνεργειῶν
ὁριζούσης. [4] ἦπου σύ γε καὶ παιδαγωγεῖον ἀνοίξεις ἐν τῇ
ματαιότητί σου τῶν λογισμῶν, [5] καὶ τὸν μὲν προκαθῆσθαι
15 ποιήσεις ἐν διδασκάλου τάξει, τὸν δὲ [6] παρεστάναι ἐν μαθη-
τοῦ ἀπειρίᾳ, εἶτα ταῖς κατὰ μικρὸν προσθήκαις τῶν διδαγ-
μάτων ἐκμανθάνοντα τὴν σοφίαν καὶ προβιβαζόμενον εἰς
τὸ τέλειον. ἐκ δὲ τούτου, ἐὰν ἄρα εἰδῇς τὸ ἐν λογισμοῖς
ἀκόλουθον διασώζειν, εὑρήσεις ἀεὶ μὲν τὸν Υἱὸν διδασκό-
20 μενον, οὐδέ ποτε δὲ πρὸς τὸ [7] τέλειον φθάσαι δυνάμενον, διὰ
τὸ ἄπειρον [8] μὲν εἶναι τοῦ Πατρὸς τὴν σοφίαν, ἀπείρου δὲ
τέλος καταληφθῆναι μὴ δύνασθαι. ὥστε ὁ μὴ διδοὺς πάντα
ἔχειν ἐξ ἀρχῆς τὸν Υἱὸν οὐδέποτε δώσει πρὸς τὸ τέλειον
ἥξειν. ἀλλὰ γὰρ αἰσχύνομαι τὸ ταπεινὸν τῆς ἐννοίας, εἰς
25 ἣν ἐκ τῆς τοῦ λόγου ἀκολουθίας ὑπήχθην. ἐπὶ οὖν τὰ
ὑψηλὰ τοῦ λόγου πάλιν [9] ἐπανέλθωμεν.

21. ''Ο ἑωρακὼς ἐμὲ ἑώρακε τὸν Πατέρα,' οὐ τὸν χαρακ- [John xiv. 9.]

[1] ἁπάσης μ v 'tres MSS.' [2] ἀδίδακτος m V. [3] τῆς γνώσεως καὶ τῆς σοφίας o V. [4] εἴπουγε σὺ m. ἤπου σύ γε μ o V v. [5] hic deficit m. [6] παρεστάναι μ o v. [7] τέλος V. [8] om. μὲν μ. [9] ἀνέλθωμεν v 'vett. quatuor libri.'

20. 9. ὁ ἀδιδάκτως Σοφός. ἡ ἀδίδακτος σοφία is applied to the Father in Ap. Const. viii. 12.
21. 1. οὐ τὸν χαρακτῆρα, κ.τ.λ., 'not the Impress, nor even the Form (i. e. essential Attributes), for the Divine Nature is unsullied by Compo-

τῆρα οὐδὲ τὴν μορφήν, καθαρὰ γὰρ συνθέσεως ἡ θεία φύσις, ἀλλὰ τὸ ἀγαθὸν τοῦ θελήματος, ὅπερ σύνδρομον ὂν τῇ οὐσίᾳ ὅμοιον καὶ ἴσον, μᾶλλον δὲ ταὐτὸν ἐν Πατρὶ καὶ Υἱῷ θεωρεῖται. τί οὖν τὸ 'γενόμενος ὑπήκοος,' καὶ τὸ 'ὑπὲρ ἡμῶν πάντων παρέδωκεν [1]αὐτόν;' ὅτι ἐκ τοῦ Πατρὸς τῷ Υἱῷ τὸ ὑπὲρ ἀνθρώπων ἐνεργῆσαι [2] κατ' ἀγαθότητα. σὺ δὲ κἀκείνων ἄκουε, ὅτι ' Χριστὸς ἡμᾶς ἐξηγόρασεν ἐκ τῆς κατάρας τοῦ νόμου,' [3] καὶ ὅτι ' ἔτι ἁμαρτωλῶν ὄντων ἡμῶν Χριστὸς ὑπὲρ ἡμῶν ἀπέθανε.' [4] πρόσεχε δὲ ἀκριβῶς καὶ ταῖς φωναῖς τοῦ Κυρίου, ὅτι ὅταν ἡμᾶς περὶ τοῦ Πατρὸς [5] ἐκπαιδεύσῃ, οἶδε ταῖς αὐθεντικαῖς καὶ δεσποτικαῖς κεχρῆσθαι φωναῖς, λέγων· ' θέλω, καθαρίσθητι,' καὶ ' σιώπα, πεφίμωσο,' καὶ [6] ' ἐγὼ δὲ λέγω ὑμῖν,' καὶ ' τὸ ἄλαλον καὶ κωφὸν δαιμόνιον, ἐγώ σοι ἐπιτάσσω' καὶ ὅσα τοιαῦτα, ἵνα διὰ τούτων μὲν τὸν Δεσπότην ἡμῶν καὶ Ποιητὴν γνωρίσωμεν, δι' ἐκείνων δὲ τὸν Πατέρα τοῦ Δεσπότου ἡμῶν καὶ Ποιητοῦ διδαχθῶμεν. οὕτω πανταχόθεν ὁ λόγος ἀληθὴς ἐπιδείκνυται, ὅτι τὸ 'διὰ τοῦ Υἱοῦ' δημιουργεῖν τὸν Πατέρα οὔτε ἀτελῆ τοῦ Πατρὸς τὴν δημιουργίαν συνίστησιν οὔτε ἄτονον τοῦ Υἱοῦ παραδηλοῖ τὴν ἐνέργειαν, ἀλλὰ τὸ ἡνωμένον τοῦ θελήματος [7] παριστᾷ. ὥστε ἡ ' δι' οὗ ' φωνὴ ὁμολογίαν τῆς προκαταρκτικῆς αἰτίας ἔχει, [8] οὐκ ἐπὶ [9] κατηγορίᾳ τοῦ ποιητικοῦ [10] αἰτίου παραλαμβάνεται.

---

[1] txt. μο V ' sequi maluimus duos Regios codd. qui cum Colbertino habent αὐτόν' ἑαυτόν ' nonnulli codd.'; et in v αὐτόν post unius litterae erasuram.   [2] καθ' υἱότητα R₂ V.   [3] add. γενόμενος ὑπὲρ ἡμῶν κατάρα μ.   [4] προσέχετε μ.   [5] ἐκπαιδεύῃ ο V.   [6] add. τὸ μ v.
[7] παρίστησιν v ' duo codd.' om. V.   [8] add. καὶ V.   [9] add. τῇ μ.
[10] om. αἰτίου V.

---

sition (cf. Plato, Rep. p. 611), but the goodness of the Will, which being concurrent with the Essence is beheld Like and Equal, nay, rather the Same in the Father and the Son.' See Lightfoot, on Philipp. ii. 6, note on the synonyms μορφή and σχῆμα; and below, Ep. 233.

Ἀφοριστικαὶ ἔννοιαι περὶ τοῦ Πνεύματος τῇ τῶν Γρα- T. III. p. 19
φῶν ἀκολουθοῦσαι διδασκαλίᾳ¹.

ΚΕΦΑΛΑΙΟΝ Θ'.

22. Ἤδη δὲ καὶ περὶ τοῦ Πνεύματος τὰς κοινὰς ἡμῶν
ἐννοίας ὁποῖαί τινές εἰσιν ἐξετάσωμεν, τάς τε ἐκ τῶν Cf. § 66 on δόγματα and
Γραφῶν περὶ αὐτοῦ συναχθείσας ἡμῖν καὶ ἃς ἐκ τῆς ἀγράφου κηρύγματα.
παραδόσεως τῶν πατέρων διεδεξάμεθα. πρῶτον μὲν οὖν τίς

¹ add. καὶ ὅτι δεσπότης τὸ Πνεῦμα o, sed non in tabula ' absunt a quinque codd. MSS.'

---

22. Fialon (Étude littéraire sur Saint Basile, p. 244), says that this chapter, and the short treatise, t. I. pp. 320-322, περὶ τοῦ Πνεύματος, 'ne sont que des centons du philosophe alexandrin' (i. e. Plotinus), and he gives a single reference viz. Ennead. v. 1, 52. The statement comes from a tract, *Basilius Magnus Plotinizans*, by Alb. Jahn (Berne, 1838), who acknowledges that he was intoxicated with the discovery. The foundation of it is that the treatise, περὶ τοῦ Πνεύματος, which is almost certainly spurious, contains doctrinal statements combined with a number of sentences taken almost word for word from Plotinus, which Jahn puts in parallel columns with the original. The connexion of this chapter of St. Basil's undoubted work with the works of Plotinus is however entirely different: and the parallel phrases have to be picked out of much longer sentences, and are only such imitations, or rather echoes, as would be natural to St. Basil. It would be on the face of it an extraordinary thing, if such a chapter as this could be composed out of the phrases of a heathen philosopher. The following is a specimen of the parallelism alleged by Jahn.

St. Basil: πρὸς ὃ πάντα ἐπέστραπται τὰ ἁγιασμοῦ προσδεόμενα, οὗ πάντα ἐφίεται τὰ κατ' ἀρετὴν ζῶντα.

Plotinus, Ennead. i. 6, p. 55 F: ἀναβατέον... ἐπὶ τὸ ἀγαθόν, οὗ ὀρέγεται πᾶσα ψυχή. i. 7. 1, p. 61 D: τοῦτο δεῖ τἀγαθὸν τίθεσθαι, εἰς ὃ πάντα ἀνήρτηται, αὐτὸ δὲ εἰς μηδέν. οὕτω γὰρ καὶ ἀληθὲς τὸ οὗ πάντα ἐφίεται. δεῖ οὖν μένειν αὐτό, πρὸς αὐτὸ δὲ ἐπιστρέφειν πάντα. i. 8. 2, p. 72 D (τἀγαθὸν) ἔστι... εἰς ὃ πάντα ἀνήρτηται, καὶ οὗ πάντα τὰ ὄντα ἐφίεται, ἀρχὴν ἔχοντα αὐτὸ κἀκείνου δεόμενα. v. 5. 12, p. 530 B: πάντα ὀρέγεται ἐκείνου (boni) καὶ ἐφίεται αὐτοῦ φύσεως ἀνάγκῃ, ὥσπερ ἀπομεμαντευμένα, ὡς ἄνευ αὐτοῦ οὐ δύναται εἶναι. Bishop Lightfoot's words on alleged parallelisms between Seneca and St. Paul are applicable in this case. The phrases of Plotinus have 'no strictly theological value.' Lightfoot's Galatians, St. Paul and Seneca (p. 294, 1st ed.).

ἀκούσας τῶν προσηγοριῶν τοῦ Πνεύματος οὐ διανίσταται τῇ ψυχῇ καὶ πρὸς τὴν ἀνωτάτω φύσιν τὴν ἔννοιαν ὑπεραίρει;

It is well to compare this section with the cautious statements of St. Cyril of Jerusalem in his Catechetical Lectures (about A. D. 348), and with the triumphant Oratio (xxxi) of St. Gregory of Nazianzus at Constantinople, A.D. 380.

St. Cyril, in his fourth lecture περὶ τῶν δέκα δογμάτων, gives as the fifth δόγμα; ἔν ἐστι τοῦτο τὸ ἅγιον Πνεῦμα, ἀδιαίρετον πολυδύναμον· πολλὰ μὲν ἐνεργοῦν, αὐτὸ δὲ μὴ μεριζόμενον· τὸ γινῶσκον τὰ μυστήρια, τὸ ἐρευνῶν πάντα, καὶ τὰ βάθη τοῦ Θεοῦ· τὸ ἐπὶ τὸν Κύριον Ἰησοῦν Χριστὸν ἐν εἴδει περιστερᾶς κατελθόν· τὸ ἐν νόμῳ καὶ προφήταις ἐνεργῆσαν· τὸ καὶ νῦν κατὰ τὸν καιρὸν τοῦ βαπτίσματος σφραγίζον σου τὴν ψυχήν· οὗ καὶ πᾶσα νοητὴ φύσις χρείαν ἔχει τῆς ἁγιότητος· εἰς ὃ βλασφημῆσαί τις ἐὰν τολμήσῃ, οὐκ ἔχει ἄφεσιν, οὔτε ἐν τῷ αἰῶνι τούτῳ, οὔτε ἐν τῷ μέλλοντι· ὕπερ [σὺν Πατρὶ καὶ Υἱῷ τῇ τῆς Θεότητος δόξῃ] (al. μετὰ Πατρὸς καὶ Υἱοῦ τῇ τῆς ἀξίας τιμῇ) τετίμηται· οὗ καὶ χρείαν ἔχουσι θρόνοι καὶ κυριότητες, ἀρχαὶ καὶ ἐξουσίαι· εἷς γάρ ἐστι Θεός, ὁ τοῦ Χριστοῦ Πατήρ, καὶ εἷς Κύριος Ἰησοῦς Χριστός, ὁ τοῦ μόνου Θεοῦ μονογενὴς Υἱός· καὶ ἓν τὸ Πνεῦμα τὸ ἅγιον, τὸ πάντων ἁγιαστικὸν καὶ [1] [θεοποιόν,] τὸ ἐν νόμῳ καὶ προφήταις, παλαιᾷ τε καὶ καινῇ Διαθήκῃ λαλῆσαν.

When he begins his lectures on the subject (the sixteenth and seventeenth), he reminds himself and his hearers of the danger of saying a word against the Spirit, and cautiously resolves to speak only what had been spoken by the Holy Spirit about Himself. He adds to the titles given in the fourth lecture 'the Paraclete,' and says, He is μεγίστη δύναμις, θεῖόν τι καὶ ἀνεξιχνίαστον· ζῆ γὰρ καὶ λογικόν ἐστιν, ἁγιαστικὸν τῶν ὑπὸ Θεοῦ διὰ Χριστοῦ γενομένων ἁπάντων.

He warns against those who separate the working of the Holy Spirit (χωρίζειν τολμῶντες τὴν τοῦ ἁγίου Πνεύματος ἐνέργειαν): it was One Holy Spirit who preached about the Christ by the Prophets, and when the Christ came, descended, and manifested Him: no one may separate the Old Covenant from the New, nor say, the Spirit in one is different from the Spirit in the other. For so a man falls against (προσκρούει) the Holy Spirit, Who is honoured with the Father and the Son (τῷ μετὰ Πατρὶ καὶ Υἱῷ τετιμημένῳ), and in the time of Holy Baptism is received (with Them) in the Holy Trinity (ἐν τῇ ἁγίᾳ Τριάδι συμπεριλαμβανομένῳ): and after quoting our Lord's words in St. Matt. xxviii. 19, he adds: Our hope is in (εἰς) Father, Son, and Holy Spirit: we do not preach three gods; let the Marcionists be dumb; but we preach One God, through One Son with the Holy Spirit (ἀλλὰ σὺν ἁγίῳ Πνεύματι, δι' ἑνὸς Υἱοῦ, ἕνα Θεὸν καταγγέλλομεν). Ἀδιαίρετος ἡ πίστις ἀχώριστος ἡ εὐσέβεια· οὔτε χωρίζομεν τὴν ἁγίαν Τριάδα, ὥς τινες· οὔτε συναλοιφήν, ὡς Σαβέλλιος, ἐργαζόμεθα.

St. Gregory, Naz. Or. xxxi. § 29, says: πνεῦμα Θεοῦ (Matt. xii. 28)

[1] Omitted in Codd. A, Roe and Casaub.

Πνεῦμα γὰρ Θεοῦ εἴρηται, καὶ Πνεῦμα τῆς ἀληθείας, ὃ παρὰ τοῦ Πατρὸς ἐκπορεύεται, Πνεῦμα εὐθές, Πνεῦμα ἡγεμονικόν. Πνεῦμα ἅγιον ἡ κυρία αὐτοῦ καὶ ἰδιάζουσα κλῆσις· ὅπερ δὴ μάλιστα παντὸς τοῦ ἀσωμάτου καὶ καθαρῶς [1] ἀΰλου 5 καὶ ἀμεροῦς ὄνομά ἐστι. διὸ καὶ ὁ Κύριος τὴν ἐν τόπῳ προσκυνεῖσθαι τὸν Θεὸν ἡγουμένην διδάσκων ὅτι ἀπερίληπτον τὸ ἀσώματον, 'Πνεῦμα,' φησίν, 'ὁ Θεός.' οὐ τοίνυν δυνατὸν [2] Πνεῦμα ἀκούσαντα περιγεγραμμένην φύσιν ἐντυπῶσαι τῇ διανοίᾳ ἢ τροπαῖς καὶ ἀλλοιώσεσιν ὑποκειμένην

Matt. xii. 2¹ et passim.
John xv. 26
Ps. li. [l. LXX.] 12, 1
Matt. i. 18; et passim.

John iv. 24.

[1] hic iterum incipit m.   [2] πνεύματος m.

λέγεται, πνεῦμα Χριστοῦ (Rom. viii. 9), νοῦς Χριστοῦ (1 Cor. ii. 16), πνεῦμα Κυρίου (2 Cor. iii. 17), αὐτὸ Κύριος (2 Cor. iii. 18) πνεῦμα υἱοθεσίας (Rom. viii. 15), ἀληθείας (John xiv. 17) ἐλευθερίας (2 Cor. iii. 17), πνεῦμα σοφίας, συνέσεως, βουλῆς, ἰσχύος, γνώσεως, εὐσεβείας, φόβου Θεοῦ (Is. xi. 2, 3), καὶ γὰρ ποιητικὸν τούτων ἁπάντων, πάντα τῇ οὐσίᾳ πληροῦν, πάντα συνέχον, πληρωτικὸν κόσμου (Wisd. i. 7) κατὰ τὴν οὐσίαν, ἀχώρητον κόσμῳ κατὰ τὴν δύναμιν, ἀγαθόν (Ps. cxliii. 10) εὐθές (Ps. li. 12), ἡγεμονικόν (Ps. li. 14), φύσει οὐ θέσει ἁγιάζον (1 Cor. vi. 11), οὐχ ἁγιαζόμενον, μετροῦν, οὐ μετρούμενον, μετεχόμενον (Heb. vi. 4), οὐ μετέχον, πληροῦν (Acts ii. 4), οὐ πληρούμενον, συνέχον (Wisd. i. 7), οὐ συνεχόμενον, κληρονούμενον (Eph. i. 14), δοξαζόμενον, συναριθμούμενον (Matt. xxviii. 19), ἐπαπειλούμενον, δάκτυλος Θεοῦ (Luke xi. 20; Matt. xii. 28) πῦρ (Matt. iii. 11) ὡς Θεός (Heb. xii. 29), εἰς ἔμφασιν οἶμαι τοῦ ὁμοουσίου, πνεῦμα τὸ ποιῆσαν (Job xxxiii. 4), τὸ ἀνακτίζον διὰ βαπτίσματος (Tit. iii. 5), δι' ἀναστάσεως (Rom. i. 4), πνεῦμα τὸ γιγνῶσκον ἅπαντα (1 Cor. ii. 10, 11), τὸ διδάσκον (John xiv. 26), τὸ πνέον ὅπου θέλει (John iii. 8), καὶ ὅσον, ὁδηγοῦν (Ps. cxliii. 10), λαλοῦν (Matt. x. 20) ἀποστέλλον (Luke iv. 18), ἀφορίζον (Acts xiii. 2), παροξυνόμενον (Is. lxiii. 10), πειραζόμενον (Acts v. 9), ἀποκαλυπτικόν (John xvi. 13), φωτιστικόν (Heb. vi. 4), ζωτικόν (Wisd. xv. 11), μᾶλλον δὲ αὐτοφῶς καὶ ζωή, ναοποιοῦν (1 Cor. vi. 19), θεοποιοῦν, τελειοῦν, ὥστε καὶ προλαμβάνειν τὸ βάπτισμα (Acts x. 47), ἐπιζητεῖσθαι μετὰ τὸ βάπτισμα (Acts viii. 15), ἐνεργοῦν ὅσα Θεός (1 Cor. xii. 11, 6), μεριζόμενον ἐν γλώσσαις πυρίναις (Acts ii. 3), διαιροῦν χαρίσματα (1 Cor. xii. 11), ποιοῦν ἀποστόλους, προφήτας, εὐαγγελιστάς, ποιμένας καὶ διδασκάλους (Eph. iv. 11), νοερόν, πολυμερές, σαφές, τρανόν, ἀμόλυντον, ἀκώλυτον, (Wisd. vii. 22) (ὅπερ ἴσον δύναται τὸ σοφώτατον καὶ πολύτροπον ταῖς ἐνεργείαις καὶ σαφηνιστικὸν πάντων καὶ τρανωτικὸν καὶ αὐτεξούσιον καὶ ἀναλλοίωτον) παντοδύναμον, παντεπίσκοπον, διὰ πάντων χωροῦν πνευμάτων νοερῶν καθαρῶν λεπτοτάτων (Wisd. vii. 23), ἀγγελικῶν οἶμαι δυνάμεων, ὥσπερ καὶ προφητικῶν καὶ ἀποστολικῶν, κατὰ ταὐτόν, καὶ οὐκ ἐν τοῖς αὐτοῖς τόποις, ἄλλων δὲ ἀλλαχοῦ νενεμημένων, ᾧ δηλοῦται τὸ ἀπερίγραπτον.

52 Traditional teaching about the Holy Spirit.

ἢ ὅλως ὁμοίαν τῇ κτίσει, ἀλλὰ πρὸς ¹τὸ ἀνωτάτω ταῖς ἐννοίαις χωροῦντα νοερὰν Οὐσίαν ἐπάναγκες ἐννοεῖν, ἄπειρον κατὰ δύναμιν, μεγέθει ἀπεριόριστον, χρόνοις ἢ αἰῶσιν ἀμέ- Cf. § 7 (of the τρητον, ²ἄφθονον ὧν ἔχει καλῶν, πρὸς ὃ πάντα ἐπέστραπται Son). τὰ ἁγιασμοῦ ³ προσδεόμενα, οὗ πάντα ἐφίεται τὰ κατ᾿ ἀρετὴν 5 ζῶντα οἷον ἐπαρδόμενα τῇ ἐπιπνοίᾳ καὶ βοηθούμενα ⁴πρὸς τὸ οἰκεῖον ⁵ἑαυτοῖς καὶ κατὰ φύσιν ⁶τέλος, τελειωτικὸν τῶν ἄλλων, ⁷ αὐτὸ ⁸δὲ οὐδαμοῦ ἐλλεῖπον, οὐκ ἐπισκευαστῶς ζῶν, ἀλλὰ ζωῆς χορηγόν, οὐ προσθήκαις ⁹αὐξανόμενον, ἀλλὰ πλῆρες ¹⁰εὐθύς, ἐν ἑαυτῷ ἱδρυμένον, καὶ πανταχοῦ ὄν, ἁγιασ- 10 μοῦ γένεσις, φῶς νοητόν, πάσῃ δυνάμει λογικῇ πρὸς τὴν τῆς ἀληθείας εὕρεσιν οἷόν τινα καταφάνειαν δι᾽ ἑαυτοῦ ¹¹ παρεχόμενον, ἀπρόσιτον τῇ φύσει, ¹²χωρητὸν δι᾽ ἀγαθότητα,

Wisd. i. 7.   πάντα μὲν πληροῦν τῇ δυνάμει, μόνοις δὲ ὃν μεθεκτὸν τοῖς
Ps. cxxxix.
[LXX.   ¹³ ἀξίοις, ¹⁴ οὐκ ἐνὶ μέτρῳ μετεχόμενον, ἀλλὰ ¹⁵ κατ᾽ ἀναλογίαν 15
cxxxviii.] 7.   τῆς πίστεως διαιροῦν τὴν ἐνέργειαν, ἁπλοῦν τῇ Οὐσίᾳ, ποι-
Heb. vi. 4.
Rom. xii. 6.   κίλον ταῖς δυνάμεσιν, ὅλον ἑκάστῳ παρὸν καὶ ὅλον ἁπαν-
ταχοῦ ὄν, ἀπαθῶς μεριζόμενον καὶ ὁλοσχερῶς μετεχόμενον, κατὰ τὴν εἰκόνα τῆς ἡλιακῆς ἀκτῖνος, ἧς ἡ χάρις τῷ ἀπο-λαύοντι ὡς μόνῳ παροῦσα καὶ γῆν ἐπιλάμπει καὶ θάλασσαν 20

T. III. p. ≤.   καὶ τῷ ἀέρι ἐγκέκραται, οὕτω δὴ καὶ τὸ Πνεῦμα ἑκάστῳ τῶν δεκτικῶν ὡς μόνῳ παρόν, διαρκῇ τοῖς πᾶσι τὴν χάριν καὶ ὁλόκληρον ἐπαφίησιν, οὗ ἀπολαύει τὰ μετέχοντα ὅσον αὐτὰ πέφυκεν, οὐχ ὅσον ἐκεῖνο δύναται.

¹ τῷ ἀνωτάτῳ m.   ² ἄχρονον m.   ³ δεόμενα μ v.   ⁴ add. καὶ V.   ⁵ ἑαυτῆς μ.   ⁶ add. ἀναγόμενα V.   ⁷ ἑαυτοῦ V.   ⁸ om. δὲ m.   ⁹ αὐξόμενον m ο V v.   ¹⁰ εὐθές ο v.   ¹¹ παραδε-χόμενον m.   ¹² χορητὸν m v.   ¹³ ἁγίοις V.   ¹⁴ οὐχ ἐν m. οὐδενὶ V.   ¹⁵ κατὰ τὴν V.

---

14. πάντα μὲν πληροῦν τῇ δυνάμει. Cf. St. Ath. Ep. de Dec. Nic. Syn. § 11 ἐν πᾶσι μέν ἐστιν (ὁ Θεός) κατὰ τὴν Ἑαυτοῦ ἀγαθότητα καὶ δύναμιν, ἔξω δὲ τῶν πάντων πάλιν ἐστὶ κατὰ τὴν ἰδίαν φύσιν.

18. μεριζόμενον. St. Clem. Alex. Strom. vi. 16, § 138 (p. 810) τὸ γὰρ φῶς τῆς ἀληθείας, φῶς ἀληθές, ἄσκιον, ἀμερῶς μεριζόμενον Πνεῦμα Κυρίου εἰς τοὺς διὰ πίστεως ἡγιασμένους, λαμπτῆρος ἐπέχον τάξιν εἰς τὴν τῶν ὄν-των ἐπίγνωσιν.

Conditions and results of His Operations.

23. Οἰκείωσις δὲ [1] Πνεύματος πρὸς ψυχὴν οὐχ ὁ διὰ [2] τόπου προσεγγισμός, (πῶς γὰρ ἂν [3] πλησιάσαι τῷ ἀσωμάτῳ σωματικῶς;) ἀλλ' ὁ χωρισμὸς τῶν παθῶν, ἅπερ ἀπὸ τῆς πρὸς τὴν σάρκα φιλίας ὕστερον ἐπιγινόμενα τῇ ψυχῇ τῆς ἀπὸ τοῦ Θεοῦ οἰκειότητος ἠλλοτρίωσε. καθαρθέντα δὴ οὖν ἀπὸ τοῦ αἴσχους, [4] ὃ ἀνεμάξατο διὰ τῆς κακίας, καὶ πρὸς τὸ ἐκ φύσεως κάλλος [5] ἐπανελθόντα καὶ οἷον εἰκόνι βασιλικῇ τὴν ἀρχαίαν [6] μορφὴν διὰ καθαρότητος ἀποδόντα, οὕτως ἔστι μόνως προσεγγίσαι τῷ Παρακλήτῳ. [7] ὁ δ' ὥσπερ ἥλιος κεκαθαρμένον ὄμμα [8] παραλαβὼν δείξει σοι ἐν ἑαυτῷ τὴν Εἰκόνα τοῦ ἀοράτου, ἐν δὲ τῷ μακαρίῳ τῆς Εἰκόνος θεάματι τὸ ἄρρητον ὄψει τοῦ Ἀρχετύπου κάλλος. διὰ τούτου καρδιῶν [9] ἀνάβασις, [10] χειραγωγία τῶν ἀσθενούντων, τῶν προκοπτόντων τελείωσις. τοῦτο τοῖς ἀπὸ πάσης κηλῖδος κεκαθαρμένοις [11] ἐλλάμπον τῇ πρὸς [12] ἑαυτὸ κοινωνίᾳ πνευματικοὺς ἀποδείκνυσι, καὶ ὥσπερ τὰ λαμπρὰ καὶ διαφανῆ τῶν σωμάτων ἀκτῖνος αὐτοῖς [13] ἐμπεσούσης αὐτά [14] τε γίνεται περιλαμπῆ καὶ ἑτέραν αὐγὴν ἀφ' ἑαυτῶν ἀποστίλβει, οὕτως αἱ πνευματοφόροι ψυχαὶ ἐλλαμφθεῖσαι παρὰ τοῦ Πνεύματος [15] αὐταί τε ἀποτελοῦνται πνευματικαὶ καὶ εἰς ἑτέρους τὴν χάριν ἐξαποστέλλουσιν. ἐντεῦθεν μελλόντων [16] πρόγνωσις, μυσ-

Cf. § 35.

John xvi. 13.
1 Cor. xiii. 2.

[1] πνεύματι μ V. [2] add. τοῦ v. [3] txt. m μ ο πλησιάσοι V. πλησιάσαις Ben. v. [4] οὗ v. [5] ἐπαναχθέντα m. [6] add. εἰκόνα ἤτοι m. [7] ὁδὶ m. ὅδ' V v. [8] λαβὼν μ. [9] ἀναβάσεις 'alius.' [10] χειραγωγίαι 'in uno cod.' [11] ἐκλάμπον V. [12] αὐτὸ o. [13] ἐπιπεσούσης μ 'duo codd.' [14] om. τε m. [15] αὐταί o v. [16] προγνώσεις... συνέσεις... καταλήψεις m.

---

23. 10. δείξει σοι ἐν ἑαυτῷ κ.τ.λ. Cf. Ep. 236, § 3 (t. iii. p. 348) ὁ γὰρ νοῦς ἡμῶν φωτιζόμενος ὑπὸ τοῦ Πνεύματος πρὸς Υἱὸν ἀποβλέπει, καὶ ἐν αὐτῷ ὡς ἐν εἰκόνι θεωρεῖ τὸν Πατέρα. Ep. 38, § 8 (t. iii. p. 121) οὐκοῦν ὁ τὸ τῆς Εἰκόνος κατανοήσας κάλλος ἐν περινοίᾳ τοῦ Ἀρχετύπου γίνεται. See Lightfoot on Col. i. 15 (p. 143, 9th ed.).
20. ἀποτελοῦνται πνευματικαί. Orig. Princ. IV. 1, § 32: 'sicut autem participatione Filii Dei quis in filium adoptatur, et participatione sapientiae in Deo sapiens efficitur, ita et participatione Spiritus Sancti sanctus et spiritalis efficitur.' Cf. St. Iren. *Haer*. v. 631: 'cum autem Spiritus hic commixtus animae unitur plasmati, propter effusionem

54   *Results of His Operations in the Soul.*

Matt. xiii.
11-13.
1 Cor. xii. 4.
Phil. iii. 20.
Heb. xii. 23.
Luke xv. 10, 25.
Rom. xiv. 17.
1 John ii. 24;
iii. 2.
2 Pet. i. 4.

τηρίων σύνεσις, κεκρυμμένων κατάληψις, χαρισμάτων διανομαί, τὸ οὐράνιον πολίτευμα, ἡ μετὰ ἀγγέλων χορεία, ἡ ¹ ἀτελεύτητος εὐφροσύνη, ἡ ² ἐν Θεῷ διαμονή, ἡ πρὸς Θεὸν ³ ὁμοίωσις, τὸ ἀκρότατον τῶν ὀρεκτῶν θεὸν γενέσθαι. αἱ μὲν ⁴ οὖν περὶ τοῦ ἁγίου Πνεύματος ἔννοιαι ἡμῶν, ἃς περὶ 5 τοῦ μεγέθους αὐτοῦ ⁵ καὶ τῆς ἀξίας καὶ τῶν ἐνεργημάτων ⁶ ὑπ' αὐτῶν τῶν λογίων τοῦ Πνεύματος φρονεῖν ἐδιδάχθημεν, ὡς ὀλίγα ἀπὸ πολλῶν παραθέσθαι, τοιαῦται.

¹ ἀτέλεστος m o V 'duo Regii codd.'   ² ἔνθεος διανομή 'antiqui tres libri.'   ³ οἰκείωσις m.   ⁴ om. οὖν m v.   ⁵ om. καὶ τῆς ἀξίας m.   ⁶ ἀπ' m.

Spiritus spiritalis et perfectus homo factus est: et hic est qui secundum imaginem et similitudinem factus est Dei. Si autem defuerit animae Spiritus, animalis est vere qui est talis, et carnalis derelictus imperfectus erit: imaginem quidem habens in plasmate, similitudinem vero non assumens per Spiritum.

2. ἡ μετὰ ἀγγέλων χορεία. Cf. St. Basil's Praevia Instit. Ascetica, § 3 (t. ii. p. 201) χορεύσεις δὲ τὰς αἰωνίους χορείας, καὶ μεταξὺ τῶν ἀγγέλων στεφανηφορήσεις.

4. θεὸν γενέσθαι. St. Basil adv. Eunom. ii. 4 says ἐπειδὴ οἱ κατ' ἀρετὴν τέλειοι τῆς τοῦ θεοῦ προσηγορίας ἠξίωνται,... Ibid. iii. 5 καὶ εἰ θεοὺς ὀνομάζομεν τοὺς κατ' ἀρετὴν τελείους, ἡ δὲ τελείωσις διὰ τοῦ Πνεύματος, πῶς τὸ ἑτέρους θεοποιοῦν Αὐτὸ τῆς Θεότητος ἀπολείπεται; St. Greg. Naz. Or. xxx. § 14 ἕως ἂν ἐμὲ ποιήσῃ θεὸν τῇ δυνάμει τῆς ἐνανθρωπήσεως. Ibid. § 21 ἵνα γένῃ θεὸς κάτωθεν ἀνελθὼν διὰ τὸν κατελθόντα δι' ἡμᾶς ἄνωθεν. Cf. Westcott, Epistles of St. John, The Gospel of Creation, end of § ii. (p. 306, note 1, 1st ed.), who refers to Newman, note on *The Second Discourse against the Arians*, § 21, p. 380. Comp. the use of θεοποιεῖν, θεοῦν, e.g. St. Ath. De decr. Nic. Syn. § 14 ὁ γὰρ Λόγος σὰρξ ἐγένετο, ἵνα καὶ προσενέγκῃ τοῦτο ὑπὲρ ἡμῶν, καὶ ἡμεῖς ἐκ τοῦ Πνεύματος αὐτοῦ μεταλαβόντες θεοποιηθῆναι δυνηθῶμεν, ἄλλως οὐκ ἂν τούτου τυχόντες, εἰ μὴ τὸ κτιστὸν ἡμῶν αὐτὸς ἐνεδύσατο σῶμα· οὕτω γὰρ καὶ ἄνθρωποι Θεοῦ λοιπὸν καὶ ἐν Χριστῷ ἄνθρωποι χρηματίζειν ἠρξάμεθα. ἀλλ' ὥσπερ ἡμεῖς τὸ Πνεῦμα λαμβάνοντες οὐκ ἀπώλυμεν τὴν ἰδίαν ἑαυτῶν οὐσίαν· οὕτως ὁ Κύριος γενόμενος δι' ἡμᾶς ἄνθρωπος καὶ σῶμα φορέσας οὐδὲν ἧττον ἦν Θεός· οὐ γὰρ ἠλαττοῦτο τῇ περιβολῇ τοῦ σώματος, ἀλλὰ καὶ μᾶλλον ἐθεοποιεῖτο τοῦτο καὶ ἀθάνατον ἀπετέλει.

Πρὸς τοὺς λέγοντας μὴ χρῆναι συντάσσειν Πατρὶ καὶ Υἱῷ τὸ ἅγιον Πνεῦμα.

ΚΕΦΑΛΑΙΟΝ ¹Ι'.

24. Ἤδη δὲ πρὸς τοὺς ἀντιλογικοὺς χωρητέον, πειρωμένους ἐλέγχειν τὰς ἀντιθέσεις τὰς ἐκ τῆς ψευδωνύμου 1 Tim. vi. 2

¹ ιβ̄ m.

24. 4. ἀντιλογικούς. In his Liber Apologeticus (to confute which St. Basil wrote three books Adversus Eunomium), the Anomoean Eunomius (who called Aetius διδάσκαλον καὶ Θεοῦ ἄνθρωπον), wrote of the Holy Spirit as follows: τρίτον αὐτὸ ἀξιώματι καὶ τάξει τρίτον εἶναι καὶ τῇ φύσει πεπιστεύκαμεν, οὐκ ἐπαμειβομένων ταῖς φύσεσι τῶν ἀξιωμάτων ἐκ πολιτείας μεταβολήν, οὔτ' ἐνηλλαγμένης τῆς τάξεως κατὰ τὴν δημιουργίαν ἐναντίως ταῖς οὐσίαις, ἀλλ' εὐαρμόστως ἐχούσης πρὸς τὴν φύσιν, ὡς μήτε τὸ πρῶτον τῇ τάξει δεύτερον εἶναι τὴν φύσιν, μήτε μὲν τὸ φύσει πρῶτον δευτέρας ἢ τρίτης λαχεῖν τάξεως. οὐκοῦν εἴπερ ἥδε τῆς τῶν νοητῶν δημιουργίας ἀρίστη τάξις, τρίτον ὂν τὸ πνεῦμα τὸ ἅγιον τὴν τάξιν οὐκ ἂν πρῶτον εἴη τὴν φύσιν, ὅπερ ἐστὶν ὁ Θεὸς καὶ Πατήρ. ἦ γὰρ ἂν εὔηθες καὶ περιττὸν τὸν αὐτὸν ποτὲ μὲν πρώτην, ποτὲ δὲ τρίτην ἔχειν χώραν, ἔν τε ἄμφω εἶναι, τό τε προσκυνούμενον καὶ ἐν ᾧ προσκυνεῖται, καθ' ἅ φησιν ὁ Κύριος· Πνεῦμα ὁ Θεός, καὶ τοὺς προσκυνοῦντας αὐτὸν ἐν πνεύματι καὶ ἀληθείᾳ δεῖ προσκυνεῖν (John iv. 24). οὐδὲ μὴν ταυτὸν τῷ Μονογενεῖ. οὐ γὰρ ἂν ὑπηριθμήθη (see §§ 41–43) τούτῳ ὡς ἰδίαν ἔχων ὑπόστασιν, ἀρκούσης καὶ πρὸ τούτων τῆς τοῦ Σωτῆρος φωνῆς, δι' ἧς ἕτερον ἔφη σαφῶς τὸν ἀποσταλησόμενον (John xv. 26) εἶναι πρὸς ὑπόμνησιν καὶ διδασκαλίαν τῶν ἀποστόλων. οὐδέτερον μὲν ἀριθμῷ παρὰ τὸν Θεόν, ἀγέννητον δέ, εἷς γὰρ καὶ μόνος Ἀγέννητος, ἐξ οὗ τὰ πάντα γέγονεν, ἢ ἄλλο μὲν παρὰ τὸν Υἱόν, γέννημα δέ, εἷς γὰρ Μονογενής, ὁ Κύριος ἡμῶν, δι' οὗ τὰ πάντα, κατὰ τὸν ἀπόστολον, ἀλλὰ καὶ τρίτον καὶ φύσει καὶ τάξει προστάγματι τοῦ Πατρός, ἐνεργείᾳ δὲ τοῦ Υἱοῦ γενόμενον, τρίτῃ χώρᾳ τιμώμενον ὡς πρῶτον καὶ μεῖζον πάντων καὶ μόνον τοιοῦτο τοῦ Μονογενοῦς ποίημα, θεότητος μὲν καὶ δημιουργικῆς δυνάμεως ἀπολειπόμενον, ἁγιαστικῆς δὲ καὶ διδασκαλικῆς πεπληρωμένον. τοὺς γάρ τοι πεπιστευκότας ἐνέργειαν εἶναί τινα τοῦ Θεοῦ τὸν Παράκλητον, εἶτα ταῖς οὐσίαις ὑπαριθμοῦντας, ὡς λίαν εὐήθεις καὶ πολὺ τῆς ἀληθείας ἀπεσχοινισμένους νῦν διελέγχειν μακρᾶς ἂν εἴη σχολῆς. He goes on to assert that God, begat and made before all, the Only Begotten God, our Lord Jesus Christ, through Whom all things were made, Image and Seal of His own Power and Operation, neither to be reckoned as to His Essence with (συγκρινόμενον) Him that begat, nor with the Holy Spirit Who was made through Him, for He is less than the One as being Creature (ποίημα) and greater than the Other as being Creator

γνώσεως ἡμῖν προβαλλομένας. 'Οὐ χρή,'[1] φασί, '[2] Πατρὶ

[1] φησί m o V v.   [2] add. σὺν m.

(ποιητής). To prove (1) that the Son was made, he quotes St. Peter, as having his knowledge from God (Matt. xvi. 17) and saying (Acts ii. 36), God made (ἐποίησε) Him Lord and Christ, and the Proverbs, speaking in the person of the Lord, He established (ἔκτισε) Me as the beginning of His ways: and (2) that the Son made the Holy Spirit, he quotes 1 Cor. viii. 6 and John i. 3. Later on he says, that the Son uses the Paraclete as a servant (ὑπηρέτῃ) for the work of sanctifying: and that the Holy Spirit *has been* put under Christ, and the Son Himself under the Father according to 1 Cor. xv. 28. In a final summary, he says, And through Him (the Son), He made the Holy Spirit first of all and greater than all by His own authority and command, and by the operation and power of the Son.

In all this Eunomius said he was holding to the things that had been demonstrated long ago by the saints. His assertions were somewhat modified in the later confession which he submitted to the Emperor Theodosius A.D. 383 (Socr. v. 10): in which he got as far as 'Like with a peculiar Likeness' for the Son: but he speaks thus of the Holy Spirit; 'And after Him (the Son) we believe in the Paraclete, the Spirit of truth, the Teacher of true religion (τῆς εὐσεβείας), made (γενόμενον) by the Only God through the Only Begotten, and to Him once for all subordinated (καὶ τούτῳ καθάπαξ ὑποτεταγμένον), neither according to the Father, nor with the Father connumerated (οὔτε κατὰ τὸν Πατέρα οὔτε τῷ Πατρὶ συναριθμούμενον), (for there is One only Father, Who is God over all,) nor made equal to the Son (for the Son is Only Begotten, having no brother begotten with Him), nor yet coordinated with any other, for He transcends all the works made through the Son, in origin, and nature, and glory, and knowledge, as first, and best, and greatest, and fairest, of the works of the Only Begotten; and He is One and First and Alone, superior to (προύχων) all the works of the Son in Essence and in natural Dignity, perfecting every operation, and teaching according to the good pleasure of the Son, being sent by Him, and receiving from Him, informing those who learn and instructing them in the truth, sanctifying the holy, initiating those who approach the Mystery (i.e. of Baptism), distributing every gift at the will of Him Who gives grace, working with the faithful to the vision and contemplation of the things that are commanded, sounding in them when they pray, guiding to that which is profitable, strengthening them for true religion (πρὸς εὐσέβειαν), enlightening souls with the light of knowledge, pulling down reasonings, keeping off daemons, and curing the sick, healing the weak, turning back the wanderers, comforting the afflicted, raising the stumblers, refreshing the distressed, cheering the strugglers, emboldening the timid, caring for all, and bringing in all

καὶ Υἱῷ συντετάχθαι τὸ ¹ἅγιον Πνεῦμα διά τε τὸ τῆς
φύσεως ἀλλότριον καὶ τὸ τῆς ἀξίας καταδεές.· πρὸς οὓς
δίκαιον τὴν τῶν ἀποστόλων φωνὴν ²ἀποκρίνασθαι, ³ὅτι
'πειθαρχεῖν δεῖ Θεῷ μᾶλλον ἢ ἀνθρώποις.' ⁴εἰ γὰρ ὁ μὲν Acts v. 29.
5 Κύριος σαφῶς ἐν τῇ παραδόσει τοῦ σωτηρίου βαπτίσματος 1 Pet. iii. 21
Tit. iii. 5.
Mark xvi. 1

¹ πνεῦμα τὸ ἅγιον m o V. ² ἀποκρίνεσθαι v 'codd. nonnulli.'
³ om. ὅτι μ v. ⁴ εἰ μὲν γὰρ ὁ μ. εἰ μὴ γὰρ ὁ v.

thought and providence to lead onward the good and to guard the faithful.'

St. Basil in the formula presented by him to Eustathius of Sebaste (Ep. 125, A.D. 373) gives a summary of the heresies on the subject of the Holy Spirit: which he attributes to Arius and his followers: 'We must anathematize those who say or think (τοὺς λέγοντας ... καὶ τοὺς νοοῦντας οὕτω) that the Holy Spirit is a creature (κτίσμα), and those who do not confess Him to be holy by nature (φύσει ἅγιον) as the Father and the Son are, but place Him outside the Divine Nature (ἀλλ' ἀποξενοῦντας αὐτὸ τῆς θείας καὶ μακαρίας φύσεως). A sign of an orthodox mind is not to separate (χωρίζειν) Him from the Father and the Son, for we must be baptized as we received (παρελάβομεν 1 Cor. xi. 23; xv. 1) and believe as we are baptized, and give glory as we have believed, but to withdraw ourselves from the communion of those who say that He is a creature, as being manifestly blasphemers. Then we neither call Him Unbegotten (ἀγέννητον) nor Begotten (γεννητόν), but we confess Him to be of God, uncreate (ἐκ τοῦ Θεοῦ εἶναι ἀκτίστως); for we have been taught that the Spirit of Truth proceeds from the Father (ἐκ τοῦ Πατρὸς ἐκπορεύεσθαι). We must further anathematize those who say that the Holy Spirit is a ministering spirit (λειτουργικόν), and we must shun those who invert the order of the names delivered by our Lord in the baptismal formula.' The true doctrine implied in the baptismal formula is the subject of the following nine chapters (x-xviii. §§ 24-47).

1. συντετάχθαι. This is the word used by St. Athanasius (ad Serap. iii. § 6) for the collocation in St. Matt. xxviii. 19 κτίσμα δὲ εἰ ἦν τὸ Πνεῦμα, οὐκ ἂν συνέταξεν αὐτὸ τῷ Πατρί, ἵνα μὴ ᾖ ἀνόμοιος ἑαυτῇ ἡ Τριάς, ξένου τινὸς καὶ ἀλλοτρίου συντασσομένου αὐτῇ. In the second Sirmian Creed (the 'Blasphemy.' A.D. 357) the text was used to maintain a Τριάς, while the context of the Creed denied that the Persons were Co-equal.

5. ἐν τῇ παραδόσει τοῦ σωτηρίου βαπτίσματος. The orthodox sense of the Baptismal formula is (in St. Basil's words) that in the mentioning of the Son and the Holy Spirit with (συγκατονομάζεσθαι) the Father (μιᾷ καὶ τῇ αὐτῇ συστοιχίᾳ [see Lightfoot on Gal. iv. 25] κατατεταγμένων τῶν ὀνομάτων) there is a connumeration (συναρίθμησις) and a

58 is inconsistent with the Baptismal Formula,

Matt. xxviii. 19.

προσέταξε τοῖς μαθηταῖς βαπτίζειν πάντα τὰ ἔθνη εἰς ὄνομα Πατρὸς καὶ Υἱοῦ καὶ ἁγίου Πνεύματος, οὐκ ἀπαξιῶν τὴν

T. III. p. 31.

πρὸς ¹ αὐτὸ κοινωνίαν, οὗτοι δὲ μὴ χρῆναι αὐτὸ Πατρὶ καὶ Υἱῷ συντάσσειν λέγουσι· πῶς οὐχὶ τῇ τοῦ Θεοῦ διαταγῇ προδήλως ἀνθίστανται; εἰ μὲν γὰρ οὐκ εἶναί φασι τὴν τοιαύτην σύνταξιν κοινωνίας τινὸς καὶ συναφείας δηλωτικήν, εἰπάτωσαν τί μὲν νομίζειν τοῦτο προσήκει. τίνα δὲ ἕτερον συναφείας τρόπον οἰκειότερον ἔχουσι; καίτοιγε εἰ μὴ συνῆψεν ὁ Κύριος ἑαυτῷ καὶ τῷ Πατρὶ τὸ Πνεῦμα κατὰ τὸ βάπτισμα, ² μηδὲ ἡμῖν τὴν συνάφειαν ἐγκαλείτωσαν, οὐδὲν γὰρ ἡμεῖς ἀλλοιότερον οὔτε φρονοῦμεν οὔτε φθεγγόμεθα. εἰ δὲ συνῆπται ἐκεῖ ³τῷ Πατρὶ καὶ ³τῷ Υἱῷ, καὶ οὐδεὶς οὕτως ἀναιδὴς ὥστε ἄλλο τι φῆσαι, μηδ᾽ οὕτως ἡμῖν ἐγκαλείτωσαν, εἰ τοῖς γεγραμμένοις ἀκολουθοῦμεν.

25. Ἀλλ᾽ ἡ μὲν παρασκευὴ τοῦ πολέμου καθ᾽ ἡμῶν ⁴ ἐξήρτυται, καὶ πᾶσα διάνοια πρὸς ἡμᾶς τέταται, καὶ γλῶσσαι βλασφήμων ὧδε τοξεύουσι σφοδρότερον βάλλουσαι, ἢ τὸν

Cf. letter of Eastern Bishops to Rome, A.D. 382, Theod. v. 9.

Στέφανον τότε ⁵ τοῖς ⁶ λίθοις οἱ Χριστοφόνοι. μὴ λανθανέτωσαν δέ, ὅτι πρόσχημα μὲν ἡμᾶς ὁ πόλεμος ἔχει, ἡ δὲ ἀλήθεια τῶν γινομένων πρὸς τὸ ὕψος βλέπει. ὥστε ἐφ᾽ ἡμᾶς ⁷ μὲν δῆθεν τὰς μηχανὰς καὶ τὰς ἐνέδρας διασκευάζον-

¹ αὐτὸν m.   ² τότε μ 'in quatuor MSS.'   ³ om. τῷ m.   ⁴ txt. o 'Colb. et duo codd. a Combefisio citati.' ἐξήρτηται m μ v. ἐπῆρται R₂ V.
⁵ om. τοῖς m V.   ⁶ om. λίθοις V.   ⁷ om. μὲν m.

---

coordination (σύνταξις), shewing a fellowship and conjunction (κοινωνίας τινὸς καὶ ξυναφείας δηλωτική), and that absolutely without interval (ἀδιάστατος παντελῶς), inseparable (ἀχώριστος), and indivisible (ἀδιαίρετος). The formula is called ἡ γνῶσιν Θεοῦ χαρισαμένη παράδοσις in § 26, and ἡ παράδοσις τῆς θεογνωσίας in § 35.

6. συναφείας. συνάφεια is used in an orthodox sense for the relation of the three Persons in the Blessed Trinity (St. Athan. de Sentent. Dionys. § 17, t. i., p. 255, and § 24, p. 260), but it is not sufficient to express the relation of the Divine and Human Natures in the Incarnation of the Son: St. Cyril's third Anathema is Εἴ τις ἐπὶ τοῦ ἑνὸς Χριστοῦ διαιρεῖ τὰς ὑποστάσεις μετὰ τὴν ἕνωσιν, μόνῃ συνάπτων αὐτὰς συναφείᾳ τῇ κατὰ τὴν ἀξίαν, ἤγουν αὐθεντίαν ἢ δυναστείαν, καὶ οὐχὶ δὴ μᾶλλον συνόδῳ τῇ καθ᾽ ἕνωσιν φυσικήν, ἀνάθεμα ἔστω.

and is really an attack on the true Faith. 59

ται καὶ ἀλλήλοις ἐγκελεύονται ἐπιβοηθεῖν, ὡς ἕκαστος ἔχει ⸏Cf. Acts xx.
ἐμπειρίας ἢ ῥώμης, πίστις δέ ἐστι τὸ πολεμούμενον, καὶ ²⁸.
κοινὸς σκοπὸς ἅπασι ¹τοῖς ἐναντίοις καὶ ἐχθροῖς τῆς ὑγιαι- ⸏1 Tim. i. 10
νούσης διδασκαλίας τὸ στερέωμα τῆς εἰς Χριστὸν πίστεως
5 κατασεῖσαι ἐκ ²τοῦ τὴν ἀποστολικὴν παράδοσιν ἐδαφισθεῖσαν ⸏2 Thess. iii.
ἀφανισθῆναι. διὰ τοῦτο ὡς τῶν χρεωφειλετῶν οἱ δῆθεν ⸏Luke xiv. 6, 7.
εὐγνώμονες τὰς ἐκ τῶν ³ἐγγράφων ἀποδείξεις ἐπιβοῶνται,
τὴν ἄγραφον τῶν πατέρων μαρτυρίαν ὡς οὐδενὸς ἀξίαν
ἀποπεμπόμενοι. ἀλλ᾽ οὐ γὰρ ὑφησόμεθα τῆς ἀληθείας,
10 οὐδὲ δειλίᾳ τὴν συμμαχίαν προδώσομεν. εἰ γὰρ ὁ μὲν
Κύριος ὡς ἀναγκαῖον καὶ σωτήριον δόγμα τὴν μετὰ Πατρὸς
σύνταξιν ⁴τοῦ ἁγίου Πνεύματος ⁵παραδέδωκε, τοῖς δὲ οὐχ
οὕτω δοκεῖ, ἀλλὰ διαιρεῖν καὶ διασπᾶν καὶ ἐπὶ τὴν φύσιν
τὴν λειτουργικὴν ⁶μετοικίζειν· πῶς οὐκ ἀληθὲς ὅτι τὴν
15 ἑαυτῶν βλασφημίαν κυριωτέραν ποιοῦνται τῆς τοῦ Δεσπότου
νομοθεσίας; φέρε ⁷δὴ οὖν πᾶσαν φιλονεικίαν καταβαλόν-
τες οὕτω περὶ τῶν ἐν χερσὶ πρὸς ἀλλήλους διασκεψώμεθα.

26. Χριστιανοὶ πόθεν ἡμεῖς; διὰ τῆς πίστεως, πᾶς τις ἂν·
εἴποι. σωζόμεθα δὲ τίνα τρόπον; ἀναγεννηθέντες δηλονότι
20 διὰ τῆς ἐν τῷ βαπτίσματι χάριτος. πόθεν γὰρ ἄλλοθεν; εἶτα
τὴν σωτηρίαν ταύτην διὰ Πατρὸς καὶ Υἱοῦ καὶ ἁγίου Πνεύ-
ματος βεβαιουμένην γνωρίσαντες ὃν παρελάβομεν τύπον διδα- ⸏Rom. vi. 1
χῆς προησόμεθα; ἢ μεγάλων ἂν εἴη στεναγμῶν ἄξιον, εἴπερ

¹ om. τοῖς ἐναντίοις ... διδασκαλίας m V. ² τούτου καὶ τὴν V.
³ γραφῶν m V. ⁴ add. καὶ τοῦ υἱοῦ m. ⁵ παρέδωκε m v.
⁶ μετακομίζειν μ v 'nonnulli codd.' ⁷ om. δὴ μ v.

---

25. 6. τῶν χρεωφειλετῶν. There seems to be a reference here to the fictitious 'bills' in the Parable of the Unjust Steward. St. Gregory Naz. (Orat. xxxi. § 3), says of heretics' use of Scripture, ἔνδυμα τῆς ἀσεβείας ἐστὶν αὐτοῖς ἡ φιλία τοῦ γράμματος; Dr. Newman sarcastically calls the Homoeans, the 'Scriptural' party.

14. τὴν λειτουργικήν. See note on § 24; St. Athanasius, at the beginning of his first Epistle to Serapion, mentions the assertion of heretics that the Holy Spirit is not only a creature, but one of the ministering spirits, and higher than the Angels only in degree.

Rom. xiii. 11. εὑρισκόμεθα νῦν μακρυνόμενοι μᾶλλον ἀπὸ τῆς σωτηρίας ἡμῶν ἢ ὅτε ἐπιστεύσαμεν, εἴπερ [1] ἃ τότε προσεδεξάμεθα νῦν
T. III. p. 22. ἀπαρνούμεθα. ἴση [2] ἐστὶν ἡ ζημία ἢ ἄμοιρόν τινα τοῦ βαπτίσ-
sc. Matt. xxviii. 19. ματος ἀπελθεῖν, ἢ ἕν [3] τι τῶν ἐκ [4] τῆς παραδόσεως ἐλλεῖπον

[1] ὧν m. [2] om. ἐστὶν m. [3] om. τι V 'nonnulli codd.' [4] om. τῆς V.

---

26. 4. **ἢ ἕν τι τῶν ἐκ τῆς παραδόσεως ἐλλεῖπον δέξασθαι**. The παράδοσις here refers to the Baptismal formula and the faith in the Blessed Trinity implied in it, and not to any mere traditional accompaniments; this is plain from the original reference to the παράδοσις in § 24, and from the whole argument of the sections 27–47, which is in support of the Catholic doctrine of the Blessed Trinity as involved in the formula. Cf. especially § 28 τὴν ἐν τῇ ζωοποιῷ χάριτι δεδομένην παράδοσιν. It is equivalent to the question in our own Prayer-book, 'With what words was this Child baptized?' which is to be asked, when a child baptized privately is 'brought into the Church.' The statement in § 66, as to δόγματα and κηρύγματα, 'ἅπερ ἀμφότερα τὴν αὐτὴν ἰσχὺν ἔχει πρὸς τὴν εὐσέβειαν' is not to be reckoned as identical with the present passage. St. Athanasius maintained the emptiness of Arian Baptism, because in their teaching they evacuated the true meaning of the words used: εἰ γὰρ εἰς ὄνομα Πατρὸς καὶ Υἱοῦ δίδοται ἡ τελείωσις, οὐ λέγουσι δὲ Πατέρα ἀληθινὸν διὰ τὸ ἀρνεῖσθαι τὸ ἐξ αὐτοῦ καὶ ὅμοιον τῆς οὐσίας, ἀρνοῦνται δὲ καὶ τὸν ἀληθινὸν Υἱόν, καὶ ἄλλον ἑαυτοῖς ἐξ οὐκ ὄντων κτιστὸν ἀναπλάττοντες ὀνομάζουσι· πῶς οὐ παντελῶς κενὸν καὶ ἀλυσιτελὲς τὸ παρ' αὐτῶν διδόμενόν ἐστι, προσποίησιν μὲν ἔχον, τῇ δὲ ἀληθείᾳ μηδὲν ἔχον, πρὸς εὐσεβείας βοήθημα; οὐ γὰρ εἰς Πατέρα καὶ Υἱὸν διδόασιν οἱ Ἀρειανοί, ἀλλ' εἰς κτίστην καὶ κτίσμα καὶ εἰς ποιητὴν καὶ ποίημα. ὥσπερ δὲ ἄλλο ἐστὶ κτίσμα παρὰ τὸν Υἱόν, οὕτως ἄλλο ἂν εἴη τῆς ἀληθείας τὸ παρ' αὐτῶν νομιζόμενον δίδοσθαι, κἂν τὸ ὄνομα τοῦ Πατρὸς καὶ τοῦ Υἱοῦ διὰ τὸ γεγραμμένον ὀνομάζειν προσποιῶνται· οὐ γὰρ ὁ λέγων ἁπλῶς, 'Κύριε,' οὗτος καὶ δίδωσιν, ἀλλ' ὁ μετὰ τοῦ ὀνόματος καὶ τὴν πίστιν ἔχων ὀρθήν. Διὰ τοῦτο γοῦν καὶ ὁ Σωτὴρ οὐχ ἁπλῶς ἐνετείλατο βαπτίζειν, ἀλλὰ πρῶτόν φησι, 'Μαθητεύσατε·' εἶθ' οὕτω· 'βαπτίσατε εἰς ὄνομα Πατρός, καὶ Υἱοῦ, καὶ ἁγίου Πνεύματος·' ἵν' ἐκ τῆς μαθήσεως ἡ πίστις ὀρθὴ γένηται, καὶ μετὰ πίστεως ἡ τοῦ βαπτίσματος τελείωσις προστεθῇ. St. Ath. c. Arian. ii. 42; cf. St. Basil adv. Eunom. iii. 5 ἔστι γὰρ τὸ βάπτισμα σφραγὶς τῆς πίστεως, ἡ δὲ πίστις Θεότητος συγκατάθεσις· πιστεῦσαι γὰρ δεῖ πρότερον, εἶτα τῷ βαπτίσματι ἐπισφραγίσασθαι. τὸ δὲ βάπτισμα ἡμῶν ἐστι κατὰ τὴν τοῦ Κυρίου παράδοσιν εἰς ὄνομα Πατρὸς καὶ Υἱοῦ καὶ ἁγίου Πνεύματος, οὐδενὸς κτίσματος οὐδὲ δούλου Πατρί, καὶ Υἱῷ συντεταγμένου, ὡς τῆς Θεότητος ἐν Τριάδι συμπληρουμένης.

The necessity of right faith as well as the right form of Baptism is further discussed in Dr. Bright's note on Canon XIX of the Council of Nicaea.

δέξασθαι. τήν τε ὁμολογίαν, ἣν ἐπὶ τῆς πρώτης εἰσαγωγῆς κατεθέμεθα, ὅτε ῥυσθέντες ἀπὸ τῶν εἰδώλων προσήλθομεν Θεῷ ζῶντι, ὁ μὴ ἐπὶ παντὸς φυλάσσων καιροῦ καὶ διὰ πάσης ¹ἑαυτοῦ τῆς ζωῆς ὡς ἀσφαλοῦς φυλακτηρίου περιεχόμενος ξένον ἑαυτὸν καθίστησι τῶν ἐπαγγελιῶν τοῦ Θεοῦ, τῷ ἰδίῳ χειρογράφῳ μαχόμενος, ²ὃ ἐπὶ τῆς κατὰ τὴν πίστιν ὁμολογίας κατέθετο. εἰ γὰρ ³ἀρχή μοι ζωῆς τὸ βάπτισμα καὶ πρώτη ἡμερῶν ἐκείνη ⁴ἡ τῆς παλιγγενεσίας ἡμέρα, ⁵δῆλον ὅτι καὶ φωνὴ τιμιωτάτη ⁶πασῶν ἡ ἐν τῇ χάριτι τῆς υἱοθεσίας ἐκφωνηθεῖσα. τὴν οὖν εἰσάγουσάν με εἰς ⁷τὸ φῶς, τὴν γνῶσιν ⁸Θεοῦ μοι χαρισαμένην παράδοσιν, δι᾽ ἧς τέκνον ἀπεδείχθην ⁸Θεοῦ ὁ τέως διὰ τὴν ἁμαρτίαν ἐχθρός, ταύτην ⁹προδῶ, ταῖς τούτων πιθανολογίαις παρατραπείς; ἀλλὰ καὶ ἐμαυτῷ συνεύχομαι μετὰ τῆς ὁμολογίας ταύτης ἀπελθεῖν πρὸς τὸν Κύριον, καὶ αὐτοῖς παραινῶ ἄσυλον διατηρῆσαι τὴν πίστιν εἰς ἡμέραν Χριστοῦ καὶ ἀχώριστον ἀπὸ Πατρὸς καὶ Υἱοῦ φυλάξαι τὸ Πνεῦμα, τὴν ¹⁰ἐπὶ τοῦ βαπτίσματος ¹¹διδασκαλίαν ἔν τε τῇ ὁμολογίᾳ τῆς πίστεως διατηροῦντας καὶ ἐν τῇ τῆς ¹²δόξης ἀποπληρώσει.

1 Thess. i.

Eph. ii. 12.

1 John iii.

Rom. viii. 1
Col. i. 21.

Ὅτι παραβάται οἱ τὸ Πνεῦμα ἀρνούμενοι.

ΚΕΦΑΛΑΙΟΝ ¹³ΙΑ'.

27. Τίνι οὐαί; τίνι ¹⁴θλῖψις; τίνι ¹⁵ἀπορία καὶ σκότος; τίνι αἰωνία κατάκρισις; οὐ τοῖς παραβάταις; οὐ τοῖς τὴν πίστιν ἀρνησαμένοις; τίς δὲ τῆς ἀρνήσεως ἔλεγχος; ¹⁶οὐχ ὅτι τὰς οἰκείας ὁμολογίας ἠθέτησαν; ὡμολόγησαν δὲ τί ¹⁷ἢ

Prov. xxiii. 29.

---

¹ αὐτοῦ m.   ² ὅπερ m.   ³ add. καὶ m.   ⁴ om. ἡ μ.   ⁵ om. δῆλον ὅτι m.   ⁶ πάντων m.   ⁷ τὴν τοῦ φωτὸς γνῶσιν φωνὴν καὶ διὰ θεοῦ μοι χαριζομένην V.   ⁸ add. τοῦ m.   ⁹ προδώσω μ (manu posteriori) οὐ προδώσω V.   ¹⁰ ἀπὸ μ ο.   ¹¹ add. κρατῆσαι ο.   ¹² δοξολογίας ο V.   ¹³ ιγ m.   ¹⁴ θλίψεις m ο V.   ¹⁵ ἀπορίαι ο V.
¹⁶ οὐχοι (sic) m.   ¹⁷ δήποτε V.

62 The tendency of the teaching of the Pneumatomachi.

Cf. §§ 66, 67. πότε ; πιστεύειν εἰς Πατέρα καὶ Υἱὸν καὶ ἅγιον Πνεῦμα, ὅτε ἀποταξάμενοι τῷ διαβόλῳ καὶ τοῖς ἀγγέλοις αὐτοῦ τὴν σωτήριον ἐκείνην ἀφῆκαν φωνήν. τίς οὖν πρέπουσα τού-
Eph. v. 8. τοις προσηγορία παρὰ τῶν τέκνων τοῦ φωτὸς ἐξευρέθη ; οὐχὶ παραβάται προσαγορεύονται ὡς ¹ εἰς τὰς τῆς ² σωτηρίας 5 ³ αὐτῶν συνθήκας παρασπονδήσαντες ; ⁴ τί οὖν εἴπω τὸν ἀρνησίθεον ; τί δὲ τὸν ἀρνησίχριστον ; τί ἄλλο γε ἢ παρα- βάτην ; τῷ δὲ τὸ Πνεῦμα ἀρνησαμένῳ τίνα με βούλει θέσθαι προσηγορίαν ; οὐ τὴν αὐτὴν ⁵ ταύτην ὡς τὰς πρὸς Θεὸν ⁶ παραβάντι συνθήκας ; οὐκοῦν ὁπότε καὶ ἡ ὁμολογία 10 τῆς εἰς ⁷ αὐτὸ πίστεως τὸν τῆς εὐσεβείας μακαρισμὸν προ- ξενεῖ, καὶ ἡ ἄρνησις ⁸ τῇ κατακρίσει τῆς ἀθεότητος ὑπο- βάλλει, πῶς οὐ φοβερὸν τοῦτο ⁹ νῦν ἀθετῆσαι, οὐ πῦρ, οὐ ξίφος, οὐ σταυρόν, οὐ μάστιγας, οὐ τροχόν, οὐ στρεβλω- τήρια φοβηθέντας, ἀλλὰ σοφίσμασι μόνοις καὶ παραγωγαῖς 15 τῶν Πνευματομάχων παρακρουσθέντας ; μαρτύρομαι παντὶ ἀνθρώπῳ Χριστὸν ὁμολογοῦντι καὶ τὸν Θεὸν ἀρνουμένῳ,
Gal. v. 2. ὅτι Χριστὸς αὐτὸν οὐδὲν ὠφελήσει, ¹⁰ ἢ Θεὸν ἐπικα-
1 Cor. xv. 17. λουμένῳ, τὸν δὲ Υἱὸν ἀθετοῦντι, ὅτι ματαία ἐστὶν ἡ πίστις αὐτοῦ, καὶ τῷ τὸ Πνεῦμα παραιτουμένῳ, ὅτι ἡ εἰς Πατέρα 20
T. III. p. 23. καὶ Υἱὸν πίστις εἰς κενὸν ἀποβήσεται αὐτῷ, ἣν οὐδὲ ἔχειν δύναται μὴ συμπαρόντος τοῦ ¹¹ Πνεύματος. οὐ πιστεύει μὲν γὰρ εἰς Υἱὸν ὁ μὴ πιστεύων τῷ Πνεύματι, οὐ πιστεύει δὲ εἰς
1 Cor. xii. 3. Πατέρα ὁ μὴ ¹² πιστεύσας τῷ Υἱῷ. ¹³ οὔτε γὰρ ' εἰπεῖν δύνα-
John i. 18. ται Κύριον Ἰησοῦν εἰ μὴ ἐν Πνεύματι ἁγίῳ,' καὶ ' Θεὸν οὐ- 25 δεὶς ἑώρακε πώποτε, ἀλλ' ὁ Μονογενὴς ¹⁴ Θεὸς ὁ ὢν ¹⁵ ἐν τοῖς κόλποις τοῦ Πατρός, ¹⁶ οὗτος ἡμῖν ἐξηγήσατο.' ¹⁷ ἄμοιρός ἐστι
John iv. 23. καὶ τῆς ἀληθινῆς προσκυνήσεως ¹⁸ ὁ τοιοῦτος. οὔτε γὰρ Υἱὸν

---

¹ om. εἰς V.   ² σωτηρίους m.   ³ ἑαυτῶν R_2V.   ⁴ om. τί οὖν... ἀρνησίθεον m.   ⁵ om. ταύτην m.   ⁶ παραβάντας m. παραβάται v.   ⁷ αὐτὸν m o V 'unus tantum cod.'   ⁸ τῆς θεό- τητος τῇ κατακρίσει V.   ⁹ om. νῦν V.   ¹⁰ om. ἢ Θεὸν... ἀθε- τοῦντι m.   ¹¹ add. ἁγίου R_2 o V.   ¹² πιστεύων 'vett. aliquot libri.'   ¹³ οὐδὲ μ.   ¹⁴ θεὸς R_2 μ o 500 C V 'unicus qui est a sinu Patris' S.   υἱὸς m R_3 v R_1 R_4 R_5.   ¹⁵ εἰς τὸν κόλπον m.   ¹⁶ αὐτὸς m.
¹⁷ add. οὗ μ v.   ¹⁸ om. ὁ τοιοῦτος μ.

¹ δυνατὸν προσκυνῆσαι ² εἰ μὴ ἐν Πνεύματι ³ ἁγίῳ, οὔτε ἐπικαλέσασθαι τὸν Πατέρα ⁴ δυνατὸν ⁵ εἰ μὴ ἐν τῷ τῆς υἱοθεσίας Πνεύματι.   Rom. viii. 15.

Πρὸς τοὺς λέγοντας ἐξαρκεῖν καὶ μόνον τὸ εἰς τὸν
5   Κύριον βάπτισμα.

ΚΕΦΑΛΑΙΟΝ ΙΒ'.

28. Καὶ μηδένα παρακρουέσθω τὸ τοῦ ἀποστόλου ὡς τὸ ὄνομα τοῦ Πατρὸς ⁶ καὶ τοῦ ἁγίου Πνεύματος ἐπὶ τῆς τοῦ βαπτίσματος μνήμης πολλάκις ⁷ παραλιμπάνοντος, μηδὲ
10 διὰ τοῦτο ἀπαρατήρητον οἰέσθω τὴν ἐπίκλησιν εἶναι τῶν ὀνομάτων. 'ὅσοι,' ⁸ φησίν, ' εἰς Χριστὸν ἐβαπτίσθητε, Χρι- Gal. iii. 27. στὸν ἐνεδύσασθε,' καὶ πάλιν· ' ὅσοι εἰς Χριστὸν ἐβαπτί- Rom. vi. 3. σθητε, εἰς τὸν θάνατον αὐτοῦ ἐβαπτίσθητε.' ἡ γὰρ τοῦ ' Χριστοῦ' προσηγορία τοῦ παντός ἐστιν ὁμολογία· δηλοῖ γὰρ
15 τόν τε χρίσαντα ⁹ Θεὸν καὶ τὸν χρισθέντα Υἱὸν καὶ τὸ Iren. Adv.
χρῖσμα τὸ Πνεῦμα, ὡς παρὰ Πέτρου ἐν ταῖς πράξεσι μεμα- Haer. iii. 18.4.
θήκαμεν· ' Ἰησοῦν τὸν ἀπὸ Ναζαρέτ, ὃν ἔχρισεν ὁ Θεὸς τῷ Acts x. 38.
Πνεύματι τῷ ἁγίῳ,' καὶ ἐν τῷ 'Ησαΐᾳ· ' Πνεῦμα Κυρίου ἐπ' Is. lxi. 1.
ἐμέ, οὗ εἵνεκεν ἔχρισέ με,' καὶ ὁ ¹⁰ ψαλμῳδός· ' διὰ τοῦτο ἔχρισέ Ps. xlv. [xliv. LXX.] 8.
20 σε, ὁ Θεός, ὁ Θεός σου ἔλαιον ἀγαλλιάσεως' ¹¹. φαίνεται μέντοι ποτὲ καὶ μόνου τοῦ Πνεύματος ἐπὶ τοῦ βαπτίσματος μνημονεύσας. ' πάντες γάρ,' φησίν, ' ἐν ἑνὶ σώματι εἰς ἓν Πνεῦμα 1 Cor. xii. 13
(incorrectly quoted).

¹ δύναται o V.   ² om. εἰ o V.   ³ add. τῷ m o V.   ⁴ om.
δυνατὸν m o.   ⁵ om. εἰ o V.   ⁶ add. καὶ τοῦ υἱοῦ μ ' tres codd.
addunt καὶ τοῦ υἱοῦ quae voces in Colb. deletae.'   ⁷ μὴ παραλαμβάνοντος m.   ⁸ add. γὰρ m.   ⁹ πατέρα m. Deum Patrem S.
¹⁰ ψαλμὸς o V ' codd. nonnulli ' in psalmo S.   ¹¹ add. παρὰ τοὺς μετόχους σου Ben. om. S o μ v ' desunt in tribus codd.'

28. 13. εἰς τὸν θάνατον αὐτοῦ. The Eunomians (i. e. Anomoeans) only used one immersion : Conc. Const. Canon VII. Εὐνομιανοὺς τοὺς εἰς μίαν κατάδυσιν βαπτιζομένους. It seems (Soc. v. 24, Sozom. vi. 26) that this meant εἰς τὸν τοῦ Χριστοῦ θάνατον.
22. ἐν ἑνὶ σώματι, κ.τ.λ. The words of St. Paul (1 Cor. xii. 13) are καὶ

64 *The close connexion of Baptism with Faith.*

Acts i. 5.
Luke iii. 16.

ἐβαπτίσθημεν.' συμφωνεῖ δὲ τούτῳ καὶ τὸ 'ὑμεῖς δὲ βαπτισθήσεσθε ἐν Πνεύματι ἁγίῳ,' [1] καὶ τὸ ' αὐτὸς ὑμᾶς βαπτίσει ἐν Πνεύματι ἁγίῳ.' ἀλλ' οὐ παρὰ τοῦτο τέλειον ἄν τις εἴποι βάπτισμα, ᾧ μόνον τὸ ὄνομα τοῦ Πνεύματος ἐπεκλήθη. χρὴ γὰρ ἀπαράβατον μένειν [2] ἀεὶ τὴν ἐν τῇ ζωοποιῷ χάριτι

Ps. ciii. [cii. LXX.] 4.

δεδομένην παράδοσιν. ὁ γὰρ λυτρωσάμενος ἐκ φθορᾶς τὴν ζωὴν ἡμῶν ἔδωκε δύναμιν ἡμῖν [3] ἀνακαινώσεως, ἄρρητον μὲν ἔχουσαν τὴν αἰτίαν καὶ ἐν μυστηρίῳ κατεχομένην,

Deut. iv. 2.
Rev. xxi. 18, 19.

μεγάλην δὲ ταῖς ψυχαῖς [4] τὴν σωτηρίαν φέρουσαν, [5] ὥστε τὸ προσθεῖναί τι ἢ ἀφελεῖν ζωῆς ἐστι τῆς ἀϊδίου προδήλως ἔκπτωσις. εἰ τοίνυν ἐν τῷ βαπτίσματι ὁ χωρισμὸς τοῦ

Cf. Hooker, Eccl. Pol. v. 62, 10.
Cf. § 67.

Πνεύματος ἀπὸ Πατρὸς καὶ Υἱοῦ ἐπικίνδυνος μὲν τῷ βαπτίζοντι, ἀνωφελὴς δὲ τῷ δεχομένῳ, πῶς ἡμῖν ἀσφαλὲς ἀπὸ Πατρὸς καὶ Υἱοῦ διασπᾶν τὸ Πνεῦμα; πίστις [6] δὲ καὶ βάπτισμα δύο τρόποι τῆς σωτηρίας συμφυεῖς ἀλλήλοις καὶ ἀδιαίρετοι.

Heb. vi. 1, 2.
T. III. p. 24.
Eph. v. 26.

πίστις μὲν γὰρ τελειοῦται διὰ βαπτίσματος, βάπτισμα δὲ [7] θεμελιοῦται διὰ τῆς πίστεως, καὶ διὰ τῶν αὐτῶν ὀνομάτων ἑκάτερα πληροῦται. [8] ὡς γὰρ πιστεύομεν εἰς Πατέρα καὶ Υἱὸν καὶ ἅγιον Πνεῦμα, οὕτω [9] καὶ βαπτιζόμεθα εἰς τὸ ὄνομα [10] τοῦ Πατρὸς καὶ [10] τοῦ Υἱοῦ καὶ [10] τοῦ ἁγίου

[1] om. καὶ τὸ ... ἁγίῳ v. [2] om. ἀεὶ m o V 'ex tribus MSS. codd. hanc vocem addidimus.' [3] ἀνακαινήσεως V. [4] om. τὴν μ v. [5] (pro ὥστε τὸ) ᾧ m o V. ᾖ μ v. [6] om. δὲ m o V. [7] τελειοῦται μ 'quatuor codd.' S 'fundatio et perfectio' quae voces respondent vocibus θεμελιοῦται et πληροῦται. [8] ὥσπερ m. οὕτως o. [9] om. καὶ μ. [10] om. τοῦ m.

γὰρ ἐν ἑνὶ Πνεύματι ἡμεῖς πάντες εἰς ἓν σῶμα ἐβαπτίσθημεν, ..., καὶ πάντες [εἰς] ἓν πνεῦμα ἐποτίσθημεν: St. Basil both here and in § 61 quotes them ἐν ἑνὶ σώματι εἰς ἓν Πνεῦμα ἐβαπτίσθημεν.

14. διασπᾶν τὸ Πνεῦμα. The Syrian paraphrase is suggestive. 'Non enim levis est res separari Spiritum Sanctum a Patre et Filio. Quod si dicunt; "non separamus Spiritum a Patre et Filio, sed his tribus nominibus damus baptismum": quomodo dant Eum, si ὁμοούσιον Divinitati Spiritum non ponunt?' See note and reference on § 26. Most of the Arians used the formula, but Socrates (v. 24) says of some, apparently the Eunomio-theophronians and the Eunomio-eutychians, ὅτι τὸ βάπτισμα παρεχάραξαν, οὐ γὰρ εἰς τὴν Τριάδα, ἀλλ' εἰς τὸν τοῦ Χριστοῦ βαπτίζουσι θάνατον.

Πνεύματος, καὶ προάγει μὲν ἡ ὁμολογία πρὸς τὴν σωτηρίαν εἰσάγουσα, ἐπακολουθεῖ δὲ τὸ βάπτισμα ¹ἐπισφραγίζον ἡμῶν τὴν συγκατάθεσιν.

²Αἰτίας ἀπόδοσις διὰ τί οἱ ἄγγελοι Πατρὶ καὶ Υἱῷ παρὰ τῷ ³Παύλῳ συμπαρελήφθησαν.

ΚΕΦΑΛΑΙΟΝ ⁴ ΙΓ΄.

29. 'Ἀλλὰ καὶ ἕτερα,' φησί, 'συναριθμούμενα Πατρὶ καὶ Υἱῷ οὐχὶ καὶ συνδοξάζεται πάντως, ὡς ὁ ἀπόστολος ἀγγέλους συμπαρελάβετο, εἰς τὴν ⁵διαμαρτυρίαν τὴν ἐπὶ Τιμοθέου λέγων· "διαμαρτύρομαί σοι ἐνώπιον τοῦ Θεοῦ καὶ ⁶Χριστοῦ Ἰησοῦ καὶ τῶν ἐκλεκτῶν ⁷αὐτοῦ ἀγγέλων," οὓς οὔτε ἀλλοτριοῦμεν τῆς λοιπῆς κτίσεως, οὔτε Πατρὶ καὶ Υἱῷ συναριθμεῖν ἀνεχόμεθα.' ἐγὼ δέ, εἰ καὶ μηδεμιᾶς ἀποκρίσεως ἄξιος ὁ λόγος, οὕτω πρόχειρον τὴν ἀτοπίαν ἔχων, ὅμως ἐκεῖνο λέγω, ὅτι ⁸μάρτυρα μὲν καὶ ὁμόδουλον ἄν τις τυχὸν ⁹παραστήσαιτο πράῳ κριτῇ καὶ ἡμέρῳ, καὶ μάλιστα ¹⁰δὴ ἐν τῇ πρὸς τοὺς κρινομένους ἐπιεικείᾳ τὸ ἀναντίρρητον τῆς τῶν ¹¹κριμάτων δικαιοσύνης ἐπιδεικνύντι· ἐλεύθερος δὲ εἶναι ἀπὸ δούλου, καὶ υἱὸς κληθῆναι Θεοῦ, καὶ ζωοποιηθῆναι ἀπὸ θανάτου, παρ' οὐδενὸς ἑτέρου δύναται, ἢ παρὰ τοῦ τὴν κατὰ φύσιν οἰκειότητα κεκτημένου καὶ τῆς δουλικῆς ἀξίας ἀπηλλαγμένου. πῶς γὰρ οἰκειώσει Θεῷ ¹²ὁ ἀλλότριος; πῶς δὲ ἐλευθερώσει, αὐτὸς ἔνοχος ὢν τῷ ζυγῷ τῆς δουλείας; ὥστε

Rom. viii. 2.
1 John iii. 1.
Rom. viii. 11.
Eph. ii. 19.
1 Tim. v. 21.

¹ σφραγίζον μ v.   ² add. περὶ v (sub titulorum conspectu).   ³ add. ἀποστόλῳ m.   ⁴ ιδ m.   ⁵ μαρτυρίαν m.   ⁶ add. κυρίου μ v.   ⁷ ἀγγέλων αὐτοῦ μ v.   ⁸ μαρτυρεῖ m.   ⁹ παραστῆσαι τῷ (sic) m. προστήσαιτο v.   ¹⁰ δὲ v. om. δὴ ἐν m.   ¹¹ κρινομένων μ.   ¹² om. ὁ μ.

1. καὶ προάγει μὲν κ.τ.λ. St. Basil also says in adv. Eunom. iii. § 5 ἔστι γὰρ τὸ βάπτισμα σφραγὶς τῆς πίστεως, ἡ δὲ πίστις θεότητος συγκατάθεσις.

οὐκ ¹ἐφ' ὁμοίοις Πνεύματός ἐστι καὶ ἀγγέλων ἡ μνήμη, ἀλλὰ τὸ μὲν Πνεῦμα ὡς ζωῆς ²Κύριον, οἱ δ' ἄγγελοι ὡς βοηθοὶ τῶν ὁμοδούλων καὶ πιστοὶ μάρτυρες τῆς ἀληθείας παραλαμβάνονται. ἔθος γὰρ τοῖς ἁγίοις τὰς ἐντολὰς τοῦ Θεοῦ ἐπὶ μαρτύρων διδόναι, ὡς καὶ αὐτός ³οὗτός φησι Τιμοθέῳ· 'ἃ παρέλαβες παρ' ἐμοῦ ἐπὶ πολλῶν μαρτύρων, ταῦτα παράθου πιστοῖς ἀνθρώποις.' καὶ νῦν τοὺς ἀγγέλους ἐπιμαρτύρεται· οἶδε γὰρ ὅτι συμπαρέσονται ἄγγελοι τῷ Κριτῇ, ὅταν ἔλθῃ ἐν τῇ δόξῃ τοῦ Πατρὸς κρῖναι τὴν οἰκουμένην ἐν δικαιοσύνῃ. 'ὃς γὰρ ἄν,' φησίν, 'ὁμολογήσῃ ἐν ἐμοὶ ἔμπροσθεν τῶν ἀνθρώπων, καὶ ὁ Υἱὸς τοῦ ἀνθρώπου ὁμολογήσει ἐν αὐτῷ ἔμπροσθεν τῶν ἀγγέλων τοῦ Θεοῦ· ⁴ὁ δὲ ἀπαρνησάμενός με ⁵ἐνώπιον τῶν ἀνθρώπων ἀπαρνηθήσεται ἐνώπιον τῶν ἀγγέλων τοῦ Θεοῦ.' καὶ Παῦλος ἑτέρωθί φησιν· 'ἐν τῇ ἀποκαλύψει τοῦ κυρίου Ἰησοῦ Χριστοῦ ἀπ' ⁶οὐρανοῦ μετ' ἀγγέλων.' τούτου χάριν ἐντεῦθεν ἤδη διαμαρτύρεται ἐπὶ τῶν ἀγγέλων, εἰς τὸ μέγα κριτήριον ⁷εὐπρεπεῖς ἑαυτῷ τὰς ἀποδείξεις παρασκευάζων.

30. Καὶ οὐχ οὗτος ⁸μόνον, ἀλλὰ καὶ πάντες ἁπλῶς οἱ ⁹λόγου τινὰ διακονίαν πεπιστευμένοι ¹⁰οὐδένα ¹¹χρόνον διαμαρτυρόμενοι παύονται, ἀλλὰ καὶ τὸν οὐρανὸν καὶ τὴν γῆν ἐπιβοῶνται, ὡς καὶ νῦν πάσης πράξεως εἴσω αὐτῶν τελουμένης, καὶ ἐν τῇ ἐξετάσει τῶν βεβιωμένων συνεσομένων ¹²τοῖς κρινομένοις. 'προσκαλέσεται γάρ,' φησί, 'τὸν οὐρανὸν ἄνω καὶ τὴν γῆν τοῦ διακρῖναι τὸν λαὸν αὐτοῦ.' ὅθεν Μωϋσῆς ¹³παρατίθεσθαι μέλλων τὰ λόγια τῷ λαῷ· 'διαμαρτύρομαι ¹⁴ὑμῖν,' φησί, 'σήμερον τόν ¹⁵ τε οὐρανὸν καὶ

---

¹ ἔθ' R₁. ² add. ἐστιν m. ³ om. οὗτος m V. ⁴ om. ὁ δὲ... τοῦ θεοῦ v. ⁵ ἔμπροσθεν m. ⁶ οὐρανῶν m. ⁷ εὐτρεπεῖς m o C. ⁸ μόνος m o V. ⁹ λόγοι m. ¹⁰ οὐ m. ¹¹ om. χρόνον διαμαρτυρόμενοι m. ¹² add. ἐν v. ¹³ add. μὲν μ o. ¹⁴ om. ὑμῖν μ v. ¹⁵ om. τε m.

---

29. 6. ἐπὶ πολλῶν μαρτύρων. In 2 Tim. ii. 2, the reading is διὰ πολλῶν μαρτύρων. Vulg. 'per multos testes.'

τὴν γῆν,' καὶ πάλιν τὴν ᾠδὴν λέγων· ' πρόσεχε, οὐρανέ, καὶ Deut. xxxii.
λαλήσω, καὶ ἀκουέτω γῆ ῥήματα ἐκ στόματός μου,' καὶ Is. i. 2.
Ἡσαΐας· ' ἄκουε, οὐρανέ, καὶ ἐνωτίζου, γῆ¹.' Ἱερεμίας δὲ
καὶ ἔκστασίν τινα τοῦ οὐρανοῦ ἐπὶ τῇ ἀκοῇ τῶν ἀνοσίων
5 ἔργων τοῦ λαοῦ διηγεῖται· ' ἐξέστη ² ὁ οὐρανὸς ἐπὶ τούτῳ, Jer. ii. 12, 13
καὶ ἔφριξεν ἐπὶ πλεῖον σφόδρα, ὅτι δύο καὶ πονηρὰ ἐποίησεν
ὁ λαός ³ μου.' καὶ ὁ ἀπόστολος τοίνυν, ὥσπερ παιδαγωγούς
τινας ⁴ ἢ παιδονόμους ἐπιτεταγμένους τοῖς ἀνθρώποις τοὺς
ἀγγέλους εἰδώς, εἰς μαρτυρίαν ἐπεκαλέσατο. Ἰησοῦς δὲ
10 ὁ τοῦ Ναυῆ καὶ λίθον μάρτυρα τῶν λόγων ⁵ ἔστησεν (ἤδη
δέ που καὶ βουνὸς μάρτυς παρὰ τοῦ Ἰακὼβ ὠνομάσθη). Gen. xxxi. 47.
' ἔσται γάρ,' φησίν, ' ὁ λίθος ⁶ ἐν ὑμῖν σήμερον εἰς μαρτύριον Jos. xxiv. 27.
ἐπ' ⁷ ἐσχάτων τῶν ἡμερῶν, ἡνίκα ἂν ψεύσησθε Κυρίῳ τῷ
Θεῷ ⁸ ἡμῶν,' τάχα μέν που πιστεύων τῇ δυνάμει τοῦ Θεοῦ
15 καὶ τοὺς λίθους φωνὴν ἀφήσειν εἰς ἔλεγχον τῶν παραβεβη- Luke xix. 40.
κότων, εἰ δὲ μή, ἀλλὰ τό γε ἑκάστου συνειδὸς τῇ ⁹ ἐνεργείᾳ Hab. ii. 11.
τῆς ὑπομνήσεως πάντως κατατρωθήσεσθαι. οὕτω μὲν οὖν
τοὺς μάρτυρας, οἵτινές ποτ' ἂν ὦσιν, ὥστε εἰς ὕστερον
¹⁰ αὐτοὺς ¹¹ παραστήσεσθαι, οἱ τὴν οἰκονομίαν τῶν ψυχῶν
20 πεπιστευμένοι ¹² προετοιμάζονται· τὸ δὲ Πνεῦμα οὐ διὰ τὴν
ἐπὶ καιροῦ ¹³ χρείαν, ἀλλὰ διὰ τὴν ἐκ φύσεως κοινωνίαν
συντέτακται τῷ Θεῷ, οὐχ ὑφ' ἡμῶν ἑλκυσθέν, ἀλλ' ¹⁴ ὑπὸ
τοῦ Κυρίου παραληφθέν.

---

¹ add. ὅτι κύριος ἐλάλησεν m.   ² add. γὰρ μ.   ³ om. μου μ v.
⁴ καὶ μ v ' tres codd.'   ⁵ ἐνέστησεν v (ἐν in rasura a manu prima).
⁶ add. οὗτος m.   ⁷ ἐσχάτου ο. ἔσχατον V.   ⁸ ὑμῶν m μ o v (LXX.
μου et ἡμῶν).   ⁹ ἐναργείᾳ 'nonnulli codd.'   ¹⁰ αὐτοῖς o.   ¹¹ ἐλθεῖν
καὶ m.   txt. m μ o V.   παραστήσασθαι v Ben.   ¹² προετρεπίζονται
(sic) m.   ¹³ μαρτυρίαν m.   ¹⁴ παρὰ m.

Ἔνστασις ὅτι ¹καὶ εἰς Μωϋσῆν τινες ἐβαπτίσθησαν καὶ ἐπίστευσαν ²εἰς αὐτόν, ³καὶ πρὸς ταύτην ἀπάντησις· ἐν οἷς ⁴καὶ τὰ περὶ τύπων.

ΚΕΦΑΛΑΙΟΝ ⁵ΙΔ'.

31. ''Αλλ' οὐδὲ εἰ βαπτιζόμεθα,' φησίν, ' εἰς αὐτό, ⁶οὐδ' οὕτω δίκαιον μετὰ Θεοῦ τετάχθαι. καὶ γὰρ ⁷καὶ " εἰς τὸν Μωϋσῆν" τινες " ἐβαπτίσθησαν ἐν τῇ νεφέλῃ καὶ ἐν τῇ θαλάσσῃ." ὁμοίως δὲ καὶ ἡ πίστις ὁμολογεῖται ἤδη καὶ εἰς ἀνθρώπους γεγενῆσθαι. " ἐπίστευσε γὰρ ὁ λαὸς τῷ θεῷ καὶ Μωϋσεῖ τῷ θεράποντι αὐτοῦ." τί οὖν,' ⁸φησίν, ' ἐκ τῆς πίστεως καὶ τοῦ βαπτίσματος τὸ ἅγιον Πνεῦμα τοσοῦτον ἀνυψοῖς καὶ μεγαλύνεις ὑπὲρ τὴν κτίσιν, ὁπότε τὰ αὐτὰ καὶ ἀνθρώποις ἤδη προσμεμαρτύρηται ;' τί οὖν ἐροῦμεν ; ὅτι ⁹εἰς μὲν τὸ Πνεῦμα ἡ πίστις ὡς εἰς τὸν Πατέρα καὶ ¹⁰εἰς τὸν Υἱόν, ὁμοίως ¹¹δὲ καὶ ¹²τὸ βάπτισμα· ¹³ἡ δὲ εἰς τὸν Μωϋσῆν καὶ ¹⁴τὴν νεφέλην, ὡς εἰς σκιὰν καὶ ¹⁵τύπον. οὐ

¹ om. καὶ ο v. ² Μωσεῖ μ. Μωσῆ ο V v (et in his quatuor codd. saepius omittitur v). ³ om. καὶ... ἀπάντησις ο (in tabula) V.
⁴ om. καὶ V. ⁵ ιε m. ⁶ οὐθ' ο V. ⁷ om. καὶ μ v. ⁸ φασίν v.
⁹ add. εἰ V. ¹⁰ om. εἰς m V. ¹¹ om. δὲ m. ¹² add. εἰς ο.
¹³ txt. m μ ο v. εἰ Ben. 'ex duobus veteribus libris.' ¹⁴ add. εἰς m.
¹⁵ add. εἰς ο.

---

31. 13. ὅτι εἰς μὲν τὸ Πνεῦμα. That faith ' in the Spirit,' and in the same way baptism ' in the Spirit,' are solemn things (τὸ σεμνόν, § 32) on a level with faith and baptism in the Father and in the Son : but faith in Moses, and baptism into him and the cloud, are on the level of a foreshadowing and a type. St. Basil in this section confines himself to the types that are declared to be types in the New Testament. The true typical event is defined towards the end of this section, in the description of the sea and the cloud : πρὸς μὲν τὸ παρόν, εἰς πίστιν ἐνῆγε διὰ τῆς καταπλήξεως (Syr. 'ut crederent in Deum propter hoc miraculum'), πρὸς δὲ τὸ μέλλον, ὡς τύπος τὴν ἐσομένην χάριν προϋπεσήμαινε : it can thus be distinguished from the allegorical application (Gal. iv. 24). This distinction is not observed always : e.g. in St. Cyril Hier. Catech. Lect. xiii. 17–23 on the Old Testament types of our Lord's death and the figures applicable to it.

δήπου ¹δὲ ἐπειδὴ μικροῖς καὶ ἀνθρωπίνοις ²προδιαμορφοῦται τὰ θεῖα, μικρά τίς ἐστι καὶ ἡ τῶν θείων φύσις, ³ἣν ἡ τῶν τύπων σκιαγραφία πολλάκις ⁴προαπεσήμηνεν. ἔστι γὰρ ὁ τύπος προσδοκωμένων δήλωσις, διὰ μιμήσεως ἐνδεικτικῶς τὸ μέλλον προϋποφαίνων, ὡς ὁ Ἀδὰμ ⁵τύπος τοῦ μέλλοντος, καὶ ἡ πέτρα τυπικῶς ὁ Χριστός, καὶ τὸ τῆς πέτρας ὕδωρ ⁶τῆς ζωτικῆς τοῦ λόγου δυνάμεως ('εἴ τις' γάρ, φησί, 'διψᾷ, ἐρχέσθω πρός με καὶ πινέτω'), καὶ τὸ μάννα τοῦ ζῶντος ἄρτου τοῦ ἐκ τοῦ οὐρανοῦ καταβάντος, καὶ ὁ ἐπὶ σημείου κείμενος ὄφις τοῦ σωτηρίου πάθους τοῦ διὰ ⁷τοῦ σταυροῦ τελεσθέντος, διὸ καὶ οἱ ἀποβλέποντες εἰς αὐτὸν διεσώζοντο. οὕτω δὴ καὶ τὰ περὶ τῆς ⁸ἐξαγωγῆς τοῦ Ἰσραὴλ εἰς ἔνδειξιν τῶν διὰ τοῦ βαπτίσματος σωζομένων ἱστόρηται. διεσώθη γὰρ τῶν Ἰσραηλιτῶν τὰ πρωτότοκα, ὡς καὶ τῶν βαπτιζομένων τὰ σώματα, ⁹διδομένης τῆς χάριτος τοῖς σημειωθεῖσιν ὑπὸ τοῦ αἵματος. τὸ μὲν γὰρ αἷμα τοῦ προβάτου τύπος τοῦ αἵματος τοῦ Χριστοῦ, τὰ δὲ πρωτότοκα τύπος τοῦ πρωτοπλάστου, ὃς ἐπειδὴ ἀναγκαίως ἡμῖν ἐνυπάρχει τῇ ἀκολουθίᾳ τῆς διαδοχῆς μέχρι τέλους παραπεμπόμενος, διὰ τοῦτο ἐν τῷ Ἀδὰμ πάντες ἀποθνήσκομεν, καὶ ἐβασίλευσεν ὁ θάνατος ¹⁰μέχρι τῆς τοῦ νόμου πληρώσεως καὶ τῆς ¹¹τοῦ Χριστοῦ παρουσίας. ¹²διετηρήθη δὲ ¹³ὑπὸ τοῦ Θεοῦ τὰ πρωτότοκα τοῦ μὴ θίγειν τὸν ὀλοθρεύοντα εἰς ἔνδειξιν τοῦ μηκέτι ἡμᾶς ἀποθνήσκειν ἐν τῷ

Rom. v. 14.

1 Cor. x. 4.
Ex. xvii. 6.
John vii. 37
John vi. 49–51.
Num. xxi.
John iii. 14

1 Cor. xv.
Rom. v. 17.

¹ δὴ m. ² προσδιαμορφοῦται m μ (littera σ a posteriore manu erasa est, sed mansit perspicabilis), 'quidam codd.' ³ ὧν m. ⁴ πρὸ ἀπεσήμανεν m. ἀπεσήμηνεν μ. προαπεσήμαινεν V. προαπεσαίμηνεν v. προαπεσήμηνεν 'alii.' ἀπεσήμαινεν 'alii.' ⁵ add. ἦν ο. ⁶ om. τῆς v. ⁷ om. τοῦ μ. ⁸ διεξαγωγῆς v. ⁹ διαδιδομένης R₁. ¹⁰ add. ἀπὸ Ἀδὰμ m. ¹¹ om. τοῦ ο V. ¹² καὶ ἐσώζετο μ v 'tres codd.' (pro διετηρήθη δὲ). ¹³ om. ὑπὸ τοῦ θεοῦ V.

---

15. τὰ σώματα. Cf. Heb. x. 21 καὶ λελουμένοι τὸ σῶμα ὕδατι καθαρῷ. 'Corpora enim nostra per lavacrum, illam quae est ad incorruptionem unitatem acceperunt; animae autem per Spiritum,' Iren. i. 17, quoted by Waterland on Justification, vol. ix. p. 440.

1 Cor. xv. 22. Ἀδάμ, τοὺς ζωοποιηθέντας ἐν ¹τῷ Χριστῷ. ἡ δὲ θάλασσα καὶ ἡ νεφέλη, πρὸς μὲν τὸ παρόν, εἰς πίστιν ²ἐνῆγε διὰ τῆς καταπλήξεως, πρὸς δὲ τὸ μέλλον, ὡς τύπος τὴν ἐσομένην
Hos. xiv. 10. χάριν ⁴προϋπεσήμαινε. 'τίς σοφὸς καὶ συνήσει ταῦτα;' πῶς ἡ θάλασσα βάπτισμα τυπικῶς, χωρισμὸν ποιοῦσα τοῦ Φαραώ, ὡς καὶ τὸ λουτρὸν τοῦτο, τῆς τυραννίδος τοῦ διαβόλου. ἀπέκτεινεν ⁵ἐκείνη ἐν ἑαυτῇ τὸν ἐχθρόν· ἀποθνήσκει ⁶καὶ ὧδε ἡ ἔχθρα ἡμῶν ἡ εἰς Θεόν. ἐξῆλθεν ἀπ' ἐκείνης ἀπαθὴς ὁ λαός· ἀναβαίνομεν καὶ ἡμεῖς ὡς ἐκ νεκρῶν
Eph. ii. 5, 8. ζῶντες ἀπὸ τοῦ ὕδατος, χάριτι σωθέντες τῇ τοῦ καλέσαντος
Wisd. xix. 7. ἡμᾶς. ἡ δὲ νεφέλη σκιὰ τῆς ἐκ τοῦ Πνεύματος δωρεᾶς τοῦ
Is. iv. 6.
Col. iii. 5. τὴν φλόγα τῶν παθῶν διὰ τῆς νεκρώσεως τῶν μελῶν καταψύχοντος.

32. Τί οὖν; ἐπειδὴ τυπικῶς εἰς Μωϋσῆν ἐβαπτίσθησαν, διὰ τοῦτο ⁷μικρὰ ἡ τοῦ βαπτίσματος χάρις; οὕτω μὲν οὖν οὐδ' ⁸ἂν ἄλλο τι ⁹μέγα εἴη τῶν ἡμετέρων, εἴπερ τὸ ἐν ἑκάστῳ σεμνὸν τοῖς τύποις προδιαβάλλοιμεν. οὔτε γὰρ ἡ εἰς ἀνθρώπους ¹⁰τοῦ Θεοῦ ἀγάπη μέγα τι καὶ ὑπερφυές, ὃς τὸν Μονογενῆ Υἱὸν ¹¹ἔδωκεν ὑπὲρ τῶν ἁμαρτιῶν ἡμῶν, ἐπειδὴ
Gen. xxii. 16. ¹²καὶ Ἀβραὰμ ¹³τοῦ ἰδίου υἱοῦ οὐκ ἐφείσατο, ¹⁴οὐδὲ τὸ πάθος
LXX. Rom.
viii. 30. τοῦ Κυρίου ἔνδοξον, ἐπειδὴ πρόβατον ἀντὶ Ἰσαὰκ τὸν τύπον ἐπλήρου τῆς προσφορᾶς, οὔτε ἡ εἰς ᾅδου ¹⁵φοβερὰ κάθοδος,
Matt. xii. 40. ἐπειδὴ Ἰωνᾶς ἐν τρισὶν ἡμέραις καὶ τοσαύταις νυξὶ τοῦ θανάτου τὸν τύπον προεξεπλήρου. ταὐτὸν τοίνυν ποιεῖ καὶ ἐπὶ τοῦ βαπτίσματος ὁ τῇ σκιᾷ συγκρίνων τὴν ἀλήθειαν, καὶ τοῖς τύποις παραβάλλων τὰ παρ' αὐτῶν σημαινόμενα,
T. III. p. 27. καὶ διὰ Μωϋσέως ¹⁶καὶ τῆς θαλάσσης πᾶσαν ὁμοῦ¹⁷ διασύρειν
Eph. i. 7. τὴν εὐαγγελικὴν οἰκονομίαν ἐπιχειρῶν. ποία γὰρ ἄφεσις

---

¹ om. τῷ ο V.   ² ἦγεν m.   ³ add. διὰ m.   ⁴ προϋπεσήμανεν m.   ⁵ add. μὲν m.   ⁶ δὲ ὧδε καὶ m.   ⁷ μικρὸν μ ν 'tres codd.'   ⁸ om. ἂν V.   ⁹ εἴη μέγα m ν.   ¹⁰ ἀγάπη τοῦ Θεοῦ μ ν.   ¹¹ δέδωκεν m ο V.   ¹² om. καὶ m.   ¹³ οὐκ ἐφείσατο τοῦ ἰδίου υἱοῦ οὔτε τὸ τοῦ κυρίου πάθος μ ν.   ¹⁴ οὔτε μ ο V ν neque vero S.   ¹⁵ txt. μ ν. κάθοδος φοβερὰ Ben. m ο V.   ¹⁶ hic desinit m.   ¹⁷ τὴν εὐαγγελικὴν οἰκονομίαν διασύρειν ἐπιχειρῶν ο V.

παραπτωμάτων; ποία ζωῆς ἀνανέωσις ἐν θαλάσσῃ; ποῖον Eph. iv. 23.
χάρισμα πνευματικὸν διὰ Μωϋσέως; ποία νέκρωσις [1] ἁμαρ- 1 Cor. xii. 4
τημάτων ἐκεῖ; οὐ συναπέθανον ἐκεῖνοι Χριστῷ, διόπερ οὐδὲ Rom. viii. 1. 2 Tim. ii. 1
συνηγέρθησαν. οὐκ ἐφόρεσαν τὴν εἰκόνα τοῦ ἐπουρανίου, Col. ii. 12.
5 οὐ τὴν νέκρωσιν τοῦ Ἰησοῦ ἐν τῷ σώματι περιήνεγκαν, οὐκ 1 Cor. xv. 4 2 Cor. 4. 10
ἀπεδύσαντο τὸν παλαιὸν ἄνθρωπον, οὐκ ἐνεδύσαντο τὸν νέον Col. iii. 9, 1
τὸν ἀνακαινούμενον εἰς ἐπίγνωσιν, [2] κατ᾽ εἰκόνα τοῦ κτί-
σαντος [3] αὐτόν. τί οὖν [4] βαπτίσματα συγκρίνεις, ὧν ἡ προσ-
ηγορία μόνη κοινή, ἡ δὲ τῶν πραγμάτων διαφορὰ τοσαύτη,
10 ὅση ἂν γένοιτο ὀνείρου πρὸς [5] τὴν ἀλήθειαν, καὶ σκιᾶς καὶ
εἰκόνων πρὸς τὰ κατ᾽ οὐσίαν ὑφεστηκότα;

33. Ἀλλὰ καὶ ἡ εἰς τὸν Μωϋσέα πίστις οὐ τὴν εἰς τὸ
Πνεῦμα πίστιν ὀλίγου τινὸς ἀξίαν δείκνυσιν, ἀλλὰ κατὰ τὸν
τούτων λόγον μᾶλλον τὴν εἰς τὸν Θεὸν τῶν ὅλων ὁμολογίαν
15 κατασμικρύνει. '[6] ἐπίστευσε᾽ [7] γάρ, φησίν, 'ὁ λαὸς [8] τῷ Ex. xiv. 31.
Θεῷ καὶ Μωϋσεῖ τῷ θεράποντι αὐτοῦ.' Θεῷ τοίνυν συνέ-
ζευκται, οὐχὶ τῷ Πνεύματι, καὶ τύπος ἦν οὐχὶ τοῦ Πνεύματος,
ἀλλὰ τοῦ Χριστοῦ. τὸν [9] γὰρ μεσίτην Θεοῦ καὶ ἀνθρώπων δι᾽ 1 Tim. ii. 5.
ἑαυτοῦ τότε [10] προαπετύπου ἐν τῇ τοῦ νόμου διακονίᾳ. οὐ γὰρ
20 τοῦ Πνεύματος [11] τύπος ἦν Μωϋσῆς, τὰ πρὸς τὸν Θεὸν τῷ
λαῷ μεσιτεύων. ἐδόθη γὰρ νόμος 'διαταγεὶς δι᾽ ἀγγέλων, ἐν Gal. iii. 19.
χειρὶ μεσίτου,᾽ δηλαδὴ τοῦ Μωϋσέως, κατὰ τὴν [12] πρόκλησιν
τοῦ λαοῦ λέγοντος· 'λάλησον σύ,᾽ φησί, 'πρὸς ἡμᾶς, καὶ μὴ Ex. xx. 19.
λαλείτω πρὸς ἡμᾶς ὁ Θεός.' ὥστε ἡ εἰς αὐτὸν πίστις ἐπὶ
25 τὸν Κύριον ἀναφέρεται τὸν μεσίτην [13] Θεοῦ καὶ ἀνθρώπων, 1 Tim. ii. 5.
τὸν εἰπόντα· 'εἰ ἐπιστεύετε Μωϋσεῖ, ἐπιστεύετε ἂν ἐμοί.' John v. 46.
[14] ἆρα οὖν [15] μικρὸν ἡ εἰς [16] τὸν Κύριον πίστις, ἐπειδὴ διὰ
Μωϋσέως προεσημάνθη; οὕτως οὐδὲ εἴ τις εἰς Μωϋσῆν

---

[1] txt. μ v 'quidam codd.' peccatorum S. ἁμαρτίας ο V Ben.   [2] καὶ μ.
[3] om. αὐτόν ο V.   [4] txt. v. baptismorum S. βάπτισμα (sic) συγ-
κρίνεις ὧν μ. συγκρίνεις βάπτισμα ᾧ R₃.   [5] om. τὴν v.   [6] ἐπίστευσαν
(om. ὁ λαὸς) ο V 'codd. duo' crediderunt S.   [7] om. γὰρ V.   [8] om.
τῷ 'codd. duo.'   [9] add. μὲν V.   [10] προϋπετύπου v.   [11] ἦν
τύπος ο V v.   [12] πρόσκλησιν 'cum uno cod.' πρόβλησιν v.   [13] add.
τοῦ v.   [14] ἆρα v.   [15] add. ὥσπερ οὐ V. non fuit ergo exiguum S.
[16] om. τὸν V.

ἐβαπτίσθη, μικρὰ ἡ ἀπὸ τοῦ Πνεύματος ἐπὶ τὸ βάπτισμα
χάρις. καίτοιγε ἔχω λέγειν ¹ ὅτι Μωϋσῆν καὶ τὸν νόμον τῇ
Luke xvi. 29. Γραφῇ λέγειν σύνηθες, ὡς τὸ 'ἔχουσι Μωϋσέα καὶ τοὺς
1 Cor. x. 2. προφήτας.' τὸ οὖν νομικὸν βάπτισμα λέγων, 'ἐβαπτί-
Heb. iii. 6. σθησαν,' εἶπεν, 'εἰς τὸν Μωϋσῆν.' τί οὖν τὸ καύχημα τῆς 5
Cf. Tit. iii. 5, ἐλπίδος ἡμῶν καὶ τὴν πλουσίαν τοῦ Θεοῦ καὶ Σωτῆρος ἡμῶν
6, 7.
Ps. ciii. (cii. δωρεάν, τοῦ διὰ τῆς παλιγγενεσίας ἀνακαινίζοντος ἡμῶν ὡς
LXX.) 5.
ἀετοῦ τὴν νεότητα, ² εὐκαταφρόνητον δεικνύουσιν οἱ ἀπὸ τῆς
σκιᾶς καὶ τῶν τύπων τὴν ἀλήθειαν διαβάλλοντες; ³ ἤπου
νηπίας φρενὸς παντελῶς ⁴ τοῦτο καὶ παιδός ⁵ τινος ὡς ἀλη- 10
Heb. v. 12. θῶς γάλακτος δεομένου, ἀγνοεῖν τὸ μέγα τῆς σωτηρίας ἡμῶν
1 Tim. iii. 16. μυστήριον, ὅτι κατὰ τὸν εἰσαγωγικὸν τῆς διδασκαλίας τρόπον
1 Tim. iv. 7. ἐν τῇ κατὰ τὴν εὐσέβειαν γυμνασίᾳ πρὸς τὴν τελείωσιν ἐνα-
γόμενοι τοῖς εὐληπτοτέροις πρῶτον καὶ συμμέτροις ἡμῖν κατὰ
τὴν γνῶσιν ἐστοιχειώθημεν, τοῦ οἰκονομοῦντος τὰ ἡμέτερα, 15
ὥσπερ ὀφθαλμοὺς ἐν σκότῳ τραφέντας τῷ κατ' ὀλίγον
ἐθισμῷ πρὸς τὸ μέγα φῶς τῆς ἀληθείας ἀνάγοντος. φειδοῖ
Rom. xi. 33. γὰρ τῆς ἀσθενείας ἡμῶν, ἐν τῷ βάθει ⁶ τοῦ πλούτου τῆς
σοφίας αὐτοῦ καὶ τοῖς ἀνεξιχνιάστοις ⁷ κρίμασι τῆς συνέσεως,
T. III. p. 28. τὴν προσηνῆ ταύτην καὶ εὐάρμοστον ἡμῖν ὑπέδειξεν ἀγωγήν, 20
τὰς σκιὰς πρότερον ὁρᾶν τῶν σωμάτων καὶ ἐν ὕδατι βλέπειν
τὸν ἥλιον προεθίζων, ὡς μὴ εὐθὺς τῇ θέᾳ τοῦ ἀκράτου φωτὸς
⁸ προσβαλόντας ἀμαυρωθῆναι. κατὰ γὰρ τὸν ἴσον λόγον ὅ
Heb. x. 1. τε νόμος σκιὰν ἔχων τῶν μελλόντων καὶ ἡ διὰ τῶν προ-
φητῶν ⁹ προτύπωσις αἴνιγμα οὖσα τῆς ἀληθείας γυμνα- 25
Eph. i. 18. στήρια τῶν ὀφθαλμῶν τῆς καρδίας ¹⁰ ἐπινενόηται, ὡς ἀπὸ
1 Cor. ii. 7. τούτων ῥᾳδίας τῆς μεταβάσεως ἡμῖν ¹¹ πρὸς τὴν ἀποκεκρυμ-
μένην ἐν μυστηρίῳ σοφίαν γενησομένης. ¹² τὰ μὲν οὖν περὶ
τύπων ἐπὶ τοσοῦτον, καὶ γὰρ οὐδὲ δυνατὸν ἐπὶ πλέον προσ-

---

¹ om. ὅτι V.   ² εὐκαταφρόνητα R₂ o V.   δείκνυτε (om. οἱ) o V v.
δεικνύουσι 'plerique codd.'   ³ ἤπου μ o.   ⁴ om. τοῦτο o V
'ex tribus codd. addimus.'   ⁵ om. τινος V.   ⁶ om. τοῦ πλού-
του V.   ⁷ ῥήμασι V.   ⁸ προσβαλόντας μ o.   ⁹ txt. 'sic
quatuor codd.'   τύπωσις o V 'alii.'   ¹⁰ add. ἡμῶν V.   ¹¹ ἐπὶ μ v.
¹² τὸ μ.

διατρῖψαι τῷ ¹τόπῳ, ἢ οὕτω γ' ἂν τὸ ἐπεισόδιον πολλαπλάσιον εἴη τοῦ κεφαλαίου.

Ἀπάντησις πρὸς ἀνθυποφορὰν ὅτι ²καὶ εἰς ὕδωρ βαπτιζόμεθα· ἐν ᾧ ³καὶ τὰ περὶ ⁴βαπτίσματος.

ΚΕΦΑΛΑΙΟΝ ΙΕ'.

34. Τί οὖν πρὸς τούτοις ἔτι; πολλῶν γὰρ δὴ τῶν ⁵διαλύσεων εὐποροῦσιν. 'καὶ εἰς ὕδωρ' ⁶φασὶ 'βαπτιζόμεθα, καὶ οὐ δήπου τὸ ὕδωρ πάσης ὁμοῦ τῆς κτίσεως προτιμήσομεν, ἢ καὶ ⁷αὐτῷ τῆς ⁸Πατρὸς καὶ Υἱοῦ τιμῆς μεταδώσομεν.' οἱ μὲν οὖν ἐκείνων λόγοι τοιοῦτοι, ὁποῖοι ἂν γένοιντο ἀνθρώπων ὠργισμένων, καὶ διὰ τὴν ἐκ τοῦ πάθους τῶν λογισμῶν ἐπισκότησιν, ⁹μηδενὸς φειδομένων πρὸς τὴν τοῦ λελυπηκότος ἄμυναν· ἡμεῖς δὲ οὐδὲ τὸν περὶ τούτων κατοκνήσομεν λόγον. ἢ γὰρ ἀγνοοῦντας διδάξομεν, ἢ κακουργοῦσιν οὐκ ἐπιτρέψομεν. μικρὸν δὲ ἄνωθεν.

35. Ἡ τοῦ Θεοῦ καὶ ¹⁰Σωτῆρος ἡμῶν περὶ τὸν ἄνθρωπον οἰκονομία ἀνάκλησίς ἐστιν ἀπὸ τῆς ἐκπτώσεως καὶ ἐπάνοδος εἰς οἰκείωσιν Θεοῦ ἀπὸ τῆς διὰ τὴν παρακοὴν ¹¹γενομένης ἀλλοτριώσεως. διὰ τοῦτο ἡ μετὰ σαρκὸς ¹²ἐπιδημία Χριστοῦ, αἱ τῶν εὐαγγελικῶν πολιτευμάτων ὑποτυπώσεις, τὰ πάθη, ὁ σταυρός, ἡ ταφή, ἡ ἀνάστασις, ὥστε τὸν σωζόμενον ἄνθρωπον διὰ μιμήσεως Χριστοῦ τὴν ἀρχαίαν ἐκείνην υἱοθεσίαν ἀπολαβεῖν. ἀναγκαία τοίνυν ἐστὶ πρὸς τελείωσιν ζωῆς ἡ Χριστοῦ μίμησις, οὐ μόνον ἐν τοῖς κατὰ τὸν βίον ὑποδείγμασιν ἀοργησίας καὶ ταπεινοφροσύνης καὶ μακροθυμίας, ἀλλὰ καὶ αὐτοῦ τοῦ θανάτου, ὡς Παῦλός φησιν ὁ μι-

Cf. § 23.
Eph. ii. 19.
Rom. v. 19 (διὰ τῆς παρακοῆς).
1 Pet. ii. 21.
John xiii. 15
1 Cor. xi. 1.

¹ τύπῳ v 'plerique codd.' ² om. καὶ ο V. ³ om. καὶ V.
⁴ add. τοῦ ο (in tabula) V. ⁵ ἀντιρρημάτων V. ⁶ txt. μ ο V v.
dicunt enim S. om. φασὶ Ben. ⁷ αὐτὸ μ V v 'tres codd.' ⁸ add.
τοῦ V. ⁹ μὴ V. neque parcunt quin ulciscantur S. ¹⁰ πατρὸς
'quatuor codd.' ¹¹ γενομένην (sic) μ. ¹² οἰκονομία R₂ ο* V.
adventus S. ἐπιδημία οᵃ.

μητής τοῦ Χριστοῦ· 'συμμορφούμενος τῷ θανάτῳ αὐτοῦ, εἴ πως καταντήσω εἰς τὴν ἐκ νεκρῶν ἐξανάστασιν.' πῶς οὖν γινόμεθα ἐν τῷ ὁμοιώματι τοῦ θανάτου αὐτοῦ; συνταφέντες αὐτῷ διὰ τοῦ βαπτίσματος. τίς οὖν ὁ τρόπος τῆς ταφῆς; καὶ τί τὸ ἐκ τῆς μιμήσεως χρήσιμον; πρῶτον μὲν ἀναγκαῖον 5 τὴν ἀκολουθίαν τοῦ προτέρου βίου διακοπῆναι. τοῦτο δὲ ἀδύνατον, μὴ ἄνωθεν γεννηθέντα κατὰ τὴν τοῦ Κυρίου φωνήν, ἡ γὰρ παλιγγενεσία, ὡς καὶ αὐτὸ δηλοῖ τὸ ὄνομα, δευτέρου βίου ἐστὶν ἀρχή. ὥστε [1] δὲ ἄρξασθαι τοῦ δευτέρου [2] πέρας χρὴ δοῦναι τῷ προλαβόντι. ὡς γὰρ [3] ἐπὶ τῶν τὸν 10 δίαυλον ἀνακαμπτόντων στάσις τις καὶ ἐπηρέμησις τὰς ἐναντίας κινήσεις διαλαμβάνει, οὕτω καὶ ἐπὶ τῆς τῶν βίων μεταβολῆς ἀναγκαῖον ἐφάνη θάνατον ἀμφοτέροις μεσιτεῦσαι τοῖς βίοις, περατοῦντα μὲν τὰ προάγοντα, ἀρχὴν δὲ διδόντα τοῖς ἐφεξῆς. πῶς οὖν κατορθοῦμεν τὴν εἰς ᾅδου [4] κατάβασιν; 15 μιμούμενοι τὴν ταφὴν τοῦ Χριστοῦ [5] διὰ τοῦ βαπτίσματος. οἱονεὶ γὰρ ἐνθάπτεται τῷ ὕδατι τῶν βαπτιζομένων τὰ σώματα. ἀπόθεσιν οὖν τῶν ἔργων τῆς σαρκὸς συμβολικῶς ὑποφαίνει τὸ βάπτισμα, κατὰ τὸν Ἀπόστολον [6] λέγοντα, ὅτι 'περιετμήθητε περιτομῇ ἀχειροποιήτῳ, ἐν τῇ ἀπεκδύσει 20 [7] τοῦ σώματος τῆς σαρκός, ἐν τῇ περιτομῇ τοῦ Χριστοῦ, συνταφέντες αὐτῷ ἐν τῷ [8] βαπτίσματι,' καὶ [9] οἱονεὶ καθάρσιόν ἐστι ψυχῆς τοῦ ἀπὸ τοῦ σαρκικοῦ φρονήματος αὐτῇ προσγενομένου ῥύπου, κατὰ τὸ γεγραμμένον, ὅτι 'πλυνεῖς με καὶ ὑπὲρ χιόνα λευκανθήσομαι.' διὰ τοῦτο οὐχὶ Ἰουδαϊκῶς 25 ἐφ' ἑκάστῳ μολύσματι ἀπολουόμεθα, ἀλλ' ἐν οἴδαμεν τὸ σωτήριον βάπτισμα, ἐπειδὴ εἷς ἐστιν ὁ ὑπὲρ τοῦ κόσμου θάνατος καὶ μία ἡ ἐκ νεκρῶν ἐξανάστασις, ὧν τύπος ἐστὶ τὸ βάπτισμα. τούτου χάριν ὁ τὴν ζωὴν ἡμῶν οἰκονομῶν Κύριος τὴν τοῦ βαπτίσματος ἡμῖν ἔθετο διαθήκην, θανάτου 30

---

[1] txt. μ o V v S favet. πρὶν Ben. ex R₁.   [2] add. βίου 'in uno tantum.'   [3] τῶν ἐπὶ R₂ V.   [4] txt. R₃ μ o C v. κάθοδον Ben. V.   [5] om. διὰ τοῦ βαπτίσματος μ o V v.   [6] add. τὸν V.   [7] om. τοῦ σώματος μ v. exutione carnis S.   [8] βαπτισμῷ μ.   [9] οἷον o V.

is of Water and of the Spirit. 75

τύπον καὶ ζωῆς περιέχουσαν, τὴν μὲν τοῦ θανάτου εἰκόνα
τοῦ ὕδατος ἐκπληροῦντος, τὸν δὲ τῆς ζωῆς ἀρραβῶνα παρε- Eph. i. 14.
χομένου τοῦ Πνεύματος. ὥστε σαφὲς ἡμῖν ἐντεῦθεν γέγονε
τὸ ζητούμενον, διὰ τί τῷ Πνεύματι τὸ ὕδωρ συμπαρελήφθη,
5 ὅτι δύο σκοπῶν ἐν τῷ βαπτίσματι προκειμένων, καταργῆσαι Rom. vi. 6.
μὲν τὸ σῶμα τῆς ἁμαρτίας τοῦ μηκέτι αὐτὸ καρποφορεῖν τῷ Rom. vii. 5.
θανάτῳ, [1] ζῆν δὲ τῷ Πνεύματι καὶ [2] τὸν καρπὸν ἔχειν ἐν Gal. v. 25.
ἁγιασμῷ, τὸ μὲν ὕδωρ τοῦ θανάτου τὴν εἰκόνα παρέχει, Rom. vi. 22.
ὥσπερ ἐν ταφῇ τὸ σῶμα παραδεχόμενον, τὸ δὲ Πνεῦμα
10 [3] τὴν ζωοποιὸν [4] ἐνίησι δύναμιν, ἀπὸ τῆς κατὰ τὴν ἁμαρτίαν
νεκρότητος εἰς τὴν ἐξ ἀρχῆς ζωὴν τὰς ψυχὰς ἡμῶν ἀνα-
καινίζον. τοῦτο οὖν ἐστι τὸ ἄνωθεν γεννηθῆναι ἐξ ὕδατος John iii. 3, 5.
καὶ Πνεύματος, ὡς τῆς μὲν νεκρώσεως ἐν τῷ ὕδατι τελου-
μένης, τῆς δὲ ζωῆς ἡμῶν ἐνεργουμένης διὰ τοῦ Πνεύματος.
15 ἐν τρισὶν οὖν καταδύσεσι καὶ ἰσαρίθμοις ταῖς ἐπικλήσεσι τὸ Cf. § 66.
μέγα μυστήριον τοῦ βαπτίσματος τελειοῦται, ἵνα καὶ ὁ τοῦ
θανάτου τύπος ἐξεικονισθῇ καὶ τῇ παραδόσει τῆς θεογνωσίας
τὰς ψυχὰς φωτισθῶσιν οἱ βαπτιζόμενοι, ὥστε εἴ τίς ἐστιν
ἐν τῷ ὕδατι χάρις, οὐκ ἐκ τῆς φύσεώς ἐστι τοῦ ὕδατος, ἀλλ᾽
20 ἐκ τῆς τοῦ Πνεύματος παρουσίας. 'οὐ γάρ ἐστι τὸ βάπ- 1 Pet. iii. 21.
τισμα ῥύπου σαρκὸς ἀπόθεσις, ἀλλὰ συνειδήσεως ἀγαθῆς
[5] ἐπερώτημα εἰς Θεόν.' πρὸς οὖν τὸν ἐξ ἀναστάσεως βίον
καταρτίζων ἡμᾶς ὁ Κύριος τὴν εὐαγγελικὴν πᾶσαν ἐκτίθεται
πολιτείαν, τὸ ἀόργητον, τὸ ἀνεξίκακον, τὸ [6] φιληδονίας Matt. v. 22,
25 [7] ἀρρύπωτον, τὸ ἀφιλάργυρον τοῦ τρόπου νομοθετῶν, ὥστε Luke viii. 14.
Matt. vi. 24.

[1] ζωὴν V.   [2] om. τὸν μ v.   [3] τὸ ο.   [4] ἴσχει V.   [5] εἰς
Θεὸν ἐπερώτημα μ v.   [6] φιληδονίαις ο.   [7] ἄρρυπον μ 'duo codd.
MSS.' ἀρύπωτον V.

---

35. 20. **οὐ γάρ ἐστι τὸ βάπτισμα.** The Syriac paraphrase is 'Non enim est baptismus lavatio sordium corporis nostri, sed confessio, quae confirmat in Deo signum Suum, et perdurat in amore Eius cum animo veritatis.' St. Basil uses the clause ἀλλὰ συνειδήσεως ἀγαθῆς ἐπερώτημα εἰς Θεόν to connect ἀλλ᾽ ἐκ τῆς τοῦ Πνεύματος παρουσίας with the effects of His operation as described in § 36. The connexion of the text with Heb. x. 21 ῥεραντισμένοι τὰς καρδίας ἀπὸ συνειδήσεως πονηρᾶς should be remembered.

Luke xx. 35. ἅπερ ὁ αἰὼν ἐκεῖνος κατὰ ¹τὴν φύσιν κέκτηται, ταῦτα ²προλαβόντας ἡμᾶς ἐκ προαιρέσεως κατορθοῦν. εἰ τοίνυν τις ὁριζόμενος εἴποι ³τὸ εὐαγγέλιον εἶναι τοῦ ἐξ ἀναστάσεως βίου προδιατύπωσιν, οὐκ ἄν μοι ⁴δοκῇ τοῦ προσήκοντος ἁμαρτεῖν. ἐπὶ οὖν τὸν σκοπὸν ἐπανέλθωμεν. 5

T. III. p. 30.
Rev. ii. 7.
Acts i. 3, 5.
Rom. viii. 15, 32.
Eph. v. 8.

36. Διὰ Πνεύματος ἁγίου ἡ εἰς παράδεισον ἀποκατάστασις, ἡ εἰς βασιλείαν οὐρανῶν ἄνοδος, ἡ εἰς υἱοθεσίαν ἐπάνοδος, ἡ παρρησία τοῦ καλεῖν ⁵ἑαυτῶν πατέρα τὸν Θεόν, ⁶κοινωνὸν γενέσθαι τῆς ⁷χάριτος τοῦ Χριστοῦ, ⁸τέκνον φωτὸς χρηματίζειν, ⁶δόξης ἀϊδίου μετέχειν, καὶ ἁπαξαπλῶς ⁶ἐν παντὶ 10

Rom. xv. 29.

πληρώματι εὐλογίας γενέσθαι ἔν τε τῷ αἰῶνι τούτῳ καὶ ἐν τῷ μέλλοντι, τῶν ἐν ἐπαγγελίαις ἀποκειμένων ἡμῖν ἀγαθῶν,

Cf. Rom. viii. 25.
Cf. 2 Cor. iii. 18.
Rom. viii. 23.

ὧν διὰ πίστεως ἀπεκδεχόμεθα τὴν ἀπόλαυσιν, ὡς ἤδη παρόντων τὴν χάριν ἐνοπτριζόμενοι. εἰ γὰρ ὁ ἀρραβὼν τοιοῦτος, ἡλίκον τὸ τέλειον; καὶ εἰ ἡ ἀπαρχὴ ⁹τοσαύτη, τίς ἡ 15 τοῦ ὅλου πλήρωσις; ἔτι κἀκεῖθεν τῆς ἀπὸ τοῦ Πνεύματος χάριτος πρὸς τὸ ἐν ὕδατι βάπτισμα γνώριμον τὸ διάφορον,

Matt. iii. 11.

ὅτι Ἰωάννης μὲν ¹⁰ἐβάπτισεν ¹¹ἐν ὕδατι, ¹²ὁ δὲ Κύριος ἡμῶν Ἰησοῦς ¹³Χριστὸς ἐν ¹⁴τῷ Πνεύματι ¹⁴τῷ ἁγίῳ. 'ἐγὼ μὲν ¹⁵γὰρ ὑμᾶς,' ¹⁶φησί, 'βαπτίζω ἐν ὕδατι εἰς μετάνοιαν, ὁ δὲ 20

¹ om. τὴν ο (eras. a manu prima in v). ² προσλαβόντας V.
³ om. τὸ μ ο. inseritur a manu sec. s. l. in v. ⁴ δοκεῖ ο 500 V.
⁵ πατέρα ἑαυτῶν ο v. ⁶ add. τὸ V. ⁷ χαρᾶς R₄. ⁸ τὸ τέκνα V. filii S. ⁹ txt. μ ο V v 'sic quatuor codd.' τοιαύτη 'alii.'
¹⁰ ἐβάπτιζεν μ. ¹¹ om. ἐν V v. ¹² add. εἰς μετάνοιαν Ben. 'addidimus ex tribus codd.' ¹³ add. ὁ v. ¹⁴ om. τῷ μ v. ¹⁵ om. γὰρ v. ¹⁶ βαπτίζω φησί μ ο v.

5. ἐπὶ οὖν τὸν σκοπὸν ἐπανέλθωμεν. St. Basil resumes his subject, after the short digression, beginning with πρὸς οὖν τὸν ἐξ ἀναστάσεως, and in § 36 explains the presence of the Holy Spirit.

36. 17. τὸ διάφορον. The contrast between St. John's Baptism and Christian Baptism is more fully drawn out in Hom. xiii, in Sanctum Baptisma, § 1, T. ii. p. 114: Ἰωάννης ἐκήρυσσε βάπτισμα μετανοίας, καὶ ἐξεπορεύετο πρὸς αὐτὸν πᾶσα ἡ Ἰουδαία· Κύριος κηρύσσει βάπτισμα υἱοθεσίας· καὶ τίς τῶν εἰς αὐτὸν ἠλπικότων οὐχ ὑπακούσεται; Ἐκεῖνο εἰσαγωγικὸν τὸ βάπτισμα· τοῦτο τελειωτικόν. Ἐκεῖνο ἁμαρτίας ἀναχώρησις· τοῦτο οἰκείωσις πρὸς Θεόν.

ὀπίσω μου ἐρχόμενος ἰσχυρότερός μού ἐστιν, οὗ οὐκ εἰμὶ
ἱκανὸς τὰ ὑποδήματα ¹βαστάσαι· αὐτὸς ὑμᾶς βαπτίσει ἐν
Πνεύματι ἁγίῳ καὶ πυρί,' τὸ τοῦ πυρὸς βάπτισμα τὴν ἐν τῇ
κρίσει δοκιμασίαν λέγων, καθά φησιν ὁ Ἀπόστολος· 'ἑκάσ- 1 Cor. iii. 13.
5 του τὸ ἔργον ὁποῖόν ἐστι τὸ πῦρ ²δοκιμάσει,' καὶ πάλιν·
'ἡ γὰρ ἡμέρα δηλώσει, ὅτι ³ἐν πυρὶ ἀποκαλύπτεται.' ἤδη
δέ τινες ἐν τοῖς ὑπὲρ εὐσεβείας ἀγῶσιν ἀληθείᾳ καὶ οὐ
μιμήσει τὸν ὑπὲρ Χριστοῦ θάνατον ὑποστάντες οὐδὲν τῶν ἐκ
τοῦ ὕδατος συμβόλων εἰς ⁴τὴν σωτηρίαν ἐπεδεήθησαν, ἐν
10 τῷ ἰδίῳ αἵματι βαπτισθέντες. καὶ οὐκ ἀθετῶν τὸ ἐν τῷ
ὕδατι βάπτισμα ταῦτα λέγω, ἀλλὰ τοὺς λογισμοὺς καθαιρῶν 2 Cor. x. 4.
τῶν ἐπαιρομένων κατὰ τοῦ Πνεύματος καὶ μιγνύντων τὰ
ἄμικτα καὶ παρισαζόντων τὰ ⁵ἀσυνείκαστα.

Ὅτι ἀχώριστον ἐπὶ πάσης ἐννοίας Πατρὸς καὶ Υἱοῦ τὸ
15 ἅγιον Πνεῦμα ἐπί τε τῆς τῶν ⁶νοητῶν δημιουργίας
καὶ ἐπὶ τῆς τῶν ἀνθρωπίνων οἰκονομίας καὶ ἐπὶ τῆς
προσδοκωμένης κρίσεως.

ΚΕΦΑΛΑΙΟΝ Ις΄.

37. Ἐπὶ οὖν τὸ ἐξ ἀρχῆς ἐπανίωμεν, ὅπως ⁷ἐν πᾶσιν § 26.
20 ἀχώριστόν ἐστι καὶ ἀδιάστατον παντελῶς Πατρὸς καὶ Υἱοῦ

¹ add. αὐτοῦ V. ² add. αὐτὸ Ben. 'legitur ea vox in cod. Colb.
et Reg. quinto, abest ab aliis.' ³ om. ἐν V. ⁴ om. τὴν v.
⁵ ἀνείκαστα v. ⁶ ὄντων V. ⁷ ἀχώριστόν ἐστιν ἐν πᾶσι V.

9. ἐν τῷ ἰδίῳ αἵματι. On the baptism of martyrs in their own blood,
see St. Cyril Hier. Catech. Lect. iii. § 10 : Εἴ τις μὴ λάβοι τὸ βάπτισμα,
σωτηρίαν οὐκ ἔχει· πλὴν μόνων μαρτύρων, οἳ καὶ χωρὶς τοῦ ὕδατος λαμβά-
νουσι τὴν βασιλείαν. Λυτρούμενος γὰρ τὴν οἰκουμένην ὁ Σωτὴρ διὰ τοῦ
σταυροῦ, καὶ τὴν πλευρὰν νυγείς, ἐξήγαγεν αἷμα καὶ ὕδωρ· ἵνα οἱ μὲν ἐν
καιροῖς εἰρήνης ἐν ὕδατι βαπτισθῶσιν, οἱ δὲ ἐν καιροῖς διωγμῶν ἐν οἰκείοις
αἵμασι βαπτισθῶσι. The same statement with the same allegorical ap-
plication is given in Lect. xiii. § 21. In St. Basil's Hom. in XL. Martyr.
(t. ii. p. 155), we have ἐβαπτίσθη εἰς αὐτόν, οὐχ ὑπὸ ἄλλου, ἀλλ' ὑπὸ τῆς
οἰκείας πίστεως· οὐκ ἐν ὕδατι, ἀλλ' ἐν τῷ ἰδίῳ αἵματι.

τὸ ἅγιον Πνεῦμα. ἐν τῷ περὶ τοῦ χαρίσματος τῶν γλωσσῶν τόπῳ Κορινθίοις ἐπιστέλλων ὁ Παῦλος· 'ἐὰν πάντες,' φησί, 'προφητεύητε, εἰσέλθῃ δέ ¹τις ἄπιστος ἢ ἰδιώτης, ἐλέγχεται ὑπὸ πάντων, ἀνακρίνεται ὑπὸ πάντων, ²τὰ κρυπτὰ τῆς καρδίας αὐτοῦ φανερὰ γίνεται· καὶ οὕτω πεσὼν ἐπὶ πρόσωπον προσκυνήσει τῷ Θεῷ, ἀπαγγέλλων ὅτι ὁ Θεὸς ὄντως ἐν ὑμῖν ἐστιν.' εἰ τοίνυν ἐκ τῆς προφητείας τῆς κατὰ ³τὴν διαίρεσιν τῶν χαρισμάτων τοῦ Πνεύματος ἐνεργουμένης ἐπιγινώσκεται ὁ Θεὸς ἐν τοῖς προφήταις εἶναι, βουλευσάσθωσαν οὗτοι ποίαν χώραν ἀποδώσουσι τῷ Πνεύματι τῷ ἁγίῳ. πότερον μετὰ ⁴Θεοῦ τάσσειν ἢ πρὸς τὴν κτίσιν ἐξωθεῖν δικαιότερον. καὶ τὸ πρὸς Σαπφείραν ⁵ὑπὸ Πέτρου· 'τί ὅτι συνεφωνήθη ὑμῖν πειρᾶσαι τὸ Πνεῦμα τὸ ἅγιον; οὐκ ἐψεύσασθε ἀνθρώποις, ἀλλὰ ⁶Θεῷ,' δείκνυσιν ὅτι ⁷τὰ αὐτὰ εἰς τὸ Πνεῦμα τὸ ἅγιον καὶ εἰς Θεόν ⁸ἐστι ⁹τὰ ἁμαρτήματα. καὶ οὕτω δ' ἂν τὸ συναφὲς καὶ ἀδιαίρετον κατὰ πᾶσαν ἐνέργειαν ἀπὸ Πατρὸς καὶ Υἱοῦ ⁹τοῦ ¹⁰Πνεύματος ¹¹διδαχθείης. ἐνεργοῦντος τοῦ Θεοῦ τὰς διαιρέσεις τῶν ἐνεργημάτων, καὶ τοῦ Κυρίου τὰς διαιρέσεις τῶν διακονιῶν, συμπάρεστι τὸ Πνεῦμα τὸ ἅγιον, τὴν διανομὴν τῶν χαρισμάτων ¹²πρὸς τὴν ἀξίαν ἑκάστου αὐτεξουσίως οἰκονομοῦν. 'διαιρέσεις' γάρ, φησί, 'χαρισμάτων εἰσί, τὸ δὲ αὐτὸ Πνεῦμα, καὶ διαιρέσεις διακονιῶν εἰσιν, ὁ δὲ αὐτὸς Κύριος, καὶ διαιρέσεις ἐνεργημάτων εἰσίν, ὁ δὲ αὐτὸς Θεὸς ὁ ἐνεργῶν τὰ πάντα ἐν πᾶσι.' 'ταῦτα δὲ πάντα,' φησίν, 'ἐνεργεῖ τὸ ἓν καὶ τὸ αὐτὸ Πνεῦμα, διαιροῦν ἰδίᾳ ἑκάστῳ καθὼς βούλεται.' οὐ μὴν ἐπειδὴ πρῶτον ἐνταῦθα τοῦ Πνεύματος ὁ Ἀπόστολος ἐπεμνήσθη καὶ δεύτερον τοῦ Υἱοῦ καὶ τρίτον τοῦ Θεοῦ καὶ Πατρός, ἤδη χρὴ καθόλου νομίζειν ἀντεστράφ-

---

¹ om. τις o V 'ex tribus codd. addidimus.' ² add. καὶ οὕτως μ v 'tres alii.' (om. καὶ οὕτως in loco cit. A B ℵ). ³ om. τὴν v (additur s. l. manu sec.). ⁴ add. τοῦ o V. ⁵ δὲ ὑπὸ μ v. τοῦ o V. ⁶ add. τῷ o V. ⁷ τὸ αὐτὸ ... τὸ ἁμάρτημα o. ⁸ om. ἐστι V. ⁹ πρὸς τὸ ἅγιον πνεῦμα V. ¹⁰ add. ἁγίου o. ¹¹ διδαχθήσῃ o. ¹² om. πρὸς τὴν ἀξίαν ἑκάστου μ.

(1) in the Church, and (2) in the heavenly host 79

θαι τὴν τάξιν. ἀπὸ γὰρ τῆς ἡμετέρας σχέσεως τὴν ἀρχὴν ἔλαβεν, ἐπειδὴ ὑποδεχόμενοι τὰ δῶρα, [1] πρῶτον ἐντυγχάνομεν τῷ διανέμοντι, εἶτα ἐννοοῦμεν τὸν ἀποστείλαντα, εἶτα ἀνάγομεν τὴν ἐνθύμησιν ἐπὶ τὴν πηγὴν καὶ αἰτίαν τῶν
5 ἀγαθῶν. 38. Μάθοις [2] δ' ἂν τὴν πρὸς Πατέρα καὶ Υἱὸν τοῦ Πνεύματος κοινωνίαν καὶ ἐκ τῶν δημιουργημάτων τῶν ἐξ ἀρχῆς. αἱ γὰρ καθαραὶ καὶ νοεραὶ [3] καὶ ὑπερκόσμιοι δυνάμεις ἅγιαι [4] καὶ εἰσὶ καὶ ὀνομάζονται, ἐκ τῆς παρὰ τοῦ ἁγίου Πνεύ-
10 ματος [5] ἐνδοθείσης χάριτος τὸν ἁγιασμὸν κεκτημέναι. ὥστε ἀποσεσιώπηται μὲν ὁ τρόπος τῆς κτίσεως τῶν οὐρανίων δυνάμεων, ἀπὸ γὰρ τῶν αἰσθητῶν [6] μόνον τὸν Δημιουργὸν ἡμῖν ὁ τὴν [7] κοσμογονίαν συγγραψάμενος ἀπεκάλυψε· σὺ δὲ ἔχων δύναμιν ἐκ τῶν ὁρατῶν ἀναλογίζεσθαι τὰ ἀόρατα δό- Cf. Rom. i. 20.
15 ξαζε τὸν Ποιητήν, ἐν ᾧ ἐκτίσθη τὰ πάντα, εἴτε ὁρατά, εἴτε Col. i. 16. Eph. i. 21. ἀόρατα, εἴτε ἀρχαί, εἴτε ἐξουσίαι, εἴτε δυνάμεις, εἴτε θρόνοι, εἴτε κυριότητες, καὶ εἴ τινές εἰσιν ἕτεραι λογικαὶ φύσεις [8] ἀκατονόμαστοι. ἐν [9] δὲ τῇ τούτων κτίσει [10] ἐννόητόν μοι τὴν προκαταρκτικὴν αἰτίαν τῶν γινομένων, τὸν Πατέρα, τὴν
20 δημιουργικήν, τὸν Υἱόν, τὴν τελειωτικήν, τὸ Πνεῦμα, ὥστε βουλήματι μὲν [11] τοῦ Πατρὸς [12] τὰ λειτουργικὰ πνεύματα ὑπάρχειν, ἐνεργείᾳ δὲ [13] τοῦ Υἱοῦ εἰς τὸ εἶναι παράγεσθαι, παρουσίᾳ δὲ [14] τοῦ Πνεύματος τελειοῦσθαι. τελείωσις δὲ ἀγγέλων ἁγιασμὸς καὶ ἡ ἐν τούτῳ διαμονή. καὶ μηδεὶς
25 οἰέσθω με ἢ τρεῖς εἶναι λέγειν ἀρχικὰς ὑποστάσεις ἢ ἀτελῆ φάσκειν τοῦ Υἱοῦ τὴν ἐνέργειαν. ἀρχὴ γὰρ τῶν ὄντων μία, Cf. § 21. δι' Υἱοῦ δημιουργοῦσα καὶ τελειοῦσα ἐν Πνεύματι. καὶ

---

[1] πρώτῳ V.   [2] om. δ' V.   [3] om. καὶ V.   [4] om. καὶ v.
[5] δοθείσης V ' ἐκδοθείσης in uno tantum cod. alii ἐνδοθείσης vel δοθείσης.'
[6] μόνων μ ο V.   [7] κοσμογένειαν μ ' Colb. et unus Reg.' κοσμοποιΐαν ο V ' alius Reg.'   In cod. V, fol. 209 b desinit in vocem κοσμο-, fol. 210 incipit a -ρωθι ἵνα εἴδωμεν (cap. xxiv. § 57) usque ad fol. 215 b quod desinit ἐπὶ στό- (cap. xxix. § 71); deinde fol. 216 incipit a -ποιΐαν usque ad fol. 223 b πνεύματός σου καὶ ἀπὸ τοῦ (cap. xxii. § 53). Illuc unum folium excidit, viz. usque ad χαρίσεται καὶ ἐτέ- (cap. xxiv. § 57).
[8] ἀκατωνόμαστοι ο C.   [9] δὴ v.   [10] νόησον V.   [11] om. τοῦ v.
[12] τὸ λειτουργικὸν πνεῦμα V.   [13] om. τοῦ Ben.   [14] om. τοῦ V.

οὔτε ¹Πατὴρ ὁ τὰ πάντα ἐν πᾶσιν ἐνεργῶν ἀτελῆ ἔχει τὴν ἐνέργειαν, οὔτε ¹Υἱὸς ἐλλιπῆ τὴν δημιουργίαν μὴ τελειουμένην παρὰ τοῦ Πνεύματος. οὕτω γὰρ ἂν οὔτε Πατὴρ προσδεηθείη Υἱοῦ, μόνῳ τῷ θέλειν δημιουργῶν. ἀλλ᾿ ὅμως θέλει διὰ Υἱοῦ, οὔτ᾿ ἂν ²Υἱὸς ³συνεργίας προσδεηθείη, καθ᾿ ὁμοιότητα τοῦ Πατρὸς ἐνεργῶν, ἀλλὰ καὶ Υἱὸς θέλει διὰ τοῦ Πνεύματος τελειοῦν· 'τῷ Λόγῳ γὰρ Κυρίου οἱ οὐρανοὶ ἐστερεώθησαν, καὶ τῷ Πνεύματι τοῦ στόματος αὐτοῦ ⁴πᾶσα ἡ δύναμις αὐτῶν.' οὔτε οὖν Λόγος ἀέρος τύπωσις σημαντικὴ διὰ φωνητικῶν ὀργάνων ἐκφερομένη, οὔτε ⁵Πνεῦμα στόματος ἀτμὸς ἐκ τῶν ἀναπνευστικῶν μερῶν ἐξωθούμενος, ἀλλὰ Λόγος μὲν ὁ πρὸς Θεὸν ὢν ἐν ἀρχῇ καὶ Θεὸς ὤν, Πνεῦμα δὲ στόματος ⁶Θεοῦ 'τὸ Πνεῦμα τῆς ἀληθείας, ὃ παρὰ τοῦ Πατρὸς ἐκπορεύεται.' τρία τοίνυν νοεῖς, τὸν προστάσσοντα Κύριον, τὸν δημιουργοῦντα Λόγον, ⁷τὸν στερεοῦντα ⁸τὸ Πνεῦμα. τί δ᾿ ἂν ἄλλο εἴη στερέωσις ἢ ἡ κατὰ τὸν ἁγιασμὸν τελείωσις, τὸ ἀνένδοτον καὶ ἄτρεπτον καὶ παγίως ἐρηρεισμένον ⁹ἐν ἀγαθῷ τῆς στερεώσεως ἐμφαινούσης; ἁγιασμὸς δὲ οὐκ ἄνευ Πνεύματος. οὐ γὰρ φύσει ἅγιαι αἱ τῶν οὐρανῶν δυνάμεις, ἢ οὕτω γ᾿ ἂν οὐδεμίαν πρὸς τὸ ἅγιον Πνεῦμα τὴν διαφορὰν ἔχοιεν· ἀλλὰ κατὰ ἀναλογίαν τῆς πρὸς ἀλλήλας ὑπεροχῆς, τοῦ ἁγιασμοῦ τὸ μέτρον παρὰ τοῦ Πνεύματος ¹⁰ἔχουσαι. ὡς

---

¹ add. ὁ ὁ. ² add. ὁ μ v. ³ txt. V v 'in tribus codd. MSS.' δημιουργίας R₂ μ. πνεύματος C 'alia manu sed tamen antiqua.' ⁴ πᾶσαι αἱ δυνάμεις V. ⁵ add. τὸ V. ⁶ add. ἐστὶ V. ⁷ txt. μ ο 'tres codd.' τὸ στερεοῦν R₂ V v R₁. ⁸ om. τὸ V v. ⁹ ἀγαθὸν V. ¹⁰ ἔχουσιν R₂ V.

---

38. 11. ἀτμός. St. Irenaeus (v. 12) on Is. lvii. 16 (LXX. πνεῦμα γὰρ παρ᾽ ἐμοῦ ἐξελεύσεται καὶ πνοὴν πᾶσαν ἐγὼ ἐποίησα) says τὸ Πνεῦμα ἰδίως ἐπὶ τὸν Θεὸν τάξας, . . . τὴν δὲ πνοὴν κοινῶς ἐπὶ τῆς κτίσεως . . . ἡ οὖν πνοὴ πρόσκαιρος, τὸ δὲ Πνεῦμα ἀέννοον.

15. τρία τοίνυν νοεῖς. Hippolytus says (c. Noet. c. 14): ὁ γὰρ κελεύων Πατήρ, ὁ δὲ ὑπακούων Υἱός, τὸ δὲ συνετίζον ἅγιον Πνεῦμα . . . Πατὴρ γὰρ ἠθέλησεν, Υἱὸς ἐποίησεν, Πνεῦμα ἐφανέρωσεν.

γὰρ ὁ καυτὴρ μετὰ τοῦ πυρὸς νοεῖται, ¹ καὶ ἄλλο μέντοι ἡ ὑποκειμένη ὕλη καὶ ἄλλο τὸ πῦρ· οὕτω καὶ ἐπὶ τῶν οὐρανίων δυνάμεων ἡ μὲν οὐσία αὐτῶν ² ἀέριον πνεῦμα, εἰ τύχοι, ἢ πῦρ ἄϋλον (κατὰ τὸ γεγραμμένον· 'ὁ ποιῶν τοὺς ἀγγέλους αὐτοῦ Ps. civ. [ciii. LXX.] 4.
5 πνεύματα καὶ τοὺς λειτουργοὺς αὐτοῦ ³ πυρὸς φλόγα·' διὸ καὶ ἐν τόπῳ εἰσὶ καὶ ὁρατοὶ γίνονται, ἐν τῷ εἴδει τῶν οἰκείων αὐτῶν σωμάτων τοῖς ἀξίοις ἐμφανιζόμενοι), ὁ μέντοι ἁγιασμὸς ἔξωθεν ⁴ ὢν τῆς οὐσίας τὴν τελείωσιν αὐτοῖς ἐπάγει διὰ τῆς κοινωνίας τοῦ Πνεύματος. φυλάσσουσι δὲ τὴν
10 ἀξίαν τῇ ἐπιμονῇ τοῦ καλοῦ, ἔχουσαι μὲν ἐν προαιρέσει τὸ αὐτεξούσιον, οὐδέποτε δὲ ἐκ τῆς τοῦ ⁵ ὄντως ἀγαθοῦ ⁶ προσεδρείας ἐκπίπτουσαι. ὡς ἐὰν ὑφέλῃς τῷ λόγῳ τὸ Πνεῦμα, λέλυνται μὲν ἀγγέλων χορεῖαι, ἀνῄρηνται δὲ ἀρχαγγέλων ἐπιστασίαι, συγκέχυται δὲ τὰ πάντα, ἀνομοθέτητος, ἄτακτος,
15 ἀόριστος αὐτῶν ἡ ζωή. πῶς μὲν γὰρ εἴπωσιν ἄγγελοι· 'δόξα ἐν ὑψίστοις θεῷ,' μὴ δυναμωθέντες ὑπὸ τοῦ Πνεύματος ; Luke ii. 14. 'οὐδεὶς γὰρ δύναται εἰπεῖν Κύριον Ἰησοῦν εἰ μὴ ἐν Πνεύματι 1 Cor. xii. 3. ἁγίῳ, καὶ οὐδεὶς ἐν Πνεύματι Θεοῦ λαλῶν λέγει ἀνάθεμα Ἰησοῦν' ὅπερ ⁷ εἴποι ἂν τὰ πονηρὰ καὶ ἀντικείμενα πνεύματα,
20 ὧν ἡ ἀπόπτωσις συνίστησι ⁸ τὸν λόγον τοῦ αὐτεξουσίους εἶναι τὰς ⁹ ἀοράτους δυνάμεις, ἰσορρόπως ἐχούσας πρὸς ¹⁰ ἀρετὴν καὶ κακίαν, καὶ διὰ τοῦτο δεομένας τῆς βοηθείας τοῦ Πνεύματος. ἐγὼ καὶ τὸν Γαβριὴλ προλέγειν ¹¹ τὰ μέλ- Luke i. 11 ff λοντα οὐδαμῶς ἄλλως φημὶ ἢ τῇ προγνώσει τοῦ Πνεύματος,
25 διότι ἓν τῶν ἐκ τῆς διαιρέσεως τοῦ Πνεύματος χαρισμάτων ¹² ἐστὶν ἡ προφητεία. ὁ δὲ τὰ μυστήρια τῆς ὀπτασίας τῷ Dan. x. 11. ἀνδρὶ τῶν ἐπιθυμιῶν ἐπιταχθεὶς διαγγεῖλαι πόθεν σοφισθεὶς ¹³ εἶχε διδάσκειν τὰ κεκρυμμένα εἰ μὴ τῷ Πνεύματι τῷ ἁγίῳ ; τῆς ἀποκαλύψεως τῶν μυστηρίων ἰδίως τῷ Πνεύματι προσ- T. III. p. 33
30 ηκούσης, κατὰ τὸ γεγραμμένον, ὅτι 'ἡμῖν ¹⁴ ἀπεκάλυψεν ὁ 1 Cor. ii. 10.

---

¹ om. καὶ V v.   ² om. ἀέριον πνεῦμα, εἰ τύχοι, ἢ V.   ³ πῦρ φλέγον ο V 'unus.'   ⁴ om. ὢν V.   ⁵ ὄντος v.   ⁶ προεδρίας V. προεδρείας v (σ s. l. m. sec.).   ⁷ εἴποιεν ο.   ⁸ τοῦ λόγου μ.   ⁹ οὐρανίους μ v R₁.   ¹⁰ add. τὴν V.   ¹¹ τὸν μ.   ¹² om. ἐστὶν V.   ¹³ ἔσχε μ v.   ¹¹ add. δὲ μ v.

Col. i. 16.
Matt. xviii. 10.

Is. vi. 3.

Ps. cxlviii. 2.

Dan. vii. 10.

Θεὸς διὰ τοῦ Πνεύματος.' Θρόνοι ¹ δὲ καὶ κυριότητες καὶ ἀρχαὶ καὶ ἐξουσίαι πῶς ἂν τὴν μακαρίαν ² διεξῆγον ζωήν, εἰ μὴ 'διὰ παντὸς ἔβλεπον τὸ πρόσωπον τοῦ Πατρὸς τοῦ ἐν οὐρανοῖς;' τὸ δὲ βλέπειν οὐκ ἄνευ τοῦ Πνεύματος. ὥσπερ γὰρ ἐν νυκτί, ἐὰν ὑφέλῃς τὸ φῶς ἀπὸ τῆς οἰκίας, τυφλαὶ μὲν 5 αἱ ὄψεις, ἀνενέργητοι δὲ καταλείπονται αἱ δυνάμεις, ἀνεπίγνωστοι δὲ αἱ ἀξίαι, καὶ χρυσοῦ καὶ σιδήρου ὁμοίως πατουμένων διὰ τὴν ἄγνοιαν· οὕτως ἐπὶ τῆς νοητῆς διακοσμήσεως ἀμήχανον τὴν ἔνθεσμον ἐκείνην διαμεῖναι ζωὴν ἄνευ τοῦ Πνεύματος, οὐ μᾶλλόν γε ἢ στρατοπέδου τὴν εὐταξίαν τοῦ 10 ταξιάρχου μὴ ³ παρόντος, ἢ χοροῦ τὴν συμφωνίαν τοῦ κορυφαίου μὴ συναρμόζοντος. πῶς εἴπῃ τὰ Σεραφὶμ 'ἅγιος, ἅγιος, ἅγιος,' μὴ διδαχθέντα παρὰ τοῦ Πνεύματος ποσάκις ⁴ ἐστὶν εὐσεβὲς τὴν δοξολογίαν ταύτην ἀναφωνεῖν; εἴτε οὖν ' αἰνοῦσι τὸν Θεὸν πάντες ⁵ οἱ ἄγγελοι αὐτοῦ, καὶ αἰνοῦσιν 15 αὐτὸν πᾶσαι αἱ δυνάμεις αὐτοῦ,' διὰ τῆς τοῦ Πνεύματος ⁶ συνεργείας· εἴτε ' παρεστήκασι χίλιαι χιλιάδες ἀγγέλων καὶ μύριαι μυριάδες ⁷ λειτουργούντων,' ἐν τῇ δυνάμει τοῦ Πνεύματος τὸ οἰκεῖον ἔργον ἀμώμως ἐπιτελοῦσι. πᾶσαν οὖν ⁸ τὴν ⁹ ὑπερουράνιον ¹⁰ ἐκείνην καὶ ἄρρητον ἁρμονίαν ἔν τε ¹¹ τῇ 20 λειτουργίᾳ ¹² Θεοῦ καὶ τῇ πρὸς ἀλλήλας τῶν ὑπερκοσμίων δυνάμεων συμφωνίᾳ ἀδύνατον φυλαχθῆναι μὴ τῇ ἐπιστασίᾳ τοῦ Πνεύματος. οὕτω μὲν οὖν ἐν ¹³ δημιουργίᾳ πάρεστι τὸ Πνεῦμα τὸ ἅγιον τοῖς οὐκ ἐκ προκοπῆς τελειουμένοις, ἀλλ' ¹⁴ ἀπ' αὐτῆς τῆς κτίσεως εὐθὺς τελείοις, εἰς τὸν ἀπαρτισμὸν 25 καὶ συμπλήρωσιν τῆς ὑποστάσεως αὐτῶν τὴν παρ' ἑαυτοῦ χάριν συνεισφερόμενον.

¹ τε ο V.   ² add. ἐκείνην ο V.   'abest a quinque codd.'
³ παρέχοντος μ ο 'duo Reg. codd. cum Colb.' συμπαρόντος R₄.   ⁴ ἐστὶ τὴν (om. εὐσεβὲς) μ.   ⁵ om. οἱ v.   ⁶ txt. 'sex. cod.' μ V v. ἐνεργείας ο.   ⁷ add. ἀρχαγγέλων 'unus habet.'   ⁸ add. ἐκείνην V.
⁹ ὑπεράρρητον V. ἐπουράνιον v.   ¹⁰ om. ἐκείνην καὶ ἄρρητον V.
¹¹ om. τῇ μ.   ¹² add. τοῦ ο V.   ¹³ δημιουργίαις ο.   ¹⁴ ὑπ' v.

13. ποσάκις. Cf. (on the same subject) τὰς τρεῖς ὑποστάσεις τελείας δεικνύντα, St. Athan. de Verbis Domini, t. i. p. 108.

in the Incarnation of the Son, 83

39. Τὰς δὲ περὶ τὸν ἄνθρωπον οἰκονομίας τὰς ὑπὸ τοῦ
μεγάλου Θεοῦ καὶ Σωτῆρος ἡμῶν Ἰησοῦ Χριστοῦ κατὰ τὴν   Tit. ii. 13.
ἀγαθότητα τοῦ Θεοῦ γενομένας, τίς ἀντερεῖ μὴ οὐχὶ διὰ τῆς
τοῦ Πνεύματος χάριτος πεπληρῶσθαι ; εἴτε βούλει τὰ παλαιὰ
5 σκοπεῖν, τὰς τῶν πατριαρχῶν εὐλογίας, τὴν ἐκ τῆς νομο-
θεσίας δεδομένην βοήθειαν, τοὺς τύπους, τὰς προφητείας, τὰ
ἐν πολέμοις ἀνδραγαθήματα, τὰ διὰ τῶν δικαίων σημεῖα, εἴτε
τὰ περὶ τὴν ἔνσαρκον τοῦ Κυρίου παρουσίαν οἰκονομηθέντα,   Cf. § 49.
διὰ τοῦ Πνεύματος. πρῶτον μὲν ¹γὰρ αὐτῇ τῇ σαρκὶ τοῦ   Cf. § 28.
10 Κυρίου συνῆν, ²χρῖσμα γενόμενον καὶ ἀχωρίστως παρόν, κατὰ
τὸ γεγραμμένον· 'ἐφ' ὃν ³ἂν ἴδῃς τὸ Πνεῦμα καταβαῖνον   John i. 33:
καὶ μένον ἐπ' αὐτόν, οὗτός ἐστιν ὁ Ὑιός μου ὁ ἀγαπητός,'   Matt. iii. 1
καὶ 'Ἰησοῦν τὸν ἀπὸ Ναζαρέτ, ὃν ἔχρισεν ὁ Θεὸς τῷ Πνεύ-   Acts x. 38.
ματι τῷ ἁγίῳ.' ἔπειτα πᾶσα ἐνέργεια συμπαρόντος τοῦ
15 Πνεύματος ἐνηργεῖτο. τοῦτο καὶ ὑπὸ τοῦ διαβόλου ⁴πειραζο-
μένῳ παρῆν. 'ἀνήχθη' γάρ, φησίν, 'ὁ Ἰησοῦς ⁵ἀπὸ τοῦ   Matt. iv. 1.
Πνεύματος εἰς τὴν ἔρημον τοῦ πειρασθῆναι.' καὶ ἐνεργοῦντι
τὰς δυνάμεις ἀχωρίστως συνῆν. 'εἰ γὰρ ἐγώ,' φησίν, 'ἐν   Matt. xii.
Πνεύματι Θεοῦ ἐκβάλλω τὰ δαιμόνια.' καὶ ἐκ νεκρῶν ἀνα-
20 στάντος οὐκ ⁶ἀπελείπετο. ἀνακαινίζων γὰρ τὸν ἄνθρωπον
ὁ Κύριος, καὶ ἣν ἀπώλεσε χάριν ἐκ τοῦ ἐμφυσήματος τοῦ   T. III. p.
Θεοῦ, ταύτην πάλιν ἀποδιδούς, ἐμφυσήσας ⁷εἰς τὸ πρόσωπον   Cf. St. Cy
                                                            Hier. Cate
                                                            Lect. xvii.
τῶν μαθητῶν τί φησι ; 'λάβετε Πνεῦμα ἅγιον.' ἄν τινων   12, quoting
                                                            Nah. ii. 1.
                                                            John xx. 2

¹ om. γὰρ V.   ² χρίσμα ο V v.   ³ add. δ' μ v. 23.
⁴ πειραζομένου V.   ⁵ ὑπὸ ο V v.   ⁶ ἀπελίπετο V.   ⁷ S. in
faciem.

39. 22. εἰς τὸ πρόσωπον. This addition to the text, which interprets
John xx. 22 by Gen. ii. 7 (LXX), is found in the Prayer at the Little
Entrance in the Liturgy of St. Mark: καὶ ἐμφυσήσας εἰς τὰ πρόσωπα
αὐτῶν. Didymus in his treatise on the Holy Spirit, which we have only
in St. Jerome's Latin version, twice uses 'insufflans in faciem eorum,'
§§ 6, 33. The text is quoted in this form by Epiphanius, Adv. Haeres.
lxxiv. 13: καὶ πάλιν ὡς οὐκ ἀλλοτρίου τοῦ Πνεύματος τυγχάνοντος τῆς τοῦ
Θεοῦ Θεότητος, ἐνεφύσησεν εἰς τὸ πρόσωπον τῶν μαθητῶν, καὶ εἶπε 'λάβετε
Πνεῦμα ἅγιον,' and by St. Augustine, De Trinit. iv. 20 'sufflans in
faciem discipulorum.'

ἀφῆτε τὰς ἁμαρτίας, ἀφίενται, ¹ ἄν τινων κρατῆτε, κεκράτηνται.' ἡ δὲ τῆς Ἐκκλησίας διακόσμησις οὐχὶ σαφῶς καὶ ἀναντιρρήτως διὰ τοῦ Πνεύματος ἐνεργεῖται; 'αὐτὸς γὰρ ἔδωκε,' φησί, ²'τῇ Ἐκκλησίᾳ πρῶτον Ἀποστόλους, δεύτερον προφήτας, τρίτον διδασκάλους, ἔπειτα δυνάμεις, ³ ἔπειτα χαρίσματα ἰαμάτων, ἀντιλήψεις, κυβερνήσεις, γένη γλωσσῶν.' αὕτη γὰρ ἡ τάξις κατὰ τὴν διαίρεσιν τῶν ἐκ τοῦ Πνεύματος δωρεῶν ⁴ διατέτακται.

40. Εὕροι δ' ἄν τις ἀκριβῶς λογιζόμενος καὶ ἐπὶ τοῦ καιροῦ τῆς προσδοκωμένης ἐπιφανείας τῆς ἐξ οὐρανῶν τοῦ Κυρίου μὴ ἀσυντελὲς τὸ Πνεῦμα τὸ ἅγιον, ὥς τινες οἴονται, ἀλλὰ συμπαρέσται καὶ ἐν τῇ ἡμέρᾳ τῆς ἀποκαλύψεως αὐτοῦ, καθ' ἣν κρινεῖ τὴν οἰκουμένην ἐν δικαιοσύνῃ ὁ μακάριος καὶ μόνος Δυνάστης. τίς γὰρ οὕτως ἀνήκοος τῶν ἡτοιμασμένων παρὰ Θεοῦ ἀγαθῶν τοῖς ἀξίοις, ὡς ἀγνοεῖν ὅτι καὶ τῶν δικαίων ὁ στέφανος ἡ τοῦ Πνεύματός ἐστι χάρις, δαψιλεστέρα ⁵ τότε καὶ τελειοτέρα παρεχομένη κατὰ τὴν ἀναλογίαν τῶν ἀνδραγαθημάτων τῆς πνευματικῆς δόξης διανεμομένης ἑκάστῳ; ἐν γὰρ ταῖς λαμπρότησι τῶν ἁγίων 'πολλαὶ μοναὶ' παρὰ τῷ Πατρί, τουτέστιν ἀξιωμάτων διαφοραί. ὡς γὰρ 'ἀστὴρ ἀστέρος διαφέρει ἐν δόξῃ, οὕτω καὶ ἡ ἀνάστασις τῶν νεκρῶν.' οἱ τοίνυν 'σφραγισθέντες τῷ Πνεύματι τῷ ἁγίῳ εἰς ἡμέραν ⁶ ἀπολυτρώσεως,' καὶ ἣν ἔλαβον ἀπαρχὴν τοῦ Πνεύματος ⁷ ἀκέραιον καὶ ⁸ ἀμείωτον ⁹ διασώσαντες, ¹⁰ οὗτοί εἰσιν ¹¹ οἱ ¹² ἀκούσοντες· 'εὖ, δοῦλε ἀγαθὲ καὶ πιστέ, ἐπὶ ὀλίγα ἦς πιστός, ἐπὶ πολλῶν σε καταστήσω.' ὁμοίως δὲ καὶ οἱ λυπήσαντες τὸ Πνεῦμα τὸ ἅγιον τῇ πονηρίᾳ τῶν ἐπιτηδευμάτων αὐτῶν ἢ οἱ μὴ ἐπεργασάμενοι τῷ δοθέντι ἀφαιρεθήσονται ὃ ¹³ εἰλήφασιν, εἰς ἑτέρους μετατιθεμένης τῆς

---

¹ add. αὐτοῖς 'duo codd.' add. καὶ οᵃ V Ben. sed deest in μ ο* v et 'in plerisque codd.' ² add. ἐν μ v. ³ εἶτα μ. ⁴ τέτακται V. ⁵ τε V. ⁶ add. τῆς ο V. ⁷ ἀκεραίαν μ v 'quidam habent.' ⁸ ἀμίαντον C. ⁹ διασώζοντες R₂ ο V. ¹⁰ pro οὗτοί εἰσιν οἱ ἀκούσοντες, ἀκούσονται ο. ¹¹ οἱ ἀκούσονται v. ¹² in μ scriptura ambigua est, quae sicut ἀκούσοντες, ita ἀκούσαντες legi potest. ¹³ add. καὶ V.

χάριτος, ἢ κατά τινα τῶν εὐαγγελιστῶν καὶ διχοτομηθήσονται Matt. xxiv. 51.
παντελῶς, τῆς διχοτομίας νοουμένης κατὰ τὴν εἰς τὸ παντελὲς ἀπὸ τοῦ Πνεύματος ἀλλοτρίωσιν. οὔτε γὰρ σῶμα διαιρεῖται, ὡς τὸ μὲν παραδίδοσθαι τῇ κολάσει, τὸ δὲ ἀφίεσθαι,
5 μυθικὸν γὰρ τοῦτό γε καὶ οὐ κατὰ [1] δίκαιον κριτήν, ὅλου ἡμαρτηκότος ἐξ ἡμισείας εἶναι τὴν κόλασιν, οὔτε ψυχὴ [2] διχῇ [3] τέμνεται, ὅλη δι' ὅλου τὸ ἁμαρτωλὸν φρόνημα κεκτημένη [4] καὶ συγκατεργαζομένη τῷ σώματι τὸ κακόν· ἀλλὰ διχοτομία, ὥσπερ ἔφην, ἡ ἀπὸ τοῦ Πνεύματος εἰς τὸ διη-
10 νεκὲς τῆς ψυχῆς ἀλλοτρίωσις. νῦν μὲν γάρ, εἰ καὶ μὴ ἀνακέκραται τοῖς ἀναξίοις, ἀλλ' οὖν παρεῖναι δοκεῖ πως τοῖς ἅπαξ ἐσφραγισμένοις, τὴν [5] ἐκ τῆς ἐπιστροφῆς σωτηρίαν αὐτῶν [6] ἀναμένον· τότε δὲ [7] ἐξ ὅλου τῆς βεβηλωσάσης αὐτοῦ τὴν χάριν ψυχῆς ἀποτμηθήσεται. διὰ τοῦτο 'ἐν τῷ ᾅδῃ οὐκ Ps. vi. 6.
15 ἔστιν ὁ ἐξομολογούμενος, οὐδὲ ἐν τῷ θανάτῳ ὁ μνημονεύων Θεοῦ,' οὐκέτι τῆς βοηθείας τοῦ Πνεύματος συμπαρούσης. πῶς οὖν δυνατὸν νοῆσαι χωρὶς τοῦ ἁγίου Πνεύματος ἐπιτελεῖσθαι τὴν κρίσιν, ὅπου γε ὁ λόγος δείκνυσιν ὅτι αὐτό T. III. p. 3
ἐστι καὶ τὸ τῶν δικαίων βραβεῖον, [8] ὅταν ἀντὶ τοῦ ἀρραβῶνος Phil. iii. 14.
20 παρασχεθῇ τὸ τέλειον, καὶ ἡ πρώτη τῶν ἁμαρτωλῶν κατα- 2 Cor. i. 22; v. 5.
δίκη, ὅταν καὶ ὁ δοκοῦσιν ἔχειν ἀφαιρεθῶσι; τὸ δὲ μέγιστον Luke viii. 1
τεκμήριον [9] τῆς πρὸς [10] Πατέρα καὶ Υἱὸν [11] τοῦ Πνεύματος συναφείας, ὅτι οὕτως ἔχειν λέγεται πρὸς [12] Θεὸν ὡς πρὸς ἕκαστον ἔχει τὸ πνεῦμα τὸ ἐν ἡμῖν. 'τίς γὰρ οἶδε,' φησίν, 1 Cor. ii. 11.

[1] add. τὸν V.   [2] διχᾷ V. δίχα 'quidam codd.' om. v.   [3] διατέμνεται v.   [4] om. καὶ συγκατεργαζομένη ... κακόν V.   [5] ἐπιστροφὴν τῆς σωτηρίας μ v.   [6] ἀναμένων 'vitiose quidam codd.'
[7] τελείως V.   [8] om. ὅταν ... τέλειον μ.   [9] ἡ V.   [10] add. τὸν ο.   [11] συναφεία (om. τοῦ πνεύματος) V.   [12] add. τὸν μ v.

40. 11. δοκεῖ. The word comes from the words of our Lord in Luke viii. 18, quoted a little lower down, ὃ δοκεῖ ἔχειν ἀρθήσεται ἀπ' αὐτοῦ. The presence of the Spirit in Baptism is described in § 35.

24. τίς γὰρ οἶδε, κ.τ.λ. Epiphanius (Ancoratus, § 118) explains the preceding verse by applying to the Holy Spirit the words which in the Nicene Creed are applied to the Son: ὁ δὲ ἀπόστολος οἶδεν, ὡς καὶ

'ἀνθρώπων τὰ τοῦ ἀνθρώπου εἰ μὴ τὸ πνεῦμα τὸ ἐν αὐτῷ; οὕτω καὶ τὰ τοῦ Θεοῦ οὐδεὶς ἔγνωκεν εἰ μὴ τὸ Πνεῦμα τὸ ἐκ τοῦ Θεοῦ.' καὶ ταῦτα μὲν εἰς τοσοῦτον.

Πρὸς τοὺς λέγοντας μὴ συναριθμεῖσθαι Πατρὶ καὶ Υἱῷ τὸ ἅγιον Πνεῦμα, ἀλλ' ὑπαριθμεῖσθαι· ἐν ᾧ καὶ [5] ¹περὶ τῆς εὐσεβοῦς ²συναριθμήσεως ³κεφαλαιώδης ἐπιδρομὴ ⁴τῆς πίστεως.

ΚΕΦΑΛΑΙΟΝ ΙΖ'.

§ 13.

41. Τὴν δὲ ὑπαρίθμησιν ὅ τι καὶ λέγουσι, καὶ κατὰ τίνος σημαινομένου τὴν φωνὴν ταύτην ἄγουσιν, οὐδὲ ἐπινοῆσαι [10]

1 Cor. i. 20. ῥᾴδιον. ὅτι μὲν γὰρ ἐκ τῆς τοῦ κόσμου σοφίας καὶ ⁵αὕτη ἡμῖν ⁶ἐπεισήχθη, παντὶ γνώριμον. ⁷εἰ δὲ ἔχει τινὰ οἰκεῖον λόγον πρὸς τὰ προκείμενα, τοῦτο ἐπισκεψώμεθα. φασὶ

Cf. §§ 4, 5 as to prepositions and causes.
τοίνυν οἱ δεινοὶ τὰ μάταια, τὰ μὲν κοινὰ εἶναι τῶν ὀνομάτων καὶ ἐπὶ πολὺ διήκειν ταῖς σημασίαις, τὰ δὲ ⁸ἰδιώτερα, καὶ [15] ἄλλα ἄλλων μερικωτέραν ⁹ἔχειν τὴν δύναμιν. οἷον κοινὸν μὲν ὄνομα ἡ οὐσία, πᾶσιν ἐπιλεγομένη καὶ ἀψύχοις καὶ ἐμψύχοις ὁμοίως, ⁸ἰδιώτερον δὲ τὸ ζῷον, ἐπ' ἔλαττον μὲν

¹ add. τὰ ο v.   ² ὑπαριθμήσεως V.   ³ om. κεφαλαιώδης.   ⁴ om. τῆς πίστεως μ.   ⁵ αὕτη μ v.   ⁶ ὑπεισήχθη R₃ C.   ⁷ ὅτι δὲ εἰ ἔχει V.   ⁸ εἰδικώτερα μ.   ⁹ ἔχει v.

πολλάκις εἴπομεν, τὸ Πνεῦμα μὴ ἀλλότριον εἶναι τοῦ Θεοῦ λέγων· ἐρευνᾷ καὶ τὰ βάθη τοῦ Θεοῦ· τὸ δὲ μὴ ὂν ἐκ τῆς οὐσίας τοῦ Θεοῦ ἀδύνατόν ἐστι τοῦ τὰ βάθη τοῦ Θεοῦ ἐρευνᾶν. See below, §§ 50, 56.

41. 1. ὑπαρίθμησιν. The word was used as a quasi philosophical term to express the Anomoean doctrine quoted by St. Basil in § 13: ὑπὸ τὸν Υἱὸν καὶ τὸν Πατέρα (τὸ Πνεῦμα τακτέον) οὐ συντεταγμένον, ἀλλ' ὑποτεταγμένον (1 Cor. xv. 27), οὐδὲ συναριθμούμενον, ἀλλ' ὑπαριθμούμενον: it does not occur in the confession of Eunomius, which was prepared after this book, A.D. 382; but it was used by him in his Liber Apologeticus (before A.D. 365), against which St. Basil wrote his three (or as some think five) books, Adversus Eunomium.

τοῦ προτέρου λεγόμενον, ἐπὶ πλέον δὲ τῶν ὑπ᾽ [1]αὐτὸ θεωρούμενον, καὶ γὰρ [2]καὶ λογικῶν αὐτῷ καὶ ἀλόγων φύσις ἐμπεριέχεται. πάλιν [3]ἰδικώτερόν [4]ἐστι τοῦ ζῴου ὁ ἄνθρωπος, καὶ τούτου ὁ ἀνήρ, καὶ τοῦ ἀνδρὸς ὁ καθ᾽ ἕκαστον, Πέτρος [5]ἢ Παῦλος ἢ Ἰωάννης. ἆρα οὖν τοῦτο νοοῦσι τὴν ὑπαρίθμησιν, τὴν τοῦ [6]κοινοῦ εἰς τὰ ὑπεσταλμένα διαίρεσιν; ἀλλ᾽ οὐκ ἂν πιστεύσαιμι εἰς τοσοῦτον αὐτοὺς παραπληξίας ἐλαύνειν, ὥστε φάναι τὸν Θεὸν τῶν ὅλων ὥσπερ κοινότητα τινα λόγῳ μόνῳ θεωρητήν, ἐν οὐδεμιᾷ δὲ ὑπεστάσει τὸ εἶναι ἔχουσαν, εἰς τὰ ὑποκείμενα διαιρεῖσθαι, εἶτα τὴν [7]ὑποδιαίρεσιν ταύτην καὶ ὑπαρίθμησιν λέγεσθαι. ἢ τοῦτο [8]μὲν οὐδ᾽ ἂν μελαγχολῶντες εἴποιεν, πρὸς γὰρ τῇ ἀσεβείᾳ καὶ τὸν ἐναντίον λόγον τῆς οἰκείας ἑαυτῶν προαιρέσεως κατασκευάζουσι, τὰ γὰρ ὑποδιαιρούμενα τῆς αὐτῆς ἐστιν ἐκείνοις οὐσίας [9]ἀφ᾽ ὧν διῄρηνται. ἀλλ᾽ ἐοίκαμεν διὰ πολλὴν τῆς ἀτοπίας [10]ἐνάργειαν ἀπορεῖν λόγων, καὶ οὐκ ἔχειν πῶς τῆς ἀλογίας αὐτῶν καθαψόμεθα· ὥστε δοκοῦσί μοί τι κερδαίνειν παρὰ τὴν [11]ἄνοιαν. ὡς γὰρ πρὸς τὰ μαλακὰ καὶ ὑπείκοντα [12]τῶν σωμάτων τῷ μὴ ἔχειν ἀντέρεισιν οὐκ ἔστι γενναίαν τὴν πληγὴν ἐνεγκεῖν, οὕτως οὐδὲ τῶν προδήλων εἰς ἄνοιαν δυνατὸν ἐλέγχῳ [13]νεανικῷ καθικέσθαι. λείπεται οὖν σιωπῇ τὸ βδελυκτὸν αὐτῶν τῆς ἀσεβείας παραδραμεῖν. ἀλλ᾽ οὐκ ἐᾷ τὴν ἡσυχίαν τῶν ἀδελφῶν ἡ ἀγάπη [14]καὶ ἡ βαρύτης τῶν ἐναντίων.

T. III. p.

42. Τί γὰρ λέγουσιν; ὁρᾶτε [15]αὐτῶν τῆς ἀλαζονείας τὰ ῥήματα. 'ἡμεῖς [16]τοῖς μὲν ὁμοτίμοις φαμὲν τὴν συναρίθμησιν πρέπειν, τοῖς δὲ πρὸς τὸ χεῖρον παρηλλαγμένοις τὴν ὑπαρίθμησιν.' καὶ τοῦτο τίποτε λέγετε; οὐ γὰρ συνίημι ὑμῶν τῆς ἀλλοκότου σοφίας [17]. [18]πότερον ὅτι χρυσὸς μὲν χρυσῷ συναριθμεῖται, ὁ δὲ μόλυβδος οὐκέτι τῆς συναριθμήσεως ἄξιος,

---

[1] αὐτοῦ V.   [2] om. καὶ v.   [3] εἰδικώτερα μ.   [4] ἐπὶ V.
[5] καὶ v.   [6] ὁμοίου R₃ μ v.   [7] διαίρεσιν V.   [8] om. μὲν μ.
[9] ἐφ᾽ μ.   [10] ἐνέργειαν V 'in duobus antiquis codd.'   [11] ἄγνοιαν o.
[12] om. τῶν σωμάτων μ V v 'desunt in plerisque codd.'   [13] νεανικῶς V.
[14] καὶ βραδυτὴς μ.   [15] om. αὐτῶν V.   [16] μὲν τοῖς μ v.   [17] add. τὴν δύναμιν V.   [18] om. πότερον μ v.

ἀλλὰ διὰ τὸ τῆς ὕλης εὔωνον ¹ὑπαριθμηθήσεται τῷ χρυσῷ; καὶ τοσαύτην δύναμιν τῷ ἀριθμῷ μαρτυρεῖτε, ὡς ἢ τῶν εὐτελῶν τὴν ἀξίαν ὑπεραίρειν ἢ τῶν ²πολυτιμήτων τὸ σεμνὸν καταβάλλειν; οὐκοῦν πάλιν καὶ τὸν χρυσὸν τοῖς βαρυτίμοις τῶν λίθων ὑπαριθμήσεις, ³κἀκείνων τοῖς εὐανθεστέροις καὶ μείζοσι τοὺς ἀλαμπεστέρους καὶ μικροτέρους. ἀλλὰ τί οὐκ

Acts xvii. 21. ἂν εἴποιεν οἱ εἰς μηδὲν ἄλλο εὐκαιροῦντες ἢ λέγειν τι καὶ ἀκούειν καινότερον; ὀνομαζέσθωσαν λοιπὸν μετὰ ⁴Στωικῶν καὶ Ἐπικουρείων ⁵οἱ διαψηφισταὶ τῆς ἀσεβείας. τίς γὰρ ἂν καὶ γένοιτο πρὸς τὰ πολύτιμα τῶν ἀτιμοτέρων ἡ ὑπαρίθμησις; ὁ ⁶χαλκοῦς ὀβολὸς τῷ χρυσῷ στατῆρι πῶς ὑπαριθμηθήσεται; ὅτι ⁷οὐ λέγομεν, φησί, δύο κεκτῆσθαι νομίσματα, ἀλλ' ἓν καὶ ἕν. ⁸πότερον ⁹οὖν τούτων ποτέρῳ ὑπαριθμεῖται; ἐκφωνεῖται μὲν γὰρ ὁμοίως ἑκάτερον. ἐὰν μὲν οὖν καθ' ἑαυτὸ ἕκαστον ¹⁰ἀριθμήσῃς, ὁμοτιμίαν ποιεῖς ἐν τῷ ¹¹ὁμοίῳ τρόπῳ τῆς ¹²ἀριθμήσεως· ἐὰν δὲ συνάψῃς αὐτά, πάλιν ¹³ἑνοῖς τὴν ἀξίαν συναριθμῶν ἀλλήλοις ἀμφότερα. εἰ δὲ ὅπερ ἂν δεύτερον ¹⁴ἀριθμηθῇ, τοῦτο ἕξει τὴν ὑπαρίθμησιν, ἐν τῷ ἀριθμοῦντί ἐστιν ἀπὸ τοῦ χαλκοῦ νομίσματος τῆς ¹⁵ἀριθμήσεως ἄρξασθαι. ἀλλὰ τῆς ἀμαθίας τὸν ἔλεγχον ὑπερθέμενοι ἐπὶ τὰ συνέχοντα τὸν λόγον τρέψωμεν.

43. Καὶ τὸν Υἱὸν ὑπαριθμεῖσθαι τῷ Πατρὶ λέγετε καὶ τὸ Πνεῦμα τῷ Υἱῷ, ἢ τῷ Πνεύματι μόνῳ τὴν ὑπαρίθμησιν ἀφορίζετε; εἰ μὲν γὰρ καὶ τὸν Υἱὸν ὑπαριθμεῖτε, πάλιν τὸν αὐτὸν λόγον τῆς ἀσεβείας ἀνακαινίζετε, τὸ ἀνόμοιον τῆς οὐσίας, τὴν τοῦ ἀξιώματος ταπεινότητα, τὴν ἐν ὑστέρῳ γένεσιν, καὶ ἁπαξαπλῶς πάσας ὁμοῦ τὰς εἰς τὸν Μονογενῆ βλασφημίας δι' ἑνὸς τούτου ῥήματος ἀνακυκλοῦντες ¹⁶ἐπιδειχθήσεσθε· οἷς ἀντιλέγειν ¹⁷μακρότερον ἢ κατὰ τὴν παροῦσαν

---

¹ ὑπαριθμεῖται v. ² πολυτίμων R₄. ³ κἀκεῖνον (sic) o.
⁴ add. τῶν v. ⁵ καὶ οἱ o. καὶ (om. οἱ) v. ⁶ χαλκὸς μ.
⁷ om. οὐ V. ⁸ ὁπότερον o. ⁹ om. οὖν V. ¹⁰ ἀριθμῇς μ. ἀριθμεῖς v. ¹¹ ὁμοιοτρόπῳ o. ὁμοτρόπῳ v. ¹² ὑπαριθμήσεως R₂ V.
¹³ ἐν οἷς V. ἑνοῖς o. ¹⁴ ἀριθμηθείη 'unus ex Regiis.' ἀριθμῇς V 'alius.' ¹⁵ ἀπαριθμήσεως R₄. ¹⁶ δειχθήσεσθε V. ¹⁷ μακρότατον V.

ὁρμήν, ἄλλως τε καὶ ἐν ἄλλοις κατὰ δύναμιν ὑφ' ἡμῶν τῆς Sc. in lib. ii.
ἀσεβείας διελεγχθείσης. εἰ δὲ τῷ Πνεύματι πρέπειν οἴονται adv. Eunom.
μόνῳ τὴν ὑπαρίθμησιν, μανθανέτωσαν ὅτι κατὰ τὸν αὐτὸν
τρόπον συνεκφωνεῖται τῷ ¹ Κυρίῳ τὸ Πνεῦμα, καθ' ὃν καὶ ὁ
5 Υἱὸς τῷ Πατρί. 'τὸ' γὰρ 'ὄνομα Πατρὸς καὶ Υἱοῦ καὶ ἁγίου Matt. xxviii.
Πνεύματος' ὁμοίως ἐκδέδοται. ὡς τοίνυν ἔχει ὁ Υἱὸς πρὸς 19.
² τὸν Πατέρα, οὕτω ³ πρὸς τὸν Υἱὸν τὸ Πνεῦμα κατὰ τὴν ἐν
τῷ βαπτίσματι παραδεδομένην τοῦ λόγου σύνταξιν. εἰ δὲ τὸ
Πνεῦμα τῷ Υἱῷ συντέτακται, ὁ δὲ Υἱὸς τῷ Πατρί, καὶ τὸ T. III. p. 37
10 Πνεῦμα τῷ Πατρὶ ⁴ δηλονότι. τίνα οὖν ἔχει χώραν τὸ μὲν
συναριθμεῖσθαι, τὸ δὲ ὑπαριθμεῖσθαι λέγειν, ἐν μιᾷ καὶ τῇ
αὐτῇ ⁵ συστοιχίᾳ κατατεταγμένων τῶν ὀνομάτων; ὅλως δὲ τί
τῶν πάντων ἐξέστη ποτὲ τῆς ἑαυτοῦ φύσεως ἀριθμούμενον;
ἀλλ' οὐχὶ τὰ μὲν ἀριθμητὰ διαμένει οἷα πέφυκεν ἐξ ἀρχῆς, ὁ
15 δὲ ἀριθμὸς σημεῖον γνωριστικὸν τοῦ πλήθους τῶν ὑποκει-
μένων παρ' ἡμῶν ἐφαρμόζεται; τῶν γὰρ σωμάτων τὰ μὲν Wisd. xi. 20.
ἀριθμοῦμεν, τὰ δὲ μετροῦμεν, τὰ δὲ σταθμώμεθα· καὶ ὧν μὲν
συνεχὴς ἡ φύσις, μέτρῳ καταλαμβάνομεν, ὧν δὲ διωρισμένη,
τῷ ἀριθμῷ ὑποβάλλομεν, πλὴν ὅσα διὰ λεπτότητα καὶ αὐτὰ
20 πάλιν μετρητὰ γίνεται, τὰ δὲ βάρη ταῖς ἐπὶ τοῦ ζυγοῦ ῥοπαῖς
διακρίνομεν. οὐ τοίνυν ἐπειδὴ ἑαυτοῖς σημεῖα πρὸς τὴν τοῦ
ποσοῦ γνῶσιν ἐπενοήσαμεν, ἤδη καὶ τὴν φύσιν τῶν σημειω-
θέντων ἠλλάξαμεν. ὥσπερ οὖν οὐχ ὑποσταθμώμεθα ἀλλή-
λοις τὰ σταθμητά, κἂν τὸ μὲν χρυσός, τὸ δὲ ⁶ κασσίτερος ᾖ,
25 οὐδὲ ὑπομετροῦμεν τὰ μετρητά, οὕτως οὐδὲ τὰ ἀριθμητὰ
πάντως ὑπαριθμήσομεν. εἰ δὲ οὐδὲν τῶν ἄλλων τὴν ὑπαρίθ-
μησιν δέχεται, πῶς τῷ Πνεύματί φασι ⁷ προσήκειν ὑπαριθ-
μεῖσθαι; ἀλλὰ τὰ Ἑλληνικὰ νοσοῦντες οἴονται ⁸ τὰ κατὰ
βαθμὸν ⁹ ἀξιωμάτων ἢ κατὰ οὐσίας ὕφεσιν ὑποβαίνοντα,
30 ταῦτα προσήκειν ὑπαριθμεῖσθαι.

---

¹ υἱῷ Cᵃ.   ² om. τὸν V v.   ³ add. καὶ v.   ⁴ δῆλον ὅτι ὁ V.
⁵ συντυχίᾳ V.   ⁶ κασσίτηρος μ V v.   ⁷ προσῆκεν v.   ⁸ om.
τὰ v 'quatuor alii.'   ⁹ ἀξιώματα τὰ μὴ κατὰ V.

Πῶς ἐν τῇ ὁμολογίᾳ τῶν τριῶν Ὑποστάσεων τὸ [1] εὐσεβὲς τῆς Μοναρχίας δόγμα [2]διατηροῦμεν· [3]ἐν ᾧ καὶ ὁ κατὰ τῶν τὸ Πνεῦμα ὑπαριθμεῖσθαι φασκόντων ἔλεγχος.

ΚΕΦΑΛΑΙΟΝ ΙΗ΄.

Matt. xxviii. 19.

44. Πατέρα καὶ Υἱὸν καὶ ἅγιον Πνεῦμα παραδιδοὺς ὁ Κύριος οὐ μετὰ τοῦ ἀριθμοῦ συνεξέδωκεν. οὐ γὰρ εἶπεν, [4] ὅτι εἰς πρῶτον καὶ δεύτερον καὶ τρίτον, οὐδὲ εἰς [5] ἓν καὶ δύο καὶ τρία, ἀλλὰ δι᾽ ὀνομάτων ἁγίων τὴν γνῶσιν τῆς πρὸς σωτηρίαν ἀγούσης πίστεως ἐχαρίσατο. ὥστε τὸ μὲν σῶζον ἡμᾶς ἡ πίστις ἐστίν, ὁ δὲ ἀριθμὸς σημεῖον γνωριστικὸν τοῦ ποσοῦ τῶν ὑποκειμένων ἐπινενόηται. ἀλλ᾽ οἱ πανταχόθεν ἑαυτοῖς τὰς βλάβας [6] ἐπισυνάγοντες καὶ τῇ τοῦ ἀριθμεῖν δυνάμει κατὰ τῆς πίστεως κέχρηνται, οἵγε οὐδενὸς τῶν ἄλλων ἐκ τῆς τοῦ [7] ἀριθμοῦ προσθήκης ἀλλοιουμένου, οὗτοι ἐπὶ τῆς θείας

---

[1] μοναρχὲς τῆς εὐσεβείας δόγμα V.   [2] τηροῦμεν ο v.   [3] om. ἐν ᾧ ... ἔλεγχος μ V v 'desunt in plerisque codd.'   [4] om. ὅτι v.
[5] ἕνα V.   [6] συνάγοντες V.   [7] ἀριθμεῖν V.

---

44. 7. **τρίτον.** Justin Martyr (Apol. i. 13) says, Πνεῦμά τε προφητικὸν ἐν τρίτῃ τάξει ... μετὰ λόγου τιμῶμεν, and Tertullian (in Prax. 8) interprets the word, 'sicut tertius a radice fructus ex frutice, et tertius a fonte rivus ex flumine, et tertius a sole apex ex radio.' Eunomius (Lib. Apol. § 25) had said that, 'observing the teaching of the saints, we learnt from them that the Holy Spirit is third in dignity and order (τρίτον ἀξιώματι καὶ τάξει), and so have believed Him to be third in nature also' (τρίτον εἶναι καὶ τῇ φύσει πεπιστεύκαμεν). In the beginning of his Second Book against Eunomius, St. Basil replied (in a passage which was the occasion of a fierce dispute at the Council of Florence): ἀξιώματι μὲν γὰρ δευτερεύειν τοῦ Υἱοῦ παραδίδωσιν ἴσως ὁ τῆς εὐσεβείας λόγος ... εἰ καὶ ὑποβέβηκε τὸν Υἱὸν τῇ τε τάξει καὶ τῷ ἀξιώματι (ἵνα καὶ ὅλως συγχωρήσωμεν), οὐκέτ᾽ ἂν εἰκότως ὡς ἀλλοτρίας ὑπάρχον φύσεως ἀκολουθεῖν ἐκεῖθεν δῆλον. The dispute was about the word ἴσως, which the Greeks had in their copies, and the Latins had not. The Bened. ed. allows its genuineness, and it is found in a Syriac paraphrase of the eighth or ninth century (Brit. Mus. Add. MS. 17145), which gives word for word: 'in gloria quidem enim secundum esse a Filio verbum pietatis fortasse concedit.'

the Persons in the Trinity.

φύσεως εὐλαβοῦνται τὸν ἀριθμόν, μὴ δι' αὐτοῦ τῆς ὀφειλομένης τῷ Παρακλήτῳ τιμῆς [1] ὑπερβῶσι τὸ μέτρον. ἀλλ', ὦ σοφώτατοι, μάλιστα μὲν ὑπὲρ ἀριθμὸν ἔστω τὰ ἀνέφικτα, ὡς ἡ παλαιὰ τῶν Ἑβραίων εὐλάβεια ἰδίοις σημείοις τὸ ἀνεκφώ-
5 νητον ὄνομα τοῦ Θεοῦ [2] διεχάρασσε, καὶ ἐκ [3] τούτου τὴν κατὰ πάντων ὑπεροχὴν παριστῶσα. εἰ δὲ ἄρα δεῖ καὶ ἀριθμεῖν, [4] μήτοιγε καὶ ἐν τούτῳ κακουργεῖν τὴν ἀλήθειαν. ἢ γὰρ σιωπῇ τιμάσθω τὰ [5] ἄρρητα, ἢ εὐσεβῶς ἀριθμείσθω τὰ ἅγια. T. III. p. Εἷς Θεὸς [6] καὶ Πατὴρ καὶ εἷς Μονογενὴς [7] Υἱὸς καὶ Ἓν
10 Πνεῦμα ἅγιον. ἑκάστην τῶν Ὑποστάσεων μοναχῶς ἐξαγγέλλομεν, ἐπειδὰν δὲ συναριθμῆσαι δέῃ, οὐχὶ ἀπαιδεύτῳ ἀριθμήσει πρὸς πολυθεΐας ἔννοιαν ἐκφερόμεθα.

45. Οὐ γὰρ κατὰ σύνθεσιν ἀριθμοῦμεν, ἀφ' ἑνὸς εἰς πλῆθος ποιούμενοι τὴν παραύξησιν, ἓν καὶ δύο καὶ τρία λέγοντες,
15 οὐδὲ πρῶτον καὶ δεύτερον καὶ τρίτον. 'ἐγὼ γὰρ Θεὸς πρῶτος Is. xliv. 6. καὶ ἐγὼ [8] μετὰ ταῦτα.' δεύτερον δὲ θεὸν οὐδέπω καὶ τήμερον ἀκηκόαμεν· Θεὸν γὰρ ἐκ Θεοῦ προσκυνοῦντες, καὶ τὸ ἰδιάζον τῶν Ὑποστάσεων ὁμολογοῦμεν, καὶ μένομεν ἐπὶ τῆς Μοναρχίας, εἰς πλῆθος ἀπεσχισμένον τὴν θεολογίαν μὴ σκεδαν-
20 νύντες, διὰ τὸ μίαν ἐν Θεῷ Πατρὶ καὶ Θεῷ Μονογενεῖ τὴν [9] οἱονεὶ μορφὴν θεωρεῖσθαι τῷ ἀπαραλλάκτῳ τῆς Θεότητος

[1] ὑπὲρ v (ερ s. l. m. sec.).   [2] διεχάραξε μ.   [3] τούτων v.   [4] μήτιγε ο V.   [5] ἀπόρρητα μ ο v.   [6] ὁ ο V.   [7] om. υἱὸς ο V v. et unus est Unigenitus Filius qui est ab Eo S.   [8] S. ultimus.
[9] ὁμοίαν V.

8. **εὐσεβῶς ἀριθμείσθω.** So St. Athan. Ep. i. ad Serap. § 20 : ἡ γὰρ Θεότης οὐκ ἐν ἀποδείξει λόγων, ὥσπερ εἴρηται, παραδίδοται, ἀλλ' ἐν πίστει καὶ εὐσεβεῖ λογισμῷ μετ' εὐλαβείας.

45. In this section, St. Basil's careful statements of the doctrine of the Blessed Trinity correct the Arian expressions; and yet he avoids the word ὁμοούσιος in accordance with his words in Ep. 9 to Maximus (A.D. 361). See above, p. 46. In his Liber Apologeticus, Eunomius attributed πρῶτος, δεύτερος, τῆς ἑαυτοῦ ὑποστάσεως μεταδοὺς τῷ γεννηθέντι, ἴσον τῷ Πατρὶ τὸν Υἱόν, to the doctrine of the Church: and used μόνος, as referring to the Father, in such a way as to exclude even the likeness of nature, but not so as to exclude His Wisdom or His 'having Immortality' (1 Tim. vi. 15, 16).

¹ ἑνιζομένην. Υἱὸς γὰρ ἐν ²τῷ Πατρὶ καὶ ³Πατὴρ ἐν τῷ Υἱῷ, ἐπειδὴ καὶ οὗτος τυιοῦτος οἷος ⁴ἐκεῖνος, κἀκεῖνος οἷός περ οὗτος, καὶ ἐν τούτῳ τὸ Ἕν. ὥστε κατὰ μὲν ⁵τὴν ἰδιότητα τῶν Προσώπων Εἷς καὶ Εἷς, κατὰ δὲ τὸ κοινὸν τῆς φύσεως Ἓν οἱ Ἀμφότεροι. πῶς οὖν, εἴπερ Εἷς καὶ Εἷς, οὐχὶ δύο θεοί; ὅτι βασιλεὺς λέγεται καὶ ἡ τοῦ βασιλέως εἰκών, ⁶καὶ οὐ δύο βασιλεῖς. οὔτε γὰρ τὸ κράτος σχίζεται οὔτε ἡ δόξα ⁷διαμερίζεται. ὡς γὰρ ἡ κρατοῦσα ⁸ἡμῶν ἀρχὴ καὶ ⁹ἡ ἐξουσία μία, οὕτω καὶ ἡ παρ᾿ ἡμῶν δοξολογία μία καὶ οὐ πολλαί· διότι ἡ τῆς Εἰκόνος τιμὴ ἐπὶ τὸ Πρωτότυπον ¹⁰διαβαίνει. ὃ οὖν ἐστιν ἐνταῦθα μιμητικῶς ἡ εἰκών, τοῦτο ἐκεῖ φυσικῶς ὁ Υἱός, καὶ ὥσπερ ἐπὶ τῶν ¹¹τεχνικῶν κατὰ τὴν μορφὴν ἡ ὁμοίωσις, οὕτως ἐπὶ τῆς θείας καὶ ἀσυνθέτου φύσεως ἐν τῇ κοινωνίᾳ τῆς Θεότητός ἐστιν ἡ Ἕνωσις. Ἓν δὲ καὶ τὸ ἅγιον Πνεῦμα, καὶ αὐτὸ μοναδικῶς ἐξαγγελλόμενον, δι᾿ Ἑνὸς Υἱοῦ τῷ Ἑνὶ Πατρὶ συναπτόμενον καὶ δι᾿ ἑαυτοῦ συμπληροῦν τὴν πολυύμνητον καὶ ¹²μακαρίαν Τριάδα· ¹³οὗ τὴν πρὸς Πατέρα καὶ Υἱὸν οἰκείωσιν ἱκανῶς ἐμφαίνει τὸ μὴ ἐν τῷ πλήθει τῆς κτίσεως τετάχθαι, ἀλλὰ μοναχῶς ἐκφωνεῖσθαι. οὐ γὰρ ἓν τῶν πολλῶν ἐστιν, ἀλλ᾿ Ἓν ἐστιν. ὡς ¹⁴γὰρ Εἷς Πατὴρ καὶ Εἷς Υἱός, οὕτω καὶ Ἓν Πνεῦμα ἅγιον. τῆς μὲν οὖν κτιστῆς φύσεως τοσοῦτον ἀποκεχώρηκεν, ὅσον εἰκὸς ¹⁵τὸ Μοναδικὸν τῶν συστηματικῶν καὶ πληθυσμὸν ἐχόντων, Πατρὶ δὲ καὶ Υἱῷ ¹⁶κατὰ τοσοῦτον ἥνωται, καθόσον ἔχει Μονὰς πρὸς Μονάδα τὴν οἰκειότητα.

Cf. Col. i. 15 (Lightfoot's note).

¹ txt. (i.e. unitam) R₂ o* Cᵃ v. ἑνιζομένην (i.e. insidentem) V. ἐνεικονιζομένην (i.e. inimaginatam) μ o marg. 'sic quatuor codd.' Ben. om. Syr. ² om. τῷ o V. ³ add. ὁ o V. ⁴ add. καὶ μ v. ⁵ om. τὴν V. ⁶ καὶ οἱ δύο v (forsan interrogative). ⁷ μερίζεται μ v 'tres codd.' ⁸ om. ἡμῶν o V. ⁹ om. ἡ o V. ¹⁰ txt. μ o V v. 'observat Ducaeus cod. Anglicanum habere διαβαίνει.' ἀναβαίνει 'in tribus Reg. codd.' ¹¹ txt. R₃ μ v. τεχνητῶν o V. ¹² ἁγίαν o V. ¹³ ὃ o. ¹⁴ om. γὰρ o V v. 'Vocula γὰρ addita ex vet. libris.' ¹⁵ τῶν μοναδικῶν καὶ συστηματικῶν V. ¹⁶ om. v* additur s. l. manu sec.

9. δοξολογία μία: cf. the Embolismus, as in Lit. of St. James, ὅτι Σοῦ ἐστιν ἡ βασιλεία, καὶ ἡ δύναμις, καὶ ἡ δόξα, τοῦ Πατρός, καὶ τοῦ Υἱοῦ, καὶ τοῦ ἁγίου Πνεύματος, νῦν καὶ ἀεί.

46. Καὶ οὐκ ἐντεῦθεν μόνον τῆς κατὰ ¹τὴν φύσιν κοινωνίας αἱ ἀποδείξεις, ἀλλ' ὅτι καὶ 'ἐκ τοῦ Θεοῦ' εἶναι 1 Cor. ii. 12. λέγεται· οὐχ ὡς 'τὰ πάντα ἐκ τοῦ Θεοῦ,' ἀλλ' ὡς ἐκ τοῦ 1 Cor. xi. 12. Θεοῦ προελθόν, οὐ γεννητῶς ὡς ²ὁ Υἱός, ἀλλ' ὡς Πνεῦμα 5 στόματος αὐτοῦ. πάντως δὲ οὔτε τὸ στόμα μέλος, οὔτε πνοὴ λυομένη τὸ Πνεῦμα, ἀλλὰ καὶ τὸ στόμα θεοπρεπῶς, καὶ τὸ Πνεῦμα οὐσία ζῶσα, ἁγιασμοῦ κυρία, τῆς μὲν ³οἰκειότητος δηλουμένης ἐντεῦθεν, τοῦ δὲ τρόπου τῆς ὑπάρξεως ⁴ἀρρήτου φυλασσομένου. ἀλλὰ καὶ Πνεῦμα Χριστοῦ λέγεται, T. III. p. 39 10 ὡς ⁵ᾠκειωμένον κατὰ τὴν φύσιν αὐτῷ. διὰ τοῦτο 'εἴ τις Rom. viii. 9. Πνεῦμα Χριστοῦ οὐχ ἔχει, οὗτος οὐκ ἔστιν αὐτοῦ.' ὅθεν μόνον ἀξίως δοξάζει τὸν Κύριον, 'ἐκεῖνος ⁶γὰρ ἐμὲ John xvi. 14 δοξάσει,' φησίν, οὐχ ὡς ἡ κτίσις, ἀλλ' ὡς 'Πνεῦμα ⁷τῆς John xiv. 17 ἀληθείας' τρανῶς ἐκφαῖνον ἐν ἑαυτῷ τὴν ἀλήθειαν, καὶ ὡς 15 Πνεῦμα σοφίας τὸν Χριστὸν τὴν τοῦ Θεοῦ Δύναμιν καὶ τὴν τοῦ Θεοῦ Σοφίαν ἐν τῷ ἑαυτοῦ μεγέθει ⁸ἀποκαλύπτον. καὶ ὡς Παράκλητος δὲ ἐν ⁹ἑαυτῷ χαρακτηρίζει τοῦ ἀποστείλαντος αὐτὸν Παρακλήτου τὴν ἀγαθότητα, καὶ ἐν τῷ ἑαυτοῦ ἀξιώματι τὴν μεγαλωσύνην ἐμφαίνει τὴν τοῦ ὅθεν προῆλθεν.

¹ om. τὴν μ v. ² om. ὁ v. ³ ἁγιότητος V. ⁴ ἀρρήτως μ v 'unus ex Reg. cum Colb.' ⁵ οἰκειούμενον V R₄. οἰκειωμένον (sic) v. ⁶ γάρ με ο V. ⁷ om. τῆς v. ⁸ ἀποκαλύπτων μ. ⁹ αὐτῷ v.

---

46. 2. ἐκ τοῦ Θεοῦ εἶναι. The ἔκθεσις πίστεως of St. Gregory Thaumaturgus points to the sense in which even in his time (A.D. 240-270) these words were understood; ἐν Πνεῦμα ἅγιον ἐκ Θεοῦ ὕπαρξιν ἔχον, see Introduction, p. xiv.

3. οὐχ ὡς τὰ πάντα ἐκ τοῦ Θεοῦ. This was first applied to the Son by Georgius of Laodicea (Syria), Athan. de Synodis, § 17.

ἐκ τοῦ Θεοῦ προελθόν, οὐ γεννητῶς. St. Gregory Naz. Or. xxxvi. t. i. p. 590, says : ἴδιον τοῦ μὲν ἀνάρχου Πατήρ· τοῦ δὲ ἀνάρχως γεννηθέντος Υἱός· τοῦ δὲ ἀγεννήτως προελθόντος, ἢ προϊόντος, τὸ Πνεῦμα τὸ ἅγιον. St. Gregory elsewhere uses ἐκπορευτῶς, and τὸ ἐκπορευτόν.

7. οὐσία ζῶσα κ.τ.λ. St. Gregory's ἔκθεσις has εἰκὼν τοῦ Υἱοῦ, τελείου τελεία, ζωὴ ζώντων αἰτία, ἁγιότης ἁγιασμοῦ χορηγός, ἐν ᾧ φανεροῦται Θεὸς ὁ Πατὴρ καὶ Θεὸς ὁ Υἱός.

19. τοῦ ὅθεν προῆλθεν: i.e. of the Father. ἐκ τοῦ Θεοῦ προελθόν occurs just above; but this passage is wrongly translated by the editor of Keble's Studia Sacra (p. 176), as referring to the Son.

ἔστιν οὖν δόξα ἡ μέν τις φυσική, ὡς δόξα ἡλίου τὸ φῶς, ἡ δέ τις ἔξωθεν ἡ ἐκ προαιρέσεως ¹ κεκριμένως τοῖς ² ἀξίοις προσαγομένη. διπλῆ δὲ καὶ ³ αὕτη. 'υἱὸς' γάρ, φησί, 'δοξάζει πατέρα, καὶ δοῦλος τὸν κύριον αὐτοῦ.' τούτων τοίνυν ἡ μὲν δουλικὴ ⁴ παρὰ τῆς κτίσεως προσάγεται, ἡ δὲ ἵν' οὕτως εἴπω ⁵ οἰκειακὴ παρὰ τοῦ Πνεύματος ἐκπληροῦται. ὡς γὰρ περὶ ⁶ ἑαυτοῦ ἔλεγεν· 'ἐγώ σε ἐδόξασα ἐπὶ τῆς γῆς, τὸ ἔργον ἐτελείωσα, ὃ ἔδωκάς μοι ἵνα ποιήσω,' οὕτω καὶ περὶ τοῦ Παρακλήτου· 'ἐκεῖνος ἐμὲ δοξάσει, ὅτι ἐκ τοῦ ἐμοῦ ⁷ λαμβάνει καὶ ἀναγγελεῖ ὑμῖν.' καὶ ὡς δοξάζεται ⁸ Υἱὸς παρὰ τοῦ Πατρὸς λέγοντος· 'καὶ ⁹ ἐδόξασα καὶ πάλιν δοξάσω,' οὕτω δοξάζεται τὸ Πνεῦμα διὰ τῆς πρὸς Πατέρα καὶ Υἱὸν κοινωνίας, καὶ διὰ τῆς τοῦ Μονογενοῦς μαρτυρίας λέγοντος· 'πᾶσα ἁμαρτία καὶ βλασφημία ἀφεθήσεται ὑμῖν τοῖς ἀνθρώποις, ἡ δὲ ¹⁰ τοῦ Πνεύματος βλασφημία οὐκ ἀφεθήσεται.'

47. Ἐπειδὴ δὲ διὰ ¹¹ δυνάμεως φωτιστικῆς τῷ κάλλει τῆς

---

¹ add. ὡς R₃.   ² ἁγίοις R₃ V.   ³ αὐτή V.   ⁴ add. καὶ v.
⁵ οἰκεία καὶ παρὰ v.   ⁶ αὐτοῦ o.   ⁷ txt. μ V v 'tres Reg. codd. cum Colb.' λήψεται o.   ⁸ add. ὁ V.   ⁹ ἐγὼ ἐδόξασά σε μ v 'unus ex Reg. cum Colb.'   ¹⁰ εἰς τὸ πνεῦμα o.   ¹¹ add. ἀοράτου R₂ V.

11. καὶ ἐδόξασα. The reading of four MSS. ἐδόξασά σε is found also in the parallel passage in Homilia xxiv, Contra Sabellianos et Arium et Anomoeos, § 7: ἀλλ' ὡς ὁ εἰπών, Πάτερ, ἐδόξασά σε, τὸ ἔργον ὃ ἔδωκας ἐτελείωσα, καὶ ὡς ὁ Πατὴρ δοξάζει τὸν Υἱόν, λέγων· καὶ ἐδόξασά σε, καὶ πάλιν δοξάσω· οὕτω καὶ ὁ Υἱὸς τὸ Πνεῦμα εἰς τὴν ἑαυτοῦ καὶ Πατρὸς κοινωνίαν παραλαμβάνει. This reading suggests the interpretation intended by St. Basil: 'I both glorified and will glorify My Name as the Father, in glorifying Thee as the Son.' Westcott refers the words 'perhaps more especially to the great crises in His ministry, the Baptism (Matt. iii. 17) and the Transfiguration (Matt. xvii. 5), in which His Sonship, and so the Father's character, was revealed.'

47. 1. διὰ δυνάμεως φωτιστικῆς, κ.τ.λ. Cf. Ep. 226 (monachis suis) t. iii. p. 348 'Ὁ γὰρ νοῦς ἡμῶν φωτιζόμενος ὑπὸ Πνεύματος πρὸς Υἱὸν ἀναβλέπει, καὶ ἐν Αὐτῷ ὡς ἐν εἰκόνι θεωρεῖ τὸν Πατέρα: and Irenaeus v. 36 'per huiusmodi gradus proficere et per Spiritum quidem [ad] Filium, per Filium autem adscendere ad Patrem.' On the subject of this section, cf. Westcott's Epp. of St. John, Add. Note (2) on 1 John v. 20.

τοῦ Θεοῦ τοῦ ἀοράτου Εἰκόνος ἐνατενίζομεν, καὶ δι' αὐτῆς ἀναγόμεθα ἐπὶ τὸ ¹ ὑπέρκαλον τοῦ Ἀρχετύπου θέαμα, αὐτοῦ που πάρεστιν ἀχωρίστως τὸ τῆς ² γνώσεως Πνεῦμα, τὴν ἐποπτικὴν τῆς Εἰκόνος δύναμιν ἐν ἑαυτῷ παρεχόμενον τοῖς
5 τῆς ἀληθείας ³ φιλοθεάμοσιν, οὐκ ἔξωθεν τὴν δεῖξιν ποιούμενον, ἀλλ' ἐν ἑαυτῷ εἰσάγον πρὸς τὴν ἐπίγνωσιν. ὡς γὰρ 'οὐδεὶς οἶδε τὸν Πατέρα εἰ μὴ ὁ Υἱός,' οὕτως 'οὐδεὶς Matt. xi. 27. δύναται εἰπεῖν Κύριον Ἰησοῦν εἰ μὴ ἐν Πνεύματι ἁγίῳ.' οὐ ¹ Cor. xii. 3. γὰρ διὰ Πνεύματος εἴρηται, ἀλλ' ἐν Πνεύματι, ⁴ καὶ
10 'Πνεῦμα ὁ Θεός, καὶ τοὺς προσκυνοῦντας αὐτὸν ἐν Πνεύματι John iv. 24. καὶ Ἀληθείᾳ δεῖ προσκυνεῖν,' ⁵ καθὼς γέγραπται· 'ἐν τῷ Ps. xxxvi. Φωτί σου ὀψόμεθα Φῶς,' τουτέστιν ἐν τῷ φωτισμῷ τοῦ [xxxv.] LXX.] 9. Πνεύματος, 'Φῶς τὸ ἀληθινόν, ὃ φωτίζει πάντα ἄνθρωπον John i. 9. ἐρχόμενον εἰς τὸν κόσμον.' ὥστε ἐν ⁶ ἑαυτῷ δείκνυσι τὴν
15 δόξαν τοῦ Μονογενοῦς, καὶ τοῖς ἀληθινοῖς προσκυνηταῖς ἐν ἑαυτῷ τὴν τοῦ Θεοῦ γνῶσιν παρέχεται. ἡ τοίνυν ὁδὸς τῆς θεογνωσίας ἐστὶν ἀπὸ Ἑνὸς Πνεύματος διὰ τοῦ Ἑνὸς Υἱοῦ ἐπὶ τὸν Ἕνα Πατέρα, καὶ ἀνάπαλιν ἡ φυσικὴ ἀγαθότης καὶ ὁ κατὰ φύσιν Ἁγιασμὸς καὶ τὸ βασιλικὸν Ἀξίωμα ἐκ τοῦ
20 Πατρὸς διὰ τοῦ Μονογενοῦς ἐπὶ τὸ Πνεῦμα διήκει. οὕτω καὶ αἱ Ὑποστάσεις ὁμολογοῦνται, καὶ τὸ εὐσεβὲς δόγμα τῆς Μοναρχίας οὐ διαπίπτει. οἱ δὲ τὴν ὑπαρίθμησιν ἐν τῷ πρώτῳ καὶ δευτέρῳ καὶ τρίτῳ λέγειν τιθέμενοι γνωριζέσθωσαν τὸ πολύθεον τῆς Ἑλληνικῆς πλάνης τῇ ἀχράντῳ T. III. p. 40
25 Θεολογίᾳ τῶν Χριστιανῶν ἐπεισάγοντες. εἰς οὐδὲν γὰρ

¹ ὑπέρκαλλον μ V v. ² χάριτος ο C. ³ φιλομαθέσιν ο V. φιλοθεαμ (sic) o marg. manu prima. ⁴ om. καὶ V. ⁵ καθὰ v. ⁶ αὐτῷ μ.

21. τὸ εὐσεβὲς δόγμα τῆς Μοναρχίας. St. Basil here applies the term δόγμα to the Μοναρχία in accordance with the definition which he gives of δόγμα, and κήρυγμα in § 66. The usage of St. Dionysius of Rome quoted by St. Athanasius (De Decr. Nic. Syn. § 26) was different: he wrote of τὸ ἅγιον κήρυγμα τῆς Μοναρχίας: the term κήρυγμα, according to St. Basil's usage, could apply to the word Ὁμοούσιον (Ep. 90 τὸ ἀγαθὸν ἐκεῖνο κήρυγμα τῶν Πατέρων), but not to the Μοναρχία.

ἕτερον φέρει τῆς ὑπαριθμήσεως τὸ κακούργημα, ἢ ὥστε πρῶτον καὶ δεύτερον θεὸν καὶ τρίτον ὁμολογεῖν. ἀλλ' ἡμῖν ¹ ἀρκοῦσα ἡ παρὰ τοῦ Κυρίου ἐπιτεθεῖσα ἀκολουθία, ἣν ὁ συγχέων οὐκ ἔλαττον τῆς τούτων ἀσεβείας παρανομήσει. ὅτι μὲν οὖν οὐδέν, ὡς οὗτοι πεπλάνηνται, ἡ κατὰ τὴν φύσιν κοινωνία τῷ τρόπῳ τῆς ὑπαριθμήσεως ² παραλύεται, ἱκανῶς εἴρηται. ἀλλὰ συνέλθωμεν τῷ φιλονείκῳ καὶ ματαιόφρονι, καὶ δῶμεν τὸ δεύτερόν τινος καθ' ὑπαρίθμησιν ἐκείνου λέγεσθαι. ἴδωμεν τοίνυν τί τὸ ἐκβαῖνον ἀπὸ τοῦ λόγου.

1 Cor. xv. 47. 'ὁ πρῶτος,' φησίν, 'ἄνθρωπος ἐκ γῆς χοϊκός, ὁ δεύτερος
1 Cor. xv. 46. Ἄνθρωπος ὁ Κύριος ἐξ οὐρανοῦ,' καὶ ἐν ἄλλοις· ' οὐ πρῶτον,' φησί, 'τὸ πνευματικόν, ἀλλὰ τὸ ψυχικόν, ἔπειτα τὸ πνευματικόν.' εἰ τοίνυν ⁴ τῷ πρώτῳ ὑπαριθμεῖται ⁵ τὸ δεύτερον, τὸ δὲ ὑπαριθμούμενον ἀτιμότερόν ἐστι τοῦ πρὸς ὃ ἔχει τὴν ὑπαρίθμησιν, ἀτιμότερος ⁶ καθ' ὑμᾶς τοῦ ψυχικοῦ ὁ πνευματικὸς καὶ τοῦ χοϊκοῦ ἀνθρώπου ὁ ἐπουράνιος.

Πρὸς τοὺς λέγοντας μὴ εἶναι δοξαστὸν τὸ Πνεῦμα.

ΚΕΦΑΛΑΙΟΝ ΙΘ΄.

Cf. Adv. Eunom. iii. 3.
Phil. iv. 7.

48. '"Εστω ταῦτα,' φησίν, 'ἀλλ' οὐχὶ καὶ δόξα πάντως ⁷ ὀφειλομένη ἐστὶ τῷ Πνεύματι, ὥστε δοξολογίαις ἀνυψοῦσθαι παρ' ἡμῶν.' πόθεν ⁸ ἂν οὖν τῆς πάντα νοῦν ὑπερεχούσης ἀξίας τοῦ Πνεύματος τὰς ἀποδείξεις λάβοιμεν, εἴπερ ἡ Πατρὸς καὶ Υἱοῦ κοινωνία μὴ ἀξιόπιστος αὐτοῖς

¹ ἀρκέσει R₃ μ ν.   ² παραλυμαίνεται V.   ³ ἀποδέδεικται R₄.
⁴ add. ὁ μ ν.   ⁵ τοῦτο δεύτερόν ἐστι μ ν.   ⁶ txt. μ ο V v. Ben. add. οὖν.   ⁷ ἐστὶν ὀφειλομένη ο V.   ⁸ om. ἂν V.

48. 23. εἴπερ ἡ Πατρὸς καὶ Υἱοῦ κοινωνία: i.e. since the doctrine implied in Matt. xxviii. 19 is disputed by them, let us consider what is involved in the teaching of Scripture on the titles of the Holy Spirit, His Operations, and His Majesty and Power. This part of the treatise follows the same lines as his earlier writing, adv. Eunom. iii. §§ 3, 4.

πρὸς μαρτυρίαν ἀξιώματος ἐνομίσθη ; ἔξεστί γε μὴν πρός τε τὰ ἐκ τῶν ὀνομάτων [1] ἀποβλέψαντας σημαινόμενα καὶ πρὸς τὰ τῶν ἐνεργειῶν αὐτοῦ μεγέθη καὶ [2] πρὸς τὰς εἰς ἡμᾶς, μᾶλλον δὲ εἰς πᾶσαν τὴν κτίσιν, χορηγουμένας εὐεργεσίας,
5 τῆς μεγαλοφυΐας αὐτοῦ καὶ τῆς ἀνεφίκτου δυνάμεως ἐπὶ [3] ποσόν γ᾽ οὖν ἐν περινοίᾳ γενέσθαι. Πνεῦμα ὠνόμασται, ὡς 'Πνεῦμα ὁ Θεός,' καὶ 'Πνεῦμα τοῦ προσώπου ἡμῶν Χριστὸς Κύριος.' ἅγιον, ὡς ἅγιος ὁ Πατὴρ καὶ ἅγιος ὁ Υἱός, τῇ μὲν γὰρ κτίσει ἑτέρωθεν ἐπεισήχθη ὁ ἁγιασμός, τῷ
10 δὲ Πνεύματι συμπληρωτικὴ τῆς φύσεώς ἐστιν ἡ ἁγιότης· διόπερ οὐχὶ ἁγιαζόμενόν ἐστιν, ἀλλ᾽ ἁγιάζον. ἀγαθόν, ὡς ἀγαθὸς ὁ Πατὴρ καὶ ἀγαθὸς ὁ ἐκ τοῦ ἀγαθοῦ Γεννηθείς, οὐσίαν [4] ἔχον τὴν ἀγαθότητα. εὐθές, ὡς [5] 'εὐθὺς Κύριος ὁ Θεός,' [6] τῷ [7] αὐτὸ εἶναι ἀλήθεια καὶ [8] αὐτὸ εἶναι δικαιοσύνη.

[1] ἀποβλέψαντα V.   [2] τὰς πρὸς ἡμᾶς V.   [3] txt. μ ο ποσὸν γοῦν V. ποσὸν γοῦν v. ποσὸν οὖν Ben.   [4] ἔχων V v.   [5] εὐθὺς 'cum uno tantum cod.'   [6] txt. R₂ M₁ᵃ R₃ μ ο 500 C M₂ V R₁. τὸ M₁ 500ᵃ v R₄ R₅.   [7] txt. M₁ 500ᵃ C M₂ R₄ R₅. εἶναι αὐτοαλήθεια R₂ V Ben. αὐτοεῖναι ἀλήθεια R₃ μ ο R₁. αὐτὸ εἶναι ἀληθείαν 500* v.   [8] txt. 500ᵃ C M₂. om. εἶναι M₁. αὐτο εἶναῖ (sic) δικαιοσύνη R₃. αὐτοεῖναι δικαιοσύνη μ. αὐτὸ εἶναι δικαιοσύνην 500* v. αὐτοδικαιοσύνη (om. εἶναι) R₂ ο V R₁ R₄ R₅ Ben.

---

8. **Χριστὸς Κύριος.** In adv. Eunom. iii. 3 St. Basil adds to these two passages : καὶ ὁ ἀπόστολος τὴν τοῦ πνεύματος προσηγορίαν ἐπὶ τὸν Κύριον ἀναφέρει, λέγων· Ὁ δὲ Κύριος τὸ πνεῦμά ἐστιν. This was written during St. Basil's presbyterate, at least ten years earlier. In § 52, he explains them of the Holy Spirit.

14. **αὐτὸ εἶναι ἀλήθεια.** Some MSS. give αὐτοεῖναι, a word which is once used by St. Basil, and apparently with an apologetic explanation for coining it, adv. Eunom. i. 18, of the Son, εἰκὼν ζῶσα, μᾶλλον δὲ αὐτοοῦσα ζωή, οὐκ ἐν σχήματος ὁμοιότητι, ἀλλ᾽ ἐν αὐτῇ τῇ οὐσίᾳ τὸ ἀπαράλλακτον ἀεὶ διασώζουσα. As regards the reading of two MSS. αὐτοαλήθεια it may be noted that there is a writing printed by Montfaucon among the doubtful works of St. Athanasius ('Testimonia ex sacra Scriptura De Communi Essentia Patris et Filii et Spiritus Sancti') and suspected by him to be the commonplace book of some ancient student; §§ 22-25 of it are evidently notes of this portion of St. Basil: and this passage is copied out in a confused way (T. iv. p. 11): εὐθὲς Πνεῦμα ὡς εὐθὺς Κύριος ὁ Θεὸς (ἡμῶν) τῷ εἶναι αὐτοαλήθεια δικαιοσύνη διὰ τὸ ἄτρεπτον τῆς οὐσίας. But though St. Basil wrote (Ep. 233, § 2, to

παρεκτροπὰς ¹ἐπὶ θάτερα καὶ ἐκκλίσεις οὐκ ἔχον, διὰ τὸ ἄτρεπτον τῆς οὐσίας. Παράκλητος, ὡς ὁ Μονογενής, καθὼς *John xiv. 16.* ² αὐτός φησιν, ὅτι ³ ' ἐγὼ ἐρωτήσω τὸν Πατέρα μου, καὶ δώσει ὑμῖν ἄλλον Παράκλητον.' οὕτω κοινὰ τὰ ὀνόματα πρὸς Πατέρα καὶ Υἱὸν ⁴ τῷ Πνεύματι ἐκ τῆς κατὰ ⁵ τὴν φύσιν οἰκειότητος τῶν προσηγοριῶν τούτων τυχόντι. πόθεν γὰρ *Ps. li. [l. LXX.] 14.* ἄλλοθεν; πάλιν ἡγεμονικὸν καὶ Πνεῦμα τῆς ἀληθείας ⁶ καὶ *John xv. 26.* Πνεῦμα σοφίας ὠνόμασται. 'Πνεῦμα Θεῖον τὸ ποιῆσάν *Is. xi. 1.* *Job xxxiii. 4.* με,' καὶ 'τὸν Βεσελεὴλ δέ,' φησίν, 'ἐνέπλησεν ὁ Θεὸς *Ex. xxxi. 3.* Πνεῦμα Θεῖον σοφίας καὶ συνέσεως καὶ ἐπιστήμης.' τὰ μὲν *T. III. p. 41.* οὖν ὀνόματα τοιαῦτα ὑπερφυῆ καὶ μεγάλα, οὔμενουν ἔχοντά ⁷ τινα εἰς δόξαν ὑπερβολήν.

Cf. Adv. Eunom. iii. 4. **49.** Αἱ δὲ ἐνέργειαι τίνες; ἄρρητοι μὲν διὰ τὸ μέγεθος, ἀνεξαρίθμητοι δὲ διὰ τὸ πλῆθος. πῶς μὲν γὰρ ⁸ νοήσομεν τὰ τῶν αἰώνων ἐπέκεινα; τίνες ἦσαν πρὸ τῆς νοητῆς κτίσεως αὐτοῦ αἱ ἐνέργειαι; πόσαι ⁹ δ' ἀπ' αὐτοῦ περὶ τὴν κτίσιν χάριτες; τίς δὲ ἡ πρὸς τοὺς αἰῶνας τοὺς ἐπερχομένους δύναμις; ἦν μὲν γὰρ καὶ ¹⁰ προῆν, καὶ συμπαρῆν ¹¹ τῷ Πατρὶ καὶ τῷ Υἱῷ πρὸ τῶν αἰώνων. ὥστε κἄν τι νοήσῃς τῶν αἰώνων ἐπέκεινα, τοῦτο εὑρήσεις τοῦ Πνεύματος κατωτέρω. ἐάν ¹² τε τὴν κτίσιν *Ps. xxxiii. [xxxii. LXX.] 6.* ἐνθυμηθῇς, ἐστερεώθησαν αἱ τῶν οὐρανῶν δυνάμεις παρὰ τοῦ Πνεύματος, τῆς στερεώσεως δηλονότι ἐπὶ τὸ δυσμετάπτωτον τῆς ἀπὸ τῶν ἀγαθῶν ἕξεως νοουμένης· ἡ γὰρ πρὸς Θεὸν οἰκείωσις καὶ τὸ πρὸς κακίαν ἄτρεπτον καὶ τὸ ἐν μακαριότητι

---

¹ ἐφ' ἑκάτερα v. ² add. καὶ o. ³ add. καὶ μ v. ⁴ add. ἐν μ. ⁵ om. τὴν v. ⁶ om. καὶ μ v. ⁷ om. τινα μ. ⁸ νοήσωμεν v. ⁹ δὲ αἱ ἀπ' o V v (sed in v αἱ postea additum videtur). ¹⁰ πρώην v ' in duobus Reg. codd.' ¹¹ τῷ υἱῷ καὶ τῷ πατρὶ o V. ¹² γε V.

Amphilochius) ἔστι δὲ ἡ αὐτοαλήθεια ὁ Θεὸς ἡμῶν, he would not have used αὐτοαλήθεια of the Spirit in an argument intended to convince or refute the Pneumatomachi. St. Ambrose paraphrases the passage thus (de Sp. S. i. 13, § 139): 'Veritas Christus; veritas Spiritus; habes enim in epistola Ioannis: Quoniam Spiritus est veritas (1 Joan. v. 6) ... sicut et Filius praedicatur, qui ait: Ego sum via et veritas et vita (Joan. xiv. 6).'

διαρκὲς παρὰ τοῦ Πνεύματος ταῖς δυνάμεσι [1]. Χριστοῦ ἐπι- Matt. i. 18;
δημία, καὶ τὸ Πνεῦμα προτρέχει. ἔνσαρκος παρουσία, καὶ τὸ John i. 33.
Πνεῦμα ἀχώριστον. ἐνεργήματα δυνάμεων, χαρίσματα ἰαμά- 1 Cor. xii. 9.
των διὰ τοῦ Πνεύματος τοῦ ἁγίου. δαίμονες ἀπηλαύνοντο Matt. xii. 28.
5 ἐν τῷ Πνεύματι τοῦ Θεοῦ. διάβολος κατηργεῖτο συμπα- 1 Cor. ii. 5, 6.
ρόντος τοῦ Πνεύματος. ἁμαρτιῶν ἀπολύτρωσις ἐν τῇ χάριτι
τοῦ Πνεύματος, 'ἀπελούσασθε' [2] γὰρ 'καὶ ἡγιάσθητε ἐν τῷ 1 Cor. vi. 11.
ὀνόματι τοῦ Κυρίου ἡμῶν Ἰησοῦ Χριστοῦ καὶ ἐν τῷ Πνεύ-
ματι τῷ ἁγίῳ [3].' οἰκείωσις πρὸς Θεὸν διὰ τοῦ Πνεύματος,
10 'ἐξαπέστειλε [2] γὰρ ὁ Θεὸς τὸ Πνεῦμα [4] τοῦ Υἱοῦ αὐτοῦ ἐν Gal. iv. 6.
ταῖς καρδίαις [5] ἡμῶν, κρᾶζον ἀββᾶ ὁ Πατήρ.' ἡ ἐκ νεκρῶν
ἐξανάστασις τῇ ἐνεργείᾳ τοῦ Πνεύματος, 'ἐξαποστελεῖς' γὰρ Ps. civ. [ciii. LXX.] 30.
'τὸ Πνεῦμά σου καὶ κτισθήσονται, καὶ ἀνακαινιεῖς τὸ πρόσ-
ωπον τῆς γῆς.' εἴτε [6] τὴν κτίσιν τις ἐκλαμβάνοι ἐπὶ τῆς
15 τῶν διαλυθέντων ἀναβιώσεως, πῶς οὐ μεγάλη ἡ τοῦ Πνεύμα-
τος ἐνέργεια τοῦ οἰκονομοῦντος ἡμῖν τὸν [7] ἐξ ἀναστάσεως
βίον καὶ πρὸς τὴν πνευματικὴν [8] ἐκείνην ζωὴν τὰς ψυχὰς
ἡμῶν μεταρυθμίζοντος; εἴτε λέγοιτο κτίσις ἡ ἐνταῦθα τῶν
ἐξ ἁμαρτίας διαπεπτωκότων ἐπὶ τὸ βέλτιον μετακόσμησις
20 (λέγεται γὰρ καὶ οὕτω κατὰ τὴν συνήθειαν τῆς Γραφῆς,
ὡς ὅταν Παῦλος λέγῃ· 'εἴ τις ἐν Χριστῷ καινὴ κτίσις'), 2 Cor. v. 17.
καὶ ὁ ἐνταῦθα τοίνυν ἀνακαινισμὸς καὶ ἡ ἀπὸ τῆς γηΐνης
καὶ ἐμπαθοῦς ζωῆς ἐπὶ τὴν οὐράνιον πολιτείαν μετα-
βολὴ διὰ τοῦ Πνεύματος ἡμῖν γινομένη ἐπὶ πᾶσαν ὑπερ-
25 βολὴν θαύματος τὰς ψυχὰς ἡμῶν ἀνάγει. ἐπὶ τούτοις
πότερον φοβηθῶμεν μὴ τὴν ἀξίαν ὑπερβῶμεν ταῖς ὑπερ-
βολαῖς τῶν τιμῶν; ἢ τὸ ἐναντίον μὴ εἰς [9] ταπεινότητα κατα-
γάγωμεν τὴν περὶ αὐτοῦ ἔννοιαν, κἂν τὰ μέγιστα δόξωμεν

[1] add. γίνεται R₂ V. add. προσγέγονε ο.   [2] om. γὰρ μ v.
[3] add. τοῦ θεοῦ ἡμῶν μ ο v 'duo codd.'   [4] om. τοῦ υἱοῦ αὐτοῦ V.
[5] ὑμῶν R₄ R₅.   [6] add. οὖν ο v.   [7] ἐξαναστάσεως v.   [8] om.
ἐκείνην v.   [9] txt. R₃ μ ο C v. ταπεινὸν Ben.

49. 1. Χριστοῦ ἐπιδημία: cf. ch. xvi. § 39 and St. Greg. Naz. Or.
xxxi. 29 γεννᾶται Χριστός, προτρέχει· βαπτίζεται, μαρτυρεῖ· πειράζεται,
ἀνάγει· δυνάμεις ἐπιτελεῖ, συμπαρομαρτεῖ· ἀνέρχεται, διαδέχεται.

100 *are Divine, not ministerial.*

ἐπ' ¹ αὐτῷ τῶν ἐξ ἀνθρωπίνης διανοίας καὶ ² γλώττης ³ προ-
φερομένων φθέγγεσθαι; 'τάδε λέγει τὸ Πνεῦμα τὸ ἅγιον,' ὡς
τάδε λέγει Κύριος· 'κατάβηθι καὶ πορεύου σὺν αὐτοῖς, μηδὲν
διακρινόμενος, διότι ἐγὼ αὐτοὺς ἀπέσταλκα.' μὴ ταπεινοῦ
ταῦτα καὶ κατεπτηχότος τὰ ῥήματα; 'ἀφορίσατε δή μοι τὸν 5
Βαρνάβαν καὶ ⁴ τὸν Σαῦλον εἰς τὸ ἔργον, ὃ προσκέκλημαι
αὐτούς.' μὴ δοῦλος οὕτω φθέγγεται; καὶ ὁ Ἡσαΐας· 'Κύ-
ριος ἀπέσταλκέ με καὶ τὸ Πνεῦμα αὐτοῦ,' καὶ 'κατέβη Πνεῦ-
μα ⁵ παρὰ Κυρίου καὶ ὡδήγησεν αὐτούς.' καὶ μή μοι τὴν
ὁδηγίαν πάλιν εἰς ταπεινὴν διακονίαν ἐκλάβῃς, τοῦτο γὰρ 10
καὶ Θεοῦ ἔργον εἶναι ὁ λόγος διαμαρτύρεται. 'ὡδήγησας,'
φησίν, 'ὡς πρόβατα τὸν λαόν σου,' καὶ 'ὁ ὁδηγῶν ὡσεὶ
πρόβατον τὸν Ἰωσήφ,' καὶ 'ὡδήγησεν αὐτοὺς ἐπ' ἐλπίδι καὶ
οὐκ ἐδειλίασαν.' ὥστε ὅταν ἀκούσῃς, ὅτι 'ὅταν ἔλθῃ ὁ
Παράκλητος, ἐκεῖνος ὑμᾶς ἀναμνήσει καὶ ὁδηγήσει πρὸς πᾶσαν 15
⁶ τὴν ἀλήθειαν,' τὴν ὁδηγίαν ὡς ἐδιδάχθης νόει, ⁷ μὴ συκοφάν-
τει τὴν ἔννοιαν.

¹ αὐτῶν v.   ² τλώτγης (sic) o.   ³ προσφερομένων v.   ⁴ παῦλον
(om. τὸν) v.   ⁵ om. παρὰ R₂ V.   ⁶ om. τὴν μ V.   ⁷ add. καὶ v.

8. καὶ τὸ Πνεῦμα αὐτοῦ. In Is. xlviii. 16, St. Didymus, as translated by St. Jerome, gives 'Spiritum suum'; the Targum has the same; St. Ambrose writes: 'Quis est qui dicit ; Misit me Dominus Deus et Spiritus Eius; nisi Qui venit a Patre, ut salvos faceret peccatores? Quem ut audis, Et Spiritus misit; ne cum legis quia Filius Spiritum mittit, inferioris esse Spiritum crederes potestatis,' De Sp. S. iii. 1, § 7. The passage is quoted by St. Athanasius, St. Basil, St. Cyril Hieros., and, as far as the editor is aware, without any comment, which would help to determine their way of understanding the case of τὸ πνεῦμα; but Origen, on the words 'Whosoever shall humble himself as this little child' (Comm. in Evang. Matth. tom. xiii. 18), says: ἔστι δὲ τὸ ταπεινῶσαι ἑαυτὸν ὡς τὸ παιδίον ἐκεῖνο, τὸ μιμήσασθαι τὸ ὑπὲρ σωτηρίας ἀνθρώπων ταπεινῶσαν ἑαυτὸ Πνεῦμα ἅγιον. ὅτι δὲ ὁ Σωτήρ, καὶ τὸ ἅγιον Πνεῦμα, ἐξαπεστάλη ὑπὸ τοῦ Πατρὸς ἐπὶ σωτηρίᾳ τῶν ἀνθρώπων, δεδήλωται ἐν τῷ Ἡσαΐᾳ ἐκ προσώπου τοῦ Σωτῆρος, λέγοντος, 'καὶ νῦν Κύριος ἀπέστειλέ με, καὶ τὸ Πνεῦμα αὐτοῦ.' ἰστέον μέντοι, ὅτι ἀμφίβολός ἐστιν ἡ λέξις· ἢ γὰρ ὁ Θεὸς ἀπέστειλεν, ἀπέστειλε δὲ καὶ τὸ Πνεῦμα τὸ ἅγιον τὸν Σωτῆρα· ἤ, ὡς ἐξειλήφαμεν, ἀμφότερα ἀπέστειλε ὁ Πατήρ, τὸν Σωτῆρα καὶ τὸ ἅγιον Πνεῦμα.

His Intercession and His Knowledge Divine.

50. 'Ἀλλὰ καὶ 'ἐντυγχάνει,' φησίν, 'ὑπὲρ ἡμῶν,' ὥστε   Rom. viii. 26, 27.
ὅσον ἱκέτης τοῦ εὐεργέτου λείπεται, τοσοῦτον τὸ Πνεῦμα
κατὰ τὴν ἀξίαν ἀποπέπτωκε τοῦ Θεοῦ. σὺ δὲ οὔπω ἤκουσας
περὶ τοῦ Μονογενοῦς, ὅτι 'ἐστὶν ἐν δεξιᾷ τοῦ Θεοῦ καὶ ἐντυγ-   Rom. viii. 34
5 χάνει ὑπὲρ ἡμῶν;' μὴ οὖν ὅτι τὸ Πνεῦμα ἐν σοί (εἴπερ δὴ
ὅλως ἐν σοί), μηδ' ὅτι ἀποτυφλωθέντας ἡμᾶς πρὸς τὴν
ἐκλογὴν τοῦ συμφέροντος διδάσκει καὶ ὁδηγεῖ, τούτου ἕνεκεν
τὴν εὐσεβῆ καὶ ὁσίαν περὶ αὐτοῦ δόξαν ζημιωθῇς. ὑπερβολὴ
γὰρ ἀγνωμοσύνης τοῦτό γε τὴν φιλανθρωπίαν τοῦ εὐεργέτου
10 ἀφορμὴν ἀχαριστίας ποιεῖσθαι. 'μὴ [1] οὖν λυπεῖτε τὸ Πνεῦμα   Eph. iv. 30.
τὸ ἅγιον.' ἀκούσατε τί φησιν ἡ ἀπαρχὴ τῶν μαρτύρων
Στέφανος, τὸ δυσπειθὲς καὶ ἀνυπότακτον τῷ λαῷ ὀνειδίζων·
'ὑμεῖς,' φησίν, 'ἀεὶ τῷ Πνεύματι τῷ ἁγίῳ ἀντιπίπτετε,' καὶ   Acts vii. 51.
πάλιν ὁ Ἡσαΐας· 'παρώξυναν τὸ Πνεῦμα τὸ ἅγιον, καὶ   Is. lxiii. 10.
15 ἐστράφη αὐτοῖς εἰς ἔχθραν,' καὶ ἑτέρωθι· '[2] ὁ οἶκος τοῦ Ἰακὼβ   Mic. ii. 7.
[3] παρώργισε τὸ Πνεῦμα Κυρίου·' εἰ μὴ ἐξουσιαστικῆς δυνά-
μεως παραστατικὰ τὰ τοιαῦτα. τῇ τῶν ἐντυγχανόντων κρίσει
παρίημι, ταῦτα ἀκούοντας ὁποίας τινὰς χρὴ τὰς ὑπολήψεις
ἔχειν, [4] ὡς περὶ ὀργάνου καὶ ὑπηκόου καὶ ὁμοτίμου τῇ κτίσει
20 καὶ ἡμῖν ὁμοδούλου, ἢ βαρύτατον καὶ ῥήματι μόνῳ τὴν βλασ-
φημίαν ταύτην [5] ὑποδῦναι τοῖς εὐσεβέσι. δοῦλον [6] λέγεις τὸ
Πνεῦμα; ἀλλ' 'ὁ δοῦλος,' φησίν, 'οὐκ οἶδε τί ποιεῖ ὁ   John xv. 15.
κύριος αὐτοῦ,' τὸ δὲ Πνεῦμα οὕτως· 'οἶδε τὰ τοῦ Θεοῦ, ὡς καὶ   Cf. § 40.
τὸ πνεῦμα τοῦ ἀνθρώπου [7] τὰ ἐν αὐτῷ.'   1 Cor. ii. 11.

---

[1] om. οὖν μ o V v.   [2] om. ὁ μ v.   [3] παρώξυνε o.   παρώργησε v.
[4] ὥσπερ μ.   [5] ἀποδοῦναι V.   [6] add. δὲ μ.   [7] τὸ 'codd. nonnulli.'

---

50. 4. τοῦ Μονογενοῦς. S. 'Filio vero.' ἐντυγχάνει ὑπὲρ ἡμῶν : S. 'factus est oratio pro nobis.'

21. δοῦλον. The earliest excuse for such an expression is found in Tatian, who calls the Holy Spirit τὸν διάκονον τοῦ πεπονθότος Θεοῦ (adv. Graec. 13).

Πρὸς τοὺς λέγοντας μήτε ἐν δουλικῇ τάξει μήτε ἐν δεσποτικῇ εἶναι τὸ Πνεῦμα, ἀλλ' ἐν τῇ τῶν ἐλευθέρων.

ΚΕΦΑΛΑΙΟΝ Κ'.

51. 'Οὔτε δοῦλον,' φησίν, 'οὔτε δεσπότην, ἀλλ' ἐλεύθερον.' ὦ τῆς δεινῆς ἀναλγησίας, ὦ τῆς ἐλεεινῆς ἀφοβίας τῶν ταῦτα λεγόντων! τί πλέον αὐτῶν ¹ὀδύρωμαι, τὸ ²ἀμαθὲς ἢ τὸ βλάσφημον; οἵ γε τὰ τῆς Θεολογίας δόγματα ἀνθρωπίνοις παραδείγμασι καθυβρίζουσι, καὶ τὴν ὧδε συνήθειαν παρηλλαγμένην ἔχουσαν τῶν ἀξιωμάτων τὴν διαφορὰν τῇ θείᾳ καὶ ἀρρήτῳ φύσει προσαρμόζειν ἐπιχειροῦσιν, οὐκ ἐννοοῦντες ὅτι παρὰ μὲν ἀνθρώποις τῇ φύσει δοῦλος οὐδείς. ἢ γὰρ καταδυναστευθέντες ὑπὸ ζυγὸν δουλείας ἤχθησαν ὡς ἐν αἰχμαλωσίαις, ἢ διὰ πενίαν κατεδουλώθησαν ³ὡς οἱ Αἰγύπτιοι τῷ Φαραώ, ἢ κατά τινα σοφὴν καὶ ⁴ἀπόρρητον οἰκονομίαν οἱ χείρους τῶν παίδων ἐκ τῆς τῶν πατέρων φωνῆς τοῖς φρονιμωτέροις καὶ βελτίοσι δουλεύειν κατεδικάσθησαν, ⁵ἣν οὐδὲ καταδίκην, ἀλλ' εὐεργεσίαν εἴποι τις ἂν δίκαιος τῶν γινομένων ἐξεταστής. τὸν γὰρ δι' ἔνδειαν τοῦ φρονεῖν οὐκ ἔχοντα ἐν ἑαυτῷ τὸ κατὰ φύσιν ἄρχον, τοῦτον ἑτέρου κτῆμα γενέσθαι λυσιτελέστερον, ἵνα τῷ τοῦ κρατοῦντος λογισμῷ διευθυνόμενος ὅμοιος ᾖ ἅρματι ἡνίοχον ἀναλαβόντι καὶ πλοίῳ κυβερνήτην ἔχοντι ἐπὶ οἰάκων καθήμενον. διὰ τοῦτο Ἰακὼβ κύριος τοῦ Ἡσαῦ ἐκ τῆς εὐλογίας τοῦ πατρός, ἵνα καὶ μὴ βουλόμενος παρὰ τοῦ φρονίμου εὐεργετῆται ὁ ἄφρων, οὐκ

---

¹ ὀδύρομαι O. ² ἀπειθὲς R₄. ³ add. ᾖ V. ⁴ ἄρρητον v 'quidam MSS. codd.' ⁵ ἤνπερ O V.

---

51. 7. οἵ γε τὰ τῆς Θεολογίας δόγματα. 'Seeing that they try to bring contempt on the truths concerning God by comparing them to human matters, and though the practice of this world involves a difference in degrees of dignity, they undertake to apply it to the Ineffable Nature of God, not considering that among men no one is a slave by his nature.'

ἔχων τὸν οἰκεῖον κηδεμόνα τὸν νοῦν, καὶ Χαναὰν παῖς Gen. ix. 25.
οἰκέτης ἔσται τοῖς ἀδελφοῖς, ἐπειδὴ ἀδίδακτος ἦν τῆς ἀρετῆς,
ἀσύνετον ἔχων τὸν ἑαυτοῦ πατέρα τὸν Χάμ. ὧδε μὲν ¹οὖν
οὕτως οἱ δοῦλοι, ἐλεύθεροι δὲ οἱ διαφυγόντες πενίαν ἢ πόλεμον
5 ἢ τῆς ἑτέρων κηδεμονίας ἀπροσδεεῖς. ὥστε κἂν ὁ μὲν δεσπό-
της, ὁ δὲ οἰκέτης λέγηται, ²ἀλλ' οὖν πάντες ³καὶ κατὰ τὴν
πρὸς ἀλλήλους ὁμοτιμίαν καὶ ὡς ⁴κτήματα τοῦ πεποιηκότος
ἡμᾶς ὁμόδουλοι. ἐκεῖ δὲ τί ⁵δύνασαι τῆς δουλείας ὑπεξ- Ex. xx. 2.
αγαγεῖν; ὁμοῦ τε γὰρ ἐκτίσθη, καὶ ⁶τὸ δοῦλον εἶναι συγ-
10 κατεσκεύασται. ἀλλήλων μὲν γὰρ οὐ κατάρχουσιν, ἐπειδὴ
πλεονεξίας ἄμοιρα τὰ οὐράνια, Θεῷ δὲ πάντα ὑποκύπτει, καὶ
ὡς Δεσπότῃ τὸν ὀφειλόμενον φόβον καὶ ὡς Δημιουργῷ τὴν
ἐπιβάλλουσαν δόξαν ἀποδιδόντα. 'υἱὸς γὰρ δοξάζει πατέρα, Mal. i. 6.
καὶ δοῦλος τὸν κύριον ⁷αὐτοῦ⁸.' καὶ ἀπαιτεῖ πάντως τῶν δύο
15 τὸ ἕτερον ὁ Θεός, 'εἰ γὰρ Πατήρ εἰμι ἐγώ, ποῦ ⁹ἐστι, φησίν,
ἡ δόξα μου; καὶ εἰ Κύριός εἰμι ἐγώ, ποῦ ἐστιν ὁ φόβος μου;'
ἢ ¹⁰πάντων ἂν εἴη ἐλεεινοτάτη ζωὴ ¹¹μὴ ὑπὸ τὴν ¹²ἐπισκοπὴν
τοῦ Δεσπότου κειμένη· ὁποῖαί εἰσιν αἱ ἀποστατικαὶ δυνάμεις
αἱ διὰ τὸ τραχηλιᾶσαι κατὰ Θεοῦ Παντοκράτορος ἀφηνιά-
20 ζουσαι τῆς δουλείας, οὐ τῷ ἑτέρως πεφυκέναι, ἀλλὰ τῷ
ἀνυποτάκτως ἔχειν πρὸς τὸν Ποιήσαντα. τίνα οὖν λέγεις
ἐλεύθερον; τὸν ἀβασίλευτον; τὸν μήτε ἄρχειν ἑτέρου
δύναμιν ἔχοντα μήτε ἄρχεσθαι καταδεχόμενον; ἀλλ' οὔτε
ἔστι τις ¹³τοιαύτη φύσις ἐν τοῖς οὖσι, καὶ ¹⁴τοῦτο ἐννοῆσαι
25 κατὰ τοῦ Πνεύματος ἀσέβεια περιφανής. ὥστε εἰ μὲν
¹⁵ἔκτισται, δουλεύει δηλαδὴ μετὰ πάντων, 'τὰ γὰρ σύμπαντα,' Ps. cxix.
φησί, '¹⁶δοῦλα σά,' εἰ δὲ ὑπὲρ τὴν κτίσιν ἐστί, τῆς βασιλείας LXX.] 91.
ἐστὶ κοινωνόν. Matt. vi. 13.
1 Chron.
xxix. 11, 12.

---

¹ om. οὖν μ v. ² ἀλλὰ (om. οὖν) V. ³ om. καὶ ὁ V
⁴ κτήμα ὁ V. ⁵ δύνασθε R₂ V. ⁶ τῷ δούλῳ μ 'δοῦλον ita MSS. duo,
quibus favent plures alii in quibus legitur δούλῳ: alius habet δοῦλος.'
⁷ ἑαυτοῦ ὁ V. ⁸ add. φοβεῖται μ v 'Colb. et duo alii Combefisio citati.'
⁹ ἐστιν (om. φησὶν) v. ¹⁰ πάντως v. ¹¹ add. ἡ V. ¹² σκεπὴν
R₃ C. ¹³ om. τοιαύτη μ. ¹⁴ txt. R₂ V. τὸ μ ο v 'in aliis MSS.'
¹⁵ ἐκτίσθη ὁ V. ¹⁶ δοῦλά σου μ.

Μαρτυρίαι ἐκ τῆς γραφῆς [1]τοῦ κυριολογεῖσθαι τὸ
Πνεῦμα.

ΚΕΦΑΛΑΙΟΝ ΚΑ'.

52. Καὶ τί δεῖ ἐκ τῶν ταπεινῶν ἀπομαχομένους αἰσχρῶς τὴν νίκην κατακτᾶσθαι τῷ λόγῳ, ἐξὸν τῇ παραθέσει τῶν σεμνοτέρων ἀναντίρρητον τὴν ὑπερβολὴν τῆς δόξης ἐπιδεικνύναι; εἰ [2] δὲ λέγοιμεν ἃ παρὰ τῆς Γραφῆς ἐδιδάχθημεν, τάχα που μέγα καὶ σφοδρὸν ἀνακράξονται, καὶ συσχόντες τὰ ὦτα ἀράμενοι λίθους, ἢ ὅ τι ἂν [3] τύχοι παραφανὲν τοῦτο τῶν Πνευματομάχων ἕκαστος ὅπλον ποιησάμενος, ἐφ' ἡμᾶς ἥξουσιν. οὐ μὴν πρό γε τῆς ἀληθείας τιμητέα ἡμῖν ἡ ἀσφάλεια. εὕρομεν τοίνυν παρὰ τῷ Ἀποστόλῳ ' ὁ δὲ Κύριος κατευθύναι [4] ὑμῶν τὰς καρδίας εἰς τὴν ἀγάπην τοῦ Θεοῦ καὶ εἰς τὴν ὑπομονὴν τοῦ Χριστοῦ ' [5] ὑπὲρ τῶν θλίψεων. τίς ὁ κατευθύνων Κύριος εἰς τὴν τοῦ Θεοῦ ἀγάπην καὶ εἰς τὴν ὑπὲρ τῶν θλίψεων τοῦ Χριστοῦ ὑπομονήν; [6] ἀποκρινάσθωσαν ἡμῖν οἱ τὸ Πνεῦμα καταδουλούμενοι. εἴτε γὰρ περὶ τοῦ [7] Θεοῦ καὶ Πατρὸς ὁ λόγος, πάντως ἂν εἴρητο· ὁ δὲ Κύριος ὑμᾶς κατευθύναι εἰς τὴν ἑαυτοῦ ἀγάπην, εἴτε περὶ τοῦ [8] Υἱοῦ, προσέκειτο ἄν· εἰς τὴν ἑαυτοῦ ὑπομονήν. ζητείτωσαν οὖν τί ἐστιν ἄλλο Πρόσωπον, ὃ τῇ προσηγορίᾳ τοῦ Κυρίου τιμᾶσθαι ἄξιον. παραπλήσιον δὲ τούτῳ καὶ [9] τὸ

---

[1] add. περὶ μ ο^a (in tabula). [2] δὴ ο (in ras.) v. γὰρ μὴ V. [3] τύχη (sic) μ. [4] ἡμῶν V. [5] om. ὑπὲρ τῶν θλίψεων V 'in tribus MSS. codd. deesse.' ad patientiam afflictionis propter Christum S. [6] ἀποκρινέσθωσαν v. [7] om. θεοῦ καὶ μ V v. [8] Χριστοῦ μ v 'duo codd.' [9] om. τὸ V.

---

52. 14. ὑπὲρ τῶν θλίψεων. 'Fatendum est haec verba in sacro contextu non legi. ... Sed tamen cum paulo post a Basilio repetantur ut e sacro contextu desumta, nolim ea delere; ac verisimilius est ex codicibus, in quibus desunt, ob eam causam fuisse sublata, quia non legebantur apud Apostolum, quam sine causa in alios codices, in quibus occurrunt, iniecta.' Ben.

1 Thess. iii. 12, 13 and 2 Cor. iii. 14-17,

ἑτέρωθι κείμενον, τὸ ' ὑμᾶς δὲ ὁ Κύριος πλεονάσαι καὶ πε- 1 Thess. iii.
ρισσεύσαι ¹ ἐν ἀγάπῃ εἰς ἀλλήλους καὶ εἰς πάντας, καθάπερ 12, 13.
² καὶ ³ ἡμεῖς εἰς ὑμᾶς, εἰς τὸ στηρίξαι ὑμῶν τὰς καρδίας
⁴ ἀμέμπτους ἐν ⁵ ἁγιασμῷ ἔμπροσθεν τοῦ Θεοῦ καὶ Πατρὸς
5 ἡμῶν ἐν τῇ παρουσίᾳ τοῦ Κυρίου ἡμῶν Ἰησοῦ Χριστοῦ μετὰ
πάντων τῶν ἁγίων αὐτοῦ.' ποῖον Κύριον εὔχεται ⁶ ἔμπροσ-
θεν τοῦ Θεοῦ καὶ ⁷ Πατρὸς ἡμῶν ἐν τῇ παρουσίᾳ τοῦ Κυρίου
ἡμῶν ἀμέμπτους τὰς καρδίας ⁸ ἐστηριγμένας ἐν ἁγιωσύνῃ
τῶν ἐν Θεσσαλονίκῃ πιστῶν στηρίξαι; ⁹ ἀποκρινάσθωσαν
10 ἡμῖν οἱ μετὰ τῶν λειτουργικῶν πνευμάτων τῶν πρὸς διακο- Heb. i. 14.
νίαν ἀποστελλομένων τὸ ἅγιον Πνεῦμα τιθέντες. ἀλλ' οὐκ
ἔχουσι. διόπερ ἀκουέτωσαν καὶ ἑτέρας μαρτυρίας διαρρήδην
καὶ αὐτῆς κυριολογούσης τὸ Πνεῦμα. ' ὁ ¹⁰ δὲ Κύριος,' φησί, 2 Cor. iii. 17,
'τὸ Πνεῦμά ἐστι,' καὶ πάλιν· ¹¹ ' καθάπερ ἀπὸ Κυρίου Πνεύ- 18.
15 ματος.' ὥστε δὲ ¹² μηδεμίαν ἀντιλογίας ἀφορμὴν ¹³ καταλι-
πεῖν, αὐτὴν παραθήσομαι τοῦ Ἀποστόλου τὴν λέξιν· ' ἄχρι 2 Cor. iii. 14,
γὰρ τῆς σήμερον τὸ αὐτὸ κάλυμμα ἐπὶ τῇ ἀναγνώσει τῆς 16, 17.
Παλαιᾶς Διαθήκης μένει, μὴ ἀνακαλυπτόμενον ὅτι ἐν Χριστῷ
καταργεῖται. ὅταν δὲ ἐπιστρέψῃ πρὸς Κύριον, ¹⁴ περι-
20 αιρεῖται τὸ κάλυμμα. ὁ δὲ Κύριος τὸ Πνεῦμά ἐστι.' τί
τοῦτο λέγων; ὅτι ὁ ¹⁵ ψιλῇ τῇ διανοίᾳ τοῦ γράμματος προσ-
καθήμενος καὶ αὐτοῦ που περὶ τὰ νομικὰ ¹⁶ παρατηρήματα
διατρίβων οἷόν τινι παραπετάσματι τῇ Ἰουδαϊκῇ τοῦ γράμ-
ματος ἐκδοχῇ τὴν καρδίαν ἑαυτοῦ συγκεκάλυπται, καὶ τοῦτο
25 πάσχει παρὰ τὸ ἀγνοεῖν ὅτι ἡ σωματικὴ τοῦ νόμου τήρησις
ἐν τῇ ἐπιδημίᾳ τοῦ ¹⁷ Χριστοῦ καταργεῖται, τῶν τύπων λοιπὸν
μεταληφθέντων εἰς τὴν ἀλήθειαν. ἀργοῦσι γὰρ λύχνοι τῇ

---

¹ txt. R₂ o V. τῇ μ v Ben. ² om. καὶ μ v. ³ ἡμᾶς o. ⁴ txt.
μ v Ben. ἀμέμπτως R₂ o V. ⁵ txt. R₂ o V. ἁγιωσύνῃ μ v Ben.
⁶ ἐνώπιον o. ἐνώπὶ (sic) v. ⁷ σρ̄ς V. ⁸ om. ἐστηριγμένας v.
⁹ ἀποκρινέσθωσαν v. ¹⁰ om. δὲ V. ¹¹ om. καθάπερ V. ¹² μηδε-
μᾶς μ v. ¹³ παραλιπεῖν o V. ¹⁴ περιελεῖται R₂ V. ¹⁵ ψιλὴν τὴν
διάνοιαν τοῦ γράμματος ἐκδεχόμενος V. ¹⁶ διατηρήματα R₂ V.
¹⁷ κυρίου V.

---

13. ' ὁ δὲ Κύριος,' φησί, ' τὸ Πνεῦμά ἐστι' : see note § 48.

τοῦ ἡλίου παρουσίᾳ, καὶ σχολάζει ὁ νόμος καὶ ¹ προφητεῖαι κατασιγάζονται τῆς ἀληθείας ἀναφανείσης. ὁ μέντοι δυνηθεὶς ἐπὶ τὸ βάθος διακύψαι τῆς νομικῆς ἐννοίας καὶ τὴν ἐκ τοῦ γράμματος ἀσάφειαν οἱόν τι καταπέτασμα διασχὼν εἴσω γενέσθαι τῶν ἀπορρήτων, οὗτος ἐμιμήσατο τὸν Μωϋσῆν ἐν τῷ διαλέγεσθαι τῷ Θεῷ περιαιροῦντα τὸ κάλυμμα, ἐπιστρέφων καὶ αὐτὸς ἀπὸ τοῦ γράμματος πρὸς τὸ πνεῦμα, ὥστε ἀναλογεῖν τῷ μὲν ἐπὶ τοῦ προσώπου ² Μωϋσέως καλύμματι τὴν τῶν νομικῶν διδαγμάτων ἀσάφειαν, τῇ δὲ ἐπιστροφῇ τῇ πρὸς ³ τὸν Κύριον τὴν πνευματικὴν θεωρίαν. ὁ οὖν ἐν τῇ ἀναγνώσει τοῦ νόμου ⁴ περιελὼν τὸ γράμμα ἐπιστρέφει πρὸς ⁵ τὸν Κύριον (ὁ δὲ Κύριος νῦν τὸ Πνεῦμα λέγεται), καὶ ὅμοιος γίνεται Μωϋσεῖ ἐκ τῆς ἐπιφανείας τοῦ Θεοῦ τὸ πρόσωπον δεδοξασμένον ἔχοντι. ὡς γὰρ τὰ τοῖς ἀνθηροῖς χρώμασι παρακείμενα ἐκ τῆς περιρρεούσης αὐγῆς καὶ αὐτὰ καταχρώννυται, οὕτως ὁ ἐναργῶς ἐνατενίσας τῷ Πνεύματι ἐκ τῆς ἐκείνου δόξης μεταμορφοῦταί πως πρὸς τὸ ⁶ φανότερον, οἷόν τινι φωτὶ τῇ ἐκ τοῦ Πνεύματος ἀληθείᾳ τὴν καρδίαν καταλαμπόμενος. καὶ τοῦτό ἐστι τὸ μεταμορφοῦσθαι ἀπὸ τῆς δόξης τοῦ Πνεύματος εἰς τὴν οἰκείαν δόξαν, οὐ μικρολόγως οὐδὲ ἀμυδρῶς, ἀλλ' ἐπὶ τοσοῦτον, ⁷ ἐφ' ὅσον ἐστὶν εἰκὸς τὸν ἀπὸ τοῦ Πνεύματος φωτιζόμενον. οὐ δυσωπῇ, ἄνθρωπε, τὸν Ἀπόστολον λέγοντα, ὅτι ' ναὸς Θεοῦ ἐστε, καὶ τὸ Πνεῦμα τοῦ Θεοῦ οἰκεῖ ἐν ὑμῖν; ' ⁸ ἆρα τὸ δουλικὸν οἰκητήριον κατεδέξατο ἄν ποτε τῇ τοῦ ναοῦ προσηγορίᾳ τιμῆσαι; τί δὲ ὁ θεόπνευστον τὴν Γραφὴν ὀνομάζων διὰ τῆς ἐπινοίας τοῦ ἁγίου Πνεύματος συγγραφεῖσαν μὴ τοῖς τοῦ καθυβρίζοντος καὶ κατασμικρύνοντος αὐτὸ προσρήμασι κέχρηται;

---

¹ txt. μ v 'in duobus tantum codd. MSS. et in alio quodam secunda manu.' οἱ προφῆται o V.   ² om. μωϋσέως V.   ³ om. τὸν o V.
⁴ περιαιρῶν o.   ⁵ om. τὸν V.   ⁶ φανερώτερον μ V v.   ⁷ om. ἐφ' V. ἐφόσον o.   ⁸ ἆρα V v.

Σύστασις τῆς κατὰ τὴν φύσιν κοινωνίας ¹τοῦ Πνεύματος ἐκ τοῦ ὁμοίως εἶναι Πατρὶ καὶ Υἱῷ πρὸς θεωρίαν δυσέφικτον.

ΚΕΦΑΛΑΙΟΝ ΚΒ'.

5 53. Οὐ μόνον δὲ ἐξ ὧν τὰς αὐτὰς προσηγορίας ἔχει καὶ ²κοινωνόν ἐστι τῶν ἐνεργειῶν Πατρὶ καὶ Υἱῷ, τὸ ὑπερέχον αὐτοῦ τῆς φύσεως γνώριμον, ἀλλὰ καὶ ἐξ ὧν ὁμοίως ἐστὶ πρὸς θεωρίαν δυσέφικτον. ἃ γὰρ ³περὶ τοῦ Πατρός φησιν ὡς ἐπέκεινα ὄντος ἀνθρωπίνης ⁴ἐννοίας, καὶ ἃ περὶ τοῦ
10 Υἱοῦ, ⁵ταὐτὰ ὁ Κύριος καὶ περὶ τοῦ ⁶ἁγίου Πνεύματος λέγει· 'Πάτερ δίκαιε, καὶ ὁ κόσμος σε οὐκ ἔγνω,' ⁷τὸν κόσμον λέγων νῦν οὐχὶ τὸ ἐξ οὐρανοῦ καὶ γῆς σύστημα, ἀλλὰ τὴν ⁸ἐπίκηρον ταύτην καὶ μυρίαις μεταβολαῖς ὑποκειμένην ζωήν. καὶ περὶ ἑαυτοῦ διαλεγόμενος, 'ἔτι μικρόν,' φησί, 'καὶ ὁ κόσμος με οὐκέτι θεωρεῖ, ὑμεῖς δὲ θεωρεῖτέ με,' πάλιν ἐνταῦθα τοὺς τῇ ὑλικῇ καὶ σαρκικῇ προσδεδεμένους ζωῇ καὶ μόνοις ὀφθαλμοῖς τὴν ἀλήθειαν ⁹ἐπιτρέποντας κόσμον προσαγορεύων, οἳ τῇ ἀπιστίᾳ τῆς ἀναστάσεως οὐκέτι ἔμελλον τοῖς ὀφθαλμοῖς τῆς καρδίας τὸν Κύριον ¹⁰ἡμῶν ὄψεσθαι. τὰ
20 δὲ αὐτὰ καὶ περὶ τοῦ Πνεύματος εἶπε. 'τὸ Πνεῦμα,' φησί, 'τῆς ἀληθείας, ὃ ὁ κόσμος οὐ δύναται λαβεῖν, ὅτι οὐ θεωρεῖ αὐτὸ οὐδὲ γινώσκει αὐτό· ὑμεῖς δὲ γινώσκετε αὐτό, ὅτι παρ' ὑμῖν μένει.' ὁ μὲν ¹¹γὰρ ¹²σάρκινος ἄνθρωπος ἀγύμναστον ἔχων πρὸς θεωρίαν τὸν νοῦν, μᾶλλον δὲ ¹³ὅλον ὥσπερ ἐν
25 βορβόρῳ τῷ φρονήματι τῆς σαρκὸς κατορωρυγμένον ¹⁴φέρων, ¹⁵ἀδυνατεῖ πρὸς τὸ πνευματικὸν φῶς τῆς ἀληθείας ἀναβλέψαι. διὸ ¹⁶ὁ κόσμος, ¹⁷τουτέστιν ἡ τοῖς πάθεσι τῆς σαρκὸς

John xvii. 25.

John xiv. 19.

Eph. i. 18.
John xiv. 17.
T. III. p. 46.

Rom. viii. 6.

---

¹ om. τοῦ πνεύματος μ V v.   ² κοινόν V.   ³ παρὰ μ.   ⁴ διανοίας V.   ⁵ ταῦτα V v. ταῦτα καὶ ο.   ⁶ πνεύματος τοῦ ἁγίου V.
⁷ om. τὸν ο.   ⁸ ἐπίκαιρον μ ο.   ⁹ ἐπιβλέποντας V.   ¹⁰ om. ἡμῶν v.   ¹¹ om. γὰρ V.   ¹² σαρκικὸς v.   ¹³ om. ὅλον V.   ¹⁴ ἔχων R₁.
¹⁵ ἀδύνατος μ ο 'quatuor MSS.'   ¹⁶ om. ὁ μ.   ¹⁷ add. ὧν μ.

δεδουλωμένη ζωή, οἷον ὑφθαλμὸς ἀσθενὴς φῶς ἡλιακῆς ἀκτῖνος, τὴν τοῦ Πνεύματος χάριν οὐχ ὑποδέχεται. τοῖς μέντοι μαθηταῖς ἑαυτοῦ καθαρότητα ζωῆς ἐκ τῶν [1] διδαγμάτων αὐτοῦ μαρτυρήσας ὁ Κύριος τὸ καὶ ἐποπτικοῖς ἤδη εἶναι καὶ θεωρητικοῖς τοῦ Πνεύματος ἀποδίδωσιν. 'ἤδη γάρ,' φησίν, 'ὑμεῖς καθαροί ἐστε διὰ τὸν λόγον, ὃν λελάληκα ὑμῖν.' ὅθεν 'ὁ μὲν κόσμος οὐ δύναται [2] λαβεῖν, οὐ γὰρ θεωρεῖ αὐτό· ὑμεῖς δὲ γινώσκετε αὐτό, ὅτι παρ' ὑμῖν μένει.' [3] ταῦτα λέγει καὶ Ἡσαΐας· 'ὁ στερεώσας τὴν γῆν καὶ τὰ ἐν αὐτῇ, καὶ [4] δοὺς πνοὴν [5] τῷ λαῷ τῷ ἐπ' αὐτῆς καὶ [6] Πνεῦμα τοῖς πατοῦσιν αὐτήν.' οἱ γὰρ καταπατοῦντες τὰ γήϊνα καὶ ὑπεράνω αὐτῶν [7] γενόμενοι ἄξιοι τῆς δωρεᾶς τοῦ ἁγίου Πνεύματος μεμαρτύρηνται. τὸ οὖν ἀχώρητον μὲν τῷ κόσμῳ, τοῖς ἁγίοις δὲ μόνοις διὰ καθαρότητα τῆς καρδίας θεωρητόν, τί χρὴ νομίζεσθαι ἢ [8] τὰς ποταπὰς τιμὰς συμμέτρους ὑπάρχειν αὐτῷ; τῶν μὲν οὖν ἄλλων ἑκάστη δυνάμεων ἐν περιγραπτῷ τόπῳ τυγχάνειν πεπίστευται, ὁ γὰρ τῷ Κορνηλίῳ ἐπιστὰς ἄγγελος οὐκ ἦν ἐν ταὐτῷ καὶ παρὰ τῷ Φιλίππῳ, οὐδὲ ὁ ἀπὸ τοῦ θυσιαστηρίου τῷ Ζαχαρίᾳ διαλεγόμενος κατὰ τὸν αὐτὸν καιρὸν καὶ ἐν οὐρανῷ τὴν οἰκείαν στάσιν ἐπλήρου· τὸ μέντοι Πνεῦμα ὁμοῦ [9] τε ἐν Ἀββακοὺμ ἐνεργεῖν καὶ [10] ἐν Δανιὴλ ἐπὶ τῆς Βαβυλωνίας πεπίστευται, καὶ ἐν τῷ καταρράκτῃ [11] εἶναι μετὰ Ἰερεμίου καὶ μετὰ Ἰεζεκιὴλ ἐπὶ τοῦ Χοβάρ. 'Πνεῦμα γὰρ Κυρίου πεπλήρωκε τὴν οἰκουμένην.' καὶ 'ποῦ πορευθῶ ἀπὸ τοῦ Πνεύματός σου, καὶ ἀπὸ τοῦ

[1] διαταγμάτων R₄.   [2] add. τοῦτο V.   [3] ταῦτα V v.   [4] txt. μ V v (in o a stain which only covers space for δοὺς) 'tres codd.' διδοὺς Ben.   [5] add. παντὶ 'totidem,' sc. tres codd.   [6] add. τὸ μ v.   [7] γινόμενοι V.   [8] txt. μ V v. τὰς παντοδαπὰς o. τὰς ποδαπὰς 'nonnulli.' ποταπὰς (om. τὰς) Ben.   [9] τὸ V.   [10] ἐπὶ τῆς Βαβυλωνίας τῷ Δανιὴλ θαῦμα πεπίστευται V.   [11] om. εἶναι μ v.

---

53. 16. τῶν μὲν οὖν ἄλλων ἑκάστη δυνάμεων. This paragraph on the Spirit's Omnipresence appears to belong to the chapter and section on His transcending the mental powers of man: and is placed with it in the majority of MSS.

¹ προσώπου σου ² ποῦ φύγω;' καὶ ὁ προφήτης· 'διότι ἐγὼ Hag. ii. 4, 5.
μεθ' ὑμῶν εἰμι, λέγει Κύριος, καὶ τὸ Πνεῦμά μου ἐφέστηκεν
ἐν μέσῳ ὑμῶν.' τὸ δὲ πανταχοῦ ὂν καὶ Θεῷ συμπαρὸν τῆς
ποίας προσήκει νομίζειν φύσεως; τῆς πάντα περιεχούσης, ἢ
5 τῆς μερικοῖς ἐμπεριειλημμένης χωρίοις, ὁποίαν τὴν τῶν
ἀγγέλων ὁ λόγος ἔδειξεν; ἀλλ' οὐκ ἄν τις εἴποι. τὸ οὖν
Θεῖον τῇ φύσει, τὸ ἀχώρητον τῷ μεγέθει, τὸ δυνατὸν ἐν ταῖς
ἐνεργείαις, τὸ ἀγαθὸν ἐν ταῖς εὐεργεσίαις μὴ ³ ὑπερυψώσο-
μεν; μὴ ⁴ δοξάσομεν;

10 "Ὅτι δοξολογία Πνεύματός ἐστιν ἡ τῶν προσόντων
αὐτῷ ⁵ ἀπαρίθμησις.

ΚΕΦΑΛΑΙΟΝ ΚΓ΄.

54. Ἐγὼ δὲ ⁶ οὐδὲ ἄλλο τι τὴν δόξαν τίθεμαι ἢ τῶν πρόσον- T. III. p. 47.
των αὐτῷ θαυμάτων τὴν ἐξαρίθμησιν. ὥστε ἢ οὐδὲ μεμνῆσθαι
15 ἡμᾶς τῶν παρ' αὐτοῦ ἀγαθῶν ἐπιτάξουσιν οὗτοι, ἢ πάντως ἡ
τῶν προσόντων διέξοδος τῆς μεγίστης ⁷ δοξολογίας ἐστὶ
πλήρωσις. οὐδὲ γὰρ τὸν Θεὸν καὶ Πατέρα τοῦ Κυρίου ἡμῶν Cf. § 17 (of
Ἰησοῦ Χριστοῦ καὶ τὸν Μονογενῆ αὐτοῦ Υἱὸν ἄλλως δοξάζειν the Son).

---

¹ V deficit usque ad § 57 -ρωθι ἵνα εἴδωμεν.   ² om. ποῦ ο.
³ ὑπερυψώσωμεν μὴ ὑπερδοξάσωμεν v 'duo MSS.'   ⁴ ὑπερδοξάσομεν
ο. 'non male in cod. Anglicano μὴ ὑπερδοξάσομεν' Ben. referring
apparently to ο.   ⁵ ἀνταρίθμησις μ.   ⁶ οὐδὲν R₂.   ⁷ ἐστὶ δοξ-
ολογίας ο v.

---

3. τὸ δὲ πανταχοῦ ὄν. Cf. St. Cyril Hier. Cat. Lect. xvi. 23: μὴ
μείνῃς ἐπὶ γῆς, ἀνάβηθι λοιπὸν καὶ ἐπὶ τὰ ἄνω. ἀνάβ[η]θι μοι τῇ διανοίᾳ καὶ
εἰς πρῶτον οὐρανὸν καὶ βλέπε μοι τοσαύτας ἐκεῖ μυριάδας ἀναριθμητοὺς ἀγ-
γέλων. ὑπεραναβηθι τοῖς λογισμοῖς, εἰ δύνασαι, καὶ ἀνωτέρω. βλέπε μοι
καὶ ἀρχαγγέλους, βλέπε μοι καὶ πνεύματα, βλέπε δυνάμεις, βλέπε ἀρχάς,
βλέπε ἐξουσίας, βλέπε θρόνους, βλέπε κυριότητας, τούτων πάντων ἐπιστάτης
παρὰ Θεοῦ, καὶ διδάσκαλος, καὶ ἁγιοποιὸς ὁ Παράκλητος. τούτου χρείαν
ἔχει Ἠλίας καὶ Ἐλισσαῖος καὶ Ἡσαΐας ἐν ἀνθρώποις, τούτου χρείαν ἔχει
Μιχαὴλ καὶ Γαβριὴλ ἐν ἀγγέλοις.

ἔχομεν ἢ τῷ κατὰ τὴν ἡμετέραν δύναμιν διεξιέναι αὐτοῦ τὰ θαύματα.

Ἔλεγχος τῆς ἀτοπίας τῶν μὴ δοξαζόντων τὸ Πνεῦμα ἐκ τῆς πρὸς τὰ ἐν τῇ κτίσει δοξαστὰ παραθέσεως.

ΚΕΦΑΛΑΙΟΝ ΚΔ΄.

Ps. viii. 5.   55. Εἶτα δόξῃ μὲν καὶ τιμῇ ἐστεφάνωται ὁ κοινὸς ἄν-
Rom. ii. 10.   θρωπος, καὶ 'δόξα καὶ τιμὴ καὶ εἰρήνη παντὶ τῷ ποιοῦντι τὸ
ἀγαθὸν ἐν ἐπαγγελίαις ἀπόκειται·' ἔστι δέ τις καὶ ἰδίως
Rom. ix. 4.   τοῦ Ἰσραὴλ δόξα, 'ὧν ἡ υἱοθεσία,' φησί, 'καὶ ἡ δόξα καὶ ἡ
Ps. xxx.   λατρεία,' καὶ ἑαυτοῦ τινα δόξαν ὁ ψαλμῳδὸς λέγει· '[1]ὅταν
[xxix. LXX.]
13.   [2]ψάλῃ σοι ἡ δόξα μου,' καὶ πάλιν· 'ἐξεγέρθητι ἡ δόξα μου·'
Ps. lvii. [lvi.
LXX.] 9.   ἔστι [3]δέ [4]τις δόξα ἡλίου καὶ [5]σελήνης καὶ [6]ἀστέρων, κατὰ
1 Cor. xv. 41.
2 Cor. iii. 9. [7]τὸν Ἀπόστολον· καὶ 'ἡ διακονία τῆς κατακρίσεως διὰ δόξης.'
              τοσούτων οὖν δοξαζομένων τὸ Πνεῦμα μόνον τῶν πάντων
2 Cor. iii. 8. ἀδόξαστον εἶναι βούλει; καίτοιγε 'ἡ διακονία,' φησίν, 'τοῦ
              Πνεύματός ἐστιν ἐν δόξῃ.' πῶς οὖν αὐτὸ ἀνάξιον τοῦ
Ps. xxi. [xx. δοξάζεσθαι; καὶ μεγάλη μὲν ἡ δόξα τοῦ δικαίου κατὰ τὸν
LXX.] 5.   ψαλμῳδόν, δόξα δὲ [8]τοῦ Πνεύματος κατὰ σὲ οὐδεμία. πῶς
              οὖν οὐ πρόδηλος ὁ κίνδυνος ἐκ τῶν τοιούτων λόγων τὴν
              ἄφυκτον ἁμαρτίαν ἐφ' ἑαυτοὺς [9]ἐπισπᾶσθαι; [10]εἰ ὁ σωζό-
Ps. xv. 1, 2, μενος ἐκ τῶν τῆς δικαιοσύνης ἔργων ἄνθρωπος [11]καὶ τοὺς
4.   φοβουμένους τὸν κύριον δοξάζει, [12]τοσούτου ἂν δέοι τὸ

[1] ὅπως ἂν R₁.   [2] ψάλῃ R₁.   ψάλλῃ 'quidam codd.'   [3] om. δέ μ o.
[4] om. τις μ ο υ 'addita ex duobus MSS.'   [5] om. σελήνης καὶ μ v.
[6] add. ἔστι δόξα μ o.   ἔτι δόξα v.   [7] add. δὲ V Ben.   [8] om.
τοῦ μ ο υ.   [9] ἐπισπάσασθαι v.   [10] txt. R₂·μ.   om. εἰ ο v.   om.
εἰ ὁ 'quinque MSS.'   [11] add. κατὰ τὴν τοῦ ψαλμοῦ ὑπογραφὴν μ v.
[12] τοσούτων μ.

55. 6. κοινὸς ἄνθρωπος. 'Similiter Basilius in caput quintum Esaiae pag. 498: κοινὸν ἄνθρωπον vocat eum qui solis naturae dotibus instructus est, eumque opponit iis, qui aliquos habent in virtute progressus.' Ben.

and He cannot be reckoned among creatures. 111

Πνεῦμα τῆς ὀφειλομένης δόξης ἀποστερεῖν. ‘ἔστω,’ [1] φασί, ‘δοξαστόν, ἀλλ' οὐχὶ μετὰ Πατρὸς καὶ Υἱοῦ.’ [2] καὶ τίνα [3] ἔχει λόγον ἑτέραν χώραν ἐπινοεῖν τῷ Πνεύματι τὴν παρὰ τοῦ Κυρίου τεταγμένην [4] καταλιπόντας, καὶ τῆς κατὰ τὴν
5 δόξαν κοινωνίας ἀποστερεῖν τὸ πανταχοῦ [5] συναναληφθὲν τῇ Θεότητι, ἐν τῇ ὁμολογίᾳ τῆς πίστεως, ἐν τῷ βαπτίσματι τῆς ἀπολυτρώσεως, ἐν τῇ ἐνεργείᾳ τῶν δυνάμεων, ἐν τῇ ἐνοικήσει τῶν ἁγίων, ἐν ταῖς εἰς τὸ ὑπήκοον χάρισιν; οὐδὲ γάρ ἐστιν ὅλως δωρεά τις ἄνευ [6] τοῦ ἁγίου Πνεύματος εἰς τὴν κτίσιν
10 ἀφικνουμένη· ὅπου γε οὐδὲ ῥῆμα ψιλὸν ἐν ταῖς ὑπὲρ Χριστοῦ ἀπολογίαις δυνατὸν λαλῆσαι μὴ συνεργουμένους παρὰ τοῦ Πνεύματος, ὡς ἐν εὐαγγελίοις παρὰ τοῦ Κυρίου καὶ Σωτῆρος ἡμῶν μεμαθήκαμεν. [7] ἅπαντα δὲ ταῦτα παριδόντας καὶ τῆς ἐν πᾶσι κοινωνίας ἐπιλαθομένους ἀπὸ Πατρὸς καὶ
15 Υἱοῦ διασπᾶν, οὐκ οἶδα εἴ τις μέτοχος Πνεύματος ἁγίου συνθήσεται. ποῦ τοίνυν φέροντες αὐτὸ τάξομεν; μετὰ τῆς κτίσεως; ἀλλ' ἡ κτίσις πᾶσα δουλεύει, τὸ δὲ Πνεῦμα ἐλευθεροῖ, ‘οὗ γὰρ τὸ Πνεῦμα Κυρίου, [8] ἐκεῖ ἐλευθερία.’ καὶ πολλῶν ἐνόντων εἰπεῖν ὅπως οὐ προσήκει τῇ κτιστῇ φύσει
20 τὸ Πνεῦμα τὸ ἅγιον [9] συγκαταριθμεῖν, [10] τὸ νῦν εἶναι τὸν περὶ τούτων ὑπερθήσομαι λόγον. εἰ γὰρ μέλλοιμεν πρὸς ἀξίαν τοῦ προβλήματος τάς τε παρ' [11] ἑαυτῶν κατασκευὰς ἐπάγειν καὶ τὰ παρὰ τῶν ἐναντίων προβαλλόμενα διαλύειν, πολλῶν ἡμῖν δεήσει λόγων, καὶ [12] ἀποκναίσομεν τῇ πολυφωνίᾳ τῆς
25 βίβλου τοὺς ἐντυγχάνοντας. διόπερ [13] ἰδίᾳ πραγματείᾳ ἐκεῖνο ταμιευσάμενοι τῶν προκειμένων ἐχώμεθα.

§§ 27, 67.
Matt. xxviii. 19.
1 Cor. xii. 11.
Rom. viii. 11.
1 Pet. i. 2.

Matt. x. 19, 20.

§ 51.

2 Cor. iii. 17.
T. III. p. 48.

[1] txt. R₂ o.   φησί μ v Ben.   [2] om. καὶ μ o v.   [3] add. δὲ o.
[4] καταλείποντας o.   [5] txt. μ 'MSS. quinque.'   συμπαραληφθὲν o v.
[6] τοῦ πνεύματος τοῦ ἁγίου μ v.   [7] πάντα (om. δὲ) o.   [8] om. ἐκεῖ v.   [9] om. συγκαταριθμεῖν μ v.   sed in μ manus longe posterior superscripsit post vocem ἅγιον verbum quoddam illegibile quod divino esse συγκαταλέγειν.   [10] txt. μ o (cf. Plat. Cratyl. 396 D).   om. εἶναι v. τὸν περὶ τούτων νῦν ὑπερθήσομαι λόγον.   Ben. 'vocula (νῦν) addita ex Reg. sec.'   [11] αὐτῶν v.   [12] txt. μ o v.   ἀποκναίσαιμεν Ben. ex C.   [13] add. ἐν μ v.

---

25. **ἰδίᾳ πραγματείᾳ.** This separate treatise may be that which is given as Homilia XXIV, 'Contra Sabellianos et Arium et Anomoeos.'

56. Σκεψώμεθα οὖν τὰ καθέκαστον. φύσει ἐστὶν ἀγαθόν, ὡς ἀγαθὸς ὁ Πατὴρ καὶ ἀγαθὸς ὁ Υἱός, ἡ κτίσις δὲ ἐν τῇ ἐκλογῇ τοῦ ἀγαθοῦ μέτοχός ἐστι τῆς ἀγαθότητος. οἶδε τὰ βάθη τοῦ Θεοῦ[1], ἡ κτίσις δὲ λαμβάνει τὴν φανέρωσιν τῶν ἀπορρήτων διὰ τοῦ Πνεύματος. ζωοποιεῖ μετὰ τοῦ Θεοῦ τοῦ τὰ πάντα ζωογονοῦντος, μετὰ τοῦ Υἱοῦ τοῦ διδόντος ζωήν. 'ὁ γὰρ ἐγείρας Χριστὸν ἐκ νεκρῶν ζωοποιήσει,' φησί, 'καὶ τὰ θνητὰ [2]ὑμῶν σώματα διὰ τοῦ ἐνοικοῦντος αὐτοῦ Πνεύματος ἐν ὑμῖν,' καὶ πάλιν· 'τὰ πρόβατα τὰ ἐμὰ τῆς φωνῆς μου [3]ἀκούει, κἀγὼ ζωὴν αἰώνιον δίδωμι αὐτοῖς.' 'ἀλλὰ καὶ τὸ Πνεῦμα,' φησί, 'ζωοποιεῖ,' καὶ πάλιν· 'τὸ δὲ Πνεῦμα,' φησί, 'ζωὴ διὰ [4]δικαιοσύνην.' καὶ ὁ Κύριος μαρτυρεῖ 'τὸ Πνεῦμα εἶναι τὸ ζωοποιοῦν, ἡ σὰρξ οὐκ ὠφελεῖ οὐδέν.' πῶς οὖν τῆς ζωοποιοῦ δυνάμεως ἀποξενώσαντες τὸ Πνεῦμα τῇ ἐπιδεομένῃ τῆς ζωῆς φύσει προσοικειώσομεν; τίς οὕτω δύσερις, τίς οὕτω δωρεᾶς ἐπουρανίου ἀμέτοχος καὶ τῶν καλῶν τοῦ Θεοῦ ῥημάτων ἄγευστος, τίς οὕτως ἐλπίδων αἰωνίων ἄμοιρος, ὡς τῇ κτίσει συντάξαι τὸ Πνεῦμα τῆς Θεότητος ἀποστήσας;

57. ''Εν ἡμῖν,' [5]φησί, 'τὸ Πνεῦμα ὡς δῶρόν ἐστι [6]παρὰ τοῦ Θεοῦ. οὐ δήπου δὲ τὸ δῶρον ταῖς ἴσαις τιμαῖς τῷ δεδω-

---

[1] add. τὸ πνεῦμα ο ' deest in quinque MSS.'   [2] σώματα ἡμῶν R₂. σώματα ὑμῶν ο.   [3] txt. ο V ' auctoritate plurium MSS.' ἀκούουσι μ v.
[4] δικαιοσύνης ο v R₄.   [5] φασί v ' tres MSS.'   [6] ἀπὸ v.

In this (t. ii. pp. 189–197), St. Basil answers the assertions of the Pneumatomachi (1) ἀλλότριον τῇ φύσει, (2) χρόνοις ὕστερον προσγενόμενον, (3) χωρίζοντες Π. καὶ Υ. καὶ τῇ κτίσει συναριθμοῦντες, and enlarges on what might be specially called their problem, viz. (4) εἰ μὴ ἀγέννητον, μηδὲ γέννητον, κτίσμα.

56. 3. οἶδε τὰ βάθη τοῦ Θεοῦ. St. Paul wrote (1 Cor. ii. 10, 11) τὸ γὰρ Πνεῦμα πάντα ἐρευνᾷ καὶ τὰ βάθη τοῦ Θεοῦ ... τὰ τοῦ Θεοῦ οὐδεὶς ἔγνωκεν εἰ μὴ τὸ Πνεῦμα τοῦ Θεοῦ. St. Basil here combines the two passages, so as to refute the shortsighted argument of the Pneumatomachi, founded upon one passage in contradiction to the other, ἐρευνᾷ, καὶ οὔπω γινώσκει. (Epiphanius adv. Haeres. Pneumatomachi LXXIV.)

6. ζωογονοῦντος. On the meaning of ζωογονεῖν see Pearson on the Creed, Art. V, note 12.

κότι σεμνύνεται.' δῶρον μὲν οὖν Θεοῦ τὸ Πνεῦμα, ἀλλὰ
δῶρον ζωῆς, 'ὁ γὰρ νόμος,' φησί, 'τοῦ Πνεύματος τῆς ζωῆς Rom. viii. 2.
ἠλευθέρωσεν ¹ἡμᾶς,' καὶ δῶρον δυνάμεως, 'λήψεσθε γὰρ Acts i. 8.
δύναμιν ἐπελθόντος τοῦ ἁγίου Πνεύματος ἐφ' ὑμᾶς.' ἆρ'
5 οὖν διὰ τοῦτο εὐκαταφρόνητον; ἢ οὐχὶ καὶ τὸν Υἱὸν ἐχαρί-
σατο τοῖς ἀνθρώποις; 'ὅς γε,' φησί, 'τοῦ ἰδίου Υἱοῦ οὐκ Rom. viii. 32.
ἐφείσατο, ἀλλ' ὑπὲρ ἡμῶν πάντων παρέδωκεν αὐτόν, πῶς
οὐχὶ ²καὶ σὺν αὐτῷ τὰ πάντα ἡμῖν ³χαρίσεται;' καὶ ⁴ἑτέρωθι·
'ἵνα ⁵εἰδῶμεν τὰ ὑπὸ τοῦ Θεοῦ χαρισθέντα ἡμῖν, περὶ τοῦ 1 Cor. ii. 12.
10 μυστηρίου τῆς Ἐνανθρωπήσεως λέγων. ὥστε πῶς οἱ ταῦτα
λέγοντες οὐχὶ ⁶τὴν Ἰουδαϊκὴν ἀγνωμοσύνην παρεληλύθασι,
τὴν ὑπερβολὴν τῆς χρηστότητος ἐφόδιον ⁷εἰς βλασφημίαν
λαμβάνοντες; ἐγκαλοῦσι γὰρ τῷ Πνεύματι, ὅτι παρρησίαν
ἡμῖν δίδωσι ⁸καλεῖν Πατέρα ἑαυτῶν τὸν Θεόν. 'ἐξαπέστειλε Gal. iv. 6.
15 γὰρ ὁ Θεὸς τὸ Πνεῦμα τοῦ Υἱοῦ αὐτοῦ εἰς τὰς καρδίας
ἡμῶν, κρᾶζον Ἀββᾶ ὁ Πατήρ,' ἵνα ἡ ἐκείνου φωνὴ τῶν
δεξαμένων ἰδία γένηται.

Ὅτι τῇ 'ἐν' συλλαβῇ ἀντὶ τῆς ⁹'σὺν' ἡ Γραφὴ T. III. p. 49.
¹⁰κέχρηται, ἐν ᾧ ¹¹καὶ ὅτι ¹²ἡ 'καὶ' ἰσοδυναμεῖ τῇ
20 'σύν.'

ΚΕΦΑΛΑΙΟΝ ΚΕ΄.

58. 'Πῶς οὖν,' φησίν, 'ἡ Γραφὴ οὐδαμοῦ συνδοξαζό-
μενον Πατρὶ καὶ Υἱῷ τὸ Πνεῦμα ¹³παρέδωκεν, ἀλλὰ ¹⁴ πεφυ-
λαγμένως ἐξέκλινε τὸ "σὺν τῷ Πνεύματι" εἰπεῖν, πανταχοῦ
25 δὲ τὸ "ἐν αὐτῷ" δοξάζειν ὡς ἁρμοδιώτερον προετίμησεν;'

---

¹ txt. v 'MSS. quatuor.' ὑμᾶς μ 'alii duo.' -σέ με ο.   ² om.
καὶ μ v.   ³ χαρίζηται R₃ C.   in v ε ex η corr. a prima manu.   ⁴ hic
iterum incipit V cum -ρωθι.   ⁵ ἴδωμεν v.   ⁶ add. καὶ V.   ⁷ τῆς
βλασφημίας R₃ μ C v.   ⁸ πατέρα καλεῖν ο V v.   ⁹ καὶ ο V v
'quatuor codd.'   ¹⁰ χρῆται v in titulorum conspectu.   ¹¹ om.
καὶ ο (in tabula) V.   ¹² om. ἡ ο (in tabula) V.   ¹³ παραδέδωκεν ο V.
¹⁴ add. γε μ.

114 *'With' and 'In' the Spirit not found in Scripture.*

§§ 61-64.

Ps. lxvi. [lxv.] 13.
LXX.]
Ps cv. [civ.] 37.
LXX.]
Ps. xliv. [xliii.] 10.
LXX.]

ἐγὼ δὲ οὐδ᾽ ἂν αὐτὸς φαίην ἀτιμοτέρας εἶναι διανοίας παραστατικὴν τὴν ʽ ἐν ʼ συλλαβήν, ἀλλ᾽ ὑγιῶς ἐκλαμβανομένην πρὸς τὸ μέγιστον ὕψος ἀνάγειν [1] τὰς διανοίας· ὅπου γε καὶ ἀντὶ τῆς ʽ σὺν ʼ πολλαχοῦ κειμένην αὐτὴν τετηρήκαμεν, [2] ὡς τὸ ʽ εἰσελεύσομαι εἰς τὸν οἶκόν σου ἐν ὁλοκαυτώμασιν,ʼ ἀντὶ 5 τοῦ [3] ʽ μετὰ ὁλοκαυτωμάτων,ʼ καὶ ʽ ἐξήγαγεν αὐτοὺς ἐν ἀργυρίῳ καὶ χρυσίῳ,ʼ τουτέστι ʽ μετὰ ἀργυρίου καὶ χρυσίου,ʼ καὶ τὸ ʽ οὐκ ἐξελεύσῃ ἐν ταῖς δυνάμεσιν ἡμῶν,ʼ [4] ἀντὶ τοῦ ʽ σὺν ταῖς δυνάμεσιν ἡμῶν,ʼ καὶ μυρία τοιαῦτα. ὅλως δὲ ἡδέως ἂν μάθοιμι παρὰ τῆς νέας σοφίας, ποίαν δοξολογίαν 10 ὁ Ἀπόστολος διὰ τοῦ ʽ ἐν ʼ ῥήματος ἀπεπλήρωσε κατὰ τὸν τύπον, ὃν οὗτοι νῦν [5] ὡς ἐκ τῆς Γραφῆς ἀναφέρουσιν. οὐδαμοῦ γὰρ [6] εὗρον λεγόμενον τὸ ʽ σοὶ τῷ Πατρὶ [7] ἡ τιμὴ καὶ ἡ δόξα διὰ τοῦ Μονογενοῦς σου [8] Υἱοῦ ἐν τῷ ἁγίῳ Πνεύματι,ʼ ὅπερ τούτοις ἐστὶ [9] νῦν καὶ αὐτῆς ὡς εἰπεῖν τῆς ἀναπνοῆς 15 συνηθέστερον. διεσπασμένως μὲν γὰρ τούτων ἕκαστόν ἐστιν εὑρεῖν, συνημμένως δὲ ἐν τῇ συντάξει ταύτῃ οὐδαμοῦ δεικνύειν ἕξουσιν. ὥστε εἰ μὲν ἀκριβολογοῦνται περὶ τὰ ἔγγραφα, δειξάτωσαν πόθεν λέγουσιν, εἰ δὲ συγχωροῦσι τῇ [10] συνηθείᾳ, μηδὲ ἡμᾶς ἐξειργέτωσαν. 20

59. Ἡμεῖς γὰρ ἀμφοτέρας ἐν τῇ τῶν πιστῶν χρήσει [11] καταλαμβάνοντες τὰς [12] ῥήσεις, [13] ἀμφοτέραις κεχρήμεθα, τὴν μὲν δόξαν τῷ Πνεύματι ὁμοίως [14] ἀφ᾽ ἑκατέρας πληροῦσθαι πεπιστευκότες, τοὺς δὲ κακουργοῦντας τὴν ἀλήθειαν ἐπιστο-

Tit. i. 11.

---

[1] τῆς v.   [2] om. ὡς τὸ V.   [3] σὺν ὁλοκαυτώμασι ο V.   [4] om. ἀντὶ... ἡμῶν v.   om. ἡμῶν ο V.   [5] om. ὡς μ V v.   [6] εὕρομεν μ. invenimus S.   [7] om. ἡ μ v.   [8] om. υἱοῦ v.   per Unicum qui a Te est S.   [9] νυνὶ μ.   [10] ἀληθείᾳ v.   [11] καταλαβόντες ο V.
[12] χρήσεις v.   [13] ἀμφοτέρας μ.   [14] ἐφ᾽ μ v.

---

58. 13. οὐδαμοῦ. μόνῳ Θεῷ διὰ Ἰησοῦ Χριστοῦ is found in Rom. xvi. 27 and Jude 25; but nothing more.
16. διεσπασμένως. The phrases are found separately in Scripture, and also combined in one passage, Eph. ii. 18 δι᾽ αὐτοῦ ... ἐν ἑνὶ Πνεύματι; but there is no doxology in Scripture containing ἐν τῷ Πνεύματι.

'With' equivalent to the 'And' of Scripture. 115

μίζεσθαι μᾶλλον διὰ τῆς προκειμένης λέξεως, [1] ἥτις τὴν δύναμιν τῶν Γραφῶν παραπλησίαν ἔχουσα οὐκέτι ἐστὶν ὁμοίως τοῖς ἐναντίοις εὐεπιχείρητος (ἔστι δὲ αὕτη ἡ ἀντιλεγομένη νῦν παρὰ τούτων), ἀντὶ τοῦ 'καὶ' συνδέσμου
5 παρειλημμένη. ἴσον γάρ ἐστιν εἰπεῖν· 'Παῦλος καὶ Σιλουανὸς καὶ Τιμόθεος,' καὶ 'Παῦλος σὺν Τιμοθέῳ καὶ Σιλουανῷ,' ἡ γὰρ συμπλοκὴ τῶν ὀνομάτων δι' ἑκατέρας ὁμοίως τῆς ἐκφωνήσεως σώζεται. εἰ τοίνυν τοῦ Κυρίου εἰπόντος 'Πατέρα καὶ Υἱὸν καὶ ἅγιον Πνεῦμα' αὐτὸς εἴπυιμι 'Πατέρα   Matt. xxviii. 19.
10 καὶ Υἱὸν σὺν τῷ ἁγίῳ Πνεύματι,' [2] ἄλλο τι εἰρηκὼς κατὰ τὴν δύναμιν ἔσομαι; τῆς δὲ διὰ τοῦ 'καὶ' συνδέσμου συμπλοκῆς τῶν ὀνομάτων πολλὰ τὰ μαρτύρια. 'ἡ χάρις' γάρ, φησί,   2 Cor. xiii. 13. 'τοῦ Κυρίου ἡμῶν Ἰησοῦ Χριστοῦ καὶ ἡ ἀγάπη τοῦ Θεοῦ καὶ ἡ κοινωνία τοῦ ἁγίου Πνεύματος.' καὶ πάλιν· 'παρακαλῶ   Rom. xv. 30.
15 δὲ ὑμᾶς διὰ τοῦ Κυρίου ἡμῶν Ἰησοῦ Χριστοῦ καὶ διὰ τῆς ἀγάπης τοῦ Πνεύματος.' εἰ τοίνυν ἀντὶ τῆς 'καὶ' τῇ 'σὺν'   T. III. p. 50. ἐθελήσαιμεν χρήσασθαι, τί διάφορον πεποιηκότες ἐσόμεθα; ἐγὼ μὲν οὐχ ὁρῶ, πλὴν εἰ μὴ [3] ψυχραῖς γραμματικαῖς τις τὸν μὲν [4] σύνδεσμον ὡς συμπλεκτικὸν καὶ πλείονα ποιοῦντα
20 τὴν ἕνωσιν [5] προτιμώη, τὴν [6] δὲ πρόθεσιν ὡς οὐκ ἔχουσαν τὴν ἴσην δύναμιν ἀποπέμποιτο. ἀλλ' εἴ [7] γε περὶ τούτων τὰς εὐθύνας ὑπείχομεν, [8] ἴσως οὐκ ἂν πολλοῦ λόγου πρὸς τὴν ἀπολογίαν ἐπεδεήθημεν. νῦν δὲ οὐ περὶ συλλαβῶν οὐδὲ περὶ τοιοῦδε ἢ [9] τοιοῦδε φωνῆς ἤχου ὁ λόγος αὐτοῖς, ἀλλὰ
25 περὶ πραγμάτων ἐν δυνάμει καὶ ἀληθείᾳ μεγίστην ἐχόντων διαφοράν. ὧν ἕνεκεν ἀπαρατηρήτου τῆς χρήσεως τῶν συλλαβῶν οὔσης οὗτοι τὰς μὲν ἐγγράφειν, τὰς δὲ [10] ἀποδιώκειν τῆς Ἐκκλησίας ἐπιχειροῦσιν. ἐγὼ δέ, εἰ καὶ ἐκ τῆς

[1] ὅτι R₂.   [2] ἀλλ' ὅτι V. ἀλλότι v. ἀλλότι (sic) o.   [3] ψυχρείαις γραμματικαῖς v.   [4] add. καὶ o.   [5] txt. V προτιμοίη (sic) o. προτιμήσοι μ v. προτιμῶν Ben.   [6] add. σὺν o.   [7] γὰρ v.   [8] ὡς μ. om. ἴσως v.   [9] add. περὶ V.   [10] διώκειν μ v.

59. 1. διὰ τῆς προκειμένης λέξεως, ἥτις κ.τ.λ., i. e. σύν, which has the same force as καί in the Scripture sc. St. Matt. xxviii. 19.

116 'With' confutes Sabellianism and Arianism.

πρώτης ἀκοῆς ἐναργὲς [1] ἔχει τὸ χρήσιμον, [2] ἀλλ' οὖν καὶ τὸν λόγον παρέξομαι, καθ' ὃν οὐκ ἀργῶς οἱ πατέρες ἡμῶν συμπαρέλαβον τὴν χρῆσιν τῆς προθέσεως ταύτης. [3] πρὸς γὰρ [4] τῷ τὸ τοῦ Σαβελλίου κακὸν ἰσοσθενῶς τῇ 'καὶ' συλλαβῇ διελέγχειν καὶ παραπλησίως ἐκείνῃ τὸ τῶν Ὑποστάσεων ἴδιον παριστᾶν, [5] ὡς τὸ 'ἐγὼ καὶ ὁ Πατὴρ ἐλευσόμεθα,' καὶ [6] τὸ 'ἐγὼ καὶ ὁ Πατὴρ Ἕν ἐσμεν,' ἐξαίρετον ἔχει τῆς ἀϊδίου κοινωνίας καὶ [7] ἀπαύστου συναφείας τὸ μαρτύριον. ὁ [8] γὰρ εἰπὼν 'σὺν τῷ Πατρὶ' τὸν Υἱὸν εἶναι ὁμοῦ τήν τε τῶν Ὑποστάσεων ἰδιότητα καὶ τὸ ἀχώριστον τῆς κοινωνίας ἔδειξεν. ὅπερ καὶ ἐπὶ τῶν ἀνθρωπίνων [9] ἐστὶν ἰδεῖν· ὁ μὲν [10] 'καὶ' σύνδεσμος τὸ κοινὸν τῆς ἐνεργείας παρίστησιν, ἡ δὲ 'σὺν' πρόθεσις τὴν κοινωνίαν πως [11] συνενδείκνυται. οἷον ἔπλευσαν εἰς Μακεδονίαν Παῦλος καὶ Τιμόθεος, ἀλλὰ καὶ Τυχικὸς καὶ Ὀνήσιμος ἀπεστάλησαν [12] Κολοσσαεῦσιν. ἐκ τούτων ὅτι μὲν ταὐτὸν ἐνήργησαν μεμαθήκαμεν· ἐὰν δὲ ἀκούσωμεν ὅτι συνέπλευσαν καὶ συναπεστάλησαν, ὅτι καὶ μετ' ἀλλήλων τὴν πρᾶξιν ἐπλήρωσαν προσεδιδάχθημεν. οὕτω τὸ [13] τοῦ Σαβελλίου κακὸν ὡς οὐδεμία τῶν ἄλλων φωνῶν [14] καταλύουσα προστίθησιν ἐκείνοις καὶ τοὺς κατὰ διάμετρον ἀσεβοῦντας. λέγω [15] δὴ τούτους, οἱ χρονικοῖς διαστήμασι τοῦ μὲν Πατρὸς τὸν Υἱόν, τοῦ δὲ Υἱοῦ τὸ Πνεῦμα [16] τὸ ἅγιον διαιροῦσι.

---

[1] ἔχεις V. [2] om. ἀλλ' οὖν μ ο ν 'quatuor MSS.' [3] πρὸς γὰρ τῷ τοῦ Σαβελλίου κακὸν ἀνθιστάμενοι ἰσοσθενῶς τῇ καὶ συλλαβῇ τὴν σὺν καὶ παραπλησίως ἐκείνῃ τὸ τῶν ὑποθέσεων ἴδιον παριστᾶν δειξαν τὸ γὰρ Ἐγὼ καὶ ὁ Πατὴρ ἐλευσόμεθα καὶ ... V. [4] om. τῷ μ V. [5] om. ὡς τὸ μ ο ν. δειξαν (sic) τὸ γὰρ V. [6] om. τὸ μ ο V v. [7] ἀπαρασπάστου V. [8] οὖν V. [9] txt. V 'hae voces (ἐστὶν ἰδεῖν) additae ex Reg. sec.' om. μ ο ν. [10] add. γὰρ v. [11] ἐνδείκνυται μ v. συνεπιδείκνυται V. [12] κολασσαεῦσιν V v. [13] om. τοῦ V. [14] add. αὕτη V. [15] δὲ ο V v. [16] om. τὸ ἅγιον V.

---

2. οὐκ ἀργῶς οἱ πατέρες ἡμῶν συμπαρέλαβον. St. Basil's statement of the reason of the use of μετά, σύν in the Doxology is not confirmed by any earlier or contemporary writer, so far as the editor is aware, nor is it contradicted. Sabellius is not heard of later than A.D. 217.

For 'With' and 'In,' St. Basil suggests 'And.'

60. Πρὸς δὲ τὴν 'ἐν' συλλαβὴν ἐκεῖνο μάλιστα τὸ διάφορον ἔχει, ὅτι ἡ μὲν 'σὺν' τὴν πρὸς ἀλλήλους συνάφειαν τῶν κοινωνούντων παρίστησιν, οἷον τῶν συμπλεόντων ἢ [1] συνοικούντων ἢ ὁτιοῦν τῶν πάντων κοινῶς ἐκτελούντων, ἡ δὲ 'ἐν' τὴν σχέσιν τὴν πρὸς τὸ ἐν ᾧ τυγχάνουσιν ἐνεργοῦντες δηλοῖ. 'ἐμπλέουσι' γὰρ καὶ 'ἐνοικοῦσιν' ἀκούσαντες τὸ σκάφος καὶ τὴν οἰκίαν εὐθὺς ἐνοήσαμεν. κατὰ μὲν οὖν τὴν κοινὴν χρῆσιν ἡ πρὸς ἀλλήλας αὐτῶν διαφορὰ τοιαύτη, καὶ [2] ἐπὶ πλεῖον ἂν εὑρεθείη παρὰ τῶν φιλοπόνων· οὐ γὰρ ἐμοὶ σχολὴ τὰ περὶ [3] τῶν συλλαβῶν ἐξετάζειν. ἐπεὶ οὖν δέδεικται ἡ 'σὺν' εὐσημότατα ἀποδιδοῦσα τῆς συναφείας τὴν ἔννοιαν, γενέσθω ὑμῖν ἔνσπονδος, εἰ δοκεῖ, καὶ παύσασθε τοῦ χαλεποῦ πρὸς αὐτὴν καὶ ἀκηρύκτου πολέμου. ὅμως μέντοι οὕτως [4] εὐφήμου τῆς [5] φωνῆς ὑπαρχούσης, εἴ τῳ φίλον ἐν δοξολογίαις τῇ 'καὶ' συλλαβῇ συνδεῖν τὰ ὀνόματα καὶ δοξάζειν, ὡς ἐν [6] εὐαγγελίοις ἐπὶ τοῦ βαπτίσματος μεμαθήκαμεν, 'Πατέρα καὶ Υἱὸν καὶ ἅγιον Πνεῦμα,' καὶ οὕτω γινέσθω, οὐδεὶς [7] ἀντερεῖ. ἐπὶ τούτοις εἰ δοκεῖ καταθώμεθα. ἀλλὰ τὰς γλώσσας ἂν πρόοιντο μᾶλλον ἢ τὴν φωνὴν ταύτην δέξαιντο. τοῦτο μὲν οὖν ἐστιν, [8] ὃ τὸν ἀκήρυκτον ἡμῖν καὶ ἄσπονδον πόλεμον ἐπεγείρει. 'ἐν τῷ Πνεύματι,' φησί, 'τῷ ἁγίῳ τὴν [9] δοξολογίαν ἀποδοτέον [10] τῷ Θεῷ, οὐχὶ δὲ [11] καὶ τῷ [12] Πνεύματι,' καὶ ἐκθυμότατα τῆς φωνῆς ταύτης ὡς ταπεινωτικῆς τοῦ Πνεύματος περιέχονται. περὶ ἧς οὐκ ἄχρηστον καὶ διὰ μακροτέρων εἰπεῖν. ὧν ἀκούσαντες οὗτοι, [13] θαυμάσαιμεν ἄν, εἰ μὴ ὡς προδότιν αὐτὴν καὶ πρὸς τὴν τοῦ Πνεύματος δόξαν αὐτομολοῦσαν [14] ἀποκηρύξωσιν.

T. III. p. 51.

Matt. xxviii. 19.

---

[1] add. τῶν v. [2] txt. μ v. ἔτι πλέον εὑρεθείη o V 'alius.' [3] om. τῶν μ o v. [4] txt. μ o V v. εὐσήμου Ben. 'ex uno tantum cod.' [5] add. εὖ μ v 'in duobus MSS.' [6] εὐαγγελίῳ v. [7] ἀντερεῖ γε ἐπὶ V. [8] ὅτ' ἂν ... ἐπεγείρειεν V. [9] δόξαν R₂ V. [10] om. τῷ V. [11] om. καὶ V. [12] add. ἁγίῳ o. [13] txt. R₂ μ V v. θαυμάσαιμ' ἂν o. [14] ἀποκηρύξουσιν V v.

Ὅτι ὁσαχῶς λέγεται τὸ 'ἐν,' τοσαυταχῶς [1] καὶ ἐπὶ τοῦ Πνεύματος λαμβάνεται.

ΚΕΦΑΛΑΙΟΝ Κϛ'.

61. Ἐμοὶ τοίνυν σκοπουμένῳ δοκεῖ, ἁπλῆς καὶ συντόμου τῆς ἐκφωνήσεως οὔσης πολλὰ καὶ ποικίλα εἶναι τὰ δι' αὐτῆς σημαινόμενα. ὁσαχῶς γὰρ λέγεται [2]τὸ 'ἐν,' τοσαυταχῶς εὑρίσκομεν ταῖς περὶ τοῦ Πνεύματος ἐννοίαις [3]ὑπηρετούμενον. λέγεται μὲν οὖν τὸ εἶδος ἐν τῇ ὕλῃ εἶναι, καὶ ἡ δύναμις ἐν τῷ δεκτικῷ, καὶ ἡ ἕξις ἐν τῷ κατ' αὐτὴν διακειμένῳ, καὶ πολλὰ τοιαῦτα. οὐκοῦν καθὸ μὲν τελειωτικὸν τὸ ἅγιον Πνεῦμα τῶν λογικῶν, ἀπαρτίζον αὐτῶν τὴν ἀκρότητα, τὸν τοῦ εἴδους λόγον ἐπέχει. ὁ γὰρ μηκέτι κατὰ σάρκα ζῶν, ἀλλὰ Πνεύματι [4]Θεοῦ ἀγόμενος καὶ υἱὸς Θεοῦ χρηματίζων [5]καὶ σύμμορφος τῆς εἰκόνος τοῦ Υἱοῦ τοῦ Θεοῦ γενόμενος, πνευματικὸς ὀνομάζεται. καὶ ὡς ἡ δύναμις τοῦ ὁρᾶν ἐν τῷ ὑγιαίνοντι ὀφθαλμῷ, οὕτως ἡ ἐνέργεια τοῦ Πνεύματος ἐν τῇ κεκαθαρμένῃ ψυχῇ. διὸ καὶ Παῦλος εὔχεται Ἐφεσίοις 'πεφωτισμένους [6]ὀφθαλμοὺς αὐτῶν εἶναι ἐν τῷ Πνεύματι τῆς σοφίας.' καὶ ὡς ἡ τέχνη ἐν τῷ ἀναλαβόντι αὐτήν,

§ 22.
Cf. § 5.
Rom. viii. 12.
Rom. viii. 14.
Rom. viii. 29.
Cf. § 23.
Eph. i. 17, 18.

---

[1] om. καὶ ο (in tabula) V v.   [2] om. τὸ ἐν V.   [3] ὑπηρετούμενα V.   [4] om. θεοῦ μ v.   [5] om. καὶ V.   [6] add. τοὺς ο V v.

---

61. 5. τῆς ἐκφωνήσεως, i. e. ἐν τῷ Πνεύματι.
8. τὸ εἶδος ἐν τῇ ὕλῃ εἶναι. 'Forma est ea differentia, qua genus (quod per se infinitum est) sive materia, fit certum aliquid et finitum: de Part. An. 1. 3 ἔστι δ' ἡ διαφορὰ τὸ εἶδος ἐν τῇ ὕλῃ. Inde sequitur ut quaecunque substantia finita est composita sit ex forma atque materia.' Ritter and Preller, Hist. Phil. Gr. et Rom. cap. vii. (Aristoteles) § 323.
11. τὸν τοῦ εἴδους λόγον ἐπέχει. On the phrase λόγον ἐπέχει see § 5. The soul is form (εἶδος) in relation to the body, but is matter (ὕλη) in relation to the reason, which might be called εἶδος εἴδους. Here St. Basil says that the Holy Spirit is to the reason of rational beings in the stead of form.

οὕτως ἡ χάρις τοῦ Πνεύματος ἐν τῷ ὑποδεξαμένῳ, ἀεὶ μὲν συμπαροῦσα, ¹οὐχὶ δὲ καὶ ἐνεργοῦσα διηνεκῶς. ἐπεὶ καὶ ἡ τέχνη δυνάμει μὲν ἐν τῷ τεχνίτῃ ἐστίν, ἐνεργείᾳ δὲ τότε, ὅταν ²κατ' αὐτὴν ἐνεργῇ· οὕτω καὶ τὸ Πνεῦμα ἀεὶ μὲν συμπάρ-
5 εστι τοῖς ἀξίοις, ἐνεργεῖ δὲ κατὰ τὴν χρείαν ἢ ἐν προφητείαις   1 Cor. xii. 9. 18.
ἢ ἐν ἰάμασιν ἢ ἐν ἄλλοις τισὶ δυνάμεων ἐνεργήμασιν. ἔτι ὡς ἐν σώμασιν ³ὑγίεια ἢ θερμότης ἢ ὅλως αἱ εὐκίνητοι δια-
θέσεις, οὕτω καὶ ἐν ψυχῇ πολλάκις ὑπάρχει τὸ Πνεῦμα, τοῖς διὰ τὸ τῆς γνώμης ἀνίδρυτον εὐκόλως ἣν ἐδέξαντο χάριν
10 ⁴ἀπωθουμένοις ⁵μὴ παραμένον· οἷος ἦν ὁ Σαοὺλ καὶ οἱ   1 Sam. xvi. 14
ἑβδομήκοντα πρεσβύτεροι τῶν υἱῶν Ἰσραὴλ πλὴν τοῦ Ἐλδὰδ
καὶ Μωδάδ (τούτοις γὰρ μόνοις ἐκ πάντων φαίνεται παρα-   Num. xi. 25, 26 (ἐπανεπαύσατο).
μεῖναν τὸ Πνεῦμα), καὶ ὅλως εἴ τις τούτοις τὴν προαίρεσιν
παραπλήσιος. ⁶καὶ ὡς ⁷ὁ λόγος δὲ ἐν ψυχῇ ποτε μὲν ὡς τὸ
15 ἐγκάρδιον νόημα, ποτὲ δὲ ⁸ὡς ὁ προφερόμενος διὰ γλώσσης,
οὕτω τὸ Πνεῦμα τὸ ἅγιον, νῦν μὲν ὅταν 'συμμαρτυρῇ τῷ   T. III. p. 52
πνεύματι' καὶ ὅταν 'κράζῃ ἐν ταῖς καρδίαις ἡμῶν Ἀββᾶ ὁ   Rom. viii. 16 Gal. iv. 6.
Πατήρ,' νῦν δὲ ὅταν λαλῇ ὑπὲρ ἡμῶν, κατὰ τὸ εἰρημένον, ὅτι
'οὐχ ὑμεῖς ἐστε οἱ λαλοῦντες, ἀλλὰ τὸ Πνεῦμα τοῦ Πατρὸς   Matt. x. 20.
20 τὸ λαλοῦν ἐν ὑμῖν.' ἤδη δὲ καὶ ὡς ὅλου ἐν ⁹μέρεσι νοεῖται
τὸ Πνεῦμα κατὰ τὴν τῶν χαρισμάτων διανομήν. πάντες   Rom. xii. 5, 6.
γὰρ 'ἐσμὲν ἀλλήλων μέλη, ἔχοντες δὲ χαρίσματα κατὰ τὴν
χάριν τοῦ Θεοῦ τὴν δοθεῖσαν ἡμῖν διάφορα.' διὰ τοῦτο 'οὐ   1 Cor. xii. 21
δύναται εἰπεῖν ὁ ὀφθαλμὸς τῇ χειρί· χρείαν σου οὐκ ἔχω,
25 ἢ πάλιν ἡ κεφαλὴ τοῖς ποσί· χρείαν ὑμῶν οὐκ ἔχω,' ἀλλὰ
πάντα μὲν ὁμοῦ συμπληροῖ τὸ σῶμα τοῦ Χριστοῦ ἐν τῇ
ἑνότητι τοῦ Πνεύματος, ἀλλήλοις δὲ ἀναγκαίαν τὴν ἐκ τῶν   Eph. iv. 3.
χαρισμάτων ἀντιδίδωσιν ὠφέλειαν. 'ὁ μὲν γὰρ Θεὸς ἔθετο   1 Cor. xii. 18 25.
τὰ μέλη ἐν τῷ σώματι, ἐν ἕκαστον αὐτῶν καθὼς ἠθέλησε.'
30 'τὰ μέντοι μέλη τὸ αὐτὸ μεριμνῶσιν ὑπὲρ ἀλλήλων' κατὰ
τὴν πνευματικὴν κοινωνίαν τῆς συμπαθείας αὐτοῖς ὑπαρ-

---

¹ add. τοῖς ἀξίοις (sic) v.   ² καθ' ἑαυτὴν V.   ³ ὑγεία ο V v.
⁴ ἀποθεμένοις v.   ⁵ txt. V 'haec addidimus ex Reg. sec.' om. μ ο v.
⁶ om. καὶ v.   ⁷ om. ὁ μ V v.   ⁸ om. ὡς v.   ⁹ μέρει μ. μέλεσι ο.

120   The Spirit may be called 'Place,' for 'in'

1 Cor. xii. 26. χούσης, διόπερ 'εἴτε πάσχει ἓν μέλος, συμπάσχει πάντα τὰ μέλη, ¹εἴτε δοξάζεται ²ἓν μέλος, συγχαίρει πάντα τὰ *Rom. viii. 9.* μέλη.' καὶ ὡς μέρη δὲ ἐν ὅλῳ οἱ καθ' ἕνα ἐσμὲν ³ἐν τῷ *1 Cor. xii. 13 (incorrectly quoted, see § 28).* Πνεύματι, ὅτι οἱ πάντες ἐν ἑνὶ σώματι εἰς ἓν Πνεῦμα ἐβαπτίσθημεν.

62. Ὁ δὲ παράδοξον μὲν εἰπεῖν, ἀληθὲς δὲ ⁴οὐδενὸς ἔλαττον, ὅτι καὶ ὡς χώρα τῶν ἁγιαζομένων πολλάκις τὸ Πνεῦμα λέγεται, καὶ φανήσεται οὐδὲ οὗτος ὁ τρόπος κατασμικρύνων τὸ Πνεῦμα, ἀλλὰ μᾶλλον δοξάζων. τὰ γάρ τοι σωματικὰ τῶν ὀνομάτων καὶ ἐπὶ τὰς πνευματικὰς ἐννοίας ⁵ἐναργείας ἕνεκεν πολλάκις ὁ λόγος μετακομίζει. τετηρήκαμεν οὖν καὶ ἐπὶ τοῦ Θεοῦ τὸν ψαλμῳδὸν λέγοντα· *Ps. lxxi. [lxx. LXX.] 3.* 'γενοῦ μοι εἰς Θεὸν ὑπερασπιστὴν καὶ εἰς τόπον ὀχυρὸν τοῦ *Ex. xxxiii. 21.* σῶσαί με,' περὶ δὲ τοῦ Πνεύματος, 'ἰδοὺ τόπος,' ⁶φησί, 'παρ' ⁷ἐμοί, καὶ στῆθι ἐπὶ τῆς πέτρας,' τί ἄλλο λέγων τὸν τόπον ἢ τὴν ἐν Πνεύματι θεωρίαν, ἐν ᾗ γενόμενος ἐδύνατο ἰδεῖν γνωστῶς ἐμφανιζόμενον αὐτῷ τὸν Θεὸν ὁ Μωϋσῆς; *Deut. xii. 13, 14.* οὗτός ἐστιν ὁ τόπος ⁸ὁ τῆς ἀληθινῆς λατρείας ἴδιος. 'πρόσεχε' γάρ, φησί, 'μὴ ἀνενέγκῃς ⁹τὰ ὁλοκαυτώματά σου ἐν

¹ om. εἴτε δοξάζεται ... μέλη V.   ² om. ἐν ο.   ³ om. ἐν ν.
⁴ οὐδὲν μ ' duo codd.'   ⁵ om. ἐναργείας ἕνεκεν μ.   ⁶ φησὶν ὀχυρὸς παρ' ν.   ⁷ ἐμοῦ μ.   ⁸ om. ὁ μ.   ⁹ τὸ ὁλοκαύτωμα μ.

---

62. O has the following marginal gloss on this section : φίλωνος. τριχῶς ἐπινοεῖται τόπος· ἅπαξ μὲν χώρα ὑπὲρ (ὑπὸ?) σώματος πεπληρωμένη· κατὰ δεύτερον δὲ τρόπον ὁ θεῖος λόγος ἐκπεπλήρωκεν ὅλον δι' ὅλων ἀσωμάτοις δυνάμεσιν αὐτὸς ὁ Θεός· εἶδεν γάρ φησι τὸν τύπον οὗ εἰστήκει ὁ Θεὸς τοῦ Ἰσραήλ· ἐν ᾧ μόνῳ καὶ ἱερουργεῖν ἀφῆκε, ἄλλοθι κωλύσας· εἴρηται γὰρ ἀναβαίνειν εἰς τὸν τόπον ὃν ἂν ἐκλέξηται Κύριος ὁ Θεός, κἀκεῖ θύειν τὰ ὁλοκαυτώματα· κατὰ δὲ τρίτον σημαινόμενον, αὐτὸς ὁ Θεὸς καλεῖται τόπος. τὸ περιέχειν μὲν τὰ ὅλα· περιέχεσθαι δὲ παρὰ μηδενὸς ἁπλῶς· καὶ τὸ καταφυγὴν τῶν συμπάντων αὐτὸν εἶναι· καὶ ἐπειδήπερ αὐτός ἐστι χώρα ἑαυτοῦ κεχωρηκὼς ἑαυτὸν καὶ ἐμφερόμενος μόνῳ ἑαυτῷ. ἐγὼ μὲν οὖν οὐκ εἰμὶ τύπος, ἀλλ' ἐν τύπῳ· καὶ ἕκαστον τῶν ὄντων ὁμοίως· τὸ γὰρ περιεχόμενον διαφέρει τοῦ περιέχοντος· τὸ δὲ θεῖον ὑπ' οὐδενὸς περιεχόμενον ἀναγκαίως ἐστὶν αὐτὸ τύπος ἑαυτοῦ· μαρτυρεῖ δέ μοι λόγιον τὸ χρησθὲν ἐπὶ Ἀβραὰμ τόδε· καὶ ἀναβλέψας τοῖς ὀφθαλμοῖς εἶδεν τὸν τόπον μακρόθεν· εἰς ὃν ἦλθεν τύπον, αὐτὸν εἶδεν μακρόθεν.

Him we worship, and speak mysteries. 121

παντὶ τόπῳ ἀλλ' ἐν τῷ τόπῳ, ᾧ ¹ἂν ἐκλέξηται Κύριος ὁ
Θεός σου.' ποῖον οὖν ἐστιν ὁλοκαύτωμα πνευματικόν ;
²ἡ θυσία τῆς αἰνέσεως. ἐν ποίῳ δὲ τόπῳ ταύτην ³προσφέ- Ps. l. [xlix. LXX.] 14.
ρομεν ; ἐν τῷ Πνεύματι τῷ ἁγίῳ. ποῦ τοῦτο μεμαθήκαμεν ;
5 ⁴παρ' αὐτοῦ τοῦ Κυρίου λέγοντος, ὅτι 'οἱ ἀληθινοὶ προσ- John iv. 23.
κυνηταὶ ἐν Πνεύματι καὶ Ἀληθείᾳ ⁵προσκυνήσουσι ⁶τῷ
Πατρί.' τοῦτον τὸν τόπον ἰδὼν ὁ Ἰακὼβ ἔφη, ὅτι 'Κύριος Gen. xxviii. 16.
ἐν τῷ τόπῳ τούτῳ.' ὥστε τὸ Πνεῦμα τόπος ἀληθῶς τῶν
ἁγίων, καὶ ὁ ἅγιος τόπος οἰκεῖος τῷ Πνεύματι, ἐμπαρέχων
10 ἑαυτὸν ⁷πρὸς ἐνοίκησιν τὴν μετὰ Θεοῦ καὶ ναὸς αὐτοῦ 1 Cor. vi. 19.
χρηματίζων. ὡς γὰρ ἐν Χριστῷ λαλεῖ Παῦλος· 'κατενώ- 2 Cor. ii. 17.
πιον ⁸γάρ, φησί, Θεοῦ ἐν Χριστῷ λαλοῦμεν,' καὶ Χριστὸς ἐν
Παύλῳ, ὡς αὐτὸς λέγει· ⁹ἢ 'δοκιμὴν ζητεῖτε τοῦ ἐν ¹⁰ἐμοὶ 2 Cor. xiii. 3.
λαλοῦντος Χριστοῦ ;' οὕτω καὶ ἐν Πνεύματι λαλεῖ μυστήρια, 1 Cor. xii. 3; xiv. 2.
15 καὶ τὸ Πνεῦμα πάλιν λαλεῖ ἐν αὐτῷ. 1 Pet. i. 11.
63. Ἐν μὲν οὖν τοῖς ¹¹γεννητοῖς οὕτω πολυμερῶς καὶ Gal. iv. 6.
Acts xv. 28.

¹ ἐὰν o. ² ἢ v. ³ προσφέρομεν ἢ ἐν τῷ πνεύματι τῷ ἁγίῳ ; Heb. i. 1.
Ben. ⁴ παρὰ τοῦ κυρίου μ v. ⁵ προσκυνοῦσι V v. ⁶ τὸν πατέρα V.
⁷ εἰς v. ⁸ om. γάρ v. ⁹ εἰ V. txt. μ o v 'MSS. quinque.'
¹⁰ ἡμῖν v. ¹¹ γενητοῖς o.

---

6. ἐν Πνεύματι καὶ Ἀληθείᾳ. Here, and in § 64, St. Basil explains these words as meaning ἐν τῷ Πνεύματι τῷ ἁγίῳ (ὡς ἐν φωτί, § 64) and ἑαυτὸν λέγων δηλαδὴ τὴν ἀλήθειαν (ὡς ἐν εἰκόνι τοῦ Θεοῦ καὶ Πατρός, § 64). Didymus, in his book on the Holy Spirit, says : 'in spiritu, quia corporalia et humilia transcenderunt : in veritate, quia typos, et umbras, et exemplaria relinquentes ad ipsius veritatis venere substantiam.' But St. Athanasius (Epist. i. ad Serap. § 33), after quoting the words, says : δέδεικται τοίνυν ἐντεῦθεν, ὡς ἡ ἀλήθεια μὲν αὐτὸς ὁ Υἱός ἐστιν, ... προσκυνοῦσι μὲν τῷ Πατρί, ἀλλ' ἐν Πνεύματι καὶ Ἀληθείᾳ, ὁμολογοῦντες Υἱὸν καὶ ἐν αὐτῷ τὸ Πνεῦμα· ἀχώριστον γὰρ τοῦ Υἱοῦ τὸ Πνεῦμα ὡς ἀχώριστος ὁ Υἱὸς τοῦ Πατρός.

8. ὥστε τὸ Πνεῦμα τόπος. Cf. (of the Son) St. Aug. in Joan. xxvii. 6 'Manemus in illo cum sumus membra eius : manet autem ipse in nobis cum sumus templum eius '; and (of the Father) Heb. iii. 6 οὗ οἶκός ἐσμεν ἡμεῖς.

14. ἐν Πνεύματι λαλεῖ μυστήρια. There is no preposition in the text quoted (1 Cor. xiv. 2) ; but the phrase occurs in 1 Cor. xii. 3.

63. 16. Ἐν μὲν οὖν τοῖς γεννητοῖς. In v, a later hand adds to this section the gloss ἐνταῦθα οὐ τὴν ἐνέργειαν τοῦ ἁγίου πνεύματος ἀλλ' αὐτὸ τὸ ἅγιον πνεῦμα ἐνοικεῖν τοῖς ἁγίοις διδάσκει ὁ μέγας οὗτος.

πολυτρόπως ἐνεῖναι λέγεται τὸ Πνεῦμα, Πατρὶ δὲ καὶ Υἱῷ οὐχὶ ἐνεῖναι μᾶλλον, ἀλλὰ συνεῖναι εἰπεῖν εὐσεβέστερον. ἡ μὲν γὰρ παρ᾽ αὐτοῦ χάρις [1] οἰκοῦντος ἐν τοῖς ἀξίοις καὶ ἐνεργοῦντος τὰ ἑαυτοῦ καλῶς ἐνυπάρχειν τοῖς δεκτικοῖς αὐτοῦ λέγεται, ἡ δὲ προαιώνιος ὕπαρξις καὶ ἄπαυστος διαμονὴ μεθ᾽ Υἱοῦ καὶ Πατρὸς θεωρουμένη τὰς τῆς ἀϊδίου συναφείας προσηγορίας ἐπιζητεῖ. τὸ γὰρ κυρίως καὶ ἀληθῶς συνυπάρχειν ἐπὶ τῶν ἀχωρίστως ἀλλήλοις συνόντων λέγεται. τὴν γὰρ θερμότητα τῷ μὲν πυρακτωθέντι σιδήρῳ ἐνυπάρχειν φαμέν, αὐτῷ δὲ τῷ πυρὶ συνυπάρχειν, καὶ τὴν μὲν [2] ὑγίειαν τῷ σώματι ἐνυπάρχειν, τὴν δὲ ζωὴν τῇ ψυχῇ συνυπάρχειν. ὥστε ὅπου μὲν οἰκεία καὶ συμφυὴς καὶ ἀχώριστος ἡ κοινωνία, σημαντικωτέρα φωνὴ ἡ [3] 'σύν,' τῆς ἀχωρίστου κοινωνίας τὴν διάνοιαν [4] ὑποβάλλουσα, ὅπου δὲ προσγίνεσθαι ἢ ἀπ᾽ αὐτοῦ χάρις καὶ πάλιν ἀπογίνεσθαι πέφυκεν, οἰκείως καὶ ἀληθῶς τὸ ἐνυπάρχειν λέγεται, κἂν τοῖς δεξαμένοις πολλάκις διὰ τὸ ἑδραῖον τῆς περὶ τὸ καλὸν διαθέσεως ἡ ἀπ᾽ αὐτοῦ χάρις διαρκὴς παραμένῃ. ὥστε ὅταν μὲν τὴν [5] οἰκείαν ἀξίαν τοῦ Πνεύματος ἐννοῶμεν, 'μετὰ' Πατρὸς αὐτὸ καὶ Υἱοῦ θεωροῦμεν, ὅταν δὲ τὴν εἰς τοὺς μετόχους ἐνεργουμένην χάριν ἐνθυμηθῶμεν, 'ἐν' ἡμῖν εἶναι τὸ Πνεῦμα λέγομεν. καὶ ἥ γε προσαγομένη δοξολογία παρ᾽ ἡμῶν '[6] ἐν τῷ Πνεύματι' οὐχὶ τῆς ἐκείνου ἀξίας [7] ὁμολογίαν ἔχει, ἀλλὰ τῆς ἡμετέρας αὐτῶν ἀσθενείας ἐξομολόγησιν, δεικνύντων ὅτι οὔτε δοξάσαι ἀφ᾽ ἑαυτῶν ἱκανοί ἐσμεν, ἀλλ᾽ ἡ ἱκανότης ἡμῶν 'ἐν τῷ Πνεύματι τῷ ἁγίῳ,' ἐν ᾧ δυναμωθέντες [8] τὴν ὑπὲρ ὧν [9] εὐεργετήθημεν τῷ Θεῷ ἡμῶν [10] εὐχαριστίαν ἀποπληροῦμεν, κατὰ τὸ μέτρον τῆς ἀπὸ κακίας καθαρότητος ἕτερος ἑτέρου πλέον ἢ ἔλαττον τῆς ἐκ τοῦ Πνεύματος βοηθείας μεταλαμβάνοντες, εἰς τὸ προσφέρειν τὰς θυσίας τῆς αἰνέσεως τῷ Θεῷ. καθ᾽

---

[1] ἐνοικοῦντος V.   [2] ὑγείαν V v.   [3] txt. V 'ex Reg. sec. addita.' om. σὺν μ ο v.   [4] ὑπερβάλλουσα μ v (sed ὑπο s. l. m. prima).   [5] om. οἰκείαν μ v.   [6] om. ἐν V.   [7] δοξολογίαν v.   [8] om. τὴν μ v.   [9] εὐηργετήθημεν v.   [10] add. τὴν v.

Yet 'In' the Spirit has a very high meaning. 123

ἕνα ¹μὲν οὖν τρόπον οὕτως εὐσεβῶς 'ἐν Πνεύματι' ²τὴν εὐχαριστίαν ἀποπληροῦμεν. καίτοι καὶ τοῦτο οὐκ ἀβαρὲς ³αὐτόν τινα ἑαυτῷ μαρτυρεῖν, ὅτι Πνεῦμα Θεοῦ ἐν ἐμοί, καὶ διὰ τῆς ⁴ἀπ' αὐτοῦ χάριτος σοφισθεὶς ἀναφέρω τὴν δόξαν.
5 Παύλῳ γὰρ πρέπουσα ἡ φωνή· 'δοκῶ γὰρ κἀγὼ Πνεῦμα Θεοῦ ἔχειν,' καὶ πάλιν· 'τὴν καλὴν παρακαταθήκην φύλαξον διὰ Πνεύματος ἁγίου τοῦ ἐνοικοῦντος ἐν ἡμῖν·' καὶ περὶ τοῦ Δανιήλ, ὅτι 'Πνεῦμα Θεοῦ ἅγιον ἐν αὐτῷ,' καὶ εἴ τις ἐκείνοις τὴν ἀρετὴν παραπλήσιος. 1 Cor. vii. 40.
in § 10 παραθήκην.
2 Tim. i. 14.
Dan. v. 11.

10 **64.** Δεύτερος δὲ νοῦς οὐδὲ αὐτὸς ἀπόβλητος, ὅτι ὥσπερ ἐν τῷ Υἱῷ ὁρᾶται ὁ Πατήρ, οὕτως ὁ ⁵Υἱὸς ἐν τῷ Πνεύματι. ἡ τοίνυν ἐν τῷ Πνεύματι προσκύνησις ⁶τὴν ὡς ἐν φωτὶ ⁷γινομένην τῆς διανοίας ἡμῶν ἐνέργειαν ὑποβάλλει, ὡς ἐκ τῶν πρὸς τὴν Σαμαρεῖτιν εἰρημένων ἂν μάθοις. ἐν τόπῳ
15 γὰρ εἶναι τὴν προσκύνησιν ἐκ τῆς ἐγχωρίου συνηθείας ἠπατημένην ὁ Κύριος ἡμῶν μεταδιδάσκων ἐν Πνεύματι καὶ Ἀληθείᾳ χρῆναι ⁸προσκυνεῖν ἔφησεν, ἑαυτὸν λέγων δηλαδὴ τὴν Ἀλήθειαν. ὥσπερ οὖν ἐν τῷ Υἱῷ προσκύνησιν λέγομεν τὴν ⁹ὡς ἐν Εἰκόνι τοῦ Θεοῦ καὶ Πατρός, οὕτω καὶ ἐν τῷ Πνεύ-
20 ματι ὡς ἐν ¹⁰ἑαυτῷ δεικνύντι τὴν τοῦ Κυρίου Θεότητα. ¹¹διὸ καὶ ἐν τῇ προσκυνήσει ¹²ἀχώριστον ¹³ἀπὸ Πατρὸς καὶ Υἱοῦ τὸ Πνεῦμα τὸ ἅγιον. ἔξω μὲν γὰρ ὑπάρχων αὐτοῦ οὐδὲ προσκυνήσεις τὸ παράπαν, ἐν αὐτῷ δὲ γενόμενος οὐδενὶ τρόπῳ ¹⁴ἀποχωρίσεις ἀπὸ Θεοῦ, οὐ μᾶλλόν γε ἢ τῶν ὁρατῶν ἀποστή-
25 σεις τὸ φῶς. ἀδύνατον γὰρ ἰδεῖν τὴν Εἰκόνα τοῦ Θεοῦ τοῦ ἀοράτου μὴ ἐν ¹⁵τῷ φωτισμῷ τοῦ Πνεύματος, καὶ τὸν ἐνατενίζοντα τῇ Εἰκόνι ἀμήχανον τῆς Εἰκόνος ἀποχωρίσαι τὸ Φῶς. τὸ γὰρ τοῦ ὁρᾶν αἴτιον ¹⁶ἐξ ἀνάγκης συγκαθορᾶται τοῖς ὁρατοῖς. ὥστε οἰκείως καὶ ἀκολούθως διὰ μὲν τοῦ φωτισμοῦ τοῦ
30 Πνεύματος τὸ Ἀπαύγασμα τῆς δόξης τοῦ Θεοῦ καθορῶμεν, T. III. p. 54.
Cf. § 47.
Ps. xxxvi.
[xxxv. LXX.
9.
Heb. i. 2.

John iv. 24.

---

¹ om. μὲν v.   ² om. τὴν V.   ³ τὸ V.   ⁴ om. ἀπ' V v.
⁵ txt. o V Ben. Filius S. χ̅ς̅ μ v.   ⁶ add. εἰς V.   ⁷ γενομένην V.
⁸ προσκυνῆσαι μ v.   ⁹ om. ὡς v.   ¹⁰ αὐτῷ v.   ¹¹ om. διὸ V.
¹² add. δὲ V.   ¹³ om. ἀπὸ o.   ¹⁴ διαχωρίσεις μ o V v.   ¹⁵ om. τῷ v.   ¹⁶ add. καὶ V.

Liturg. Constant. St. Basilii Anaphora Pref.

διὰ δὲ τοῦ Χαρακτῆρος ἐπὶ [1] τὸν οὗ ἐστιν ὁ Χαρακτὴρ καὶ [2] ἡ ἰσότυπος Σφραγὶς ἀναγόμεθα.

Πόθεν ἡ 'σὺν' ἤρξατο συλλαβὴ καὶ ποίαν δύναμιν ἔχει· ἐν ᾧ καὶ τὰ περὶ τῶν ἀγράφων τῆς ἐκκλησίας νομίμων.

ΚΕΦΑΛΑΙΟΝ ΚΖ'.

65. 'Τίνος οὖν ἕνεκεν,' [3] φασίν, 'ἰδίως προσηκούσης τῷ Πνεύματι τῆς "ἐν" συλλαβῆς καὶ εἰς πᾶσαν ἡμῖν τὴν περὶ αὐτοῦ ἔννοιαν ἐξαρκούσης, τὴν [4] καινὴν ταύτην ὑμεῖς συλλαβὴν ἐπεισηγάγετε, "σὺν τῷ Πνεύματι" λέγοντες καὶ οὐκ "ἐν τῷ Πνεύματι τῷ ἁγίῳ," οὔτε ἄλλως ἀναγκαία οὔτε νενομισμένα ταῖς Ἐκκλησίαις φθεγγόμενοι;' ὡς μὲν οὖν οὐχὶ ἀποκληρωτικῶς τῷ ἁγίῳ Πνεύματι ἡ 'ἐν' συλλαβὴ διενήνοχεν, ἀλλὰ κοινὴ [5] Πατρός ἐστι καὶ Ὑἱοῦ, ἐν τοῖς κατόπιν εἴρηται· οἶμαι δὲ κἀκεῖνο ἀρκούντως εἰρῆσθαι, ὅτι οὐ μόνον οὐκ ἀφαιρεῖταί τι τῆς ἀξίας τοῦ Πνεύματος, ἀλλὰ καὶ πρὸς τὸ μέγιστον ὕψος τῶν μὴ πάντη [6] ἐνδιαστρόφων τοὺς λογισμοὺς ἐπανάγει. λειπόμενον δέ ἐστι περὶ τῆς 'σὺν' [7] ὁπόθεν ἤρξατο καὶ τίνα δύναμιν ἔχει καὶ ὅπως σύμφωνός ἐστι τῇ Γραφῇ διηγήσασθαι.

§ 11.
§§ 61-64.
§§ 66, 67, 71-74.
§§ 68-70.

[1] τῶν ὧν ἐστι χαρακτὴρ V.   [2] om. ἡ ο V.   [3] φησίν ο.   [4] κενὴν V.
[5] πνς v.   [6] ἀδιαστρόφων v.   [7] πόθεν ο V.

64. 1. ἡ ἰσότυπος **Σφραγίς.** St. Athan. in Matt. xi. 22. § 5 (t. i. p. 107 E) εἰκὼν γάρ ἐστι ... σφραγὶς γάρ ἐστιν ἰσότυπος ἐν ἑαυτῷ δεικνὺς τὸν Πατέρα, Λόγος ζῶν ἀληθινός, δύναμις, σοφία, ἁγιασμός. St. Irenaeus (iv. 7) seems to call the Spirit 'Figuratio Sua.'

65. 18. **λειπόμενον δέ ἐστι, κ.τ.λ.** The origin of the phrase σὺν τῷ Πνεύματι is shewn to be silent tradition, which is described and exemplified very fully in §§ 66, 67; its meaning and its conformity with Scripture is given in §§ 68-70 : and the use of it, or of phrases equivalent to it, is traced through accredited Church teachers and writers from St. Clement of Rome to St. Basil's own time in §§ 71-74.

The genuineness of the whole book. 125

65. The doubt cast by Erasmus upon the genuineness of the latter half of the treatise may be noticed in connexion with this section: and the hastiness and vehemence of his followers present a curious parallel to a certain section of modern 'higher criticism' as applied to the Bible. In his Dedicatory Epistle, addressed to Bishop John, of Culm in Poland (1530–1538) Erasmus writes: 'Postquam dimidium operis absolveram citra taedium, visa est mihi phrasis alium referre parentem, aliumque spirare genium: interdum ad Tragicum Cothurnum intumescebat oratio, rursus ad vulgarem sermonem subsidebat, interdum subinane quiddam habere videbatur, vel ut ostentantis se didicisse quae Aristoteles in libro de Enuntiatione et Praedicamentis, Porphyrius in libello de quinque vocibus praedicabilibus tradiderunt. Adhaec subinde digrediebatur ab instituto, nec satis concinne redibat a digressione. Postremo multa videbantur admisceri, quae non admodum facerent ad id quod agitur, quaedam etiam repetuntur oblivione, verius quam judicio. Quum Basilius ubique sit sanus, simplex et candidus, sibi constans, atque etiam instans, nunquam ab eo quod agitur excurrens temere, nunquam divinis mysteriis admiscens philosophiam mundanam, nisi per adversarios coactus, idque contemptim.' Erasmus however went on to say 'Sed hanc meam suspicionem nihil aliud haberi volo quam somnium, si tu dissentias.' Whether the Bishop thought it a dream or not, Cocus, in his 'Censura quorundam scriptorum quae sub nominibus sanctorum et veterum auctorum citari solent,' quotes it with approval; but acknowledges that Bellarmine (De Verbo Dei, lib. iv. cap. 7) cares nothing for it, and that Coster (Apol. 2 pro 2 parte Enchirid.) 'impudently asserts' that it is not to the point. Cocus 'confirms' Erasmus' criticism by 'various arguments': (1) he calls the chapter on traditions a lengthy talk ('longam fabulam') and says it has nothing to do with the origin of the phrase 'σὺν τῷ Πνεύματι.' (2) He impugns the statement on the effect of rejecting unwritten practices (§ 66 τὰ ἄγραφα τῶν ἐθῶν ... παραιτεῖσθαι) as the assertion of a madman ('quis nisi delirans ... diceret?'). (3) He misapplies the statement of the silent tradition of δόγματα to the mysteries of the Holy Trinity, the Incarnation, the Passion, the Forgiveness of sins and the Promise of eternal life, and then calls the writer a trifler ('nugator'). (4) He asserts that the statements on the reverence due to tradition directly contradict St. Basil's sermon 'de Fide' as to rejecting anything contained in Scripture ('respuere aliquid eorum quae scriptura habet') or bringing in anything that is not written ('vel aut inducere quicquam quod scriptum non est'). (5) He confuses the Meletius of Pontus, who died circ. A.D. 330, with Meletius of Antioch, who presided at the Council of Constantinople (A.D. 381), and accuses the writer of doing it. Oudinus (Comm. de Scriptoribus et Scriptis Eccl. i. p. 560 ff.) quotes these 'reasons' of Cocus, and adds a sixth, which is really drawn from the spurious homily on the Holy Spirit, and has most probably nothing to do with St. Basil.

Casaubon points out that Erasmus forgot the quotation of the treatise by St. John Damascene as the thirty chapters to Amphilochius;

and the later discovery of the Syriac paraphrases of the whole book pushes back this argument to about 100 years from the date of St. Basil's writing. The peculiar care taken by St. Basil for the writing out of the treatise, and for its safe arrival in Amphilochius' hands, and the value set upon it by the friends of both make the forgery of half the present book, and the substitution of it for the original within that period, almost incredible.

This section is used in Philaret's Longer Catechism of the Eastern Church, and the questions and answers that introduce it are given from Blackmore's translation in 'The Doctrine of the Russian Church.'

On Holy Tradition and Holy Scripture.

16. How is divine revelation spread among men and preserved in the true Church?

By two channels—holy tradition and holy Scripture.

17. What is meant by the name *holy tradition*?

By the name holy tradition is meant the doctrine of the faith, the law of God, the sacraments, and the ritual, as handed down by the true believers and worshippers of God by word and example from one to another, and from generation to generation.

18. Is there any sure repository of holy tradition?

All true believers united by the holy tradition of the faith, collectively and successively, by the will of God, compose the Church: and she is the sure repository of holy tradition, or as St. Paul expresses it, the Church of the living God, the pillar and ground of the truth (1 Tim. iii. 15). St. Irenaeus writes thus: We ought not to seek among others the truth which we may have for asking from the Church; for in her, as in a rich treasure house, the Apostles have laid up in its fulness all that pertains to the truth, so that whosoever seeketh may receive from her the food of life. She is the door of life (Adv. Haeres. lib. iii. c. 4).

* * * * *

21. Which is the more ancient, holy tradition or holy Scripture?

The most ancient and original instrument for spreading divine revelation is holy tradition. From Adam to Moses there were no sacred books. Our Lord Jesus Christ himself delivered His divine doctrine and ordinances to His Disciples by word and example, but not by writing. The same method was followed by the Apostles also at first, when they spread abroad the faith and established the Church of Christ. The necessity of tradition is further evident from this, that books can be available only to a small part of mankind, but tradition to all.

* * * * *

23. Must we follow holy tradition, even when we possess holy Scripture?

We must follow that tradition, which agrees with the divine revelation and with holy Scripture, as is taught us by holy Scripture itself.

The Apostle Paul writes : Therefore, brethren, stand fast, and hold the traditions which ye have been taught, whether by word or our epistle (2 Thess. ii. 15).

24. Why is tradition necessary even now? As a guide to the right understanding of holy Scripture, for the right ministration of the sacraments, and the preservation of sacred rites and ceremonies in the purity of their original institution. St. Basil the great says of this as follows: Of the doctrines and injunctions kept by the Church, &c.

66. Τῶν ἐν τῇ Ἐκκλησίᾳ πεφυλαγμένων δογμάτων καὶ κηρυγμάτων τὰ μὲν ἐκ τῆς ἐγγράφου διδασκαλίας ἔχομεν, τὰ

66. 1. δογμάτων .. κηρυγμάτων ... ἐν μυστηρίῳ. It was noticed above that the ὁμοούσιον, which many now-a-days would call the Nicene dogma (τὰ τοῦ ὁμοουσίου δόγματα Soc. E. H. iii. 10), because it was put forth in the Council of Nicaea, was for that reason called not δόγμα, but κήρυγμα by St. Basil, who would have said that it became the κήρυγμα (definition) of that Council, because it had always been the δόγμα of the Church; so he calls the μοναρχία not κήρυγμα but δόγμα. The distinction between the two meanings of δόγμα, (1) as in the mind, and (2) as expressed to those who have to obey that mind (decree), should be remembered (Luke ii. 1 ἐξῆλθε δόγμα παρὰ Καίσαρος Αὐγούστου: Acts xvi. 4 φυλάσσειν τὰ δόγματα). The two meanings are also found in the verb (δοκεῖν): St. Athanasius (De Syn. § 5) says περὶ μὲν τοῦ Πάσχα '"Εδοξε τὰ ὑποτεταγμένα·' τότε γὰρ ἔδοξε πάντας πείθεσθαι· περὶ δὲ τῆς πίστεως ἔγραψεν οὐκ ‘"Εδοξεν' ἀλλ', ‘ Οὕτως πιστεύει ἡ καθολικὴ ἐκκλησία·' καὶ εὐθὺς ὡμολόγησαν πῶς πιστεύουσιν, ἵνα δείξωσιν ὅτι μὴ νεώτερον, ἀλλ' ἀποστολικόν ἐστιν αὐτῶν τὸ φρόνημα (=δόγμα in St. Basil's use). But Socrates in describing the Council of Alexandria (A.D. 362) says : 'Ἔνθα καὶ τὸ Ἅγιον Πνεῦμα θεολογήσαντες τῇ ὁμοουσίῳ Τριάδι συνανελαμβάνοντο· καὶ τὸν ἐνανθρωπήσαντα οὐ μόνον ἔνσαρκον, ἀλλὰ καὶ ἐμψυχώμενον ἀπεφήναντο. ᾗ καὶ πάλαι τοῖς ἐκκλησιαστικοῖς ἀνδράσιν ἐδόκει (as was also held by orthodox churchmen from old time). In Eph. ii. 15 ἐν δόγμασι καταργήσας, both St. Chrysostom and Theophylact interpret it of Gospel truths, and Theodoret does 'the same in Col. ii. 14 (Bishop Lightfoot on the passage says that the interpretation 'prevails universally among Greek Commentators both here and in Eph. ii. 15'). Eunomius in his Conf. Fid. § 3 calls our Lord, μεσίτης ἐν δόγμασι, μεσίτης ἐν νόμῳ. Ignatius (Magn. 13) and Barnabas (§ 1) are quoted by Bishop Lightfoot as using δόγματα κυρίου with an approach to the ecclesiastical meaning; but the definite use of St. Basil is perhaps peculiar to him; he applies it both to doctrines and to ritual usages which had the tacit sanction of the Church: assigning κήρυγμα to definitions of doctrine, and enjoined ritual. κήρυγμα is used in St. Basil's definite sense in the Definition of Faith of the Council of Chal-

The value of unwritten tradition.

δὲ ἐκ τῆς τῶν ἀποστόλων παραδόσεως διαδοθέντα ἡμῖν ἐν μυστηρίῳ παρεδεξάμεθα· ἅπερ ἀμφότερα τὴν αὐτὴν ἰσχὺν ἔχει πρὸς τὴν εὐσέβειαν. καὶ τούτοις οὐδεὶς ἀντερεῖ, [1] οὐκοῦν ὅστις γε [2] κατὰ μικρὸν [3] γοῦν [4] θεσμῶν [5] τῆς Ἐκκλησίας πεπείραται. εἰ γὰρ ἐπιχειρήσαιμεν τὰ ἄγραφα τῶν ἐθῶν ὡς μὴ μεγάλην ἔχοντα τὴν δύναμιν παραιτεῖσθαι, λάθοιμεν ἂν εἰς αὐτὰ τὰ καίρια ζημιοῦντες τὸ εὐαγγέλιον, μᾶλλον δὲ εἰς ὄνομα ψιλὸν περιιστῶντες τὸ κήρυγμα. οἷον (ἵνα τοῦ πρώτου καὶ κοινοτάτου [6] μνησθῶ) τῷ τύπῳ τοῦ σταυροῦ τοὺς εἰς τὸ ὄνομα τοῦ Κυρίου ἡμῶν Ἰησοῦ Χριστοῦ ἠλπικότας κατα-

---

[1] οὔκουν ο V v.   [2] κἂν ο.   [3] om. γοῦν μ v.   [4] add. τῶν v.
[5] txt. μ v S favet. om. τῆς ο V 'nonnulli codd.'   [6] add. πρῶτον
Ben. μνησθῶμεν 'unus cod.'

---

cedon : οἱ τῆς ἀληθείας ἀθετεῖν ἐπιχειροῦντες τὸ κήρυγμα (sc. the two forms of Creed just recited) διὰ τῶν οἰκείων αἱρέσεων τὰς κενοφωνίας ἀπέτεκον, and further on, τὸ τοῦ κηρύγματος ἄνωθεν ἀσάλευτον ἐκδιδάσκουσα. The words γραφικαῖς μαρτυρίαις are used in the same letter as equivalent to κήρυγμα. Casaubon (Exerc. ad Baron. xvi. 43) writes : 'Universam doctrinam Christianam veteres distinguebant in τὰ ἔκφορα, i. e. ea quae enuntiari apud omnes poterant, et τὰ ἀπόρρητα, arcana non temere vulganda : de quibus neque in familiaribus colloquiis neque in catechesibus neque in concionibus verba temere faciebant coram paganis, catechumenis, aut quibusvis aliis non initiatis. Basilius (de Spiritu Sancto cap. xxvii) doctrinae Christianae duas partes facit τὰ κηρύγματα praeconia et τὰ δόγματα : dogmata eo loco appellans quae alii vocant τὰ ἀπόρρητα arcana non evulganda.   τὰ δόγματα inquit σιωπᾶται, τὰ δὲ κηρύγματα δημοσιεύεται, dogmata silentio premuntur, praeconia publicantur, atque ibi vir sanctus de silentio mysteriorum multa disputat. Qui propterea illam ejus libri partem habent suspectam et negant esse Basilii, quod Erasmo ante omnes, opinor, venit in mentem, falluntur planissime, nam in hac re consentiunt omnes ad unum veteris Ecclesiae doctores, Graeci pariter et Latini.'   In St. Ignatius, Ep. to Eph. ch. xix, St. Mary's Virginity, and the Birth and the Death of our Lord are called μυστήρια κραυγῆς : which Dr. Lightfoot calls 'a stronger word than κηρύξεως.'   It may be noted that heretical opinions are also called δόγματα (τῶν Ἀρειανῶν δογμάτων, Soc. E. H. iii. 10) as well as δόξα (τὰς λέξεις τῆς δόξης αὐτοῦ sc. Ἀρείου, Soc. E. H. i. 9).

7. εἰς ὄνομα ψιλόν. The Syriac paraphrase is equivalent to 'as though our word were about a simple matter instead of a great one.'

9. τοὺς εἰς τὸ ὄνομα τοῦ Κυρίου ἡμῶν Ἰησοῦ Χριστοῦ ἠλπικότας. Syr. 'ut signo Crucis uteremur et nobis et omni qui initiatur (lit. filius fit

σημαίνεσθαι τίς ὁ διὰ γράμματος διδάξας ; τὸ πρὸς ἀνατολὰς
τετράφθαι κατὰ τὴν ¹προσευχὴν ποῖον ἡμᾶς ἐδίδαξε γράμ-
μα ; τὰ τῆς ἐπικλήσεως ῥήματα ἐπὶ τῇ ἀναδείξει τοῦ ἄρτου T. III. p. 55.
τῆς εὐχαριστίας καὶ τοῦ ποτηρίου τῆς εὐλογίας τίς τῶν
5 ἁγίων ἐγγράφως ἡμῖν καταλέλοιπεν ; οὐ γὰρ δὴ τούτοις
ἀρκούμεθα, ὧν ὁ Ἀπόστολος ἢ τὸ εὐαγγέλιον ἐπεμνήσθη,
ἀλλὰ καὶ ²προλέγομεν καὶ ἐπιλέγομεν ἕτερα ὡς μεγάλην

¹ εὐχὴν v.   ² προσλέγομεν μ.

nobis) imponeremus. The reference seems to be to the admission of Catechumens.

3. ἐπὶ τῇ ἀναδείξει. Syr. 'qualia verba diceremus tempore offerendae oblationis quod est corpus vivum et super poculo confessionis (quasi ὁμολογίας pro εὐλογίας) quod est sanguis Unigeniti.'
In the liturgy of St. James, the Words of Institution are preceded by ἀναδείξας σοὶ τῷ Θεῷ καὶ Πατρί, both in the matter of the Bread and the Wine ; this may however be an interpolation from the Anaphora of St. Basil (in the Liturgy of Constantinople) which contains them once, at the consecration of the Bread, and the Invocation ends with καὶ σὲ παρακαλοῦμεν, Ἅγιε Ἁγίων, εὐδοκίᾳ τῆς σῆς ἀγαθύτητος, ἐλθεῖν τὸ Πνεῦμά σου τὸ ἅγιον ἐφ' ἡμᾶς, καὶ ἐπὶ τὰ προκείμενα δῶρα ταῦτα καὶ εὐλογῆσαι αὐτά, καὶ ἁγιάσαι καὶ ἀναδεῖξαι. This seems to be the origin of the term ἀνάδειξις. But Casaubon writes : 'dubitari mea quidem sententia non potest, quin ἀναδεῖξαι id sit quod Hier. Aug. et alii PP. Latini dicunt *conficere* corpus Christi, sive sacramentum corporis Christi.' He goes on to say that it is akin in this use to ἀναφαίνεσθαι, repente existere et conspiciendum se dare. 'docent enim Patres ad Sacerdotes invocationem per Spiritus Sancti operationem, elementa sanctificari sic ut, quae prius erant tantum panis et vinum, jam incipiant dici et esse in mysterio corpus et sanguis Christi : propterea dicunt iidem Christum apparere in Eucharistia et videri, nempe oculis fidei, διὰ τῶν ὀφθαλμῶν τῆς πίστεως (S. Chrys. de Sacerd. iii).'

7. προλέγομεν καὶ ἐπιλέγομεν ἕτερα. Syr. 'Non enim tantummodo ea, quae apostolus docuit nos, et ea, quae evangelium nota fecit nobis, sunt nobis instructio ministerii mysterii huius nostri, sed etiam priora quae dicimus nota sunt nobis, et iis posteriora disposita sunt nobis, et postrema in fine ordinata sunt nobis, tamquam ad sigillationem mysterii nostri. tamquam res, quae utilis est ad robur ministerii vitae nostrae, sine perscriptione, quam per traditionem accipimus.'
The words before the Consecration, to which St. Basil refers, are probably the Benediction (2 Cor. xiii. 14), the Sursum Corda, and the Hymn, ἅγιος, ἅγιος, ἅγιος, κ.τ.λ. ; and the words after it, the Words of Oblation and the Invocation of the Holy Spirit.

K

130   *The Reverence of Reserve.*

ἔχοντα πρὸς τὸ μυστήριον τὴν ἰσχύν, ἐκ τῆς ἀγράφου διδασκαλίας παραλαβόντες. εὐλογοῦμεν [1] δὲ [2] τό τε ὕδωρ τοῦ βαπτίσματος καὶ τὸ ἔλαιον τῆς χρίσεως καὶ προσέτι [3] αὐτὸν τὸν βαπτιζόμενον. ἀπὸ ποίων ἐγγράφων; οὐκ ἀπὸ τῆς σιωπωμένης καὶ μυστικῆς παραδόσεως; [4] τί δέ; αὐτὴν τοῦ ἐλαίου τὴν [5] χρῖσιν τίς λόγος γεγραμμένος ἐδίδαξε; τὸ δὲ τρὶς βαπτίζεσθαι τὸν ἄνθρωπον πόθεν; ἄλλα [6] δὲ ὅσα περὶ τὸ βάπτισμα, ἀποτάσσεσθαι τῷ σατανᾷ καὶ τοῖς ἀγγέλοις αὐτοῦ, ἐκ ποίας ἐστὶ γραφῆς; οὐκ ἐκ τῆς ἀδημοσιεύτου ταύτης καὶ ἀπορρήτου διδασκαλίας, ἣν ἐν ἀπολυπραγμονήτῳ καὶ [7] ἀπεριεργάστῳ σιγῇ οἱ πατέρες ἡμῶν ἐφύλαξαν, καλῶς ἐκεῖνο δεδιδαγμένοι τῶν μυστηρίων [8] τὸ σεμνὸν [9] σιωπῇ διασώζεσθαι; ἃ γὰρ οὐδὲ ἐποπτεύειν ἔξεστι τοῖς ἀμυήτοις, τούτων πῶς [10] ἂν ἦν εἰκὸς τὴν διδασκαλίαν [11] ἐκθριαμβεύειν [12] ἐν γράμμασιν; ἢ τίποτε βουλόμενος ὁ μέγας Μωϋσῆς οὐ πᾶσι βάσιμα [13] εἶναι τὰ τοῦ ἱεροῦ πάντα πεποίηκεν, ἀλλ' ἔξω μὲν [14] ἁγίων περιβόλων ἔστησε τοὺς βεβήλους, τὰς δὲ πρώτας αὐλὰς τοῖς καθαρωτέροις ἀνεὶς τοὺς Λευίτας μόνους ἀξίους ἔκρινε τοῦ Θείου θεραπευτάς, σφάγια δὲ καὶ ὁλοκαυτώσεις καὶ τὴν λοιπὴν ἱερουργίαν τοῖς ἱερεῦσιν ἀποκληρώσας ἕνα [15] τῶν πάντων [16] ἔκκριτον εἰς τὰ ἄδυτα παραδέχεται, καὶ οὐδὲ τοῦτον διὰ παντός, ἀλλὰ κατὰ μίαν μόνην τοῦ ἐνιαυτοῦ ἡμέραν, καὶ ταύτης ὥραν τακτὴν εἰσιτητὸν αὐτῷ καταστήσας, ὥστε διὰ τὸ ἀπεξενωμένον καὶ ἄηθες θαμβούμενον ἐποπτεύειν τὰ ἅγια τῶν ἁγίων, εὖ εἰδὼς ὑπὸ [17] σοφίας τῷ μὲν πεπατημένῳ καὶ αὐτόθεν ληπτῷ πρόχειρον οὖσαν

---

[1] om. δὲ V.   [2] τὸ (om. τε) Pitra.   [3] add. καὶ ὁ V.   [4] τίς δὲ αὐτοῦ τοῦ ... χρίσιν λόγος R₂ V.   [5] χρῆσιν 'duo MSS.'   [6] τε V 'unus cod.' καὶ Pitra.   [7] ἀπεριέργῳ 'duo MSS.'   [8] τὰ σεμνὰ vat.   [9] add. ἐν V v.   [10] om. ἂν μ ο V v.   [11] θριαμβεύειν Pitra.   [12] om. ἐν V.   [13] om. εἶναι V.   [14] add. τῶν v.   [15] τὸν ὁ 'duo codd.'   [16] ἔγκριτον μ V 'alii.'   [17] σαφίας (sic) o.

---

10. ἐν ἀπολυπραγμονήτῳ καὶ ἀπεριεργάστῳ σιγῇ. Syr. 'a doctrina secreta sine labore investigationis et sine inquisitione litium.'

The hidden meanings of Scripture, 131

τὴν καταφρόνησιν, τῷ δὲ ἀνακεχωρηκότι καὶ σπανίῳ φυσικῶς
πως παρεζευγμένον τὸ περισπούδαστον; κατὰ τὸν αὐτὸν
[1] δὴ τρόπον καὶ οἱ τὰ περὶ [2] τῆς Ἐκκλησίας ἐξαρχῆς δια-
θεσμοθετήσαντες Ἀπόστολοι καὶ πατέρες ἐν τῷ κεκρυμμένῳ
5 καὶ ἀφθέγκτῳ τὸ σεμνὸν τοῖς μυστηρίοις ἐφύλασσον. οὐδὲ
γὰρ ὅλως μυστήριον τὸ εἰς τὴν δημώδη καὶ εἰκαίαν ἀκοὴν
[3] ἔκφορον. οὗτος ὁ λόγος τῆς τῶν ἀγράφων παραδόσεως,
ὡς μὴ [4] καταμεληθεῖσαν τῶν δογμάτων τὴν γνῶσιν εὐκατα-
φρόνητον τοῖς πολλοῖς γενέσθαι διὰ συνήθειαν. ἄλλο γὰρ
10 δόγμα, καὶ ἄλλο κήρυγμα, [5] τὸ μὲν [6] γὰρ [7] σιωπᾶται, τὰ δὲ
κηρύγματα δημοσιεύεται. σιωπῆς δὲ εἶδος καὶ [8] ἡ ἀσάφεια, T. III. p. 56.
ᾗ κέχρηται ἡ Γραφὴ δυσθεώρητον κατασκευάζουσα τῶν δογ-
μάτων τὸν νοῦν πρὸς τὸ τῶν ἐντυγχανόντων λυσιτελές.
τούτου χάριν πάντες μὲν ὁρῶμεν κατ' ἀνατολὰς ἐπὶ τῶν
15 προσευχῶν, ὀλίγοι [9] δὲ ἴσμεν ὅτι τὴν ἀρχαίαν ἐπιζητοῦμεν Heb. xi. 14.
πατρίδα, τὸν παράδεισον, ὃν ἐφύτευσεν ὁ Θεὸς [10] ἐν Ἐδὲμ Gen. ii. 8.
κατ' ἀνατολάς. [11] ὀρθοὶ μὲν πληροῦμεν τὰς [12] εὐχὰς [13] ἐν τῇ
[14] μιᾷ τοῦ σαββάτου, τὸν δὲ λόγον οὐ πάντες οἴδαμεν. οὐ
γὰρ μόνον ὡς συναναστάντες Χριστῷ καὶ τὰ ἄνω ζητεῖν Col. iii. 1.

[1] δὲ o V. [2] txt. μ 'tres codd.' S (DXLVI). τὰς o V v Ben. S
(DXLVII). [3] ἐκφερόμενον V. [4] καταμελετηθεῖσαν o V v Pitra.
[5] τὰ V 'quatuor.' Pitra. [6] om. γὰρ ' quatuor.' [7] add. δόγματα
Pitra. [8] om. ἡ v. [9] τοῦτο γινώσκωμεν (sic) vat. [10] εἰς V.
[11] add. καὶ μ o V. [12] προσευχὰς V. [13] om. ἐν μ v. [14] κυριακῇ
εἰ καὶ μηδὲ τούτου τὸν λόγον πάντες vat.

---

5. οὐδὲ γὰρ ὅλως, κ.τ.λ. Syr. 'mysterium enim non est res, quae patet
omni homini daturque auditioni aurium : neque sic cito datur mysterium
in scripto statutorum, ne forte, cum fieret cursus per consuetudinem se-
curus, haberet patefactionis indignitatem et contemneretur in multis
rebus.'

9. ἄλλο γὰρ δόγμα, κ.τ.λ. Syr. 'aliud enim est traditio mysteriorum,
aliud praedicatio imperatorum ; mysteria vero filiis mysterii traduntur,
et praedicatio aperta est, tolerans auditionem multorum. Mysterium
vero ubi editur e scripto, non sic simpliciter patefit sermo de eo, ut per
hunc instruatur mens eorum qui occurrunt ei cum studio, et ut intelli-
gant ea, quorum difficilis est intuitus per suasionem eorum.'

17. ὀρθοί. See Dr. Bright's note on Canon XX of the Council of
Nicaea.

ὀφείλοντες ἐν τῇ ἀναστασίμῳ ἡμέρᾳ τῆς δεδομένης ἡμῖν χάριτος διὰ τῆς κατὰ τὴν προσευχὴν στάσεως ἑαυτοὺς ὑπομιμνήσκομεν, ἀλλ' ὅτι δοκεῖ πως τοῦ προσδοκωμένου αἰῶνος εἶναι εἰκών, διὸ καὶ ἀρχὴ οὖσα ἡμερῶν οὐχὶ πρώτη παρὰ Μωϋσέως, ἀλλὰ μία ὠνόμασται. ' ἐγένετο γὰρ ἑσπέρα,' φησί, ' καὶ ἐγένετο πρωΐ, ἡμέρα μία,' ὡς τῆς αὐτῆς ἀνακυκλουμένης πολλάκις. καὶ μία τοίνυν ἡ αὐτὴ καὶ ὀγδόη, ¹ τὴν μίαν ὄντως ἐκείνην καὶ ἀληθινὴν ὀγδόην, ἧς καὶ ὁ ψαλμῳδὸς ἔν τισιν ἐπιγραφαῖς τῶν ψαλμῶν ἐπεμνήσθη, δι' ἑαυτῆς ἐμφανίζουσα, τὴν μετὰ τὸν χρόνον τοῦτον κατάστασιν, τὴν ἄπαυστον ἡμέραν, τὴν ἀνέσπερον, τὴν ἀδιάδοχον, τὸν ἄληκτον ἐκεῖνον καὶ ἀγήρω ² αἰῶνα. ἀναγκαίως οὖν τὰς ἐν αὐτῇ προσευχὰς ἑστῶτας ἀποπληροῦν τοὺς ἑαυτῆς τροφίμους ἡ Ἐκκλησία παιδεύει, ἵνα τῇ συνεχεῖ ὑπομνήσει τῆς ³ ἀτελευτήτου ζωῆς τῶν πρὸς τὴν μετάστασιν ἐκείνην ἐφοδίων μὴ ἀμελῶμεν. καὶ πᾶσα δὲ ἡ Πεντηκοστὴ τῆς ἐν τῷ ⁴ αἰῶνι προσδοκωμένης ἀναστάσεώς ἐστιν ὑπόμνημα. ἡ γὰρ μία ἐκείνη καὶ πρώτη ἡμέρα ἑπτάκις ἑπταπλασιασθεῖσα τὰς ἑπτὰ τῆς ἱερᾶς Πεντηκοστῆς ἑβδομάδας ἀποτελεῖ, ἐκ πρώτης γὰρ ἀρχομένη εἰς τὴν αὐτὴν καταλήγει, δι' ὁμοίων τῶν ἐν τῷ μέσῳ ⁵ ἐξελιττομένη πεντηκοντάκις. διὸ καὶ ⁶ αἰῶνα μιμεῖται τῇ ὁμοιότητι, ὥσπερ ἐν κυκλικῇ κινήσει ἀπὸ τῶν αὐτῶν ἀρχομένη σημείων καὶ εἰς τὰ αὐτὰ καταλήγουσα. ἐν ᾗ τὸ ὄρθιον σχῆμα τῆς προσευχῆς προτιμᾷν οἱ θεσμοὶ τῆς Ἐκκλησίας ἡμᾶς ἐξεπαίδευσαν, ἐκ τῆς ⁷ ἐναργοῦς ὑπομνήσεως οἱονεὶ μετοικίζοντες ἡμῶν τὸν νοῦν ἀπὸ τῶν παρόντων ἐπὶ τὰ μέλλοντα. καὶ καθ' ἑκάστην δὲ γονυκλισίαν καὶ διανάστασιν ἔργῳ δείκνυμεν, ὅτι καὶ διὰ τῆς ἁμαρτίας εἰς γῆν κατερρύημεν, καὶ διὰ τῆς φιλανθρωπίας τοῦ κτίσαντος ἡμᾶς εἰς οὐρανὸν ἀνεκλήθημεν.

---

¹ τῆς μιᾶς ὄντως ἐκείνης καὶ ἀληθινῆς ὀγδόης καὶ ὁ ψαλμῳδὸς ... δι' αὐτῆς ἐμφανίζων V.   ² add. τὸν ο. Along the margin of this passage o has
³ ἀτελέστου μ V v.   ἀτελοῦς ο.   ⁴ add. μέλλοντι ο.
⁵ ἐξελιτγομένη πεντάκις o dormitans.   ⁶ αἰῶνας R₂.   ⁷ ἐνεργοῦς v.

'With the Spirit' is one of these Traditions, 133

67. Ἐπιλείψει με ἡ ἡμέρα τὰ ἄγραφα τῆς Ἐκκλησίας μυστήρια διηγούμενον. ἐῶ τἆλλα· αὐτὴν δὲ τὴν ὁμολογίαν T. III. p. 57. τῆς πίστεως [1] εἰς Πατέρα καὶ Υἱὸν καὶ ἅγιον Πνεῦμα ἐκ Cf. § 27. ποίων γραμμάτων ἔχομεν; εἰ μὲν γὰρ ἐκ τῆς τοῦ βαπτίσ-
5 ματος παραδόσεως κατὰ τὸ τῆς εὐσεβείας ἀκόλουθον ὡς βαπτιζόμεθα οὕτω καὶ πιστεύειν ὀφείλοντες ὁμοίαν [2] τῷ βαπτίσματι τὴν [3] ὁμολογίαν κατατιθέμεθα, συγχωρησάτωσαν καὶ ἡμῖν ἐκ τῆς αὐτῆς [4] ἀκολουθίας ὁμοίαν τῇ πίστει τὴν δόξαν ἀποδιδόναι· εἰ δὲ τὸν τρόπον τῆς δοξολογίας ὡς
10 ἄγραφον παραιτοῦνται, δότωσαν ἡμῖν τῆς τε κατὰ τὴν πίστιν ὁμολογίας καὶ τῶν λοιπῶν ὧν ἀπηριθμησάμεθα [5] ἐγγράφους τὰς ἀποδείξεις. εἶτα τοσούτων ὄντων [6] ἀγράφων καὶ τοσαύτην ἐχόντων [7] τὴν ἰσχὺν εἰς τὸ τῆς εὐσεβείας μυστήριον, μίαν λέξιν [8] ἡμῖν ἐκ πατέρων εἰς ἡμᾶς ἐλθοῦσαν
15 οὐ συγχωρήσουσιν, ἣν ἡμεῖς ἐκ τῆς ἀνεπιτηδεύτου συνηθείας ταῖς ἀδιαστρόφοις τῶν ἐκκλησιῶν ἐναπομείνασαν εὕρομεν, οὐ μικρὸν τὸν λόγον ἔχουσαν οὐδὲ βραχεῖαν συντέλειαν εἰς τὴν τοῦ μυστηρίου δύναμιν εἰσφερομένην;

68. Εἴρηται μὲν οὖν τίς ἡ δύναμις ἑκατέρας τῆς ἐκφωνή-
20 σεως, εἰρήσεται δὲ καὶ πάλιν ὅπη τε συμφωνοῦσιν ἀλλήλαις καὶ ὅπη διίστανται, οὐκ ἀπομαχόμεναι πρὸς ἐναντίωσιν, ἀλλ' ἴδιον ἑκατέρα τὸν νοῦν εἰσφερομένη πρὸς τὴν εὐσέβειαν. Cf. § 16. ἡ μὲν γὰρ 'ἐν' τὰ πρὸς ἡμᾶς παρίστησι μᾶλλον, ἡ δὲ 'σὺν' τὴν πρὸς Θεὸν κοινωνίαν τοῦ Πνεύματος ἐξαγγέλλει.
25 διόπερ ἀμφοτέραις κεχρήμεθα ταῖς φωναῖς, τῇ μὲν τὸ ἀξίωμα τοῦ Πνεύματος παριστῶντες, τῇ δὲ τὴν χάριν τὴν παρ' ἡμῖν

---

[1] add. πιστεύειν o Pitra. add. τὴν V. [2] add. ἐν o. [3] ἀπολογίαν V. [4] add. ταύτης μ v 'tres MSS.' [5] τὰς ἐγγράφως ἀποδείξεις μ. τὰς ἀποδείξεις ἐγγράφως v. [6] add. τῶν V. [7] om. τὴν o V.
[8] om. ἡμῖν V.

---

67. 9. **ὡς ἄγραφον.** In the De Syn. (esp. § 36) St. Athanasius argues against the compilers of the Creed of Nikè and Ariminum as altered at Constantinople for the pretended objection to οὐσία as not contained in Scripture, that all the heap of heretical phrases (ῥηματίων συρφετόν) put forth by Arius are also condemned by it.

διαγγέλλοντες. οὕτω καὶ ' ἐν ¹τῷ Πνεύματι' τὴν δόξαν προσάγομεν τῷ Θεῷ καὶ ' σὺν τῷ Πνεύματι,' οὐδὲν ἡμέτερον λέγοντες, ἀλλ' ὥσπερ ἀπὸ κανόνος, τῆς τοῦ Κυρίου διδασκαλίας, ἐπὶ τὰ προσεχῆ καὶ ἀλλήλων ἐχόμενα καὶ ἀναγκαίαν ἐν τοῖς μυστηρίοις τὴν συνάφειαν ἔχοντα τὴν φωνὴν μεταφέροντες. τὸ γὰρ ἐπὶ τοῦ βαπτίσματος συναριθμηθὲν ἀναγκαίως ᾠήθημεν δεῖν καὶ ἐπὶ τῆς πίστεως συναρμόσαι, τὴν δὲ ὁμολογίαν τῆς πίστεως οἷον ἀρχήν τινα καὶ μητέρα ²τῆς δοξολογίας ἐποιησάμεθα. ἀλλὰ ³τί χρὴ ποιεῖν; νῦν γὰρ ἡμᾶς διδασκέτωσαν ⁴μὴ βαπτίζειν ὡς παρελάβομεν, ἢ μὴ πιστεύειν ὡς ἐβαπτίσθημεν, ἢ μὴ ⁵δοξάζειν ὡς πεπιστεύκαμεν. δεικνύτω γάρ τις ἢ ὡς οὐκ ἀναγκαία καὶ ⁶ἄρρηκτος ἡ πρὸς ἄλληλα τούτων ἀκολουθία, ἢ ὡς οὐχὶ ἡ ἐν τούτοις καινοτομία τοῦ παντός ἐστι κατάλυσις. ἀλλ' οὐ παύονται ἄνω καὶ κάτω ⁷θρυλλοῦντες τὴν ἀμάρτυρον καὶ τὴν ἄγραφον καὶ ὅσα τοιαῦτα ⁸τὴν ' σὺν τῷ Πνεύματι τῷ ἁγίῳ' δοξολογίαν. εἴρηται μὲν οὖν ὅτι ταὐτόν ἐστι πρὸς διάνοιαν ⁹εἰπεῖν ' δόξα Πατρὶ καὶ Υἱῷ καὶ ἁγίῳ Πνεύματι,' καὶ ' δόξα Πατρὶ καὶ Υἱῷ σὺν ¹⁰τῷ ἁγίῳ Πνεύματι.' οὔτε οὖν τὴν ' καὶ' συλλαβὴν ἐξ αὐτῆς τοῦ ¹¹Κυρίου ¹²φωνῆς προελθοῦσαν ἀθετῆσαί τινι ἢ διαγράφειν οἷόν τε, καὶ τὴν ἰσοδυναμοῦσαν αὐτῇ οὐδέν τὸ κωλύον ¹³καταδεχθῆναι· ἣν ὅπως ἔχει πρὸς ἐκείνην διαφορᾶς τε καὶ ὁμοιότητος ἐν τοῖς κατόπιν ¹⁴ἐδείξαμεν. βεβαιοῖ δὲ ¹⁵ἡμῖν τὸν λόγον καὶ ὁ Ἀπόστολος ἀδιαφόρως ἑκατέρᾳ τῇ φωνῇ κεχρημένος, νῦν μὲν λέγων· ' ἐν τῷ ὀνόματι τοῦ Κυρίου Ἰησοῦ ¹⁶Χριστοῦ καὶ ἐν τῷ Πνεύματι τοῦ Θεοῦ ἡμῶν,' ¹⁷πάλιν δέ· ' συναχθέντων ὑμῶν καὶ τοῦ ἐμοῦ πνεύματος σὺν τῇ δυνάμει τοῦ Κυρίου Ἰησοῦ,¹⁸' οὐδὲν διαφέρειν ἡγού-

---

¹ om. τῷ μ v. ἐν τῷ V in ras. m. prima.   ² om. τῆς μ v.   ³ τριχῆ (sic) τοίνυν ἡμᾶς διδασκέτωσαν V.   ⁴ ἡ μ. ἡ μὴ o V. S (DXLVI) μὴ.
⁵ διδάσκειν V.   ⁶ txt. o V Ben. S (DXLVI). ἄρρητος μ v.   ⁷ θρυλοῦντες o V.   ⁸ add. διὰ V.   ⁹ om. εἰπεῖν μ.   ¹⁰ τῷ πνεύματι τῷ ἁγίῳ o V.   ¹¹ π̅ν̅ς̅ V.   ¹² add. τῆς μ V v.   ¹³ παραδεχθῆναι R₂ V.   ¹⁴ ἐδιδάξαμεν R₂ o (sed ἐδείξαμεν oᵃ in marg.) V. ἐλέξαμεν μ.   ¹⁵ ἡμῶν V.   ¹⁶ om. Χριστοῦ o V v.   ¹⁷ καὶ πάλιν v.   ¹⁸ add. χ̅υ̅ μ v.

μενος τῷ συνδέσμῳ ἢ τῇ προθέσει πρὸς τὴν τῶν ὀνομάτων συμπλοκὴν ἀποχρήσασθαι.

Ὅτι [1] ἃ περὶ [2] τῶν ἀνθρώπων λέγει ἡ Γραφὴ ὡς [3] συμβασιλευόντων Χριστῷ, [4] ταῦτα περὶ τοῦ Πνεύματος οὐ συγχωροῦσιν οἱ ἀντιλέγοντες.

ΚΕΦΑΛΑΙΟΝ ΚΗʹ.

69. Ἴδωμεν δὲ καὶ εἴ τινα ἀπολογίαν τοῖς πατράσιν ἡμῶν τῆς χρήσεως ταύτης [5] ἐπινοήσομεν, οἱ γὰρ τὴν ἀρχὴν παρασχόντες τῷ λόγῳ μᾶλλον ἡμῶν ὑπόκεινται τοῖς ἐγκλήμασι. Παῦλος τοίνυν Κολοσσαεῦσι γράφων· 'καὶ ὑμᾶς,' Col. ii. 13. φησί, 'νεκροὺς ὄντας τοῖς παραπτώμασι καὶ τῇ ἀκροβυστίᾳ [6] συνεζωοποίησε τῷ Χριστῷ.' ἆρα οὖν λαῷ μὲν ὅλῳ καὶ Ἐκκλησίᾳ ἐχαρίσατο ὁ Θεὸς τὴν σὺν Χριστῷ ζωήν, τῷ δὲ ἁγίῳ Πνεύματι οὐχὶ σὺν Χριστῷ ἡ ζωή; εἰ δὲ [7] τοῦτο καὶ διανοίᾳ [8] λαβεῖν ἀσεβές, πῶς οὐχ ὅσιον ὡς ἔχει φύσεως οὕτω καὶ τὴν ὁμολογίαν συνημμένως ἀποδιδόναι; εἶτα πῶς οὐ τῆς ἐσχάτης ἀναλγησίας τοὺς μὲν ἁγίους ὁμολογεῖν σὺν Χριστῷ εἶναι (εἴπερ δὴ Παῦλος ἐκδημήσας ἀπὸ τοῦ σώματος 2 Cor. v. 8. ἐνδημεῖ πρὸς τὸν Κύριον, καὶ ἀναλύσας σὺν Χριστῷ ἐστιν Phil. i. 23. ἤδη), τῷ δὲ Πνεύματι τούτους μηδὲ τοῖς ἀνθρώποις ἐξίσου μετὰ Χριστοῦ εἶναι τόγε εἰς αὐτοὺς ἧκον μεταδιδόναι; καὶ Παῦλος μὲν Θεοῦ συνεργὸν ἑαυτὸν ἐν τῇ οἰκονομίᾳ τοῦ εὐαγ- 1 Cor. iii. 9. γελίου καλεῖ, τὸ δὲ Πνεῦμα τὸ ἅγιον, δι' οὗ ἐν πάσῃ κτίσει τῇ ὑπὸ τὸν οὐρανὸν καρποφορεῖται τὸ εὐαγγέλιον, ἐὰν συνερ- Col. i. 6, 23. γὸν εἴπωμεν, [9] κἂν ἀσεβείας γραφὴν καθ' ἡμῶν [10] ἀπενέγκαιντο; καὶ ὡς ἔοικεν, [11] ἡ μὲν ζωὴ τῶν ἠλπικότων ἐπὶ Κύριον κέκρυπται σὺν τῷ Χριστῷ ἐν τῷ Θεῷ, καὶ ὅταν ὁ Col. iii. 3, 4.

---

[1] om. ἃ V. [2] om. τῶν o (et in tabula). [3] συμβουλευόντων (sic) o. [4] τοῦτο δὲ V. [5] ἐπινοήσωμεν V. [6] συνεζωοποίησεν (? ὑμᾶς) ἐν τῷ χριστῷ o (the uncertain word is hidden in a dark stain). [7] add. καὶ 'quatuor.' [8] λαμβάνειν V. [9] txt. μ o V v. κἀνταῦθα Ben. [10] ἀπενέγκοιντο μ o V. [11] ἡμῶν ἡ ζωή V.

Χριστὸς φανερωθῇ, ἡ ζωὴ ἡμῶν, τότε καὶ αὐτοὶ [1] σὺν αὐτῷ φανερωθήσονται ἐν δόξῃ, αὐτὸ δὲ τὸ Πνεῦμα τῆς ζωῆς τὸ ἐλευθερῶσαν ἡμᾶς ἀπὸ τοῦ νόμου τῆς ἁμαρτίας οὐδαμῶς ἐστι σὺν Χριστῷ οὔτε ἐν λανθανούσῃ καὶ κεκρυμμένῃ [2] σὺν αὐτῷ ζωῇ οὔτε ἐν τῇ φανερώσει τῆς δόξης, ἣν ἡμεῖς ἐπὶ τοῖς ἁγίοις ἐκφανήσεσθαι προσδοκῶμεν; 'κληρονόμοι Θεοῦ καὶ συγκληρονόμοι Χριστοῦ' ἡμεῖς, τὸ δὲ Πνεῦμα ἀπόκληρον καὶ ἄμοιρον τῆς κοινωνίας τοῦ Θεοῦ καὶ τοῦ Χριστοῦ αὐτοῦ; καὶ 'αὐτὸ μὲν τὸ Πνεῦμα συμμαρτυρεῖ τῷ πνεύματι ἡμῶν ὅτι ἐσμὲν τέκνα Θεοῦ,' ἡμεῖς δὲ [3] τῷ Πνεύματι οὐδὲ ἣν παρὰ τοῦ Κυρίου μεμαθήκαμεν τῆς πρὸς [4] Θεὸν κοινωνίας [5] τὴν μαρτυρίαν κατατιθέμεθα; τὸ δὲ κεφάλαιον τῆς ἀνοίας, ἡμεῖς μὲν διὰ τῆς εἰς Χριστὸν πίστεως τῆς ἐν Πνεύματι συνεγερθήσεσθαι αὐτῷ καὶ [6] συγκαθεδεῖσθαι ἐν τοῖς ἐπουρανίοις ἐλπίζομεν, ὅταν '[7] μετασχηματίσῃ τὸ σῶμα τῆς ταπεινώσεως ἡμῶν' ἀπὸ τοῦ ψυχικοῦ πρὸς τὸ πνευματικόν, τῷ δὲ Πνεύματι οὐ συνεδρίας, οὐ δόξης, οὐκ ἄλλου τινὸς ὧν ἔχομεν παρ' αὐτοῦ, [8] μεταδίδομεν, ἀλλ' ὧν ἑαυτοὺς ἀξίους εἶναι κατὰ τὴν ἀψευδῆ τοῦ ἐπαγγειλαμένου δωρεὰν πεπιστεύκαμεν, τούτων οὐδενὸς τῷ Πνεύματι τῷ ἁγίῳ ὡς [9] ὑπερβαίνοντος αὐτοῦ τὴν ἀξίαν παραχωροῦμεν; καὶ σοὶ μὲν κατὰ τὴν ἀξίαν ἐστι 'πάντοτε εἶναι σὺν τῷ Κυρίῳ,' καὶ προσδοκᾷς 'ἁρπαγεὶς ἐν νεφέλαις εἰς [10] ἀπάντησιν εἰς ἀέρα πάντοτε συνέσεσθαι [11] τῷ Κυρίῳ,' τὸ δὲ Πνεῦμα νῦν ἀντιλέγεις εἶναι σὺν τῷ Χριστῷ, ὅς γε τὸν συναριθμοῦντα [12] αὐτὸ καὶ συντάσσοντα [13] Πατρὶ καὶ Υἱῷ ἐξόριστον [14] τίθεσαι ὡς [15] ἀφόρητα δυσσεβοῦντα;

70. Αἰσχύνομαι ἐπαγαγεῖν τὰ λειπόμενα, ὅτι σὺ μὲν συνδοξασθήσεσθαι [16] Χριστῷ προσδοκᾷς, 'εἴπερ [17] γὰρ συμ-

---

[1] om. σὺν αὐτῷ V.   [2] ἐν V.   [3] om. τῷ πνεύματι μ ο V v.
[4] αὐτὸν κοινωνίας τοῦ πνεύματος μαρτυρίαν V.   [5] om. τὴν v.   [6] συγκαθεσθῆναι μ v.   [7] μετασχηματισθῇ V.   [8] μεταδιδόαμεν ο v.
[9] ὑπερβαίνοντες V. ὑπερβαίνοντι v.   [10] ὑπάντησιν v.   [11] o deficit post συνέσεσθαι.   [12] αὐτὸν V.   [13] add. αὐτὸ μ.   [14] τίθεσθαι 'in duobus.'   [15] ἀπόρρητα V.   [16] add. τῷ μ.   [17] om. γὰρ μ v.

πάσχομεν ἵνα καὶ συνδοξασθῶμεν,' τὸ δὲ Πνεῦμα τῆς ἁγιω- Rom. i. 4.
σύνης οὐ συνδοξάζεις Χριστῷ ὡς οὐδὲ σοὶ τῶν ἴσων τυγχά-
νειν ἄξιον. καὶ σὺ μὲν ἐλπίζεις¹ ² συμβασιλεύειν, τὸ δὲ 2 Tim. ii. 12.
Πνεῦμα τῆς χάριτος ἐνυβρίζεις, τὴν δούλου ³ αὐτῷ καὶ Heb. x. 29.
5 ὑπηρέτου τάξιν ἀποκληρῶν. καὶ ταῦτα λέγω, οὐχ ἵνα
⁴ τοσοῦτον δείξω ὀφειλόμενον εἶναι εἰς δοξολογίαν τῷ
Πνεύματι, ἀλλ' ἵνα τὴν ἀγνωμοσύνην ἐλέγξω τῶν μηδὲ το-
σοῦτον διδόντων, ἀλλ' ὡς ἀσέβειαν φευγόντων τὴν τοῦ
Πνεύματος πρὸς Υἱὸν καὶ Πατέρα κοινωνίαν τῆς δόξης.
10 τίς δύναται ταῦτα ἀστενακτὶ παρελθεῖν; ἢ γὰρ οὐχὶ προ-
δήλως, ὥστε ⁵ κἂν παιδὶ γενέσθαι γνώριμον, τὴν ἀπειλη-
θεῖσαν τῆς πίστεως ἔκλειψιν ⁶ προοιμιάζονται τὰ παρόντα; Luke xviii. 8.
ἀμφίβολα γέγονε τὰ ἀναντίρρητα. πιστεύομεν εἰς τὸ Πνεῦμα,
καὶ ταῖς ἡμετέραις ⁷ αὐτῶν ὁμολογίαις ζυγομαχοῦμεν. βαπ-
15 τιζόμεθα, καὶ πάλιν ⁸ μαχόμεθα. ὡς Ἀρχηγὸν τῆς ζωῆς
⁹ ἐπικαλούμεθα, καὶ ὡς ὁμοδούλου καταφρονοῦμεν. μετὰ
Πατρὸς καὶ Υἱοῦ παρελάβομεν, καὶ ὡς μέρος τῆς κτίσεως
ἀτιμάζομεν. οἱ δὲ 'τί προσεύξονται μὴ εἰδότες' ἐάν τι Rom. viii. 26.
καὶ φθέγξασθαι σεμνὸν περὶ τοῦ Πνεύματος προαχθῶσιν,
20 ὡς ἐφικνούμενοι τῆς ἀξίας κολάζουσι τοῦ λόγου ¹⁰ τὸ ὑπερ-
πίπτον τὴν συμμετρίαν· οὓς ἐχρῆν ὀδύρεσθαι τὴν ἀσθένειαν,
ὅτι ὧν ἔργῳ πάσχομεν λόγοις ἀντιπληροῦν τὴν χάριν οὐκ
ἐξαρκοῦμεν. ὑπερέχει γὰρ πάντα νοῦν, καὶ λόγου φύσιν Phil. iv. 7.
ἐλέγχει οὐδὲ πολλοστῷ μέρει τῆς ἀξίας παρισουμένην, κατὰ
25 τὸν λόγον τῆς ἐπιγραφομένης Σοφίας· 'ὑψώσατε γάρ,' φησί, Ecclus. xliii.
' καθόσον ἂν δύνησθε, ὑπερέχει γὰρ ¹¹ καὶ ἔτι, καὶ ὑψοῦντες 30|xxxiii. 34. Vulg.].
¹² αὐτὸν πληθύνατε. μὴ κοπιᾶτε, οὐ γὰρ ¹³ μὴ ἐφίκησθε.' ἢ
που φοβεραὶ ¹⁴ ὑμῖν αἱ ὑπὲρ τῶν τοιούτων λόγων εὔθυναι τοῖς
παρὰ τοῦ ἀψευδοῦς ἀκηκοόσι Θεοῦ ἀσυγχώρητον εἶναι τὴν Tit. i. 2.
30 εἰς τὸ Πνεῦμα τὸ ἅγιον βλασφημίαν. Matt. xii. 31.

¹ add. Χριστῷ μ v.   ² συμβασιλεύσειν R₂.   ³ αὐτὸ V.   ⁴ το-
σούτου v.   ⁵ καὶ v.   ⁶ προοιμιάζεται R₂ V v.   ⁷ om. αὐτῶν v.
⁸ om. μαχόμεθα V.   ⁹ add. ἡμῶν μ V v.   ¹⁰ τῷ δοκεῖν ὑπερ-
πίπτον R₂. τῷ δοκεῖν ὑπερπίπτοντι V.   ¹¹ om. καὶ V.   ¹² αὐτὸ μ.
¹³ om. μὴ v.   ¹⁴ ἡμῖν V.

Ἀπαρίθμησις τῶν ἐν τῇ Ἐκκλησίᾳ διαφανῶν ὅσοι ἐχρήσαντο ἐν τοῖς συγγράμμασιν ἑαυτῶν τῇ φωνῇ [1] 'σύν.'

ΚΕΦΑΛΑΙΟΝ ΚΘ'.

71. Πρός γε μὴν τὸ ἀμάρτυρον καὶ ἄγραφον εἶναι τὴν 'σὺν τῷ [2] Πνεύματι' δοξολογίαν ἐκεῖνο λέγομεν, ὅτι εἰ μὲν μηδὲν [3] ἕτερον ἄγραφον, μηδὲ τοῦτο παραδεχθήτω, εἰ δὲ τὰ πλεῖστα τῶν [4] μυστικῶν ἀγράφως ἡμῖν ἐμπολιτεύεται, μετὰ πολλῶν [5] τῶν ἑτέρων καὶ τοῦτο [6] καταδεξώμεθα. ἀποστολικὸν δὲ οἶμαι καὶ τὸ ταῖς ἀγράφοις παραδόσεσι παραμένειν. 'ἐπαινῶ' γάρ, φησίν, 'ὑμᾶς, ὅτι [7] πάντα μου μέμνησθε, καὶ καθὼς παρέδωκα ὑμῖν τὰς παραδόσεις κατέχετε.' καὶ [8] τὸ 'κρατεῖτε τὰς παραδόσεις, ἃς παρελάβετε εἴτε διὰ λόγου εἴτε δι' ἐπιστολῆς.' ὧν μία ἐστὶ καὶ ἡ παροῦσα αὕτη, ἣν [9] οἱ ἐξ ἀρχῆς διαταξάμενοι παραδιδόντες τοῖς ἐφεξῆς συμπροϊούσης ἀεὶ τῷ χρόνῳ τῆς χρήσεως διὰ μακρᾶς τῆς συνηθείας ταῖς Ἐκκλησίαις ἐγκατερρίζωσαν. ἆρ' οὖν εἰ ὡς ἐν δικαστηρίῳ τῆς διὰ τῶν ἐγγράφων [10] ἀποδείξεως ἀποροῦντες μαρτύρων ὑμῖν πλῆθος παραστησαίμεθα, οὐκ ἂν τῆς ἀφιείσης [11] παρ' ὑμῶν ψήφου τύχοιμεν ; ἐγὼ μὲν οὕτως οἶμαι· 'ἐπὶ [12] στόματος γὰρ δύο καὶ τριῶν μαρτύρων σταθήσεται πᾶν ῥῆμα' εἰ δὲ καὶ τὸν πολὺν χρόνον πρὸς ἡμῶν ὄντα ἐναργῶς [13] ὑμῖν [14] ἐπεδείκνυμεν, οὐκ ἂν ἐδόξαμεν ὑμῖν εἰκότα λέγειν μὴ εἶναι καθ' ἡμῶν τὴν δίκην εἰσαγώγιμον ταύτην ; δυσωπητικὰ γάρ πως τὰ παλαιὰ τῶν

---

[1] add. τῇ μ ο v. add. τοῦ V.   [2] πρὶ μ.   [3] om. ἕτερον V.
[4] μαρτυρίων V.   [5] om. τῶν μ V v.   [6] καταδεξώμεθα μ v
'unus' Pitra. καταδεξόμεθα 'alii quatuor MSS.' παραδεξόμεθα R₂ ο V.
[7] πάντοτέ μ v.   [8] om. τὸ V.   [9] om. οἱ μ v (supplet post ἀρχῆς).   [10] ἀποδείξεων V.   [11] παρ' ὑμῖν vat.   [12] ἐπὶ στύ hic desinit V.
[13] om. ὑμῖν μ v.   [14] ἐπιδείκνυμεν 'MSS. tres.'

---

71. 7. τῶν μυστικῶν. In § 67 he uses the words τὰ τῆς ἐκκλησίας μυστήρια.

δογμάτων, οἱονεὶ πολιᾷ τινι τῇ ἀρχαιότητι τὸ αἰδέσιμον
ἔχοντα. ἀπαριθμήσομαι οὖν ὑμῖν τοὺς προστάτας τοῦ
λόγου (συμπαραμετρεῖται δὲ πάντως κατὰ τὸ σιωπώμενον
καὶ ὁ χρόνος)· οὐ γὰρ ἐξ ἡμῶν [1] ὥρμηται πρῶτον. [2] πόθεν;
5 χθιζοί τινες [3] ὄντως ἡμεῖς, κατὰ τὸν [4] τοῦ Ἰὼβ λόγον, πρός   Job viii. 9.
γε τοσοῦτον χρόνον τὸν τῆς συνηθείας ταύτης ἡλικιώτην.
ἐγὼ μὲν οὖν αὐτός, εἰ χρή με τοὐμὸν ἴδιον εἰπεῖν, ὥσπερ
τινὰ κλῆρον πατρῷον τὴν φωνὴν ταύτην διαφυλάττω, παρα-
λαβὼν παρὰ ἀνδρὸς μακρὸν ἐν τῇ λειτουργίᾳ [5] τοῦ Θεοῦ
10 διαζήσαντος χρόνον, δι' οὗ καὶ ἐβαπτίσθην καὶ τῇ ὑπηρεσίᾳ
τῆς Ἐκκλησίας προσήχθην· ἀναζητῶν δὲ κατ' ἐμαυτὸν
εἴ τις ἄρα τῶν παλαιῶν καὶ μακαρίων ἀνδρῶν ἐχρήσατο
ταύταις ταῖς νῦν ἀντιλεγομέναις φωναῖς, πολλοὺς εὗρον καὶ
τῇ ἀρχαιότητι τὸ ἀξιόπιστον ἔχοντας καὶ τῇ τῆς γνώσεως
15 ἀκριβείᾳ οὐ κατὰ τοὺς νῦν ὄντας· ὧν οἱ μὲν τῇ προθέσει,
οἱ δὲ τῷ συνδέσμῳ κατὰ τὴν δοξολογίαν τὸν λόγον ἐνώ-
σαντες οὐδὲν διάφορον δρᾶν ὥς γε πρὸς τὴν ὀρθὴν τῆς
εὐσεβείας ἔννοιαν ἐνομίσθησαν.

72. Εἰρηναῖος ἐκεῖνος καὶ Κλήμης ὁ Ῥωμαῖος [6] καὶ

---

[1] ὥρμητο v.   [2] δὴ ἦθεν μ (δή manu longe posteriore et novo atra-
mento adjectum est originali scripturae erasae ab initio vocabuli).
πόθεν γάρ; ἐπεὶ χθισοί R₂.   [3] ὄντες v.   [4] om. τοῦ v.   [5] hic
iterum incipit o uno folio amisso.   [6] om. καὶ Διονύσιος ὁ Ῥωμαῖος v.

---

9. παρὰ ἀνδρός. St. Basil was baptized about A.D. 357, when twenty-
seven years old, by Dianius, the Archbishop of Caesarea; and was by
him ordained reader.
72. 1. St. Basil's list of authorities is interesting as giving us some idea
of the contents of his library, as well as of his notion of arguments from
the writings of his predecessors. He begins with the distant west, Irenaeus
(Gaul, cir. A.D. 202), Clement (Rome, A.D. 100), and Dionysius (Rome
A.D. 269): then, of Alexandria, Dionysius and Origen, who were both
of them at the head of the Catechetical School, Origen having vacated it
A.D. 231, and Dionysius having succeeded to it about A.D. 233. But
Origen is mentioned by him between the two authorities from Palestine,
the historian Eusebius (who died A.D. 238), and Africanus (A.D. 240). He
then quotes the authority of ancient hymns, that of the hymn φῶς ἱλαρόν,
whose origin is lost in antiquity, and the hymn of the martyr Atheno-

Διονύσιος [1] ὁ Ῥωμαῖος καὶ ὁ Ἀλεξανδρεὺς Διονύσιος, [2] ὃ καὶ
παράδοξον ἀκοῦσαι, ἐν τῇ δευτέρᾳ πρὸς τὸν ὁμώνυμον ἑαυτοῦ
ἐπιστολῇ περὶ ἐλέγχου καὶ ἀπολογίας [3] οὕτω τὸν λόγον
[4] ἀνέπαυσε. [5] γράψω δὲ ὑμῖν αὐτὰ τοῦ ἀνδρὸς τὰ ῥήματα·
'τούτοις,' φησί, 'πᾶσιν ἀκολούθως καὶ ἡμεῖς καὶ δὴ παρὰ 5
τῶν πρὸ ἡμῶν πρεσβυτέρων τύπον καὶ κανόνα παρειληφότες
ὁμοφώνως αὐτοῖς προσευχαριστοῦντες καὶ δὴ καὶ νῦν ὑμῖν

---

[1] om. ὁ Ῥωμαῖος καὶ ὁ Ἀλεξανδρεὺς Διονύσιος μ.   [2] οὗ ο.   [3] add.
γράφων R₂.   [4] κατέπαυσε μ v.   [5] txt. R₂ μ R₁.   γράφω ο v.

---

genes (who died about A.D. 196). Then he reviews his authorities
nearer home, Gregory of Neocaesarea (Pontus, A.D. 265), Meletius in
the same country, a contemporary of Eusebius of Caesarea (who says of
him κατενοήσαμεν, during his seven years of refuge in Palestine), and
Firmilian, a predecessor of St. Basil in the see of Caesarea (A.D. 236).

It may be noted that Irenaeus traditionally represented the teaching
of the Apostle St. John (through Polycarp) and Clement that of St.
Peter and St. Paul: and that Dionysius of Alexandria, Africanus, Gregory, and Firmilianus were all of them pupils of Origen. Of these
Dionysius of Alexandria, Origen, Eusebius, Africanus, and Gregory used
the actual phrase σὺν τῷ Πνεύματι, and Clement and the ancient Hymn
coupled the Spirit of the Father and the Son with the conjunction καί :
while Dionysius of Alexandria, Origen, and Irenaeus spoke of the Divine
Trinity, the Divine Spirit, or the Divinity of the Holy Spirit. The
evidence of Athenogenes, Meletius, and Firmilian is not given. He does
not refer to Martyr. Ignat. Antioch., which in chap. vii has the phrase,
nor to Polycarp's dying words in Martyr. Polyc. chap. xiv, which also
contain it [σὺν αὐτῷ (sc. τῷ Υἱῷ) καὶ Πνεύματι Ἁγίῳ], nor to the Apostolical Constitutions, where it occurs frequently both in the parts which
are considered early documents, and in the apparently later additions.

1. **Διονύσιος ὁ Ῥωμαῖος.** St. Basil (in Ep. 70) refers to Dionysius of
Rome in affectionate terms : οἴδαμεν γάρ. μνήμης ἀκολουθίᾳ, παρὰ τῶν
πατέρων ἡμῶν αἰτηθέντων, καὶ ἀπὸ γραμμάτων τῶν ἔτι καὶ νῦν πεφυλαγμένων παρ' ἡμῖν, διδασκόμενοι, Διονύσιον ἐκεῖνον, τὸν μακαριώτατον ἐπίσκοπον, παρ' ὑμῖν ἐπί τε ὀρθότητι πίστεως, καὶ τῇ λοιπῇ ἀρετῇ διαπρέψαντα,
ἐπισκεπτόμενον διὰ γραμμάτων τὴν ἡμετέραν Ἐκκλησίαν τῶν Καισαρέων,
καὶ παρακαλοῦντα τοὺς πατέρας ἡμῶν διὰ γραμμάτων, καὶ πέμπειν τοὺς
ἀπολυτρουμένους ἐκ τῆς αἰχμαλωσίας τὴν ἀδελφότητα.

καὶ ὁ Ἀλεξανδρεὺς Διονύσιος. In Ep. 9, St. Basil says of Dionysius of Alexandria : οὐ πάντα θαυμάζομεν τοῦ ἀνδρός. ἔστι δ' ἃ καὶ παντελῶς διαγράφομεν ... πρὸς δὲ τούτοις καὶ περὶ τοῦ Πνεύματος ἀφῆκε
φωνὰς ἥκιστα πρεπούσας τῷ Πνεύματι, τῆς προσκυνουμένης αὐτὸ Θεότητος
ἐξορίζων, καὶ κάτω που τῇ κτιστῇ καὶ λειτουργῷ φύσει συναριθμῶν.

ἐπιστέλλοντες καταπαύομεν. τῷ δὲ Θεῷ [1]Πατρὶ καὶ Υἱῷ τῷ Κυρίῳ ἡμῶν Ἰησοῦ Χριστῷ σὺν τῷ ἁγίῳ Πνεύματι δόξα [2]καὶ κράτος εἰς τοὺς αἰῶνας τῶν αἰώνων, ἀμήν.' καὶ ταῦτα οὐκ ἄν τις εἴποι μεταγεγράφθαι. οὐ γὰρ [3]ἂν οὕτω διετεί- T. III. p. 61. νατο, τύπον καὶ κανόνα παρειληφέναι λέγων, εἴπερ ' ἐν τῷ [4]Πνεύματι' εἰρηκὼς ἦν· ταύτης γὰρ τῆς φωνῆς ἡ χρῆσις πολλή. ἀλλ' ἐκεῖνο ἦν τὸ τῆς ἀπολογίας δεόμενον. ὅς γε καὶ κατὰ μέσον που τῆς γραφῆς οὕτως εἴρηκε πρὸς τοὺς Σαβελλιανούς· ' εἰ [5]τῷ τρεῖς εἶναι τὰς Ὑποστάσεις μεμερισμένας εἶναι λέγουσι, τρεῖς εἰσι κἂν μὴ θέλωσιν· ἢ τὴν Θείαν Τριάδα παντελῶς ἀνελέτωσαν.' καὶ πάλιν· ' Θειοτάτη γὰρ διὰ τοῦτο μετὰ τὴν Μονάδα καὶ ἡ Τριάς.' ἀλλὰ καὶ ὁ Κλήμης ἀρχαϊκώτερον, ' ζῇ,' φησίν, ' ὁ Θεὸς καὶ ὁ Κύριος Ἰησοῦς Χριστὸς καὶ τὸ Πνεῦμα τὸ ἅγιον.' Εἰρηναῖος δὲ ὁ ἐγγὺς τῶν Ἀποστόλων γενόμενος πῶς ἐμνήσθη τοῦ Πνεύ- Iren. Adv. ματος ἐν τῷ πρὸς τὰς αἱρέσεις λόγῳ, ἀκούσωμεν. ' τοὺς Haer. v. 8. 2; 9. 3. δὲ ἀχαλιναγωγήτους,' φησί, ' καὶ καταφερομένους εἰς τὰς ἑαυτῶν [6]ἐπιθυμίας, μηδεμίαν ἔχοντας [7]ἐπιθυμίαν [8]Θείου Πνεύματος, δικαίως ὁ Ἀπόστολος [9]σαρκικοὺς καλεῖ.' καὶ ἐν ἄλλοις ὁ αὐτός φησιν· ' ἵνα μὴ ἄμοιροι Θείου Πνεύματος [10]γενόμενοι ἀποτύχωμεν τῆς βασιλείας τῶν οὐρανῶν, ἐπεβόησεν ὁ Ἀπόστολος μὴ δύνασθαι τὴν σάρκα βασιλείαν 1 Cor. xv. 50. οὐρανῶν κληρονομῆσαι.' εἰ δέ τῳ καὶ ὁ Παλαιστῖνος Εὐ-

---

[1] add. καὶ v.   [2] om. καὶ v.   [3] om. ἂν v.   [4] add. ἁγίῳ o v.
[5] τὸ o v.   [6] αἰσχύνας R₃ μ o v R₄ sed vetus interpres Irenaei ' in sua desideria.'   [7] vetus interpres Iren. ' adspirationem ' = ἐπίπνοιαν.
[8] ἁγίου μ.   [9] σαρκίνους 'duo codd.'   [10] γινόμενοι o.

---

6. ταύτης γὰρ τῆς φωνῆς. This evidence of St. Basil himself that the use of ἐν τῷ Πνεύματι was common in the time of Dionysius of Alexandria, while that of σὺν τῷ Πνεύματι called for remark, is specially valuable in view of the misstatements referred to under Chap. I.

9. τὰς Ὑποστάσεις μεμερισμένας εἶναι. This heretical deduction is mentioned by St. Athanasius as πολυθεΐα. Expos. Fidei § 2 : οὔτε τρεῖς Ὑποστάσεις μεμερισμένας καθ' ἑαυτάς, ὥσπερ σωματοφυῶς ἐπ' ἀνθρώπων, ἐστὶ λογίσασθαι, ἵνα μὴ πολυθεΐαν ὡς τὰ ἔθνη φρονήσωμεν.

σέβιος ἀξιόπιστος διὰ πολυπειρίαν, κἀκείνου τὰς αὐτὰς φωνὰς ἐπιδείκνυμεν ἐν τοῖς ἐπαπορήμασι περὶ [1]τῆς τῶν ἀρχαίων πολυγαμίας. λέγει γὰρ οὕτω παρορμῶν ἑαυτὸν ἐπὶ τὸν λόγον· 'τὸν τῶν προφητῶν ἅγιον Θεὸν Φωταγωγὸν διὰ τοῦ Σωτῆρος ἡμῶν Ἰησοῦ Χριστοῦ [2]σὺν ἁγίῳ Πνεύματι 5 [3]καλέσαντες.'

73. Ἤδη δὲ καὶ [4]Ὠριγένην ἐν πολλαῖς τῶν εἰς τοὺς [5]ψαλμοὺς διαλέξεων [6]εὕρομεν ' σὺν τῷ ἁγίῳ Πνεύματι ' τὴν δόξαν [7]ἀποδιδόντα, ἄνδρα οὐδὲ πάνυ τι ὑγιεῖς περὶ τοῦ Πνεύ-

[1] om. τῆς μ. (sic) o. [2] ἐν μ v. [3] παρακαλέσαντες R₄. [4] ὠριγένης [5] πολλοὺς (sic) o. [6] εὕραμεν R₄. [7] ἀποπληροῦντα R₄.

73. 9. οὐδὲ πάνυ τι ὑγιεῖς. Socrates (vi. 13) speaks with some indignation of a quaternion of evilspeakers against Origen, Methodius Bishop of Olympus in Lycia, Eustathius Bishop of Antioch, Apollinarius, and Theophilus of Alexandria. Sozomen (vi. 17) says that Basil and Gregory manfully opposed the dogmas of the Arians, proving that these heretics rightly understood neither the data upon which they proceeded, nor the opinions of Origen, upon which they mainly depended.

The following passages are given from Origen's works, of which the first two may have been in St. Basil's mind: and the rest are specimens of Origen's words on the doctrine of the Holy Spirit.

Princ. Praef. 4 *sub fin.* Tum deinde honore ac dignitate Patri ac Filio sociatum tradiderunt Spiritum Sanctum. In hoc non jam manifeste discernitur, utrum natus an innatus[1] vel Filius etiam Dei ipse habendus sit necne.

Princ. I. iii. 5 (?) *Gk. frag. ap. Just. ep. ad Mennam.* ὅτι ὁ μὲν Θεὸς καὶ Πατὴρ συνέχων τὰ πάντα φθάνει εἰς ἕκαστον τῶν ὄντων μεταδιδοὺς ἑκάστῳ ἀπὸ τοῦ ἰδίου τὸ εἶναι· ὧν γὰρ ἔστιν· ἐλάττων δὲ παρὰ τὸν Πατέρα ὁ Υἱὸς φθάνων ἐπὶ μόνα τὰ λογικά· δεύτερος γάρ ἐστι τοῦ Πατρός· ἔτι δὲ ἧττον τὸ Πνεῦμα τὸ ἅγιον ἐπὶ μόνους τοὺς ἁγίους διϊκνούμενον· ὥστε κατὰ τοῦτο μείζων ἡ δύναμις τοῦ Πατρὸς παρὰ τὸν Υἱὸν καὶ τὸ Πνεῦμα τὸ ἅγιον· πλείων δὲ ἡ τοῦ Υἱοῦ παρὰ τὸ Πνεῦμα τὸ ἅγιον· καὶ πάλιν διαφέρουσα μᾶλλον τοῦ ἁγίου Πνεύματος ἡ δύναμις παρὰ τὰ ἄλλα ἅγια.

In Ep. ad Rom. vi. 7. *fin.* (Lom. vii. 40). Novitatem sane Spiritus scio quosdam male intelligentes traxisse, ut dicerent novum esse Spiritum, tanquam qui ante non fuerit, nec veteribus innotuerit: et nesciunt se in hoc gravissime blasphemare. Ipse enim Spiritus est in lege, ipse in evangelio, ipse semper cum Patre et Filio est et semper est, et erat, et erit sicut Pater et Filius. Non ergo ipse novus est, sed credentes in-

[1] Jerome (Ep. ad Avit. p. 761) tr. 'factus an infectus.'

ματος τὰς ὑπολήψεις ἐν πᾶσιν ἔχοντα· πλὴν ἀλλὰ πολλαχοῦ καὶ αὐτὸς τῆς συνηθείας τὸ ἰσχυρὸν δυσωπούμενος [1] τὰς εὑ-

[1] om. τὰς ο.

novat, cum eos a veteribus malis ad novam vitam et novam religionis Christi observantiam adducit, et spiritales ex carnalibus facit.

Princ. I. iii. 3 fin. Verumtamen usque ad praesens nullum sermonem in scriptis sanctis invenire potuimus per quem Spiritus Sanctus factura esse vel creatura diceretur, ne eo quidem modo quo de sapientia referre Salomonem supra edocuimus, vel quae de Vita, vel Verbo, aliisque appellationibus Filii Dei intelligenda esse tractavimus.

Princ. I. iii. 4 fin. Neque enim putandum est quod etiam Spiritus Filio revelante cognoscit. Si enim revelante Filio cognoscit Patrem Spiritus Sanctus, ergo ex ignorantia ad scientiam venit; quod utique et impium pariter et stultum est, Spiritum Sanctum confiteri et ignorantiam ei adscribere. Non enim cum aliud aliquid esset antequam Spiritus Sanctus, per profectum venit in hoc ut esset Spiritus Sanctus; ut quis audeat dicere, quia tunc quidem cum nondum esset Spiritus Sanctus, ignorabat Patrem, postea vero quam recepit scientiam, Spiritus Sanctus effectus est; quod si esset, nunquam utique in unitate Trinitatis, id est, Dei Patris inconvertibilis, et Filii ejus, etiam ipse Spiritus Sanctus haberetur, nisi quia et ipse semper erat Spiritus Sanctus.

In Ioan. tom. II. 6 (*sub init.*) [*Lom. I. pp.* 108–110]. ἐξεταστέον δέ, ἀληθοῦς ὄντος τοῦ· 'πάντα δι' αὐτοῦ ἐγένετο,' εἰ καὶ τὸ Πνεῦμα τὸ ἅγιον δι' αὐτοῦ ἐγένετο. οἶμαι γὰρ ὅτι τῷ μὲν φάσκοντι γενητὸν αὐτὸ εἶναι καὶ προιεμένῳ τὸ 'πάντα δι' αὐτοῦ ἐγένετο,' ἀναγκαῖον παραδέξασθαι ὅτι τὸ ἅγιον Πνεῦμα διὰ τοῦ Λόγου ἐγένετο, πρεσβυτέρου παρ' αὐτὸ τοῦ Λόγου τυγχάνοντος. τῷ δὲ μὴ βουλομένῳ τὸ ἅγιον Πνεῦμα διὰ τοῦ Χριστοῦ γεγονέναι ἕπεται τὸ ἀγέν[ν]ητον αὐτὸ λέγειν, ἀληθῆ τὰ ἐν τῷ εὐαγγελίῳ τούτῳ εἶναι κρίνοντι. ἔσται δέ τις καὶ τρίτος παρὰ τοὺς δύο, τόν τε διὰ τοῦ Λόγου παραδεχόμενον τὸ Πνεῦμα τὸ ἅγιον γεγονέναι, καὶ τὸν ἀγέν[ν]ητον αὐτὸ[ν] εἶναι ὑπολαμβάνοντα, δογματίζον μηδὲ οὐσίαν τινὰ ἰδίαν ὑφεστάναι τοῦ ἁγίου Πνεύματος ἑτέραν παρὰ τὸν Πατέρα καὶ τὸν Υἱόν. ἀλλὰ τάχα προστιθέμενος μᾶλλον ἂν ἕτερον νομίζῃ εἶναι τὸν Υἱὸν παρὰ τὸν Πατέρα, τῷ τὸ αὐτὸ αὐτῷ τυγχάνειν τῷ Πατρί, ὁμολογουμένως διαιρέσεως δηλουμένης τοῦ ἁγίου Πνεύματος παρὰ τὸν Υἱὸν ἐν τῷ· 'ὃς ἐὰν εἴπῃ λόγον,' κ.τ.λ. (Mt. xii. 32). ἡμεῖς μέντοι τε τρεῖς Ὑποστάσεις πειθόμενοι τυγχάνειν, τὸν Πατέρα καὶ τὸν Υἱὸν καὶ τὸ ἅγιον Πνεῦμα, καὶ ἀγέννητον μηδὲν ἕτερον τοῦ Πατρὸς εἶναι πιστεύοντες, ὡς εὐσεβέστερον καὶ ἀληθὲς προσιέμεθα τό· πάντων διὰ τοῦ Λόγου γενομένων, τὸ ἅγιον Πνεῦμα πάντων εἶναι τιμιώτερον, καὶ τάξει πάντων τῶν ὑπὸ τοῦ Πατρὸς διὰ Χριστοῦ γεγεννημένων. καὶ τάχα αὕτη ἐστὶν ἡ αἰτία τοῦ μὴ καὶ αὐτουῖον χρηματίζειν τοῦ Θεοῦ, μόνου τοῦ Μονογενοῦς φύσει Υἱοῦ ἀρχῆθεν τυγχάνοντος, οὗ χρῄζειν ἔοικε τὸ ἅγιον Πνεῦμα, διακονοῦντος αὐτοῦ τῇ Ὑποστάσει, οὐ μόνον εἰς τὸ εἶναι, ἀλλὰ καὶ σοφὸν εἶναι καὶ λογικὸν καὶ δίκαιον, καὶ πᾶν ὁτιπότουν χρὴ αὐτὸ νοεῖν, τυγχάνειν κατὰ μετοχὴν τῶν προειρημένων ἡμῖν Χριστοῦ ἐπινοιῶν.

σεβεῖς φωνὰς ἀφῆκε περὶ τοῦ Πνεύματος. ὅς γε κατὰ τὸ ἕκτον οἶμαι τῶν εἰς τὸ κατὰ Ἰωάννην εὐαγγέλιον ἐξηγητικῶν καὶ προσκυνητὸν αὐτὸ φανερῶς ἀπεφήνατο, οὑτωσὶ γράφων κατὰ λέξιν· ὅτι ʽ τὸ τοῦ ὕδατος λουτρὸν σύμβολον τυγχάνει καθαρσίου ψυχῆς πάντα ῥύπον τὸν ἀπὸ κακίας ἀποπλυνο- μένης· οὐδὲν δὲ [1] ἧττον καὶ καθ᾽ [2] ἑαυτὸ τῷ ἐμπαρέχοντι ἑαυτὸν τῇ Θεότητι τῆς προσκυνητῆς Τριάδος διὰ τῆς δυνά- μεως τῶν ἐπικλήσεων χαρισμάτων ἀρχὴν ἔχει καὶ πηγήν.ʼ καὶ πάλιν ἐν τοῖς εἰς τὴν πρὸς Ῥωμαίους ἐπιστολὴν ἐξηγη- τικοῖς· ʽ αἱ ἱεραί,ʼ φησί, ʽ δυνάμεις χωρητικαὶ τοῦ Μονογενοῦς καὶ τῆς τοῦ ἁγίου Πνεύματος Θεότητος.ʼ οὕτως οἶμαι [3] τὸ τῆς παραδόσεως ἰσχυρὸν ἐνῆγε πολλάκις τοὺς ἄνδρας καὶ τοῖς οἰκείοις αὐτῶν δόγμασιν ἀντιλέγειν. ἀλλ᾽ οὐδὲ Ἀφρι- κανὸν τὸν ἱστοριογράφον τὸ τοιοῦτον εἶδος τῆς δοξολογίας παρέλαθε. φαίνεται γὰρ ἐν τῷ πέμπτῳ τῆς τῶν χρόνων ἐπιτομῆς οὕτω καὶ αὐτὸς λέγων· ʽ ἡμεῖς γὰρ οἱ κἀκείνων τῶν [4] ῥημάτων τὸ μέτρον [5] ἐπιστάμενοι καὶ τῆς πίστεως οὐκ ἀγνοοῦντες τὴν χάριν εὐχαριστοῦμεν τῷ [6] Πατρὶ τῷ παρα- σχομένῳ τοῖς ἰδίοις [7] ἡμῖν τὸν τῶν ὅλων Σωτῆρα καὶ [8] Κύ- ριον [9] ἡμῶν Ἰησοῦν Χριστόν· ᾧ [10] ἡ δόξα, [11] μεγαλωσύνη σὺν ἁγίῳ Πνεύματι εἰς τοὺς αἰῶνας [12].ʼ [13] τὰ μὲν [14] οὖν ἄλλα τυχὸν καὶ ἀπιστηθῆναι δύναται, ἢ καὶ μεταγραφέντα [15] δυσφώρατον [16] ἔχειν τὴν κακουργίαν, ἐν μιᾷ συλλαβῇ τῆς διαφορᾶς ὑπαρ- χούσης· ἃ δὲ διὰ μακροτέρας τῆς λέξεως παρεθέμεθα, καὶ τὴν ἐπιβουλὴν διαφεύγει καὶ τὴν μαρτυρίαν ἀπ᾽ αὐτῶν τῶν συγγραμμάτων εὐαπόδεικτον ἔχει. ὃ δὲ ἄλλως μὲν ἴσως μικροπρεπὲς [17] ἦν εἰς μέσον ἄγεσθαι, τῷ δὲ καινοτομίαν ἐγ- καλουμένῳ ἀναγκαῖον εἰς μαρτυρίαν διὰ τοῦ χρόνου τὴν ἀρχαιότητα, τοῦτο δὴ καὶ προσθήσω. ἔδοξε τοῖς πατράσιν

---

[1] ἦτγον (sic) o. [2] ἑαυτῶι (sic) μ. [3] τῆς παραδόσεως τὸ μ v.
[4] ῥητῶν μ ʽtres MSS.ʼ [5] ἐπεσταλμένοι μ. [6] txt. μ v. om. πατρὶ τῷ ο Ben. [7] txt. μ. ἡμῶν πρᾶσι ο. ἡμῶν v. ἡμῖν πατρὶ Ben. ʽsic MSS. quinque.ʼ [8] θεὸν ο. [9] om. ἡμῶν v. ʽκαὶ κύριον ἡμῶν desunt in tribus MSS.ʼ [10] om. ἡ v. [11] καὶ ἡ μεγαλωσύνη ο. [12] add. ἀμὴν μ ο v.
[13] add. καὶ v. [14] om. οὖν R₂ v. [15] δυσφορωτάτην R₂. [16] ἔχει v.
[17] om. ἦν v.

ἡμῶν μὴ σιωπῇ τὴν χάριν [1] τοῦ ἑσπερινοῦ φωτὸς δέχεσθαι,
ἀλλ' εὐθὺς φανέντος εὐχαριστεῖν. καὶ ὅστις μὲν ὁ πατὴρ
τῶν ῥημάτων ἐκείνων τῆς ἐπιλυχνίου εὐχαριστίας, εἰπεῖν οὐκ
ἔχομεν· ὁ μέντοι λαὸς ἀρχαίαν ἀφίησι τὴν φωνήν, καὶ οὐδενὶ
5 πώποτε ἀσεβεῖν ἐνομίσθησαν οἱ λέγοντες· 'αἰνοῦμεν Πατέρα
καὶ Υἱὸν καὶ ἅγιον Πνεῦμα Θεοῦ.' εἰ δέ τις καὶ τὸν ὕμνον
Ἀθηνογένους ἔγνω, ὃν ὥσπερ [2] ἄλλο τι ἐξιτήριον τοῖς συν-
οῦσιν αὐτῷ καταλέλοιπεν, ὁρμῶν ἤδη πρὸς τὴν διὰ πυρὸς
τελείωσιν, οἶδε καὶ τὴν τῶν μαρτύρων γνώμην ὅπως εἶχον
10 περὶ τοῦ Πνεύματος. καὶ ταῦτα μὲν εἰς τοσοῦτον.

74. Γρηγόριον δὲ τὸν μέγαν καὶ τὰς ἐκείνου φωνὰς ποῦ
θήσομεν; ἆρ' οὐχὶ μετὰ τῶν Ἀποστόλων καὶ προφητῶν;
ἄνδρα τῷ αὐτῷ Πνεύματι ἐκείνοις [3] περιπατήσαντα καὶ τοῖς 2 Cor. xii. 18.
τῶν ἁγίων ἴχνεσι διὰ παντὸς τοῦ βίου στοιχήσαντα καὶ τῆς
15 εὐαγγελικῆς πολιτείας τὸ ἀκριβὲς διὰ πάσης [4] αὐτοῦ τῆς
ζωῆς κατορθώσαντα; ἐγὼ μὲν τοῦτό φημι, [5] ἢ ἀδικήσομεν
τὴν ἀλήθειαν, μὴ τοῖς ᾠκειωμένοις Θεῷ τὴν ψυχὴν ἐκείνην
συναριθμοῦντες οἷόν τινα λαμπτῆρα περιφανῆ μέγαν ἐν τῇ
Ἐκκλησίᾳ τοῦ Θεοῦ διαλάμψαντα· ὃς φοβερὸν μὲν εἶχεν
20 ἐκ τῆς τοῦ Πνεύματος συνεργίας κατὰ δαιμόνων τὸ κράτος,
τοσαύτην δὲ ἔλαβε τοῦ λόγου τὴν χάριν εἰς ὑπακοὴν πίστεως Rom. i. 5.
ἐν τοῖς ἔθνεσιν, [6] ὥστε ἑπτακαίδεκα μόνους Χριστιανοὺς
παραλαβὼν ὅλον τὸν λαὸν τόν τε ἀστικὸν καὶ τὸν [7] χωρι-
τικὸν διὰ τῆς ἐπιγνώσεως προσήγαγε τῷ Θεῷ. ἐκεῖνος καὶ
25 [8] ποταμῶν ῥεῖθρα μετέστησεν, ἐπιτάξας αὐτοῖς ἐν τῷ μεγάλῳ
ὀνόματι τοῦ Χριστοῦ, καὶ λίμνην [9] ἐξήρανεν ὑπόθεσιν πολέ-
μου φέρουσαν ἀδελφοῖς πλεονέκταις. αἱ δὲ τῶν μελλόντων
προαγορεύσεις τοιαῦται ὡς μηδὲν τῶν [10] μεγάλων προφητῶν

---

[1] 'e regione horum verborum scriptum est in margine Regii quinti περὶ
τοῦ φωτὸς ἱλαροῦ, quod in ipsum contextum Regii tertii irrepsit.'   [2] txt.
μ ο v 'quatuor MSS.' τι ἀλεξητήριον R₁ Ben.   [3] ἐμπεριπατήσαντα 'duo
codd.'   [4] τῆς ἑαυτοῦ ζωῆς μ v.   [5] txt. R₂.   ἢ ο v. om. μ 'quatuor
MSS.'   [6] ὡς v.   [7] χωρητικὸν ο.   [8] ποταμοῦ R₃.   [9] ἀνεξή-
ρανεν ο v.   [10] txt. μ ο v. Ben. ἄλλων.

73. 7. ἐξιτήριον. In Hurter's reprint of the Ben. Latin version,
'amuletum' is changed into 'valedictionis donum' without comment.

ἀποδεῖν. καὶ ὅλως μακρὸν ἂν εἴη τοῦ ἀνδρὸς [1]διηγεῖσθαι τὰ θαύματα, ὃς τῇ ὑπερβολῇ τῶν ἐν αὐτῷ χαρισμάτων τῶν ἐνεργουμένων ὑπὸ τοῦ Πνεύματος ἐν πάσῃ δυνάμει καὶ σημείοις καὶ τέρασι δεύτερος Μωϋσῆς παρ' αὐτῶν τῶν ἐχθρῶν τῆς [2]Ἐκκλησίας [3]ἀνηγορεύετο. οὕτως αὐτῷ ἐν παντὶ λόγῳ καὶ ἔργῳ τῶν ἐπιτελουμένων διὰ τῆς χάριτος οἷόν τι φῶς ἐπέλαμπε, μήνυμα τῆς [4]οὐρανίου δυνάμεως τῆς ἐκ τοῦ ἀφανοῦς παρεπομένης αὐτῷ. τούτου μέγα ἔτι καὶ νῦν τοῖς ἐγχωρίοις τὸ θαῦμα, καὶ νεαρὰ καὶ ἀεὶ πρόσφατος ἡ μνήμη ταῖς Ἐκκλησίαις ἐνίδρυται, οὐδενὶ χρόνῳ ἀμαυρουμένη. οὐκοῦν οὐ πρᾶξίν τινα, οὐ λόγον, οὐ τύπον τινὰ μυστικὸν παρ' ὃν ἐκεῖνος [5]κατέλιπε τῇ Ἐκκλησίᾳ προσέθηκαν. [6]ταύτῃ τοι καὶ πολλὰ τῶν παρ' αὐτοῖς τελουμένων ἐλλειπῶς ἔχειν δοκεῖ διὰ τὸ τῆς καταστάσεως ἀρχαιότροπον. οὐδὲν γὰρ ἠνέσχοντο οἱ κατὰ διαδοχὴν τὰς Ἐκκλησίας οἰκονομήσαντες τῶν μετ' ἐκεῖνον ἐφευρεθέντων παραδέξασθαι εἰς προσθήκην. ἐν τοίνυν τῶν Γρηγορίου καὶ ὁ νῦν ἀντιλεγόμενος τρόπος τῆς δοξολογίας ἐστίν, ἐκ τῆς ἐκείνου παραδόσεως τῇ Ἐκκλησίᾳ πεφυλαγμένος, καὶ οὐ πολὺς ὁ πόνος μικρὸν [7]κινηθέντι τὴν ἐπὶ τούτοις πληροφορίαν λαβεῖν. ταύτην καὶ Φιρμιλιανῷ τῷ ἡμετέρῳ μαρτυροῦσι τὴν πίστιν οἱ λόγοι, οὓς καταλέλοιπε. καὶ [8]Μελέτιον [9]τὸν πάνυ ἐπὶ ταύτης εἶναι τῆς γνώμης οἱ συγγεγονότες φασί. καὶ τί [10]δεῖ τὰ [11]παλαιὰ λέγειν; ἀλλὰ νῦν [12]ἐπὶ τῆς ἑῴας οὐχ ἑνὶ μάλιστα τούτῳ τοὺς εὐσεβοῦντας γνωρίζουσιν, οἷόν τινι σημείῳ τῇ φωνῇ ταύτῃ φυλοκρινοῦντες; ὡς δὲ ἐγώ τινος τῶν ἐκ Μεσοποταμίας ἤκουσα, ἀνδρὸς καὶ τῆς γλώσσης ἐμπείρως ἔχοντος καὶ ἀδιαστρόφου τὴν γνώμην, οὐδὲ δυνατὸν ἑτέρως εἰπεῖν τῇ ἐγχωρίῳ φωνῇ, κἂν ἐθέλωσιν, ἀλλὰ διὰ τῆς 'καὶ' συλλαβῆς, μᾶλλον δὲ τῶν ἰσοδυναμουσῶν αὐτῇ φωνῶν, κατά τι ἰδίωμα πάτριον ἀνάγκην αὐτοῖς εἶναι τὴν δοξολογίαν [13]προφέρειν.

[1] ἐκδιηγεῖσθαι μ v.   [2] txt. R₂ μ ο v.   ἀληθείας Ben.   [3] ἀνηγόρευτο μ v 'in uno.'   [4] οὐρανίας μ v 'duo.'   [5] κατέλειπε v.   [6] ταῦτα μ ο v.
[7] κινηθέντας μ ο v.   [8] μελίτιον ο v.   [9] om. τὸν μ.   [10] δὴ v.
[11] πολλὰ μ v.   [12] add. οἱ ο.   [13] προσφέρειν μ.

καὶ Καππαδόκαι δὲ οὕτω λέγομεν ἐγχωρίως, [1] ἔτι τότε ἐν τῇ τῶν γλωσσῶν διαιρέσει τὸ ἐκ τῆς λέξεως χρήσιμον προβλεψαμένου τοῦ Πνεύματος. τί δὲ ἡ δύσις ἅπασα μικροῦ δεῖν ἀπὸ τοῦ Ἰλλυρικοῦ μέχρι τῶν ὅρων τῆς καθ᾽ ἡμᾶς οἰκουμένης; οὐχὶ τὴν φωνὴν ταύτην πρεσβεύει;

75. Πῶς οὖν ἐγὼ καινοτόμος καὶ νεωτέρων ῥημάτων δημιουργός, ἔθνη ὅλα καὶ πόλεις καὶ ἔθος πάσης μνήμης ἀνθρωπίνης πρεσβύτερον καὶ ἄνδρας στύλους τῆς Ἐκκλησίας,

[1] om. ἔτι τότε μ v.

---

75. 8. ἄνδρας στύλους τῆς Ἐκκλησίας. It may be of interest to note here the doxologies of St. Athanasius, with their approximate dates:—

De Incarn. Verbi, lvii δι᾽ οὗ καὶ μεθ᾽ οὗ αὐτῷ τῷ Πατρὶ σὺν αὐτῷ τῷ Υἱῷ ἐν ἁγίῳ Πνεύματι, τιμὴ καὶ κράτος καὶ δόξα εἰς τοὺς αἰῶνας τῶν αἰώνων (A.D. 318).

Expositio Fidei, δι᾽ οὗ τῷ Πατρὶ δόξα (A.D. 330?).

Epistola ad Episcopos Aegypti et Libyae, Ἰησοῦ Χριστοῦ, δι᾽ οὗ τῷ Πατρὶ ἡ δόξα καὶ τὸ κράτος ἐν Πνεύματι ἁγίῳ καὶ νῦν καὶ εἰς τοὺς σύμπαντας αἰῶνας τῶν αἰώνων (A.D. 356).

Apologia de Fuga, ἐν Χριστῷ Ἰησοῦ τῷ Κυρίῳ ἡμῶν, δι᾽ οὗ τῷ Πατρὶ ἐν ἁγίῳ Πνεύματι ἡ δόξα καὶ τὸ κράτος εἰς τοὺς αἰῶνας τῶν αἰώνων. Ἀμήν. (A.D. 357).

De Synodis, δι᾽ οὗ τῷ Πατρὶ ἡ δόξα καὶ τὸ κράτος εἰς τοὺς αἰῶνας τῶν αἰώνων (no mention of the Spirit) (A.D. 359-360).

But see esp. Epist. ii ad Serap. § 6 ὥσπερ οὖν δι᾽ αὐτοῦ ἀποκαλύπτεται ὁ Θεὸς τοῖς γινώσκουσιν, οὕτως δι᾽ αὐτοῦ ἡ εὐλογία καὶ ὁ ὕμνος, καὶ ἡ δόξα καὶ τὸ κράτος ὁμολογεῖται τῷ Πατρὶ δι᾽ αὐτοῦ καὶ ἐν αὐτῷ ἵνα καὶ εὐπρόσδεκτος ἡ τοιαύτη ὁμολογία γένηται, ὡς αἱ Γραφαὶ λέγουσιν (A.D. 360).

Epist. iv ad Serap. § 7 δι᾽ οὗ καὶ μεθ᾽ οὗ τῷ Πατρὶ ἡ δόξα καὶ τὸ κράτος σὺν ἁγίῳ Πνεύματι (A.D. 360).

In the compilation that has come to us under the title of Constitutiones Apostolicae, Book viii, we find at the end of the prayer for the bishop elect μεθ᾽ οὗ καὶ δι᾽ οὗ Σοι δόξα, τιμὴ καὶ σέβας ἐν ἁγίῳ Πνεύματι ch. 5; δι᾽ οὗ Σοι δόξα καὶ τὸ σέβας ἐν ἁγίῳ Πνεύματι ch. 6; Σοὶ δόξα, τιμὴ καὶ σέβας καὶ διὰ Σοῦ τῷ (σῷ) Πατρὶ ἐν ἁγίῳ Πνεύματι ch. 7; δι᾽ οὗ Σοι δόξα, τιμὴ καὶ σέβας ἐν ἁγίῳ Πνεύματι ch. 8; δι᾽ οὗ Σοι δόξα καὶ προσκύνησις ἐν (τῷ) ἁγίῳ Πνεύματι ch. 9; δι᾽ οὗ Σοι δόξα καὶ σέβας ἐν ἁγίῳ Πνεύματι ch. 11. These are used by the ἐπίσκοπος in the portion ascribed to St. Peter, and by the ἐπίσκοπος or ἀρχιερεύς in that ascribed to St. Andrew. But in the Anaphora, ascribed to St. James the brother of St. John, and supposed by some to be of a later date, there are four benedictions, which are all of the form containing μετά and καί: Σοὶ

ἐν πάσῃ γνώσει καὶ δυνάμει Πνεύματος διαπρεπεῖς, ἀρχηγοὺς καὶ προστάτας τῆς φωνῆς παρεχόμενος; ἐπὶ τούτοις τὸ πολεμικὸν τοῦτο καθ' ἡμῶν συγκεκίνηται στῖφος, πᾶσα δὲ πόλις καὶ κώμη καὶ [1] ἐσχατιαὶ [2] πᾶσαι πλήρεις τῶν ἡμετέρων διαβολῶν. λυπηρὰ μὲν οὖν ταῦτα καὶ ὀδυνηρὰ ταῖς καρδίαις τῶν ζητούντων εἰρήνην· ἀλλ' ἐπειδὴ μεγάλοι τῆς ὑπομονῆς οἱ μισθοὶ τῶν ὑπὲρ τῆς πίστεως παθημάτων, πρὸς τούτοις καὶ ξίφος στιλβούσθω, καὶ πέλεκυς ἀκονάσθω, καὶ πῦρ καιέσθω τοῦ Βαβυλωνίου σφοδρότερον, καὶ πᾶν κινείσθω ἐφ' ἡμᾶς ὄργανον κολαστήριον, ὡς ἔμοιγε οὐδὲν φοβερώτερον τοῦ μὴ φοβεῖσθαι τὰς ἀπειλάς, ἃς ὁ Κύριος τοῖς τὸ Πνεῦμα βλασφημοῦσιν ἐπανετείνατο. πρὸς μὲν οὖν τοὺς εὐγνώμονας τῶν ἀνθρώπων ἱκανὴ ἀπολογία τὰ εἰρημένα, ὅτι δεχόμεθα φωνὴν οὕτω μὲν φίλην καὶ [3] προσήγορον τοῖς ἁγίοις, τοσούτῳ δὲ ἔθει βεβαιωθεῖσαν· διότι ἀφ' οὗ κατηγγέλη τὸ εὐαγγέλιον μέχρι τοῦ νῦν, ἐμπολιτευομένη ταῖς Ἐκκλησίαις δείκνυται, καὶ τὸ μέγιστον εὐσεβῶς καὶ ὁσίως κατὰ τὴν ἔννοιαν ἔχουσα. πρὸς δὲ τὸ μέγα κριτήριον τίνα [4] τὴν ἀπολογίαν ἑαυτοῖς [5] εὐτρεπίσαμεν; ὅτι [6] ἐνῆγεν ἡμᾶς πρὸς τὴν δόξαν τοῦ Πνεύματος πρῶτον μὲν ἡ παρὰ τοῦ Κυρίου τιμὴ συμπαραλαβόντος ἑαυτῷ καὶ [7] τῷ Πατρὶ πρὸς τὸ βάπτισμα, ἔπειτα ἡ ἑκάστου ἡμῶν διὰ τῆς τοιαύτης μυσταγωγίας

marginalia: 1 Pet. iii. 11. Matt. v. 12. Dan. iii. 19. Matt. xii. 31. T. III. p. 64. Matt. xxviii. 19.

[1] ἐσχατιὰ πλήρης μ.   [2] om. πᾶσαι v.   [3] εὐπροσήγορον R₄.
[4] om. τὴν v.   [5] εὐτρεπίσομεν μ v. εὐτρεπίσαιμεν Ben.   [6] ἐνήγαγεν R₄.   [7] τὸ πνεῦμα R₄.

... τῷ Πατρὶ καὶ τῷ Υἱῷ καὶ τῷ ἁγίῳ Πνεύματι, and μεθ' οὗ Σοι δόξα, τιμή ... καὶ τῷ ἁγίῳ Πνεύματι ch. 12; μεθ' οὗ Σοι ... καὶ τῷ ἁγίῳ Πνεύματι and Σοὶ δόξα ... καὶ τῷ Σῷ παιδὶ Ἰησοῦ τῷ Χριστῷ Σου ... καὶ τῷ ἁγίῳ Πνεύματι ch. 14.

2. ἐπὶ τούτοις κ.τ.λ. He is probably referring to Eustathius of Sebaste: as in Ep. 226, § 3 διαβάλλουσι γὰρ ἡμᾶς ὡς καινοτομοῦντας περὶ τοῦ Πνεύματος τοῦ ἁγίου.

19. ὅτι ἐνῆγεν ἡμᾶς. This summing up of his treatise by St. Basil himself is noteworthy: he lays chief stress on three points, (1) the Baptismal Formula, (2) the Profession of Faith at Baptism in conformity with the Formula, and (3) the warning of Matt. xii. 31.

πρὸς τὴν θεογνωσίαν εἰσαγωγή, ἐφ᾽ ἅπασι δὲ ὁ φόβος τῶν ¹ἀπειληθέντων, ἀπείργων τὴν ἔννοιαν πάσης ²ἀναξίας καὶ ταπεινῆς ὑπολήψεως. οἱ δὲ ἐναντίοι τί καὶ ἐροῦσι; ποίαν ἀπολογίαν τῆς βλασφημίας ἕξουσι, μήτε τὰς ³τιμὰς τοῦ Κυρίου καταιδεσθέντες μήτε τὰς ἀπειλὰς αὐτοῦ φοβηθέντες; οὗτοι μὲν οὖν κύριοι βουλεύσασθαι περὶ τῶν ⁴κατ᾽ αὐτοὺς ἢ καὶ μεταβουλεύσασθαι ἤδη· ⁵αὐτὸς δ᾽ ἂν εὐξαίμην μάλιστα μὲν δοῦναι τὸν ἀγαθὸν Θεὸν τὴν ἑαυτοῦ εἰρήνην βραβεύ- Col. iii. 15. ουσαν ἐν ταῖς καρδίαις ⁶ἁπάντων, ⁷ὥστε τοὺς σφριγῶντας καθ᾽ ἡμῶν τούτους καὶ ⁸συντεταγμένους σφοδρῶς ἐν πνεύματι Gal. vi. 1. πραότητος καὶ ἀγάπης κατασταλῆναι, εἰ δ᾽ ἄρα παντελῶς 1 Cor. iv. 21. ἐξηγρίωνται καὶ ἀτιθασσεύτως ἔχουσιν, ἀλλ᾽ ἡμῖν γε δοῦναι μακροθύμως φέρειν τὰ παρ᾽ αὐτῶν. πάντως δὲ τοῖς τὸ ἀπόκριμα τοῦ θανάτου ἐν ἑαυτοῖς ἔχουσιν οὐ τὸ παθεῖν ὑπὲρ 2 Cor. i. 9. τῆς πίστεως ἀλγεινόν, ἀλλὰ τὸ μὴ ἐναθλῆσαι ⁹αὐτῇ ¹⁰δυσφορώτατον, ἐπεὶ καὶ τοῖς ἀθληταῖς οὐ τοσοῦτον πληγὰς λαβεῖν ἀγωνιζομένοις βαρύ, ὅσον ¹¹μηδὲ παραδεχθῆναι τὴν ἀρχὴν εἰς τὸ στάδιον. ἢ τάχα οὗτος ἦν ὁ 'καιρὸς τοῦ Eccl. iii. 7 σιγᾶν' κατὰ τὸν σοφὸν Σολομῶντα. τί γὰρ ¹²ὄφελος τῷ ὄντι κεκραγέναι πρὸς ἄνεμον, οὕτω βιαίας ζάλης κατεχούσης τὸν βίον, ὑφ᾽ ἧς πᾶσα μὲν διάνοια τῶν τὸν λόγον κατηχουμένων οἷον ὀφθαλμὸς κονιορτοῦ τινος τῆς ἐκ τῶν παραλογισμῶν ἀπάτης ἀναπλησθεῖσα συγκέχυται, πᾶσα δὲ ἀκοὴ βαρυτάτοις ¹³καὶ ἀήθεσι ψόφοις κατακτυπεῖται, ¹⁴δονεῖται δὲ πάντα καὶ ἐν κινδύνῳ ἐστὶ τοῦ πτώματος;

---

¹ ἐπαπειληθέντων μ ν.   ² ἀξίας μ.   ³ φωνὰς ' in uno cod. MS.'   ⁴ καθ᾽ ἑαυτοὺς ν.   ⁵ αὐτοῖς ν.   ⁶ τῶν ἁπάντων μ 'quasi supervacuum.'   ⁷ ὡς μ.   ⁸ συντεταγμένους μ ο.   ⁹ αὐτῆς μ.   ¹⁰ δυσφορώτατόν ἐστιν μ ν.   ¹¹ μὴ μ ν.   ¹² add. καὶ ν.   ¹³ deficit ο post βαρυτάτοις.   ¹⁴ om. δονεῖται δὲ πάντα μ.

Διήγησις τῆς παρούσης τῶν ἐκκλησιῶν καταστάσεως.

ΚΕΦΑΛΑΙΟΝ Λ'.

76. Τίνι οὖν ὁμοιώσομεν τὴν παροῦσαν κατάστασιν; ἢ που ὁμοία ἐστὶ πολέμῳ τινὶ ναυτικῷ, ὃν ἐκ παλαιῶν προσκρουσμάτων πολὺν κατ' ἀλλήλων τὸν θυμὸν θρέψαντες ναύμαχοί τινες ἄνδρες καὶ φιλοπόλεμοι συνεστήσαντο. ὅρα δὴ οὖν μοι ἐν τῇ εἰκόνι ταύτῃ φοβερῶς ἑκατέρωθεν [1] ἀντεφορμῶντα τὸν στόλον, εἶτα εἰς τὸ ἀνήκεστον τῆς ὀργῆς [2] ἐκραγείσης συμπεσόντας διαγωνίζεσθαι. ὑπόθου, εἰ βούλει, καὶ λαίλαπι βιαίᾳ [3] κλονεῖσθαι τὸ ναυτικόν, καὶ ζόφον ἀθρόως ἐκ νεφῶν ἐπισχόντα μελαίνειν πᾶν τὸ ὁρώμενον, ὡς μηδεμίαν ἔτι εἶναι φίλων καὶ πολεμίων διάκρισιν, τῶν συμβόλων αὐτοῖς ἀγνοηθέντων διὰ τὴν σύγχυσιν. ἔτι [4] προσθήσωμεν δι' ἐνάργειαν τῇ εἰκόνι καὶ θάλασσαν [5] οἰδοῦσαν καὶ ἄνω στρεφομένην ἐκ τῶν βυθῶν καὶ λάβρον ἐκ νεφῶν ὕδωρ καταρρηγνύμενον καὶ φοβερὸν ἐπανιστάμενον ἐκ τρικυμίας τὸν κλύδωνα, εἶτα [6] πανταχόθεν τῶν πνευμάτων εἰς [7] ταὐτὸν συμπεσόντων πάντα τὸν στόλον συναρασσόμενον, καὶ τῶν ἐπὶ παρατάξεως τοὺς μὲν καταπροδιδόντας καὶ παρ' αὐτὴν τὴν ἀγωνίαν αὐτομολοῦντας, τοὺς δὲ ἀνάγκην ἔχειν ὁμοῦ τε διωθεῖσθαι τὰ σκάφη ἐκ τῶν ἀνέμων ἐπιφερόμενα καὶ ἀντεπιέναι τοῖς [8] ἐφορμῶσι, καὶ ἀλλήλους καταφονεύειν ὑπὸ τῆς

[1] ἀντεφορμοῦντα μ 'quatuor codd.' ἀντιμορφοῦντα v. [2] ὑπεκραγείσης μ v. [3] συγκλονεῖσθαι μ v. [4] προσθῶμεν μ v. [5] txt. o R₄. οἰδαίνουσαν καὶ ἀναστρεφομένην μ v. [6] τῶν πανταχόθεν μ v. [7] ταὐτὸ μ v. [8] ἐφορμοῦσι 'codd. nonnulli.'

76. 3. Τίνι οὖν ὁμοιώσομεν. In Ep. 80 St. Basil asks St. Athanasius to come to the help of the Churches and 'preserve us from this terrible storm' (διασώσασθαι ἡμᾶς ἐκ τοῦ φοβεροῦ τούτου χειμῶνος), and in another Epistle to him (82) he writes: ὁρᾷς ... ὅπως καθάπερ ἐν πελάγει, πολλῶν ὁμοῦ συμπλεόντων, ὑπὸ τῆς βίας τοῦ κλύδωνος πάντες ὁμοῦ ἀλλήλοις προσρήγνυνται· καὶ γίνεται τὸ ναυάγιον, πῇ μὲν ἐκ τῆς ἔξωθεν αἰτίας βιαίως κινούσης τὴν θάλατταν, πῇ δὲ ἐκ τῆς τῶν ἐμπλεόντων ταραχῆς ἀντιβαινόντων ἀλλήλοις καὶ διωθουμένων.

στάσεως, ἣν ὁ πρὸς τὸ ὑπερέχον φθόνος καὶ ἡ ἐπιθυμία τοῦ αὐτὸν ἕκαστον κρατεῖν ἐνεποίησεν. ἐνθυμήθητι ἐπὶ τούτοις συμμιγῆ τινα καὶ ἄσημον ἦχον πᾶσαν ἐπέχοντα τὴν ἐκεῖ θάλασσαν, [1] ἐκ τῶν περιηχούντων [2] ἀνέμων καὶ τοῦ πατάγου
5 τῶν πλοίων, καὶ τοῦ ῥοθίου ζέοντος, καὶ ἐκ τῆς βοῆς τῶν πολεμούντων παντοδαπὰς φωνὰς ἐπὶ τοῖς πάθεσιν ἀφιέντων, ὡς μήτε ναυάρχου μήτε κυβερνήτου φωνὴν εἰσακούεσθαι, ἀλλὰ δεινήν τινα εἶναι ἀταξίαν καὶ σύγχυσιν, τῆς τῶν κακῶν ὑπερβολῆς διὰ τὴν πρὸς τὸ ζῆν ἀπόγνωσιν [3] ἅπασαν αὐτοῖς
10 τοῦ ἁμαρτάνειν ἄδειαν ἐμποιούσης. πρόσθες αὐτοῖς [4] καὶ ἀμήχανόν τινα [5] νόσον [6] δοξομανίας, [7] ὥστε τῆς [8] νεὼς εἰς βυθὸν ἤδη φερομένης τοὺς ἐπιβάτας ἀλλήλοις τῆς τῶν πρωτείων ἔριδος μὴ ὑφίεσθαι.

77. Μετάβα δή μοι ἀπὸ τῆς εἰκόνος ἐπ' αὐτὸ τοῦ κακοῦ
15 τὸ ἀρχέτυπον. οὐχὶ πάλαι μέν πως ἐδόκει τὸ Ἀρειανὸν [9] σχίσμα εἰς ἀντίπαλον μοῖραν ἀποκριθὲν [10] τῇ Ἐκκλησίᾳ τοῦ Θεοῦ ἐν πολεμίων τάξει αὐτὸ καθ' ἑαυτὸ μόνον ἀντικαθέζεσθαι; ὅτε δὲ ἐκ τῆς μακρᾶς καὶ χαλεπῆς ἔριδος εἰς προφανῆ ἀγῶνα ἡμῖν [11] ἀντικατέστησαν, τότε δὴ εἰς πολλὰ
20 μέρη κατὰ μυρίους τρόπους ὁ πόλεμος διεσχίσθη, ὥστε καὶ διὰ τὸ κοινὸν ἔχθος καὶ διὰ τὸ ἰδίως [12] ὕποπτον ἀδιάλλακτον πᾶσιν [13] ὑπάρχειν τὸ μῖσος. ὁ δὲ σάλος οὗτος τῶν ἐκκλη-

---

[1] ἔκ τε μ v.   [2] om. ἀνέμων μ.   [3] πᾶσαν μ v.   [4] om. καὶ v.
[5] om. νόσον μ.   [6] δοξομανίαν R₄.   [7] ὡς μ v.   [8] νηὸς μ v
'tres MSS.'   [9] σχῆμα μ.   [10] τῆς ἐκκλησίας R₂.   [11] ἀντεκατέστησαν μ.   [12] ὑποπίπτον v.   [13] ἐνυπάρχειν μ v.

77. 15. πάλαι. Soon after Nicaea in 325.
16. εἰς ἀντίπαλον μοῖραν, κ.τ.λ., 'being parted off into an opposing sect, set itself, by itself apart, in hostile array against the Church of God.'
20. ὁ πόλεμος. St. Basil (Ep. 242), writing to the Western Church about A.D. 376, says: τρισκαιδέκατον γὰρ ἔτος ἐστίν, ἀφ' οὗ ὁ αἱρετικὸς ἡμῖν πόλεμος ἐπανέστη. He probably dates the troubles of the East from the death of the Catholic emperor Jovian, 364, when Valens was given the empire of the East, and when St. Basil himself wrote against Eunomius.

but no simile is equal to

πιῶν τίνος οὐκ ἔστι θαλασσίου κλύδωνος ἀγριώτερος; ἐν ᾧ πᾶν μὲν ὅριον πατέρων κεκίνηται, πᾶς δὲ θεμέλιος καὶ εἴ τι ὀχύρωμα δογμάτων διασεσάλευται, κλονεῖται δὲ πάντα καὶ κατασείεται σαθρᾷ τῇ βάσει [1] ἐπαιωρούμενα, ἀλλήλοις δὲ ἐμπίπτοντες ὑπὸ ἀλλήλων ἀνατρεπόμεθα, κἂν μὴ φθάσῃ βαλὼν ὁ πολέμιος, ὁ παραστάτης ἔτρωσε, κἂν [2] πέσῃ βληθείς, ὁ συνασπιστὴς [3] ἐπενέβη. τοσοῦτον ἀλλήλοις κοινωνοῦμεν, ὅσον κοινῇ τοὺς ἐναντίους μισεῖν, ἐπειδὰν [4] δὲ παρέλθωσιν οἱ πολέμιοι, ἀλλήλους ἤδη βλέπομεν πολεμίους. ἐπὶ τούτοις τῶν ναυαγίων τὸ πλῆθος τίς ἂν ἐξαριθμήσαιτο; τῶν μὲν ἐκ τῆς τῶν πολεμίων προσβολῆς καταδύντων, τῶν δὲ ἐκ τῆς λαθραίας τῶν συμμαχούντων ἐπιβουλῆς, ἄλλων ἐκ τῆς ἀπειρίας τῶν εὐθυνόντων· ὅπου γε αὔτανδροι [5] ἐκκλησίαι οἷον ὑφάλοις τισὶ τοῖς αἱρετικοῖς δόλοις προσαραχθεῖσαι διεφθάρησαν, ἄλλοι δὲ τῶν ἐχθρῶν τοῦ σωτηρίου

T. III. p. 66.
1 Tim. i. 19. [6] Πνεύματος [7] παραλαβόντες τοὺς οἴακας περὶ τὴν πίστιν

[1] ἐπεωρούμενα (sic) μ.   [2] add. μὴ μ.   [3] txt. μ ' tres codd.'
ἐπανέβη v. ἐπέβη R₂ Ben.   [4] δὴ v.   [5] add. αἱ v.   [6] txt. μ v.
πάθους Ben. 'Ita opc Regii secundi emendavimus quod in editis legebatur σωτηρίου πνεύματος, non ex stilo et more Basilii, qui Spiritum Sanctum σωτήριον nusquam appellat. Unde Combefisius legendum putabat σωτηρίου κηρύγματος.'   [7] παραλαβόντων μ v.

2. ὅριον ... θεμέλιος ... ὀχύρωμα δογμάτων. He refers especially to the putting forth of the many creeds as substitutes for the Nicene; twenty of which are enumerated towards the end of chap. iv of Dr. Bright's History; one of them, the 3rd Sirmian (the 'Dated' Creed), A. D. 359, ordered that the word οὐσία should be removed, and henceforth should absolutely be unmentioned in speaking of God (παντελῶς μηδεμίαν μνήμην οὐσίας ἐπὶ Θεοῦ εἶναι τοῦ λοιποῦ). St. Athanasius gives the object of these Creeds in the letter to the bishops of Egypt and Libya (§ 5) οἱ γὰρ τολμῶντες διαβάλλειν τὰ καλῶς ὁρισθέντα, καὶ γράφειν ἐπιχειροῦντες ἄλλα παρ' ἐκεῖνα : and adds, with a hit at their frequency (§ 6) κατ' ἐνιαυτὸν γάρ, ὡς οἱ τὰς διαθήκας γράφοντες, συνερχόμενοι καὶ αὐτοί, προσποιοῦνται περὶ πίστεως γράφειν.

15. τῶν ἐχθρῶν τοῦ σωτηρίου Πνεύματος. St. Basil would have reckoned among these at the time of writing Demophilus of Constantinople, the tempter of Liberius, with Dorotheus of Heraclea ; in his own diocese, Marathonius of Nicomedia, Hypatius of Nicaea, and his sometime friend Eustathius of Sebaste ; Euzoius of Antioch, with Hilarion of Jerusalem, and at Samosata either Eunomius or Lucius, intruded into the see of

the miserable reality, 153

ἐνανάγησαν. αἱ δὲ ἐκ τῶν ἀρχόντων τοῦ κόσμου τούτου ἐπα- 1 Cor. ii. 6.
γόμεναι ταραχαὶ ποίας οὐχὶ θυέλλης καὶ καταιγίδος ¹ σφο-
δρότερον τοὺς λαοὺς ἀνατρέπουσι; κατηφὴς δέ τις ὄντως Tit. i. 11.
καὶ στυγνὴ ²σκοτόμαινα τὰς ἐκκλησίας ἐπέχει, τῶν λαμπ-
5 τήρων τοῦ κόσμου, οὓς ἔθετο ὁ Θεὸς τὰς ψυχὰς τῶν λαῶν
φωτίζειν, ἐξοικισθέντων. τὸ δὲ ὑπερβάλλον αὐτοῖς τῆς
πρὸς ἀλλήλους φιλονεικίας ἐπικρεμαμένου ἤδη τοῦ φόβου
τῆς τοῦ παντὸς διαλύσεως ³ παραιτεῖται τὴν αἴσθησιν. τοῦ
γὰρ κοινοῦ καὶ δημοσίου πολέμου πλεῖόν ἐστι τὸ ἴδιον
10 δυσμενές, τῆς ἐκ τοῦ κρατῆσαι τῶν ἐναντίων δόξης τοῦ
κοινῶς πᾶσι λυσιτελοῦντος προτιθεμένης οἷς τὸ παραυτίκα
τῆς ⁴φιλοτιμίας τερπνὸν τῶν εἰς ὕστερον ἀποκειμένων
μισθῶν προτιμότερον. διόπερ πάντες ὁμοίως καθ᾽ ὃν ἂν
ἕκαστος δύνηται τρόπον τὰς φονικὰς χεῖρας ἀλλήλοις ἀντ-
15 επιφέρουσι. τραχεῖα δέ τις κραυγὴ τῶν ἐξ ἀντιλογίας
παρατριβομένων ἀλλήλοις, καὶ βοὴ ἄσημος καὶ δύσκριτος
ἦχος ἐκ τῶν ἀσιγήτων θορύβων πᾶσαν ἤδη σχεδὸν Ἐκκλη-
σίαν πεπλήρωκεν ἐπὶ ὑπερβολὰς καὶ ἐλλείψεις τὸ εὐθὲς

¹ βαρύτερον R₂.   ² σκοτομήνη μ. σκοτοδινία v.   ³ παραι-
ρεῖται R₂ v.   ⁴ φιλονεικίας R₂.

Eusebius; and Lucius of Alexandria. He had scarcely heard of the
death of Auxentius of Milan: and his own country was infamous for the
supply of Arian intruders into the sees of orthodox bishops. (St. Basil
always attributes the ' saving ' efficacy of Baptism to the presence of the
Spirit, and here applies the word to Him.)

6. ἐξοικισθέντων. The exiled bishops during the persecution of
Valens were many, and St. Basil must have known of the following
sufferers: St. Cyril (Jerusalem), Meletius (Antioch), St. Pelagius (Lao-
dicea of Syria), Eusebius (Samosata), the bishop of Edessa, Peter
(Alexandria), Evagrius (Constantinople). He may still have had in
his own province Dionysius of Milan, banished to Cappadocia after the
Council of 355. Cf. Ep. 243, § 4 (A.D. 376) οἱ στῦλοι καὶ τὸ ἑδραίωμα
τῆς ἀληθείας ἐν διασπορᾷ: and Ep. 195 (A.D. 375), in which St. Basil
begs Euphronius, bishop of Colonia in Armenia, to pray ὑπὲρ ἡμῶν, ἵνα
ὁ Κύριος ἐλαττώσῃ τὰς θλίψεις, καὶ τὸ πολὺ τοῦτο βάρος τῆς ὀδύνης τῆς
νῦν ἐπικειμένης ταῖς καρδίαις ἡμῶν, οἷόν τι νέφος, ἀφ᾽ ἡμῶν ἀπαγάγῃ.
Ἔσται δὲ τοῦτο ἐὰν ταχεῖαν δῷ τὴν ἐπάνοδον τοῖς θεοφιλεστάτοις ἐπι-
σκόποις, οἳ νῦν εἰσιν ἐν τῇ διασπορᾷ, δίκας διδόντες ὑπὲρ τῆς εὐσεβείας.

18. ὑπερβολὰς καὶ ἐλλείψεις. St. Basil goes on to show that he

154   *with its many heresies and contentions,*

δόγμα τῆς εὐσεβείας παρατρεπόντων. οἱ μὲν γὰρ ἐπὶ Ἰουδαϊσμὸν διὰ τῆς συγχύσεως τῶν Προσώπων, οἱ δὲ ἐπὶ Ἑλληνισμὸν διὰ τῆς τῶν φύσεων ἐναντιότητος παραφέρονται, οὔτε τῆς θεοπνεύστου Γραφῆς μεσιτεύειν αὐτοῖς ἐξαρκούσης, οὔτε τῶν ἀποστολικῶν παραδόσεων τὰς πρὸς 5 ἀλλήλους αὐτοῖς ¹ διαλλαγὰς βραβενουσῶν. εἷς δὲ ὅρος φιλίας τὸ καθ᾽ ἡδονὴν εἰπεῖν, καὶ ἔχθρας ἀρκοῦσα πρόφασις τὸ μὴ συμβῆναι ταῖς δόξαις. πάσης δὲ συνωμοσίας πιστότερον πρὸς κοινωνίαν στάσεως ἡ τοῦ σφάλματος ὁμοιότης. θεολόγος δὲ πᾶς, καὶ ὁ μυρίαις κηλῖσι τὴν ψυχὴν ² στιγ- 10 ματίσας. ἐντεῦθεν τοῖς νεωτεροποιοῖς εὐπορία ³ τῶν συστασιαζόντων πολλή. τοιγαροῦν αὐτοχειροτόνητοι καὶ σπουδαρχίδαι τῶν ἐκκλησιῶν τὰς προστασίας διαλαγχάνουσι, τὴν οἰκονομίαν τοῦ ἁγίου Πνεύματος παρωσάμενοι. καὶ παντελῶς ἤδη τῶν εὐαγγελικῶν θεσμῶν ἐξ ἀκοσμίας 15 συγκεχυμένων ⁴ ἀμύθητος ὠθισμὸς ἐπὶ τὰς προεδρίας ἐστί, τῶν φανητιώντων εἰσποιεῖν ἑαυτὸν ἑκάστου τῇ προστασίᾳ βιαζομένου. ἀναρχία δέ τις δεινὴ τοῖς λαοῖς ἀπὸ τῆς φιλαρχίας ταύτης ἐπεκώμασεν· ὅθεν ἄπρακτοι παντελῶς καὶ ἀργαὶ τῶν ἐπιστατούντων αἱ παρακλήσεις, οὐ μᾶλλον 20 ἀκούειν τινὸς ἢ αὐτῷ ἄρχειν ἑτέρων ὀφειλόμενον εἶναι ἑκάστου διὰ τὸν ἐξ ⁵ ἀμαθίας τῦφον λογιζομένου.

78. Διὰ ταῦτα λυσιτελεστέραν τοῦ λόγου τὴν σιωπὴν ἐτιθέμην, ὡς οὐ δυναμένης φωνῆς ἀνθρώπου διὰ τοσούτων θορύβων εἰσακουσθῆναι. εἰ γὰρ ἀληθῆ τὰ τοῦ Ἐκκλησιαστοῦ 25

Eccl. ix. 17.   ῥήματα, ὅτι 'λόγοι σοφῶν ἐν ἀναπαύσει ἀκούονται,' πολλοῦ ἂν δέοι πρέπειν τῇ νῦν καταστάσει τὸ περὶ τούτων λέγειν.

¹ διαταγὰς βραβευόντων μ.   ² txt. μ v.   στιγματίας 'MSS. quatuor.'
³ πολλὴ τῶν στασιαζόντων μ v.   ⁴ ἀμύθητος μ.   ⁵ ἀνομίας μ.

applied the term 'excesses' to the Sabellians, 'confounding the Persons,' and 'defects' to the Arians, 'dividing the Substance.' The Sabellians explained away ὁ Πατὴρ μείζων μου ἐστί (John xiv. 28): and the Arians diminished the meaning of ἐγὼ καὶ ὁ Πατὴρ ἕν ἐσμεν (John x. 30), and of Θεός as applied to the Son and the Holy Spirit.

an evil time, and not a time to speak.

ἐμὲ δὲ καὶ τὸ προφητικὸν ἐκεῖνο κατέχει λόγιον, ὅτι ʻὁ συνιὼν σιωπήσεται, ¹ διότι ὁ καιρὸς ² πονηρός ἐστιν,' ἐν ᾧ Amos v. 13. οἱ μὲν ὑποσκελίζουσι νῦν, οἱ δὲ ἐνάλλονται τῷ πεσόντι, ἄλλοι δὲ ἐπικροτοῦσιν, ὁ δὲ τῷ ὀκλάσαντι χεῖρα ὀρέγων ἐκ T. III. p. 67
5 συμπαθείας οὐκ ἔστι, καίτοιγε κατὰ τὸν παλαιὸν νόμον οὐδ' Ex. xxiii. 5. ὁ τὸ ὑποζύγιον τοῦ ἐχθροῦ πεπτωκὸς ὑπὸ τὸν γόμον παραδραμὼν ἀκατάγνωστος. ἀλλ' οὐχὶ τὰ νῦν τοιαῦτα. πόθεν; ὅπου γε διὰ πάντων τῆς ἀγάπης ψυγείσης ἀνῄρηται μὲν Matt. xxiv. 12. ἀδελφῶν σύμπνοια, ὁμονοίας δὲ ἀγνοεῖται καὶ τοὔνομα,
10 ἀνῄρηνται δὲ ἀγαπητικαὶ νουθεσίαι, οὐδαμοῦ σπλάγχνον χριστιανόν, οὐδαμοῦ δάκρυον συμπαθές. οὐκ ἔστιν ὁ τὸν ἀσθενοῦντα τῇ πίστει προσλαμβανόμενος, ἀλλὰ τοσοῦτον Rom. xiv. 1. μῖσος τοῖς ὁμοφύλοις πρὸς ἀλλήλους ἐκκέκαυται, ὥστε μᾶλλον τοῖς τοῦ πλησίον πτώμασιν ἢ τοῖς οἰκείοις ἕκαστος
15 κατορθώμασιν ἐπαγάλλονται. ὥσπερ δὲ ἐν ταῖς λοιμικαῖς συμπαθείαις καὶ οἱ κατὰ πᾶσαν ἀκρίβειαν διαιτώμενοι τὰ ἴσα τοῖς ἄλλοις κάμνουσιν, ἐκ τῆς πρὸς τοὺς διεφθαρμένους ὁμιλίας τῆς ἀρρωστίας ³ ἀναπιμπλάμενοι· οὕτω καὶ νῦν πάντες ἀλλήλοις γεγόναμεν ὅμοιοι, ὑπὸ τῆς κατασχούσης
20 τὰς ψυχὰς ἡμῶν φιλονεικίας πρὸς τὸν τῶν κακῶν ζῆλον ὑπενεχθέντες. ἐντεῦθεν ἀσύγγνωστοι μὲν καὶ πικροὶ ⁴ κά-

¹ δέοιτο μ (inter δέοι et το spatium unius litterae erasae). ² πονήρων ʻin nonnullis codd.' ³ add. πάσης ʻduo Reg. codd.' ⁴ hic iterum incipit o ex κάθηνται.

---

78. 10. οὐδαμοῦ σπλάγχνον χριστιανόν, οὐδαμοῦ δάκρυον συμπαθές. Cf. St. Basil's letters to the Western Church passim 242, 243; much of his general depression, and the dismal tone of some of his letters, must be put down to his diseased liver, which partly accounts for his comparatively early death at the age of 50. His brother Gregory reports his grim reply to the threat of a lieutenant governor in Pontus, that he would have his liver torn out; it was spoken within a year of the date of this treatise. The buoyancy of spirit shown by St. Athanasius (five times driven from Alexandria) is a great contrast to the depression of St. Basil, whose short episcopate of nine years was only harassed by the fear, but never interrupted by the reality of exile.

21. πικροί ... ἐξετασταί. The 6th Canon of Constantinople (A.D. 381) refers to some of these troubles: ἐπειδὴ πολλοὶ τὴν ἐκκλησιαστικὴν

θηνται τῶν ἀποτυγχανομένων ἐξετασταί, ἀγνώμονες δὲ καὶ δυσμενεῖς τῶν κατορθουμένων κριταί· καὶ τοσοῦτον ὡς ἔοικε τὸ κακὸν ἡμῖν ἐνίδρυται, ὥστε καὶ τῶν ἀλόγων γεγόναμεν ἀλογώτεροι, εἴ γε ¹ἐκεῖνα μὲν τὰ ὁμόφυλα ἀλλήλοις συναγελάζεται, ἡμῖν δὲ ὁ χαλεπώτατος πόλεμος πρὸς τοὺς οἰκείους ἐστί.

79. Τούτων μὲν οὖν πάντων ἕνεκεν ἔδει σιωπᾶν, ἀλλ' ²ἀνθεῖλκε γὰρ ἑτέρωθεν ἡ ἀγάπη, οὐ ζητοῦσα τὸ ἑαυτῆς καὶ νικᾶν ἀξιοῦσα πᾶσαν καιρῶν καὶ πραγμάτων δυσχέρειαν, ἐδίδαξαν δὲ ἡμᾶς καὶ οἱ ἐπὶ τῆς Βαβυλωνίας παῖδες καὶ μηδενὸς ὄντος τοῦ συντιθεμένου ³τῇ εὐσεβείᾳ καθ' ἑαυτοὺς τὸ ἐπιβάλλον ἐκτελεῖν· οἵ γε ἐκ μέσης τῆς φλογὸς τὸν Θεὸν ἀνύμνουν, μὴ λογιζόμενοι τὸ πλῆθος τῶν ⁴τὴν ἀλήθειαν ἀθετούντων, ἀλλ' ἀρκούμενοι ἀλλήλοις, τρεῖς ὄντες. διόπερ οὐδὲ ἡμῖν ὄκνον ἐνεποίησε τῶν πολεμίων τὸ νέφος, ἀλλὰ τὴν ἐλπίδα θέμενοι ἐπὶ τὴν βοήθειαν τοῦ Πνεύματος ἐν πάσῃ παρρησίᾳ κατηγγείλαμεν τὴν ἀλήθειαν. ἦ πάντων ἂν ⁵ἦν σχετλιώτατον, τοὺς μὲν βλασφημοῦντας τὸ Πνεῦμα οὕτως εὐκόλως πρὸς τὸν ⁶εὐσεβῆ λόγον ἀποθρασύνεσθαι, ἡμᾶς δὲ τηλικοῦτον ἔχοντας συνασπιστὴν καὶ συνήγορον ὀκνεῖν τὸν λόγον ⁷διακονεῖν τὸν ἐκ τῆς τῶν πατέρων παραδόσεως πρὸς ἡμᾶς ἀκολουθίᾳ μνήμης διασωθέντα. ἐπὶ πλεῖον δὲ ἡμῶν ⁸ἐπήγειρε τὴν ὁρμὴν τῆς τε ἀνυποκρίτου

¹ ἐκείνων ο.   ² ἀνθεῖλκεν ἑτέρωθεν (om. γὰρ) ο.   ³ τὴν εὐσέβειαν μ.   ⁴ τὸν θεὸν ἀγνωούντων (sic) μ ν (γνω in ras. m. prima).
⁵ εἴη ν.   ⁶ ἀσεβῆ ο ν. εὐσεβῆ μ ' sic omnes codd. nostri, exceptis tamen R₂ et C in quibus desunt aliqua folia.'   ⁷ om. διακονεῖν μ ν R₃ R₁ R₅.   txt. ο 'in ora Reg. quarti.'   ⁸ διήγειρε μ ν.

εὐταξίαν συγχεῖν καὶ ἀνατρέπειν βουλόμενοι, φιλέχθρως καὶ συκοφαντικῶς αἰτίας τινὰς κατὰ τῶν οἰκονομούντων τὰς ἐκκλησίας ὀρθοδόξων ἐπισκόπων συμπλάσσουσιν, οὐδὲν ἕτερον ἢ χραίνειν τὰς τῶν ἱερέων ὑπολήψεις, καὶ ταραχὰς τῶν εἰρηνευόντων λαῶν κατασκευάζειν ἐπιχειροῦντες. The canon decreed that no charge of an ecclesiastical nature should be brought against a bishop by heretics or schismatics or by church people under a sentence of excommunication, or not yet acquitted of any accusation already laid against them.

has complied with Amphilochius' request.

σοῦ ἀγάπης τὸ διάπυρον καὶ τὸ τοῦ τρόπου ἐμβριθὲς καὶ
ἡσύχιον, ἐγγυώμενον μὴ εἰς πολλοὺς ἐξοίσειν τὰ ῥηθησόμενα,
οὐχ ὡς ἄξια κατακρύπτεσθαι, ἀλλ' ὥστε μὴ ¹ ῥίπτεσθαι τοῖς
χοίροις τοὺς μαργαρίτας. καὶ ταῦτα μὲν εἰς τοσοῦτον· σοὶ Matt. vii. 6.
5 δὲ εἰ μὲν ἀρκούντως ἔχει τὰ εἰρημένα, τοῦτο πέρας ἔστω τοῦ
περὶ τούτων λόγου, εἰ δὲ ² ἐλλιπῶς ἔχειν δόξει, φθόνος οὐδεὶς
φιλοπόνως προσεδρεύοντα τῇ ζητήσει δι' ἐρωτήσεως ἀφιλο-
νείκου προστιθέναι τῇ γνώσει. δώσει γὰρ ὁ Κύριος ἢ δι'
ἡμῶν ἢ δι' ἑτέρων τῶν ³ λειπόντων τὴν πλήρωσιν κατὰ τὴν
10 ἐπιχορηγουμένην τοῖς ἀξίοις αὐτοῦ γνῶσιν ὑπὸ τοῦ ἁγίου
Πνεύματος. ἀμήν.

¹ ῥιπτεῖσθαι (sic) o.   ² ἐλλειπῶς μ o.   ³ txt. o v 'duo codd.' λοι-
πῶν 'alii duo.'   λειπομένων μ Ben.

---

79. 6. **εἰ δὲ ἐλλιπῶς ἔχειν δόξει.** The letters to Amphilochius which
are appended to this edition seem to have been written in reply to
further enquiries made in conformity with this offer; they deal with the
connexion between faith, knowledge, and worship; the meaning of οὐσία
and ὑπόστασις, and the possible objection that might be founded on our
Lord's 'not knowing the day and the hour' of the end of the world.

10. **ὑπὸ τοῦ ἁγίου Πνεύματος. ἀμήν.** We find two references in sub-
sequent letters to the value set upon this book. In Ep. 231, St. Basil
says τὸ περὶ τοῦ Πνεύματος βιβλίον γέγραπται μὲν ἡμῖν καὶ ἐξείργασται, ὡς
αὐτὸς οἶδας· ἀποστεῖλαι δὲ ἐν χάρτῃ γεγραμμένον ἐκώλυσάν με οἱ μετ' ἐμοῦ
ἀδελφοί, εἰπόντες παρὰ τῆς εὐγενείας σου ἐντολὰς ἔχειν ἐν σωματίῳ γράψαι
(cf. letter of Constantine to Eusebius of Caesarea, ὅπως ἂν πεντήκοντα
σωμάτια ἐν διφθέραις ἐγκατασκεύοις εὐανάγνωστά τε καὶ πρὸς τὴν χρῆσιν
εὐπαρακόμιστα, ὑπὸ τεχνιτῶν καλλιγράφων, καὶ ἀκριβῶς τὴν τέχνην ἐπι-
σταμένων, γραφῆναι κελεύσειας. Socr. i. 9): and in a somewhat later
letter (248) there is a request to Amphilochius to send a trusty mes-
senger for the book. Κἂν εὕρῃς τινὰ τὸν πιστῶς σοι δυνάμενον διακομίσαι
τὸ πονηθὲν ἡμῖν βιβλίον, καταξίωσον μεταστείλασθαι, ἵνα, τῇ σῇ ἐπικρίσει
θαρρήσαντες, καὶ εἰς ἄλλων χεῖρας αὐτὸ διαπεμψώμεθα.

ADDITIONAL NOTE TO § 66.

Bishop Moberly constantly makes use of this book, both in his
Sayings of the Great Forty Days, and in his Bampton Lectures (1868)
on *The Administration of the Holy Spirit in the Body of Christ*. In the
latter work (Lect. viii. p. 230, 2nd edition), he calls it 'that most precious

Treatise on the Holy Spirit.' In the former work (Discourse iv, The Sacred Name, p. 213, 4th edition), he uses words which illustrate St. Basil's statements on tradition: 'Of the details, indeed, and particulars of the dogmatic teaching of the Apostles, they have left very small written record. We know that they taught dogmatically; we know that the writings of the New Testament are not their dogmatic teaching. Those writings are without exception addressed to persons, already instructed, already put in charge of the sacred deposit of Christian truth by the sacrament of Baptism.' He qualifies this statement, by adding that 'no portion of the mass of divinely revealed truth lacks written proof or confirmation from some part or other of their writings. But that truth is nowhere exhibited entire, nowhere systematically or theologically stated as in a creed or catechism, nowhere so stated as it was used for purposes of instruction or profession.'

EPISTLES

FROM

ST. BASIL TO AMPHILOCHIUS

ON SUBJECTS CONNECTED WITH

DE SPIRITU SANCTO

EPISTOLA 233.

Ἀμφιλοχίῳ ἐρωτήσαντι [1] τίς ἡ τοῦ νοῦ ἐνέργεια.

1. Οἶδα καὶ αὐτὸς ἀκούσας τούτου, καὶ γνωρίζω τῶν ἀνθρώπων τὴν κατασκευήν. Τί οὖν ἐροῦμεν πρὸς ταῦτα; Ὅτι καλὸν μὲν ὁ νοῦς· καὶ ἐν τούτῳ ἔχομεν τὸ κατ' εἰκόνα τοῦ κτίσαντος. Καὶ καλὸν τοῦ νοῦ ἡ ἐνέργεια· καὶ ὅτι, ἀεὶ κίνητος ὢν οὗτος, πολλάκις μὲν φαντασιοῦται περὶ τῶν οὐκ ὄντων ὡς ὄντων, πολλάκις δὲ εὐθυβόλως ἐπὶ τὴν ἀλήθειαν φέρεται. Ἀλλ' ἐπειδὴ τούτῳ διτταὶ δυνάμεις παραπεφύκασι, κατὰ τὴν ἡμετέραν τῶν εἰς Θεὸν πεπιστευκότων ὑπόληψιν, ἡ μὲν πονηρά, ἡ τῶν δαιμόνων, πρὸς τὴν ἰδίαν ἀποστασίαν ἡμᾶς συνεφελκομένη, ἡ δὲ θειοτέρα καὶ ἀγαθὴ πρὸς τὴν τοῦ Θεοῦ ὁμοίωσιν ἡμᾶς ἀνάγουσα· ὅταν μὲν ἐφ' ἑαυτοῦ μένῃ ὁ νοῦς, μικρὰ καθορᾷ καὶ τὰ ἑαυτῷ σύμμετρα· ὅταν δὲ τοῖς ἀπατῶσιν ἑαυτὸν ἐπιδῷ, ἀφανίσας τὸ οἰκεῖον κριτήριον, φαντασίαις σύνεστιν ἀλλοκότοις. Τότε καὶ τὸ ξύλον οὐχὶ ξύλον εἶναι νομίζει, ἀλλὰ Θεόν· καὶ χρυσὸν οὐχὶ χρήματα εἶναι κρίνει, ἀλλὰ σεβάσματα. Ἐὰν δὲ πρὸς τὴν θειοτέραν ἀπονεύσῃ μερίδα, καὶ τὰς τοῦ Πνεύματος ὑποδέξηται χάριτας, τότε γίνεται τῶν θειοτέρων καταληπτικός, ὅσον αὐτοῦ τῇ φύσει σύμμετρον. Τρεῖς οὖν εἰσιν οἱονεὶ βίων καταστάσεις·

---

[1] Amphilochius' application seems to have referred to the question whether the renewal to perfect knowledge (Col. iii. 10) was, as some one said, merely an improvement of the natural powers of the νοῦς, or was the additional gift of the presence of the Holy Spirit. St. Basil had said that the Holy Spirit brought us to the contemplation of God, οὐκ ἔξωθεν τὴν δεῖξιν ποιούμενον, ἀλλ' ἐν ἑαυτῷ εἰσάγον πρὸς τὴν ἐπίγνωσιν (§ 47).

καὶ ἰσάριθμοι τούτοις αἱ τοῦ νοῦ ἡμῶν ἐνέργειαι. ᾟ γὰρ πονηρὰ ἡμῶν τὰ ἐπιτηδεύματα, καὶ πονηρὰ ἡμῶν δηλονότι τὰ τοῦ νοῦ κινήματα· οἷον μοιχεῖαι, κλοπαί, εἰδωλολατρεῖαι, συκοφαντίαι, ἔριδες, θυμοί, ἐριθεῖαι, φυσιώσεις, καὶ ὅσα ἐν τοῖς ἔργοις τῆς σαρκὸς ὁ ἀπόστολος Παῦλος ἀπηριθμήσατο· ἢ μέση τίς ἐστι τῆς ψυχῆς ἡ ἐνέργεια, οὔτε κατεγνωσμένον τι ἔχουσα, οὔτε ἐπαινετόν· ὡς ἡ τῶν βαναύσων τούτων τεχνῶν ἀνάληψις, ἃς δὴ καὶ μέσας προσαγορεύομεν, οὐδὲν τῷ ἑαυτῶν λόγῳ πρὸς ἀρετὴν ἢ κακίαν ἀποκλινούσας. Ποία γὰρ κακία κυβερνητικῆς ἢ ἰατρικῆς; Οὐ μέντοιγε οὐδὲ ἀρεταὶ αὐταὶ καθ' ἑαυτάς, ἀλλ' ἐκ τῆς τῶν κεχρημένων προαιρέσεως πρὸς τὴν τοῦ ἑτέρου τῶν ἀντικειμένων ἀποκλίνουσι μοῖραν. Ὁ μέντοι τῇ Θεότητι τοῦ Πνεύματος ἀνακραθεὶς νοῦς, οὗτος ἤδη τῶν μεγάλων ἐστὶ θεωρημάτων ἐποπτικός, καὶ καθορᾷ τὰ θεῖα κάλλη, τοσοῦτον μέντοι, ὅσον ἡ χάρις ἐνδίδωσι, καὶ ἡ κατασκευὴ αὐτοῦ ὑποδέχεται.

2. Ὥστε ἀφέντες ἐκείνας τὰς διαλεκτικὰς ἐρωτήσεις, μὴ κακεντρεχῶς, ἀλλ' εὐλαβῶς ἐξεταζέτωσαν τὴν ἀλήθειαν. Δέδοται ἡμῖν τὸ τοῦ νοῦ κριτήριον εἰς τὴν τῆς ἀληθείας σύνεσιν. Ἔστι δὲ ἡ αὐτοαλήθεια ὁ Θεὸς ἡμῶν. Ὥστε προηγούμενόν ἐστιν τῷ νῷ τὸν Θεὸν ἡμῶν ἐπιγινώσκειν· ἐπιγινώσκειν δὲ οὕτως ὡς δύνατον γνωρίζεσθαι τὸν Ἀπειρομεγέθη ὑπὸ τοῦ μικροτάτου. Οὐδὲ γάρ, ἐπειδὴ ὀφθαλμοὶ εἰς κατανόησιν τῶν ὁρατῶν εἰσι τεταγμένοι, ἤδη πάντα τὰ ὁρατὰ ὑπὸ τὴν ὄψιν ἄγεται. Οὐδὲ γὰρ τὸ ἡμισφαίριον τοῦ οὐρανοῦ ἐν μιᾷ ῥοπῇ καθορᾶται, ἀλλὰ φαντασία μὲν ὄψεως ἡμᾶς περιίσταται, κατὰ δὲ τὴν ἀλήθειαν πολλά, ἵνα μὴ πάντα εἴπω, ἔστιν ἐν αὐτῷ τὰ ἀγνοούμενα· ἀστέρων φύσις, μεγέθη τούτων, διαστήματα, κινήσεις, συνδρομαί, ἀποστάσεις, αἱ λοιπαὶ σχέσεις, αὐτὴ ἡ οὐσία τοῦ στερεώματος, τὸ βάθος τὸ ἀπὸ τῆς κοίλης περιφερείας ἐπὶ τὴν κυρτὴν ἐπιφάνειαν. Ἀλλ' ὅμως οὐκ ἂν εἴποιμεν ἀόρατον εἶναι τὸν οὐρανὸν διὰ τὰ ἀγνοούμενα, ἀλλ' ὁρατὸν διὰ τὴν μετρίαν αὐτοῦ κατανόησιν. Οὕτω δὴ καὶ περὶ Θεοῦ. Εἰ μὲν βεβλαμμένος ἐστὶν

ὑπὸ δαιμόνων ὁ νοῦς, εἰδωλολατρήσει, ἢ πρὸς ἄλλο τι εἶδος ἀσεβείας παρατραπήσεται· εἰ δὲ τῇ τοῦ Πνεύματος ἑαυτὸν ἐπιδέδωκε βοηθείᾳ, τὴν ἀλήθειαν γνωρίσει, καὶ Θεὸν ἐπιγνώσεται. Ἐπιγνώσεται δέ. ὡς ὁ Ἀπόστολος εἶπεν, ἐκ μέρους, ἐν δὲ τῇ μετὰ τοῦτο ζωῇ τελεώτερον· 'ὅταν γὰρ ἔλθῃ τὸ τέλειον, τὸ ἐκ μέρους καταργηθήσεται.' Ὥστε καὶ καλὸν 1 Cor. xiii,10. τοῦ νοῦ τὸ κριτήριον, καὶ πρὸς εὔχρηστον τέλος, τὴν Θεοῦ κατανόησιν, δεδομένον, ἐνεργοῦν μέντοι τοσοῦτον ὅσον αὐτῷ χωρητόν.

EPISTOLA 234.

Τῷ αὐτῷ πρὸς ἄλλο ἐρώτημα.

1. Ὃ οἶδας, σέβεις; ἢ ὃ ἀγνοεῖς; Ἐὰν ἀποκρινώμεθα, ὃ οἴδαμεν, τοῦτο προσκυνοῦμεν, ταχεῖα παρ' αὐτῶν ἡ ἀπάντησις. Τίς ἡ οὐσία τοῦ προσκυνουμένου; Ἐὰν δὲ ἀγνοεῖν ὁμολογήσωμεν τὴν οὐσίαν, πάλιν ὑμῖν περιτρέψαντες λέγουσιν ὅτι Οὐκοῦν ὃ οὐκ οἴδατε προσκυνεῖτε. Ἡμεῖς δὲ λέγομεν, ὅτι τὸ εἰδέναι πολύσημον. Καὶ γὰρ τὴν μεγαλειότητα τοῦ Θεοῦ εἰδέναι λέγομεν, καὶ τὴν δύναμιν, καὶ τὴν σοφίαν, καὶ τὴν ἀγαθότητα καὶ τὴν πρόνοιαν ᾗ ἐπιμελεῖται ἡμῶν, καὶ τὸ δίκαιον αὐτοῦ τῆς κρίσεως· οὐκ αὐτὴν τὴν οὐσίαν. Ὥστε ἐπηρεαστικὴ ἡ ἐρώτησις. Οὐ γὰρ ὁ τὴν οὐσίαν μὴ φάσκων εἰδέναι ὡμολόγησε τὸν Θεὸν μὴ ἐπίστασθαι, ἐκ πολλῶν ὧν ἀπηριθμησάμεθα συναγομένης ἡμῖν τῆς περὶ Θεοῦ ἐννοίας. Ἀλλ' ἁπλοῦς, φησίν, ὁ Θεός, καὶ πᾶν ὅπερ ἂν αὐτοῦ ἀπαριθμήσῃ γνωστόν, τῆς οὐσίας ἐστί. Τοῦτο τὸ σόφισμά ἐστι μυρίας τὰς ἀτοπίας ἔχον. Τοσούτων τῶν ἀπηριθμημένων ὄντων, πότερον ταῦτα πάντα μιᾶς οὐσίας ὀνόματα; καὶ ἰσοδυναμεῖ ἀλλήλοις τὸ φοβερὸν αὐτοῦ καὶ τὸ φιλάνθρωπον, τὸ δίκαιον καὶ τὸ δημιουργικόν, τὸ προγνωστικὸν καὶ τὸ ἀνταποδοτικόν, τὸ μεγαλεῖον καὶ τὸ προ-

νοητικόν; ἢ καὶ ὅπερ ἂν τούτων εἴπωμεν, τὴν οὐσίαν δηλοῦμεν; Εἴπερ γὰρ τοῦτο λέγουσι, μὴ ἐρωτάτωσαν εἰ τὴν οὐσίαν οἴδαμεν τοῦ Θεοῦ, ἀλλὰ πυνθανέσθωσαν ἡμῶν, εἰ φοβερὸν οἴδαμεν τὸν Θεόν, ἢ εἰ δίκαιον, ἢ εἰ φιλάνθρωπον; Ταῦτα ὁμολογοῦμεν εἰδέναι. Εἰ δὲ ἄλλο τι λέγουσι τὴν οὐσίαν, μὴ παραλογίσθωσαν ἡμᾶς διὰ τῆς ἁπλότητος. Αὐτοὶ γὰρ ὡμολόγησαν ἄλλο καὶ ἄλλο εἶναι τήν τε οὐσίαν καὶ τῶν ἀπηριθμημένων ἕκαστον. Ἀλλ' αἱ μὲν ἐνέργειαι ποικίλαι, ἡ δὲ οὐσία ἁπλῆ. Ἡμεῖς δὲ ἐκ μὲν τῶν ἐνεργειῶν γνωρίζειν λέγομεν τὸν Θεὸν ἡμῶν, τῇ δὲ οὐσίᾳ αὐτῇ προσεγγίζειν οὐχ ὑπισχνούμεθα. Αἱ μὲν γὰρ ἐνέργειαι αὐτοῦ πρὸς ἡμᾶς καταβαίνουσιν, ἡ δὲ οὐσία αὐτοῦ μένει ἀπρόσιτος.

2. Ἀλλ' εἰ τὴν οὐσίαν, φησίν, ἀγνοεῖς, αὐτὸν ἀγνοεῖς. Σὺ δὲ ἀντίστρεψον, ὅτι Εἰ τὴν οὐσίαν λέγεις εἰδέναι, αὐτὸν οὐκ ἐπίστασαι. Οὔτε γὰρ ὁ λυσσώδηκτος, βλέπων τὸν κύνα ἐν τῇ φιάλῃ, πλεῖον ὁρᾷ τῶν ὑγιαινόντων· ἀλλὰ διὰ τοῦτο ἐλεεινός, ὅτι οἴεται βλέπειν ἃ μὴ ὁρᾷ. Μὴ οὖν θαυμάσῃς τοῦτον τῆς ἐπαγγελίας, ἀλλὰ τῆς παρανοίας αὐτὸν ἐλεεινὸν κρῖνον. Γίνωσκε τοίνυν, ὅτι παιζόντων ἐστὶν ἡ φωνή· Εἰ τὴν οὐσίαν τοῦ Θεοῦ ἀγνοεῖς, ὃ μὴ γινώσκεις, σέβεις. Ἐγὼ δέ, ὅτι μὲν ἔστιν, οἶδα· τί δὲ ἡ οὐσία, ὑπὲρ διάνοιαν τίθεμαι. Πῶς οὖν σώζομαι; Διὰ τῆς πίστεως. Πίστις δὲ αὐτάρκης εἰδέναι, ὅτι ἔστι Θεός, οὐχὶ τί ἐστι καὶ τοῖς ἐκζητοῦσιν αὐτὸν μισθαποδότης γίνεται. Εἴδησις ἄρα τῆς Θείας οὐσίας ἡ αἴσθησις αὐτοῦ τῆς ἀκαταληψίας· καὶ σεπτὸν οὐ τὸ καταληφθὲν τίς ἡ οὐσία, ἀλλ' ὅτι ἔστιν ἡ οὐσία.

John i. 48.   3. Καὶ ἀντερωτάσθωσαν οὕτω. 'Θεὸν οὐδεὶς ἑώρακε πώποτε· ὁ Μονογενὴς Υἱός, ὁ ὢν εἰς τὸν κόλπον τοῦ Πατρός, οὗτος ἐξηγήσατο.' Τί ἐξηγήσατο τοῦ Πατρὸς ὁ Μονογενής; Τὴν οὐσίαν, ἢ τὴν δύναμιν; Εἰ τὴν δύναμιν, ὅσον ἐξηγήσατο ἡμῖν, τοσοῦτον γνωρίζομεν. Εἰ τὴν οὐσίαν, εἰπέ, ποῦ εἶπεν αὐτοῦ τὴν ἀγεννησίαν οὐσίαν; Ἀβραὰμ

Gen. xvii. 3. πότε προσεκύνησεν; Οὐχ ὅτε ἐπίστευσε; Πότε δὲ ἐπί-
Gen. xv. 6. στευσεν; Οὐχ ὅτε ἐκλήθη; Ποῦ οὖν ἐνταῦθα ἡ κατάληψις

αὐτῷ ἐμαρτυρήθη παρὰ τῆς Γραφῆς; Οἱ μαθηταὶ δὲ αὐτὸν Matt. xiv. 33.
πότε προσεκύνησαν; Οὐχ ὅτε τὴν κτίσιν αὐτῷ εἶδον ὑποτεταγμένην; Ἀπὸ γὰρ θαλάσσης καὶ ἀνέμων ὑπακουσάντων αὐτῷ ἐγνώρισαν αὐτοῦ τὴν Θεότητα. Οὐκοῦν ἀπὸ μὲν τῶν ἐνεργειῶν ἡ γνῶσις, ἀπὸ δὲ τῆς γνώσεως ἡ προσκύνησις. Πιστεύεις, ὅτι δύναμαι τοῦτο ποιῆσαι; Πιστεύω, Κύριε· καὶ Matt. ix. 28. προσεκύνησεν αὐτῷ. Οὕτως ἡ μὲν προσκύνησις τῇ πίστει ἀκολουθεῖ· ἡ δὲ πίστις ἀπὸ δυνάμεως βεβαιοῦται. Εἰ δὲ λέγεις τὸν πιστεύοντα καὶ γινώσκειν, ἀφ' ὧν πιστεύει, ἀπὸ τούτων καὶ γινώσκει. ἢ καὶ ἀνάπαλιν, ἀφ' ὧν γινώσκει, ἀπὸ τούτων καὶ πιστεύει. Γινώσκομεν δὲ ἐκ τῆς δυνάμεως τὸν Θεόν. Ὥστε πιστεύομεν μὲν τῷ γνωσθέντι, προσκυνοῦμεν δὲ τῷ πιστευθέντι.

EPISTOLA 235.

Τῷ αὐτῷ πρὸς ἄλλο ἐρώτημα.

1. Τί πρότερον, ἡ γνῶσις ἢ ἡ πίστις; Ἡμεῖς δὲ λέγομεν, ὅτι καθόλου μὲν ἐπὶ τῶν μαθημάτων πίστις γνώσεως προηγεῖται· ἐπὶ δὲ τοῦ καθ' ἡμᾶς λόγου κἂν λέγῃ τις προκατάρχειν τὴν γνῶσιν τῆς πίστεως, οὐ διαφερόμεθα· γνῶσιν μέντοι τὴν τῇ ἀνθρωπίνῃ καταλήψει σύμμετρον. Ἐπὶ μὲν γὰρ τῶν μαθημάτων πιστεῦσαι δεῖ πρῶτον, ὅτι ἄλφα λέγεται, καὶ μαθόντα τοὺς χαρακτῆρας καὶ τὴν ἐκφώνησιν, ὕστερον λαβεῖν καὶ τὴν ἀκριβῆ κατανόησιν τῆς δυνάμεως τοῦ στοιχείου· ἐν δὲ τῇ περὶ Θεοῦ πίστει ἡγεῖται μὲν ἡ ἔννοια ἡ περὶ τοῦ, ὅτι ἔστι Θεός· ταύτην δὲ ἐκ τῶν δημιουργημάτων συνάγομεν. Σοφὸν γάρ, καὶ δυνατόν, καὶ ἀγαθόν, καὶ πάντα αὐτοῦ τὰ ἀόρατα ἀπὸ τῆς τοῦ κόσμου κτίσεως νοοῦντες ἐπιγινώσκομεν. Οὕτω δὴ καὶ Δεσπότην ἑαυτῶν αὐτὸν καταδεχόμεθα. Ἐπειδὴ γὰρ παντὸς μὲν τοῦ κόσμου Δημιουργὸς ὁ Θεός, μέρος δὲ κόσμου ἡμεῖς, καὶ ἡμῶν ἄρα Δημιουρ-

γὸς ὁ Θεός. Ταύτῃ δὲ τῇ γνώσει ἡ πίστις ἀκολουθεῖ, καὶ τῇ τοιαύτῃ πίστει ἡ προσκύνησις.

2. Νῦν δὲ ἐπειδὴ πολύσημόν ἐστι τὸ τῆς γνώσεως ὄνομα, οἱ καταπαίζοντες τῶν ἀκεραιοτέρων, καὶ ὁμοίως ἐπιδεικνύμενοι τοῖς παραδόξοις, ὡς οἱ ἐν τοῖς θεάτροις ἐν ταῖς πάντων ὄψεσι τὰς ψήφους κλέπτοντες, τῇ ἐρωτήσει τοῦ καθόλου τὸ πᾶν συναρπάζουσιν. Ἐπειδὴ γὰρ τὸ τῆς γνώσεως ὄνομα ἐπὶ πολὺ διαβαίνει, καὶ γνωστὸν τί ἐστι, τὸ μὲν κατὰ ἀριθμόν, τὸ δὲ κατὰ μέγεθος, τὸ δὲ κατὰ δύναμιν, τὸ δὲ κατὰ τὸν τρόπον τῆς ὑπάρξεως, τὸ δὲ κατὰ τὸν χρόνον τῆς γεννήσεως, τὸ δὲ κατ᾽ οὐσίαν· οὗτοι, ἐν ἐρωτήματι τὸ ὅλον παραλαμβάνοντες, ἐὰν μὲν λάβωσιν ἡμᾶς ὁμολογοῦντας, ὅτι γινώσκομεν, ἀπαιτοῦσιν ἡμῖν τῆς οὐσίας τὴν εἴδησιν· ἐὰν δὲ ἴδωσιν ἡμᾶς εὐλαβουμένους πρὸς τὴν ἀπόφασιν, περιτρέπουσιν ἡμῖν τῆς ἀσεβείας τὸ ὄνειδος. Ἀλλ᾽ ἡμεῖς εἰδέναι μὲν ὁμολογοῦμεν τὸ γνωστὸν τοῦ Θεοῦ, εἰδέναι δέ τι πάλιν ὃ ἐκφεύγει ἡμῶν τὴν κατάληψιν. Ὡς οὖν ἐάν με ἐρωτήσῃς, εἰ οἶδα, τί ἐστιν ἄμμος, κἂν ἀποκρίνωμαι, ὅτι ἐπίσταμαι, συκοφαντήσεις προδήλως, ἐὰν εὐθὺς καὶ τὸν ἀριθμὸν αὐτῆς ἀπαιτήσῃς· διότι ἡ μὲν πρώτη σου ἐρώτησις πρὸς τὸ εἶδος ἔφερε τῆς ἄμμου, ἡ δὲ δευτέρα συκοφαντία περὶ τὸν ἀριθμὸν αὐτῆς περιετράπη. Ὅμοιόν ἐστι τοῦτο τὸ σόφισμα τῷ λέγοντι· Οἶδας Τιμόθεον; Οὐκοῦν ἐὰν Τιμόθεον οἶδας, οἶδας αὐτοῦ καὶ τὴν φύσιν, ἀλλὰ μὴν ὡμολόγησας εἰδέναι Τιμόθεον, ἀπόδος τοίνυν ἡμῖν τὸν λόγον τῆς Τιμοθέου φύσεως. Ἐγὼ δὲ καὶ οἶδα Τιμόθεον καὶ οὐκ οἶδα· οὐ μὴν κατὰ ταυτόν, καὶ ἐν τῷ αὐτῷ. Οὐ γὰρ καθ᾽ ὃ οἶδα, κατὰ τοῦτο καὶ οὐκ οἶδα· ἀλλὰ κατ᾽ ἄλλο μὲν οἶδα, κατ᾽ ἄλλο δὲ ἀγνοῶ. Οἶδα μὲν γὰρ αὐτὸν κατὰ τὸν χαρακτῆρα, καὶ τὰ λοιπὰ ἰδιώματα· ἀγνοῶ δὲ αὐτοῦ τὴν οὐσίαν. Ἐπεὶ καὶ ἐμαυτὸν οὕτω τούτῳ τῷ λόγῳ καὶ οἶδα καὶ ἀγνοῶ. Οἶδα μὲν γὰρ ἐμαυτὸν ὅστις εἰμί· οὐκ οἶδα δέ, καθὸ τὴν οὐσίαν μου ἀγνοῶ.

3. Επεὶ ἐξηγησάσθωσαν ἡμῖν, πῶς εἶπεν ὁ Παῦλος, ὅτι

We do not know God's Essence.

'Νῦν μὲν ἐκ μέρους γινώσκομεν.' Ἆρα ἐκ μέρους τὴν οὐσίαν 1 Cor. xiii. 9.
αὐτοῦ γινώσκομεν, οἱονεὶ μέρη τῆς οὐσίας αὐτοῦ γινώσκομεν ;
Ἀλλ' ἄτοπον, ἀμερὴς γὰρ ὁ Θεός. Ἀλλ' ὅλην αὐτὴν γινώ-
σκομεν ; Πῶς οὖν, 'Ὅταν ἔλθῃ τὸ τέλειον, τὸ ἐκ μέρους 1 Cor. xiii. 10.
καταργηθήσεται;' Οἱ δὲ εἰδωλολάτραι τί ἐγκαλοῦνται; Οὐχ
ὅτι, 'γνόντες τὸν Θεόν, οὐχ ὡς Θεὸν ἐδόξασαν;' Ἡ Γαλάται Rom. i. 21.
δὲ οἱ ἀνόητοι ὑπὸ τοῦ Παύλου διὰ τί ὀνειδίζονται, λέγοντος·
'Νυνὶ δέ, γνόντες τὸν Θεόν, μᾶλλον δὲ γνωσθέντες ὑπὸ Θεοῦ, Gal. iv. 9.
πῶς ἐπιστρέφετε πάλιν ἐπὶ τὰ ἀσθενῆ καὶ πτωχὰ στοιχεῖα;'
Γνωστὸς δὲ πῶς ἦν ἐν τῇ Ἰουδαίᾳ ὁ Θεός; Ἆρα ἐπειδὴ ἐν
τῇ Ἰουδαίᾳ ἡ οὐσία, ἥτις ποτὲ ἦν, ἐπεγνώσθη; 'Ἔγνω,' Is. i. 3.
φησί, 'βοῦς τὸν κτησάμενον αὐτόν·' δηλονότι ὁ βοῦς καθ'
ὑμᾶς ἔγνω τὴν οὐσίαν τοῦ Κυρίου· 'Καὶ ὄνος τὴν φάτνην τοῦ
κυρίου αὐτοῦ.' ἔγνω οὖν καὶ ὁ ὄνος τῆς φάτνης τὴν οὐσίαν.
'Ἰσραὴλ δέ με,' φησίν, 'οὐκ ἔγνω.' Τοῦτο ἐγκαλεῖται καθ'
ὑμᾶς Ἰσραήλ, ὅτι τὴν οὐσίαν, ἥτις ποτέ ἐστι, τοῦ Θεοῦ οὐκ
ἐπέγνω. 'Ἔκχεον,' φησί, 'τὴν ὀργήν σου ἐπὶ τὰ ἔθνη τὰ Ps. lxxix.
μὴ γινώσκοντά σε,' τουτέστι, τὰ τὴν οὐσίαν σου μὴ κατει- (LXX. lxxviii.) 6.
ληφότα. Ἀλλὰ πολλαχῶς ἡ γνῶσις, ὡς ἔφαμεν. Ἥ τε γὰρ
τοῦ κτίσαντος ἡμᾶς σύνεσις, καὶ ἡ τῶν θαυμασίων αὐτοῦ
κατανόησις, καὶ ἡ τήρησις τῶν ἐντολῶν, καὶ ἡ οἰκείωσις
ἡ πρὸς αὐτόν· οἱ δέ, πάντα ταῦτα παρωσάμενοι, ἐπὶ
ἓν σημαινόμενον τὴν γνῶσιν ἕλκουσι, τὴν θεωρίαν αὐτῆς τοῦ
Θεοῦ τῆς οὐσίας. 'Θήσεις,' φησίν, 'ἀπέναντι τῶν μαρτυ- Ex. xxv. 21.
ρίων, ὅθεν γνωσθήσομαί σοι ἐκεῖθεν.' Ἆρα τὸ Γνωσθήσομαι,
ἀντὶ τοῦ τὴν οὐσίαν μου ἐμφανίσω; 'Ἔγνω Κύριος τοὺς 2 Tim. ii. 19.
ὄντας αὐτοῦ.' Ἆρα οὖν τῶν μὲν ἑαυτοῦ τὴν οὐσίαν ἔγνω,
τῶν δὲ ἀπειθούντων ἀγνοεῖ τὴν οὐσίαν; 'Ἔγνω Ἀδὰμ τὴν Gen. iv. 1.
γυναῖκα αὐτοῦ.' Ἆρα τὴν οὐσίαν αὐτῆς ἐγνώρισε; καὶ περὶ
τῆς Ῥεβέκκας, 'Παρθένος,' φησίν, 'ἀνὴρ οὐκ ἔγνω αὐτήν·' καί, Gen. xxiv. 16.
'Πῶς ἔσται τοῦτο, ἐπεὶ ἄνδρα οὐ γινώσκω;' Ἆρα Ῥεβέκκας Luke i. 34.
μὲν τὴν οὐσίαν οὐδεὶς ἐπέγνω; Μαρία δὲ τοῦτό φησιν· ὅτι
Οὐδενὸς ἀνδρὸς ἐνόησα τὴν οὐσίαν; Ἢ τό, Ἔγνω, ἐπὶ τῶν
γαμικῶν συμπλοκῶν ἔθος τῇ Γραφῇ ὀνομάζειν; καὶ τὸ

γνωσθήσεσθαι τὸν Θεὸν ἀπὸ τοῦ ἱλαστηρίου, τουτέστιν, ἐμφανισθήσεσθαι τοῖς λατρεύουσι. Καὶ τό, Ἔγνω Κύριος τοὺς ὄντας αὐτοῦ, τουτέστιν, ἐδέξατο αὐτοὺς διὰ τῶν ἀγαθῶν ἔργων εἰς τὴν πρὸς αὐτὸν οἰκείωσιν.

EPISTOLA 236.

Τῷ αὐτῷ Ἀμφιλοχίῳ.

1. Ἐζητημένον ἤδη παρὰ πολλοῖς τὸ εὐαγγελικὸν ῥητόν· περὶ τοῦ ἀγνοεῖν τὸν Κύριον ἡμῶν Ἰησοῦν Χριστὸν τὴν ἡμέραν τοῦ τέλους, καὶ τὴν ὥραν, καὶ μάλιστα συνεχῶς προβαλλόμενον παρὰ τῶν Ἀνομοίων ἐπὶ καθαιρέσει τῆς δόξης τοῦ Μονογενοῦς εἰς ἀπόδειξιν τοῦ κατὰ τὴν οὐσίαν ἀνομοίου, καὶ τῆς κατὰ τὴν ἀξίαν ὑφέσεως, ὡς οὐ δυναμένου οὔτε τὴν αὐτὴν ἔχειν φύσιν, οὔτε ἐν ὁμοιότητι μιᾷ νοεῖσθαι τοῦ μὴ πάντα εἰδότος πρὸς τὸν ἐμπεριλαβόντα τὴν εἴδησιν τῶν ὅλων τῇ προγνωστικῇ ἑαυτοῦ καὶ ἐπιβλητικῇ τῶν μελλόντων δυνάμει· τοῦτο νῦν παρὰ τῆς σῆς συνέσεως ἡμῖν ὡς καινὸν προεβλήθη. Ἃ τοίνυν ἐκ παιδὸς παρὰ τῶν πατέρων ἠκούσαμεν, καὶ διὰ τὴν πρὸς τὰ καλὰ φιλίαν ἀβασανίστως παρεδεξάμεθα, ταῦτα εἰπεῖν ἔχομεν, τῶν μὲν Χριστομάχων τὴν ἀναισχυντίαν οὐ διαλύοντα, (τίς γὰρ ἂν καὶ φανείη λόγος τῆς ὁρμῆς αὐτῶν ἰσχυρότερος;) τοῖς δὲ ἀγαπῶσι τὸν Κύριον, καὶ τῆς ἐκ τοῦ λόγου ἀποδείξεως ἰσχυροτέραν τὴν ἐκ πίστεως πρόληψιν κεκτημένοις, ἀρκοῦσαν ἴσως παρεχόμενα τὴν πληροφορίαν. Ὅτι τό, οὐδείς, καθολικὸν μὲν εἶναι δοκεῖ ῥῆμα, ὡς μηδὲ ἓν πρόσωπον διὰ τῆς φωνῆς ταύτης ὑπεξηρῆσθαι· ἔστι δὲ οὐχ οὕτω παρὰ τῇ Γραφῇ ἀναφερόμενον, ὡς τετηρήκαμεν ἐπὶ τοῦ, 'Οὐδεὶς ἀγαθὸς εἰ μὴ εἷς ὁ Θεός.' Οὐδὲ γὰρ ἐκεῖ ἑαυτὸν ἔξω τιθεὶς[1] τῆς τοῦ

---

[1] Eunomius also asserted that the μόνος ἀγαθός does not here exclude the speaker.

Our Lord knew the signs of the end.

ἀγαθοῦ φύσεως ὁ Υἱός, ταῦτα λέγει. Ἀλλ' ἐπειδὴ τὸ πρῶτον ἀγαθὸν ὁ Πατήρ, τό, οὐδείς, συνυπακουομένου τοῦ, πρῶτος, εἰρῆσθαι πιστεύομεν· καὶ τό, 'Οὐδεὶς οἶδε τὸν Υἱὸν εἰ μὴ ὁ Πατήρ.' Οὐδὲ γὰρ ἐκεῖ ἄγνοιαν τοῦ Πνεύματος κατηγορεῖ, ἀλλὰ πρώτῳ τῷ Πατρὶ ὑπάρχειν τὴν γνῶσιν τῆς ἑαυτοῦ φύσεως μαρτυρεῖ. Οὕτω καὶ τό, 'Οὐδεὶς οἶδε,' τὴν πρώτην εἴδησιν τῶν τε ὄντων καὶ τῶν ἐσομένων ἐπὶ τὸν Πατέρα ἀνάγοντος, καὶ διὰ πάντων τὴν πρώτην αἰτίαν τοῖς ἀνθρώποις ὑποδεικνύντος εἰρῆσθαι νομίζομεν. Ἐπεὶ πῶς ἢ ταῖς λοιπαῖς μαρτυρίαις τῆς Γραφῆς ἀκολουθεῖ τὸ ῥητόν, ἢ ταῖς κοιναῖς ἡμῶν ἐννοίαις συμβαίνειν δύναται, τῶν πεπιστευκότων Εἰκόνα εἶναι τοῦ Θεοῦ τοῦ ἀοράτου τὸν Μονογενῆ, Εἰκόνα δὲ οὐ χαρακτῆρος σωματικοῦ, ἀλλ' αὐτῆς τῆς Θεότητος, καὶ τῶν ἐπινουμένων τῇ οὐσίᾳ τοῦ Θεοῦ μεγαλείων, Εἰκόνα δυνάμεως, Εἰκόνα σοφίας, καθὸ εἴρηται Χριστὸς Θεοῦ δύναμις, καὶ Θεοῦ σοφία; Μέρος δὲ δηλονότι τῆς σοφίας ἡ γνῶσις· ἣν οὐκ ἐξεικονίζει πᾶσαν, εἴπερ τινῶν ἀπολείπεται. Πῶς δὲ καὶ ὁ Πατήρ, 'δι' οὗ τοὺς αἰῶνας ἐποίησε,' τούτῳ τὸ ἐλάχιστον μέρος τῶν αἰώνων, τὴν ἡμέραν ἐκείνην καὶ τὴν ὥραν, οὐκ ἔδειξεν; Ἢ πῶς ὁ τῶν ὅλων Ποιητὴς τοῦ ἐλαχίστου μέρους τῶν ὑπ' αὐτοῦ κτισθέντων τῆς γνώσεως ἀπολείπεται; Ὁ δὲ λέγων, πλησίον τοῦ τέλους, τάδε καὶ τάδε ἐν τῷ οὐρανῷ σημεῖα καὶ ἐν τοῖς κατὰ γῆν χωρίοις φανήσεσθαι, πῶς αὐτὸ τὸ τέλος ἀγνοεῖ; Ἐν οἷς γὰρ λέγει, 'Οὔπω τὸ τέλος,' οὐχ ὡς ἀμφιβάλλων, ἀλλ' ὡς εἰδὼς διορίζεται. Ἔπειτα μέντοι εὐγνωμόνως σκοποῦντι, πολλὰ καὶ ἀπὸ τοῦ ἀνθρωπίνου μέρους ὁ Κύριος διαλέγεται τοῖς ἀνθρώποις· οἷον, 'Δός μοι πιεῖν,' φωνή ἐστι τοῦ Κυρίου τὴν σωματικὴν χρείαν ἐκπληροῦσα. Καίτοι ὁ αἰτῶν οὐχὶ σὰρξ ἦν ἄψυχος, ἀλλὰ Θεότης σαρκὶ ἐμψύχῳ κεχρημένη. Οὕτω καὶ νῦν τὸ τῆς ἀγνοίας ἐπὶ τὸν οἰκονομικῶς πάντα καταδεξάμενον, καὶ προκόπτοντα παρὰ Θεῷ καὶ ἀνθρώποις σοφίᾳ καὶ χάριτι, λαμβάνων τις, οὐκ ἔξω τῆς εὐσεβοῦς ἐνεχθήσεται διανοίας.

2. Τῆς σῆς δ' ἂν εἴη φιλοπονίας ἐκθέσθαι τὰς εὐαγγελικὰς

Matt. xi. 27.

Matt. xxiv. 36.

Col. i. 15.

1 Cor. i. 24.

Heb. i. 2.

Matt. xxiv. 6.

John iv. 7.

Luke ii. 52.

ρήσεις, καὶ συγκρῖναι ἀλλήλαις τήν τε Ματθαίου καὶ τὴν Μάρκου. Οὗτοι γὰρ μόνοι συνενεχθέντες περὶ τὸν τόπον τοῦτον ἀλλήλοις φαίνονται. Ἡ μὲν οὖν τοῦ Ματθαίου λέξις οὕτως ἔχει· 'Περὶ δὲ τῆς ἡμέρας ἐκείνης καὶ τῆς ὥρας οὐδεὶς οἶδεν, οὐδὲ οἱ ἄγγελοι τῶν οὐρανῶν, εἰ μὴ ὁ Πατὴρ μόνος.' ἡ δὲ τοῦ Μάρκου· 'Περὶ δὲ τῆς ἡμέρας καὶ ὥρας οὐδεὶς οἶδεν, οὐδὲ οἱ ἄγγελοι οἱ ἐν οὐρανῷ, οὐδὲ ὁ Υἱός, εἰ μὴ ὁ Πατήρ.' Τί τοίνυν ἐστὶν ἐν τούτοις ἐπισημήνασθαι ἄξιον; Ὅτι ὁ μὲν Ματθαῖος οὐδὲν εἶπε περὶ τῆς τοῦ Υἱοῦ ἀγνωσίας· δοκεῖ δὲ τῷ Μάρκῳ συμφέρεσθαι κατὰ τὴν ἔννοιαν, ἐκ τοῦ φάναι, Εἰ μὴ ὁ Πατὴρ μόνος. Ἡμεῖς δὲ ἡγούμεθα τό, μόνος, πρὸς τὴν τῶν ἀγγέλων ἀντιδιαστολὴν εἰρῆσθαι. τὸν δὲ Υἱὸν μὴ συμπαραλαμβάνεσθαι τοῖς ἑαυτοῦ δούλοις, κατὰ τὴν ἄγνοιαν. Ἀψευδὴς γὰρ ὁ εἰπών, ὅτι 'Πάντα ὅσα ἔχει ὁ Πατὴρ ἐμά ἐστιν.' Ἐν δέ, ὧν ἔχει, καὶ ἡ γνῶσίς ἐστι τῆς ἡμέρας ἐκείνης καὶ τῆς ὥρας. Παρασιωπήσας τοίνυν, ὡς ὁμολογούμενον, τὸ ἑαυτοῦ Πρόσωπον ἐν τῇ λέξει τοῦ Ματθαίου ὁ Κύριος, τοὺς ἀγγέλους εἶπεν ἀγνοεῖν, εἰδέναι δὲ τὸν Πατέρα μόνον· τὴν τοῦ Πατρὸς γνῶσιν κατὰ τὸ σιωπώμενον καὶ ἑαυτοῦ εἶναι λέγων, διὰ τὸ καὶ ἐν ἄλλοις εἰρηκέναι. 'Καθὼς γινώσκει με ὁ Πατήρ, κἀγὼ γινώσκω τὸν Πατέρα.' Εἰ δὲ γινώσκει ὁ Πατὴρ τὸν Υἱὸν ὅλον δι' ὅλου, ὥστε καὶ τὴν ἐναποκειμένην αὐτῷ σοφίαν πᾶσαν ἐπίστασθαι· κατὰ τὸ ἴσον μέτρον καὶ ἐπιγνωσθήσεται παρὰ τοῦ Υἱοῦ, δηλονότι, μετὰ πάσης τῆς ἐνυπαρχούσης αὐτῷ σοφίας καὶ τῆς προγνώσεως τῶν μελλόντων. Ταύτης μὲν οὖν ἀξιοῦμεν τῆς παραμυθίας τὸ παρὰ τῷ Ματθαίῳ κείμενον· Εἰ μὴ ὁ Πατὴρ μόνος. Τὸ δὲ Μάρκου, ἐπειδὴ φανερῶς δοκεῖ καὶ τὸν Υἱὸν ἀπομερίζειν τῆς γνώσεως, οὕτω νοοῦμεν· ὅτι οὐδεὶς οἶδεν, οὔτε οἱ ἄγγελοι τοῦ Θεοῦ, ἀλλ' οὐδὲ ὁ Υἱὸς ἔγνω, εἰ μὴ ὁ Πατήρ· τουτέστιν, ἡ αἰτία τοῦ εἰδέναι τὸν Υἱὸν παρὰ τοῦ Πατρός. Καὶ ἀβίαστός ἐστι τῷ εὐγνωμόνως ἀκούοντι ἡ ἐξήγησις αὕτη· ἐπειδὴ οὐ πρόσκειται τό, μόνος, ὡς καὶ παρὰ τῷ Ματθαίῳ. Ἔστιν οὖν ὁ νοῦς ὁ παρὰ τῷ Μάρκῳ τοιοῦτος. Περὶ δὲ τῆς ἡμέρας ἐκείνης ἢ ὥρας οὐδεὶς οἶδεν, οὔτε οἱ ἄγγελοι τοῦ Θεοῦ, ἀλλ' οὐδ' ἂν ὁ Υἱὸς ἔγνω, εἰ μὴ ὁ Πατήρ· ἐκ γὰρ τοῦ Πατρὸς αὐτῷ ὑπῆρχε δεδομένη ἡ γνῶσις. Τοῦτο δὲ εὐφημότατόν ἐστι καὶ θεοπρέπες περὶ τοῦ Υἱοῦ λέγειν, ὅτι οὗπέρ ἐστιν ὁμοούσιος, ἐξ αὐτοῦ καὶ τὸ γινώσκειν ἔχει, καὶ τὸ ἐν πάσῃ σοφίᾳ καὶ δόξῃ τῇ πρεπούσῃ αὐτοῦ τῇ Θεότητι θεωρεῖσθαι.

* * * *

5. * * * Περὶ δὲ τῆς ἐν τῷ βαπτίσματι ἀνανεύσεως οὐκ οἶδα τί ἐπῆλθέ σοι ἐρωτῆσαι, εἴπερ ἐδέξω τὴν κατάδυσιν τὸν τύπον τῶν τριῶν ἡμερῶν ἐκπληροῦν. βαπτισθῆναι γὰρ τρισσάκις ἀδύνατον μὴ ἀναδύντα τοσαυτάκις. * * *.

6. Οὐσία δὲ καὶ Ὑπόστασις ταύτην ἔχει τὴν διαφοράν, ἣν ἔχει τὸ κοινὸν πρὸς τὸ καθ' ἕκαστον· οἷον ὡς ἔχει τὸ ζῷον πρὸς τὸν δεῖνα ἄνθρωπον. Διὰ τοῦτο Οὐσίαν μὲν μίαν ἐπὶ τῆς Θεότητος ὁμολογοῦμεν, ὥστε τὸν τοῦ εἶναι λόγον μὴ διαφόρως ἀποδιδόναι· Ὑπόστασιν δὲ ἰδιάζουσαν, ἵν' ἀσύγχυτος ἡμῖν καὶ τετρανωμένη ἡ περὶ Πατρὸς καὶ Υἱοῦ καὶ ἁγίου Πνεύματος ἔννοια ἐνυπάρχῃ. Μὴ γὰρ νοούντων ἡμῶν τοὺς ἀφωρισμένους περὶ ἕκαστον χαρακτῆρας, οἷον Πατρότητα καὶ Υἱότητα καὶ Ἁγιασμόν, ἀλλ' ἐκ τῆς κοινῆς ἐννοίας τοῦ εἶναι ὁμολογούντων Θεόν, ἀμήχανον ὑγιῶς τὸν λόγον τῆς πίστεως ἀποδίδοσθαι. χρὴ οὖν, τῷ κοινῷ τὸ ἰδιάζον προστιθέντας, οὕτω τὴν πίστιν ὁμολογεῖν· κοινὸν ἡ Θεότης, ἴδιον ἡ Πατρότης· συνάπτοντας δὲ λέγειν· Πιστεύω εἰς Θεὸν Πατέρα. Καὶ πάλιν ἐν τῇ τοῦ Υἱοῦ ὁμολογίᾳ τὸ παραπλήσιον ποιεῖν, τῷ κοινῷ συνάπτειν τὸ ἴδιον, καὶ λέγειν· Πιστεύω εἰς Θεὸν Υἱόν. Ὁμοίως καὶ ἐπὶ τοῦ Πνεύματος τοῦ ἁγίου κατὰ τὸ ἀκόλουθον τῆς ἐκφωνήσεως τὴν προφορὰν σχηματίζοντας λέγειν· Πιστεύω καὶ εἰς τὸ [1] Θεῖον Πνεῦμα τὸ ἅγιον· ὥστε δι' ὅλου καὶ τὴν ἑνότητα σώζεσθαι ἐν τῇ

---

[1] Contrast what St. Basil wrote in Ep. 8, § 2 (A.D. 360), δέον ὁμολογεῖν Θεὸν τὸν Πατέρα, Θεὸν τὸν Υἱόν, Θεὸν τὸ Πνεῦμα τὸ ἅγιον, see pp. xliii, xlvii ff.

τῆς μιᾶς Θεότητος ὁμολογίᾳ, καὶ τὸ τῶν Προσώπων ἰδιάζον ὁμολογεῖσθαι ἐν τῷ ἀφορισμῷ τῶν περὶ ἕκαστον νοουμένων ἰδιωμάτων. Οἱ δὲ ταὐτὸν λέγοντες Οὐσίαν καὶ Ὑπόστασιν ἀναγκάζονται Πρόσωπα μόνον ὁμολογεῖν διαφορά, καὶ ἐν τῷ περιίστασθαι λέγειν τρεῖς Ὑποστάσεις, εὑρίσκονται μὴ φεύγοντες τὸ τοῦ Σαβελλίου κακόν, ὃς καὶ αὐτός, πολλαχοῦ συγχέων τὴν ἔννοιαν, ἐπιχειρεῖ διαιρεῖν τὰ Πρόσωπα, τὴν αὐτὴν Ὑπόστασιν λέγων πρὸς τὴν ἑκάστοτε παρεμπίπτουσαν χρείαν μετασχηματίζεσθαι. * * *

TEXTS EXPLAINED

		PAGE
Gen. i. 5	. . . . .	132
Ex. xxxiii. 21	. . . .	120
Num. xi. 25, 26	. . .	119
Ps. vi. 1 (title)	. . . .	132
xxxiii. 6	. . . .	80, 98
xxxvi. 9	. . .	95, 123
civ. 30	. . . . .	99
cxix. 91	. . . . .	103
Is. vi. 3	. . . . .	82
xlii. 5	. . . . .	108
xlviii. 16	. . . .	100

Matt. iii. 11	. . . .	76, 77
xi. 27	. . . .	169
xxiv. 36	. . .	170
xxiv. 51	. . .	85
xxviii. 19	. . .	58 ff.
Mark x. 18	. . .	168
xiii. 32	. . .	168 ff.
John i. 1	. . . . .	33
i. 48	. . . . .	164
iii. 5	. . . . .	75
iv. 23, 24	62, 95, 121, 123
vi. 27	. . . . .	34
vi. 63	. . . . .	112

		PAGE
John x. 15	. . . . .	170
x. 30	. . . . .	116
xii. 49	. . . .	44, 46
xiv. 2	. . . . .	84
xiv. 9	. . . . .	47
xiv. 17	. . . .	107
xiv. 23	. . . .	116
xvi. 14	. . . .	93, 94
xvi. 15	. . . .	170
xvii. 10	. . .	45, 46
xx. 22, 23	. . . .	83
Rom. xi. 36	. . . .	25, 26
1 Cor. ii. 12	. . . .	93
xii. 4–6	. . . .	78
xiii. 9, 10	. .	163, 167
2 Cor. iii. 6	. . . .	112
iii. 14–18	. .	105, 106
Gal. iv. 4	. . . . .	30
Phil. ii. 9	. . . . .	39
Col. ii. 12	. . . . .	74
1 Thess. iii. 12, 13	. . .	105
2 Thess. iii. 5	. . . .	104
2 Tim. ii. 19	. .	167, 168
iii. 16	. . . . .	106
Heb. viii. 1	. . . . .	36
1 Pet. iii. 21	. . . . .	75

INDEX I

Aetius, 18, 19.
Africanus, quoted, 144.
Ambrose, 23 note.
Amphilochius, 13.
Angels as witnesses, 65.
Anointing in Baptism, 130.
Athanasius, 20 note, 30 note; his forms of doxology, 147 note.
Athenogenes, 145.
Attributes, man knows the, of God, 163.

Baptism, heretical, 60; into Christ, 63; into the Spirit, 63; into Christ's death, 63; and Faith, 64; into Moses, in Cloud, in Sea, 68, 70; in Water, 73, 76; burial in, 74; One, 74; trine immersion, 75, 130, 171; twofold purpose of, 75; office of Water in Christian Baptism, 75; office of the Spirit in Christian Baptism, 76; of Fire, 77; in Blood, 77.
Basil, his life, xxxv ff.; his 'economy,' xliii, xlvii ff.
Bingham, on the Gloria Patri, 16 note.
Blessing of water and oil, 130.
Bona, account of early forms of Gloria, 16 note.

Cappadocia, language of, 147.
Casaubon on Erasmus' criticism, 125 note.
Catechism of the Eastern Church, 128 note.

Chanaan, 103.
'Christ' implies the Trinity, 63.
Church, the troubles of the, at the time of writing, 150.
Clement of Alexandria, 21.
Clement of Rome, 139, 141.
Cloud, a type of the Spirit, 70.
Cocus on Erasmus' criticism, 125 note.
Confession of faith in Baptism, 133.
Constitutions, Apostolical, doxologies in, 147 note.
Cross, Sign of the, 128.
Cyril of Alexandria, 58.
Cyril of Jerusalem, statements about the Holy Spirit, 50 note.

Day, our Lord's not knowing the, Ep. 236.
Death of Christ, in connexion with baptism, 73.
Dianius, 139 note.
Dionysius of Alexandria, 140.
Dionysius of Rome, 140.

East, praying towards the, 129, 131.
'Economy,' St. Basil's, in not using Θεός of the Holy Spirit, pp. xliii, xlvii ff., 171 note.
End, did our Lord know the day of the,? Ep. 236.
Erasmus, his doubt concerning genuineness of part of *De Spiritu Sancto*, 125 note.
Esau, 103.

Essence, man cannot know the Divine, 163.
Eucharist, the prayers before and after the Consecration, 129 note.
Eudoxius, 19 note.
Eunomius, 19 note; on the Holy Spirit, 55, 56 note.
Eusebius of Caesarea, 141.
Eustathius of Sebaste, 18 note, 148 note.

Faith, and Baptism, 64; in the Spirit, 68, 71; in Moses, 71; precedes knowledge in science, 165; follows knowledge in religion, 165.
Father, Titles of the, Θεὸς καὶ Πατήρ, 19, 26, 33, 104; Θεὸς Πατήρ, 91; ὁ Δημιουργός (Arian), 20, 21; ἡ ἀνωτάτω Αἰτία, 23; ὁ Θεὸς τῆς δόξης, 26; ὁ Πατήρ, τοῦ Χριστοῦ, 26, τοῦ Δεσπότου ἡμῶν καὶ Ποιητοῦ, 48, τοῦ Κυρίου ἡμῶν Ἰησοῦ Χριστοῦ, 45; ὁ Θεός, 27; ἡ Δόξα, 38; ὁ Ἀρχέτυπος, 38, 53, 95; τὸ ὄντως Ἀγαθόν, 43; ὁ Γεννήσας, 46; ὁ Προστάσσων, 80; τὸ Πρωτότυπον, 92; Πνεῦμα, 97.
Fialon, 49 note.
Firmilian, 146.
First Day, meaning of, 132.
Genuflexions, meaning of, 132.
Gift, of the Spirit, 112; of the Son, 113.
Gregory of Nazianzus, Oratio on the Holy Spirit, 50 note.
Gregory of Neocaesarea, 145.

Ham, 103.
Heavenly Powers, 79-82.
Heresies on the Holy Spirit, 57 note.
Heretical use of Scripture, 59.
Holy Place, purpose of, 130.
Hooker on St. Basil's form of doxology, 18 note.
Hymns quoted, 145.
Hypostasis and Ousia, the difference between, Ep. 236.

Imitation of Christ, 73.
Immersion, Trine, 75, 130, 171.

Inspiration of Scripture, 106.
Intercession, of the Son, 101; of the Spirit, 101.
Invocation at the Eucharist, 129.
Irenaeus, 139, 141.
Isaac, 70.

Jacob, 102.
Jahn, author of *Basilius Magnus Plotinizano*, 49 note.
John the Baptist, his Baptism, 76, 77.
Jonah, 70.

Knowledge, the Spirit's, 101; of God, Ep. 233, Ep. 234; comes after faith, Ep. 235; applies to many objects, 166; of Essence, unattainable, 167; God's, of His own, 168.

Law of Moses, 71.

Meletius of Pontus, 125 note, 146.
Mesopotamia, language of, 146.
Moses, 68-72.

Operations, of the Son, 79; of the Spirit, 98.
Order of the Persons in the Trinity, 78.
Origen, 142.
Oudinus on Erasmus' criticism, 125 note.
Ousia and Hypostasis, the difference between, Ep. 236.

Passover, its typical meaning, 69.
Pentecost (the season between Easter and Whitsunday), 132.
Pharaoh, 70.
Philaret, catechism of, 126.
Philostorgius, his statement as to form of doxology incorrect, 16 note.
Place, properly used of God, 20 note, 120; improperly used of the Spirit, 20.
Plato, his ἀρχαί, 22 note.
Plotinus, 49 note.
Presence of the Spirit, in Baptism, 75, 76; in the Heavenly Powers, 79; in the Christian, 119, 123.

Renunciation of Satan at Baptism, 130.
Rock a type of Christ, 69.

Sabellianism, 116, 172.
Sapphira, 78.
Serpent, the brazen, 69.
Son, Titles of the, Υἱὸς καὶ Θεός, 19, 33; ὁ Δημιουργὸς (Δημιουργῶν) Λόγος, 43, 80; Δημιουργὸς τῶν ὅλων, 20, τῆς κτίσεως, 23, 25, 47; ὄργανον (Arian), 21, (Philo), 20 note, (Nestorian), 20 note; ὑπουργός (Arian), 20; ἄνθρωπος Θεοφόρος (Nestorian), 20 note; Δεσπότης τῶν ὅλων, 23, ἡμῶν, 48; Θεὸς Λόγος, 25; Λόγος, 39, 45, 80; Ἀρχηγὸς τῆς ζωῆς, 26; Χορηγὸς (τῆς ζωῆς), 26; ὁ Κύριος, 26; ἡ Κεφαλὴ τῆς Ἐκκλησίας, 27; Ἄνθρωπος Θεός, 30 note; Θεοῦ Δύναμις, 34, 39, 44, 46, 47; Θεοῦ Σοφία, 34, 39, 46, 47; Σοφία Αὐτοτελής, 44; Εἰκὼν (τοῦ Θεοῦ τοῦ ἀοράτου), 34, 38, 53, 92, 95; Ἀπαύγασμα (τῆς δόξης), 34, 38, 123; ὁ Μονογενής, 31, 45, 88, 94; ὁ Μονογενὴς Θεός, 34, 39, 43, 62, 91; Μονογενὴς Υἱός, 35, 91; Υἱὸς (τὸ ὑπὲρ πᾶν ὄνομα), 39; Ποιμήν, 39, 40; Βασιλεύς, 39, 40; Ἰατρός, 39, 41; Νυμφίος, 39, 41; Ὁδός, 39, 41, 43; Θύρα, 39, 40, 41; Πηγή, 39; Ἄρτος, 39; Ἀξίνη, 39; Πέτρα, 39, 40; Φῶς, τὸ ἀληθινόν, 43, 94; Κριτὴς δίκαιος, 43; Ἀνάστασις, 43; Αὐτοζωή, 44; ὁ ἀεὶ Τέλειος, 47; ὁ ἀδιδάκτως Σοφός, 47; Ποιητής, 48, 79; ὁ μακάριος καὶ μόνος Δυνάστης, 84; Παράκλητος, 93, 98; Πνεῦμα, 97; Χαρακτὴρ (τοῦ Πατρός), 124; ἰσότυπος Σφράγις (τοῦ Πατρός), 124; ὁ τῶν ὅλων Σωτήρ, 144.
Spirit, Titles of the, Θεῖον Πνεῦμα, 23, 98, 141, 171; Πνεῦμα Θεοῦ, 51; Πνεῦμα τῆς ἀληθείας (ὁ παρὰ τοῦ Πατρὸς ἐκπορεύεται), 51, 98; Πνεῦμα εὐθές, 51, 97; Πνεῦμα ἡγεμονικόν, 51, 98; Πνεῦμα ἅγιον, 51; Παράκλητος, 53, 93, 98; ζωῆς Κύριος, 66; Οὐσία ζῶσα, 93; Οὐσία ἁγιασμοῦ Κυρία, 93; ὁ στερεῶν, 80; Πνεῦμα Χριστοῦ, 93; Φῶς, 95; Πνεῦμα, 97; Πνεῦμα Σοφίας, 98; Κύριος, 104, 105; Ἀρχηγὸς τῆς ζωῆς, 137; σωτήριον Πνεῦμα, 152.
Spirits, influence of evil, on the mind, 161.
Standing at Prayer, 131, 132.

Titles of the Spirit, an argument from, 97.
Tradition, § 66 ff.
Types, 68–72.

Water from the Rock, 69.
Will of the Father, 79.
Works, man knows the, of God, 164.
Worship follows faith, 163.

INDEX II

ἀγαθότης, 48, 95.
ἁγιασμός, 80, 81, 93, 95.
ἅγιος, φύσει, 80; ἅγιος, ἅγιος, ἅγιος, 82.
ἄγραφος, 59, 128, 134, 138.
ᾅδης, 74.
ἀδιαίρετος, 78.
ἀδιάστατος, ἀδιαστάτως, 46, 77.
ἄδυτον, 130.
αἷμα, 69.
αἰτία, ἡ ἀνωτάτω, 23; προκαταρκτική, 79; δημιουργική, 79; τελειωτική, 79; τοῦ εἶναι, 26.
αἴτιον, 24; προκαταρκτικόν, 21, 48; συνεργόν, 21; συναίτιον, 21; ποιητικόν, 22, 48; ὀργανικόν, 22; παραδειγματικόν, 22; τελικόν, 22.
ἀλλοίωσις, 51.
ἀλλότριος, κατὰ φύσιν, 24; τὸ ἀλλότριον, τῆς φύσεως, 25.
ἀλλοτρίωσις, τοῦ Πνεύματος, 85.
ἀναγεννηθῆναι, 59.
ἀνάδειξις, 129.
ἀνάνευσις, 171.
ἄνευ; ὧν οὐκ, 21, 22, 82.
ἀνόμοιος, 18, 19, 88.
ἀνωτάτω; ἡ ἀνωτάτω φύσις 50; ἡ ἀνωτάτω αἰτία, 23.
ἀξία, 32, 41, 136, 137; οἰκεία, 122; θεία, 45.
ἀξίωμα, 35, 84, 88, 95, 133.
ἀπαράλλακτος, ἀπαραλλάκτως, κατὰ τὴν οὐσίαν, 46; κατὰ τὴν δύναμιν, 46; τῆς Θεότητος, 91.
ἀπαρχή, 76, 84.
ἄπαυστος, 122.

ἁπλοῦς, 52.
ἀπρόσιτος, 52.
ἀριθμός, ἀριθμεῖν, ἀρίθμησις, 88, 90, 91.
ἀρνησίθεος, 62.
ἀρνησίχριστος, 62.
ἀρραβών, 75, 76, 85.
ἀρχαῖος, 53, 73, 131.
ἀρχή, μία, 79.
ἀρχικός, 79.
ἀσάφεια, 105, 131.
ἀσύγχυτος, 171.
αὐτεξούσιος, 81.
αὐτοαλήθεια, 97 note, 162.
ἄφθονος, 52.
ἀχρόνως, 47.
ἀχώρητος, 108, 109.
ἀχώριστος, ἀχωρίστως, 61, 77, 83, 95.

βάπτισμα, §§ 24–36; νομικόν, 72.
βλασφημία, βλασφημεῖν, 101, 113, 149, 156; τοῦ Πνεύματος, εἰς τὸ Πνεῦμα, 94, 137, 148.
βούλημα, 42; see also θέλημα.
βουνός, 67.
βραβεῖον, 85.
βραβεύειν, 149, 154.

γεννητῶς, 93.
γονυκλισία, 132.

δεξιά, δεξιός, 33, 35.
δεύτερος, 96; θεός, 91, 95.
δημιουργός, δημιουργεῖν, δημιουργία, δημιουργικός, 20, 48, 79, 82.

διά, 19, 20, 22, 24, 26, 28, 29, 36, 37, 43, 44, 79, 95.
διαθήκη, παλαιά, 105.
διακονία, 100.
διαμονή, 122.
διασπᾶν, 64.
διάστημα, 32, 116.
διαφορά, 84.
διάφορος, 29; τὸ διάφορον τῆς φύσεως, 23.
διχοτομία, 85.
δόγμα, 59, 95, 102, 127, 138, 144.
δοκιμασία, 77.
δόξα (quality), 35, 37, 94, 110, 136; (action), 61, 94, 133, 141.
δοξολογία, 16, 31, 36, 37, 39, 82, 92, 96, 109, 114, 117, 122, 134, 138, 139, 144, 146.
δουλεία, δουλεύειν, 65, 102, 111.
δοῦλος, δουλικός, 94, 100, 101, 102, 106.
δυσέφικτος, 107.
δυσμετάπτωτος, 98.

ἔγγραφος, ἐγγράφειν, 115, 127, 133, 138.
ἐδέμ, 131.
εἶδος, 22, 118.
εἰκών, 92, 123.
ἐκ, 19, 20, 22, 24, 27.
ἐλευθερία, ἐλευθεροῦν, 65, 102, 103, 111.
ἐμφυσᾶν, ἐμφύσημα, 83.
ἐν, 17, 20, 22, 24, 28, 79, 95, 114, 117, 118 ff., 122, 124, 133.
ἐνανθρώπησις, 113.
ἐνέργεια, 44, 78, 98, 118; θεία, 44; τοῦ νοῦ, 161.
ἐνέργημα, 99.
ἐνθύμιον, 22.
ἐνίζεσθαι, 92.
ἐνοίκησις, 111.
ἔνσαρκος, 83.
ἐντολή, 46.
ἐντυγχάνειν (intercede), 100.
ἐντυποῦν, 34.
ἐνυπάρχειν, 122.
ἕνωσις, 92.
ἐξαγωγή, 69.
ἐξιτήριον, 145.
ἐξουσία, ἐξουσιαστικός, 101.
ἐπέχειν, λόγον, 21, 118.
ἐπίγνωσις, 162.

ἐπιδημία, 99, 105.
ἐπίπνοια, 106.
ἐπισκευαστῶς, 52.
ἐπισφραγίζειν, 65.
ἑτοιμασία, 42.
εὐαγγέλιον, εὐαγγελικός, 75, 76.
εὐσεβής, εὐσεβῶς, εὐσέβεια, 15, 91, 95, 128, 133, 139, 156, 169.

ζωή, γηΐνη καὶ ἐμπαθής, 99; δεδουλωμένη, 108.
ζωοποιεῖν, ζωοποιός, 75, 112.

ἡνωμένος, ἡνωμένως, 46, 48.

θεῖος, 23, 44, 45, 69, 90, 92, 98, 102, 109, 130, 141, 164, 171.
θέλημα, 46, 48; see also βούλημα.
θεογνωσία, 75, 95, 149.
θεολογία, 29, 91, 95, 102.
θεολογικός, 15.
θεολόγος, 154.
θεόπνευστος, 106, 154.
θεοπρεπῶς, 46.
θεύς (applied to man), 54.
θεύτης, 91, 92, 111, 112, 123, 144, 165, 169, 171.
θεοφόρος, σάρξ, 30.

ἰδιάζειν, 91, 171.
ἰδικός, 84.
ἴδιος, 70.
ἰσότυπος, 124.

καθάρσιος, 74.
καί (in doxology), 115, 116, 117, 134, 145.
κανών, 134, 140.
κατά, 22.
κατανύησις, 43, 163.
κήρυγμα, 127 ff.
κοινός, 86; τὸ κοινὸν τῆς φύσεως, 92.
κοινωνία, κοινωνός, 158; τῆς φύσεως, 30; ἐκ φύσεως, 67; κατὰ τὴν φύσιν, 93, 96; τοῦ Πνεύματος, 81; τῆς Θεότητος, 92; πρὸς Θεόν, 133, 136; τῶν ἐνεργειῶν, 107; ἀΐδιος, 116; οἰκεία, 122; συμφυής, 122; τὸ ἀχώριστον τῆς κοινωνίας, 116, 122.
κόλπος, 34, 35.
κριτήριον, 162, 163.
κτίσμα, 20.

κτίστης, 20.
κυριολογεῖν, 105.

λειτουργικός, 59.
λόγος, προφερόμενος, 119; λόγον ἐπέχειν, 21, 118.

μάρτυς, 65, 66.
μεγαλεῖον, τῆς φύσεως, 37.
μεσίτης, 71.
μετά, 16, 31, 36, 37, 41, 122; μετὰ τὸν Πατέρα, 31.
μίμησις, μιμητής, 73.
μοναδικός, μοναδικῶς, 92.
μοναρχία, 91, 95.
μονάς, 92, 141.
μοναχῶς, 92.
μορφή, 48, 91.
μυσταγωγία, 148.
μυστήριον, 128, 130, 133.
μυστικός, 130, 138, 146.

νέκρωσις, 71.
νόημα, 119.
νοητός, 98.
νόμος, 71; νομικὸν βάπτισμα, 72.
νοῦς, 161.

ξενίζειν, 17.

οἰκειακός, 94.
οἰκείωσις, οἰκειότης, οἰκειοῦν, 39, 53, 65, 92, 93, 98, 99, 145.
οἰκονομία, 73, 83.
οἰκονομικῶς, 169.
ὅμοιος, ὁμοιότης, 48, 80.
ὁμολογία (profession of faith), 61, 65, 111, 134, 137.
ὄργανον, 21, 22, 24, 101.
οὐσία, 48, 81, 86, 163, 171; νοερά, 52; ζῶσα, 93; τῇ οὐσίᾳ ἁπλοῦν, 52; τὰ κατ' οὐσίαν ὑφεστηκότα, 71; θεία, 164.
οὐσιοῦν, 44.
ὄφις, 69.

παράδεισος, 131.
παλιγγενεσία, 74.
παράδοσις (tradition), 37, 49, 127, 130, 138, 144, 146, 154; (Baptismal formula), 57, 59, 60, 61, 64, 75, 133.

παραλλαγή, κατὰ φύσιν, 18; τῆς φύσεως, 19.
παραλλάσσω, 87.
παρουσία, τοῦ Πνεύματος, 75, 76, 79; τοῦ Κυρίου, 83.
πατρότης, 171.
περίγραπτος, περιγράφειν, 33, 35, 108.
πέτρα, 69.
πνευματικός, 55, 99, 107, 118; σῶμα (heretical), 30.
πνευματομάχος, 62, 104.
ποιητής, 20.
πολιτεία, εὐαγγελική, 75, 145; οὐράνιος, 99.
προαίρεσις, 76, 81.
πρόβατον, 69, 70.
προεδρία, 35.
προελθών, ἐκ τοῦ Θεοῦ, 93.
προκαταρκτικός, 21, 79.
προσαγωγή, 37, 38.
προσεδρεία, 34.
πρόσωπον, 27, 92, 104; σύγχυσις τῶν προσώπων, 154; ἰδιάζον τῶν προσώπων, 171.
προτύπωσις, προδιατύπωσις, 72, 76.
πρωτόπλαστος, 69.
πρωτότοκος, 69.
πρωτότυπον, 92.
πῦρ, 77, 81.

σάρξ, θεοφόρος, 30.
σεμνός, 137; τὸ σεμνὸν τῶν μυστηρίων, 130, 131.
σκιά, 68.
στερεοῦν, στερέωσις, 80, 98.
συμβολικῶς, 74.
συμπαθής, συμπάθεια, 155.
συμπαρεῖναι, 83.
σύν, 16, 41, 114, 116, 117, 122, 124, 133, 135, 138, 141, 142, 144.
συνάπτειν, συναφής, συνάφεια, 35, 58, 78, 85, 92; φυσική, 32; ἄπαυστος, 116; ἀΐδιος, 122.
συναριθμεῖν, συνκαταριθμεῖν, συναρίθμησις, 32, 65, 87, 114, 134, 136.
συνδοξάζειν, 113, 136.
συνεδρία, 136.
συνείδησις, 75.
συνεῖναι, συνουσία, 122.
συνεκφωνεῖσθαι, 89.

συνήθεια, 114, 138, 139, 143.
συντάσσειν, σύνταξις, 32, 57, 58, 67, 89, 136.
συνυπάρχειν, 122.
συστοιχία, 89.
σφραγίζειν, 34, 84.
σχίσμα, 151.
σωτήριος, 74, 152.

τάξις, 32.
ταφή, 74.
τέλος, 22.
τελειοῦν, τελείωσις, τελειωτική, 79, 81, 82, 118.
τέχνη, τεχνίτης, 20, 24, 118, 119.
τύπος, 20, 22, 24, 33, 120.
τριάς, 92, 141, 144.
τρίτος, 90, 91, 95.
τροπή, 51.
τύπος, 68 ff., 74, 75, 83, 105.

ὕδωρ, τῆς πέτρας, 69; βάπτισμα εἰς ὕδωρ, 73.
ὕλη. 21, 22, 23, 118.
ὑπαριθμεῖν, ὑπαρίθμησις, 32, 86, 88, 89, 95.
ὕπαρξις, 93; προαιώνιος, 122.
ὑπεναντίως, 18.
ὑπηρεσία, 23, 42.
ὑπό, 22.
ὑπόδειγμα, 22, 73.
ὑποδιαίρεσις, 87.

ὑπόστασις, 25, 79, 171; of angels, 82; τρεῖς, 141; τὸ ἰδιάζον, (ἴδιον), (ἡ ἰδιότης), τῶν ὑποστάσεων, 91, 116, 171.
ὑποτάσσειν, 32.
ὑπουργία, 21, 31.

φύσις, 35; περιγεγραμμένη, 51; τὸ διάφορον τῆς φύσεως, 23; ἐναντιότης τῶν φύσεων, 154; ἀλλότριος κατὰ φύσιν, 24; τὸ ἀλλότριον τῆς φύσεως, 25, 57; ἡ θεία φύσις, 43, 90, 92, 102; ἡ ἀνωτάτω, 50; τὸ πάγιον τῆς φύσεως, 36; τὸ μεγαλεῖον τῆς φύσεως, 37; κατὰ φύσιν οἰκειότης (ᾠκειωμένος), 65, 93; τὸ κοινὸν τῆς φύσεως, 92; ἐκ φύσεως (κατὰ τὴν φύσιν) κοινωνία, 67, 93, 96; τὸ ὑπερέχον τῆς φύσεως, 107; φύσει ἀγαθός, 112.
φωτισμός, 95, 123.

χαρακτήρ, 47.
χαρακτηρίζειν, 93.
χάρις, 38, 41.
χορηγία, 37, 38, 43.
χρῖσμα, 63, 83.
χριστιανός, 155.
χριστομάχος, 168.
χριστοφόνος, 58.
χρόνος, 20, 22, 24, 32.

THE END.